KB070053

마음챙김과 자비

자비로운 마음 훈련

Mindful Compassion

Paul Gilbert · Choden 공저
조현주 · 박성현 · 김병전 · 노승혜 공역

학지사

🌑 역자 서문

　이 책은 자비중심치료Compassion Focused Therapy: CFT의 저자인 폴 길버트Paul Gilbert가 승려 출신의 명상 지도자인 초덴Choden을 만나 고통과 치유에 관한 불교적·심리학적 관점을 교류하면서 나눈 깊은 대화를 담고 있다. 길버트는 만성적인 정서장애 환자들에게 인지행동치료를 하면서 그들이 수치심이 많고 내면의 목소리가 비판적이어서 대안적인 사고를 찾아도 받아들이기 어려워한다는 것을 발견하였다. 이후 길버트는 내담자들이 상처받은 정서 기억에 머물러 있음에 주목하고, 이들의 정서를 다루기 위해 자비compassion라는 개념을 심리치료에 적용하고 있다. 그는 동료들과 자비 마음 재단The Compassionate Mind Foundation을 설립하고, 불교심리학, 진화론과 신경과학의 관점에서 자비를 개념화하여 이를 토대로 자비로운 마음 훈련compassionate mind training을 계발하였다. 남아프리카공화국 출신인 초덴은 촉망받는 변호사에서 티베트 불교 수행자로 살다가 현재는 마음챙김과 자비를 가르치는 명상지도자로 활동하고 있는 특이한 이력의 소유자이다. 스코틀랜드의 아름다운 섬에서 열린 자비와 신경과학을 주제로 한 콘퍼런스에서 만난 길버트와 초덴은 특별히 자비로운 마음을 개발하는 데 있어 마음챙김의 역할에 대한 심도 깊은 대화를 나누었고, 그때의 통찰과 영감을 가지고 이 책을 저술하였다.

　이 책은 고통과 마음을 이해하고자 하는 불교적 관점이 심리학적 관점과 크게 다르지 않다는 인식에서 출발한다. 불교의 사성제(고집멸도)는 우리의 삶에는 고통이 존재하고 이러한 고통에 집착하는 마음이 더 큰 고통을 만들어 낸다는 것을 깨닫는 명상을 통해 고통으로부터 자유로워질 수 있다고 말한다. 심리학 역시 고통을 회피하고자 하는 정서적 갈망이 더 큰 고통의 원인이 되므로 마음의 작용을 통찰하면 고통에서 벗어날 수 있다고 말한다는 점에서 불교심리학과 크게 다르지 않다.

이 책의 전반부에서는 불교에서의 마음에 대한 통찰을 진화심리학·신경과학적 관점에서 설명하고 있다. 저자들은 우리의 삶에서 일어나는 불안, 우울, 슬픔, 죄책감, 수치심은 나쁜 것이 아니라 뇌가 진화되면서 생존을 위해 자연스럽게 나타나는 감정이므로 우리의 책임이 아니라는 점을 강조한다. 그러나 그런 마음에서 일어난 감정들을 붙잡고 여기에 기름을 붓는 행동을 하는 것은 각자의 책임이다. 따라서 매 순간 변화하는 마음의 작용을 있는 그대로 관찰하고 수용하면서 우리 안에 자리 잡은 자비로운 마음을 확인하고, 확산하여 지혜롭게 반응하는 방법을 배우는 것이 필요하다.

이 책의 후반부에서는 자비로운 마음을 계발하기 위한 구체적인 훈련들이 소개되고 있다. 여기에는 마음챙김 훈련, 수용, 자비로운 자기의 계발 등이 포함된다. 저자들은 고통으로부터 자유로워지기 위해서는 마음의 작용을 관찰하는 마음챙김 명상과 이러한 존재 방식이 깊게 뿌리내리기 위해 자비 마음 훈련이 병행되어야 함을 강조하고 있다. 저자들은 자비를 자신과 타인의 고통에 민감하고 이를 완화하기 위해 반응하고 헌신하는 심리작용 혹은 정신 능력으로 정의한다. 나아가 저자들은 진화심리학의 관점에서 자비를 사회적 관계에서 정서적 지지와 보살피고자 하는 진정/친화 정서 시스템에 의해 동기화된 민감성, 공감, 친절함, 고뇌 감내 등의 다양한 속성으로 구성되어 있다고 설명하고 있다.

현대 사회에서 국가 간의 이해 충돌이나 종교 간 충돌, 부부와 가족 간 갈등, 주변 이웃과 친구 간 갈등은 결국 관계의 문제이다. 이러한 관계의 문제는 모두 나와 타인이 다르다는 인식에서 비롯되어 내 것이 옳다고 집착하고 고집하는 데에서 출발한다. 그러나 우리 삶의 조건들을 조금 깊게 들여다보면 자연과 동식물 그리고 모든 사람이 서로 연결되지 않은 것이 없다. 우리가 숨을 쉬고 활기를 얻는 것은 공기가 있기 때문이고, 공기가 있기에 자연과 생명체가 살 수 있으며, 그런 동식물 덕분에 우리의 생존이 가능하다. 식탁에 오르는 밥은 자연환경과 농부의 수고가 있기에 가능하고, 벼가 쌀이 되려면 가공업자의 수고가 있어야 하며, 쌀을 사기 위해서는 노동을 해야 하고, 그렇게 구입한 쌀이 밥상에 오르려면 밥을 짓는 사람의 수고가 있어야 한다. 이처럼 식탁에 오르는 밥을 먹기까지 수많은 사람이 유기적으로 연관되어 있으나, 이를 숙고하지 않으면 식탁에 오른 밥의 소중함과 감사함을 잊어버린다. 즉, 내가 고통에서 벗어나기를 바라는 것처럼 모든 사람이 고통에서 벗어나기를 바라고, 내가 행복해지기를 바라는 것처럼 모든 사람이 행복해지기를 바란다는 동등성, 인류 보편적인 통찰을 기억해야 한다.

마음챙김 자비는 우리의 삶의 조건을 깊게 통찰하고 마음의 작용을 이해함으로써 나와 타인 모두를 유익하게 하는 지혜로운 삶을 사는 데 도움을 줄 수 있다. 상담과 심리치료 또한 이론마다 접근하는 통로는 다르지만 결국 고통스러운 마음을 이해하고 통찰을 통해 삶을 지혜롭게 운영하도록 돕는다. 이 책은 마음챙김과 자비라고 하는 오래된 전통의 지혜 정수가 현대의 상담이나 심리학과 어떻게 통합될 수 있는지를 잘 보여 주고 있다. 따라서 이 책은 마음을 이해하고자 하는 일반 독자를 비롯하여 고통스러운 마음으로 괴로워하는 사람들과 그들을 도와주고자 하는 치료자 모두에게 고통과 치유에 대한 신선하고 깊은 이해를 제공해 줄 것이라고 믿는다. 이 책을 함께 공부하고 번역에 참여한 마음챙김 앱의 개발자 김병전 박사와 이번에 박사를 취득한 노승혜 선생에게 고마움을 전한다. 명상의 지혜를 담은 책의 출판에 변함없는 지원을 해 오신 학지사 김진환 대표님과 깔끔한 편집으로 아름다운 책이 완성될 수 있도록 도와주신 유은정 님께도 깊은 감사의 인사를 드린다.

역자 대표

조현주 · 박성현

저자 서문

　이 책을 저술하는 과정은 매혹적인 여정이었다. 우리는 어떻게 시작하고, 어떻게 전개해 나아갈지 서로 공유하는 것을 좋아하였다.

　우리의 동료 알리스테어 윌슨Alistair Wilson 박사는 정신과 의사로서 불교 수행인 마음챙김과 자비가 어떻게 정신과정에 대한 서양의 과학적 이해와 통합될 수 있는지에 대해 오랫동안 관심을 가져왔다. 그는 2008년에 스코틀랜드 서부 해안 애런섬에서 떨어진 성스러운 섬에 있는 스님들의 묵상처에서 신경과학과 자비에 관한 콘퍼런스를 개최하였다. 우리는 이 모임에서 처음 만났다. 우리의 배경과 삶의 경험들은 서로 매우 다르므로 이것에 대해 간략하게 설명하고자 한다.

길버트

　나는 1950년대에 나이지리아에서 자랐는데, 12세까지 그곳에서 살았다. 도심에서 멀리 떨어져 살면서 환상적인 자유를 느꼈지만 또한 많은 고통, 즉 가난, 나병이나 다른 질병에 걸린 사람들이 생존을 위해 온갖 투쟁을 하는 것을 보게 되었다. 얼굴과 손이 나병으로 뜯겨 있는 사람들이 내게 돈을 달라고 구걸할 때 상당히 고통스러웠던 기억이 있다. 이후 나는 가족과 이전의 생활방식에서 벗어나 다소 엄격한 영국의 기숙학교에서 사춘기를 보냈다. 나의 첫 학위는 경제학이었지만, 항상 임상심리학자들과 가까이에서 일하기를 원해서 결국 1980년에 두 번째 학위를 받아 임상심리학자가 되었다. 나는 우리의 마음이 어떻게, 왜 진화되었고, 각기 어떤 방식으로 기능하는지에 많은 관심을 갖게 되었다. 나의 관심은 우울증이었다. 우울증은 무기력하고 파괴적일 수 있어서 심지어 자살에 이르게 한다. 프로이트나 융과 같은 초기의 심리치료사들 또한 마음을 진화적 배경에서 이해할 필요가 있음을 인식하였다. 진화의 렌즈를 통해 바라볼 때, 우리의 뇌는 놀랍도록 복잡하지만 함께 잘 작동하지 않는다는 것을 대부분 깨닫지 못하고 있다. 사실 우리의 뇌는 조절하기에 상당히 '까다롭고' 잦은 결함이 있으며, 어려움이 따른다. 우리 마음의 방식과 뇌는 수많은 고통을 해결할 수 있도록 설계되고 진화되어 왔다는 것이 밝혀졌다. 내가 이것을 깨닫기 시작하였을 때 서광이 비치는 것 같았다. 그것은 너무나 많은 의미를 주었다. 나는 그러한 발상을 탐색하는 책인 『인간 본성과 고통Human nature and suffering』을 1989년에 출판하였다.

나는 자연의 프로그램에 큰 흥미를 느낀다. 거북들이 생애 초기 몇 시간 동안—대부분은 성인 거북이 되지 못하지만—바다새, 여우와 같은 많은 다른 포식자에게 잡아먹히지 않으려고 바다에 도달하기 위해 모래둥지에서 앞다투어 기어나오는 것을 본 기억이 있다. 나는 데이비드 에텐버러David Attenborough(영국의 동물학자, 1926~)와 그의 팀이 해 온 놀라운 연구가, 비록 그들은 예상하지 못했을 수 있지만 자연의 참혹함과 잔인성을 보여 주었다고 생각한다. 대부분의 생명체는 생존을 위해 다른 생명체를 먹어야만 한다. 포식자들의 공동 목표는 어린 생명체이다. 바이러스와 박테리아 같은 생명체는 그들의 복리를 추구하기 위해 많은 다른 생명체를 죽이고, 불구를 만들고, 고통을 준다. 우리의 삶은 유한하며, 다른 모든 생명체와 마찬가지로 번성하고, 쇠퇴하고, 그리고 죽게 된다는 작은 깨달음을 얻었다.

이러한 주제에 대한 자각이 시작되면서 우리 세대의 많은 사람처럼, 나도 1960년과 1970년대에 불교에 흥미를 갖게 되면서 취미 삼아 명상을 시작하였고, 명상의 깊은 가르침을 알게 되면서 큰 영감을 받게 되었다. 2,500년 전에 부처는 모든 것이 영원하지 않으므로 삶이 고통스럽다는 것을 터득하였

다. 부처는 우주의 빅뱅 이론, 유전자의 작용, 생명의 흐름 기저에서 일어나
는 작용과 같이 존재 방식에 숨겨진 과학적 과정은 알지 못했지만 매우 단순
하되 심오한 관찰—모든 것이 변화하고 영원한 것은 없다—에 집중하였다.
잠깐이라도 생각해 보면 모든 것이 무상하다는 것이 명백한데도 불구하고,
우리의 마음은 얼마 안 가서 다시 영원과 안정을 찾는다. 이러한 마음은 쉽게
열정, 욕망, 두려움, 공포로 지치고 혼란스러워진다. 그래서 부처는 곤궁과
탐욕으로 길들여진 마음의 본질에 대한 분명한 통찰을 계발해야 이러한 마음
의 방식에 덜 끌려다닌다는 해결책을 제시하였다.

　불교의 이러한 통찰도 매우 매력적이지만, 여기에 진화심리학은 우리의 뇌
와 신체가 생존과 유전자 재생산을 위해 진화하였다는 통찰을 더한다. 우리
가 그러한 문제를 안고 있는 것은 당연하다. 이것은 진정으로 우리의 잘못이 아
니다. 이런 통찰을 동료인 스님들에게 이야기했을 때 뭔가 그들의 심금을 울
리는 듯하였다. 그들 대부분이 자신은 이와 같이 전혀 생각하지 못하였고, 때
때로 우리는 혼란스러운 마음을 가졌다는 것 혹은 우리가 뭔가 틀린 것을 해
왔고 또 뭔가 옳은 것을 하지 않았기 때문에 고통을 당한다고 믿어 왔다는 것
을 인정하였다. 진화에 대한 이해는 비난과 수치심을 완전히 없애 준다. 수년
간 수치심을 이해하고, 수치심을 가진 사람들을 도와주고자 노력했던 사람으
로서 불교적 통찰과 훈련을 진화적 이해와 결합하는 것은 나에게 미션이 되
었다.

　아름답고 성스러운 섬에서의 멋진 콘퍼런스를 통해 초덴과 나는 함께 걷는
기회를 가졌고, 아름다운 섬을 보면서 서로 다른 접근에 대해 깊은 이야기를
나누었다. 우리는 또한 스코틀랜드의 차가운 바다에서 수영을 하였는데, 이
말만으로도 그때의 생동감이 일어난다! 우리는 인간 마음의 문제와 마음을
훈련하는 어려움에 대해 상당히 비슷한 견해를 나누었다. 그는 사람들이 깊
게 마음챙김과 자비 훈련을 시작할 때 실제로 고통스럽고 힘든 느낌이 일어
날 수 있다는 점에 주목하였다. 그는 이러한 자기 경험을 제6장에 기술하였

다. 우리는 얼마 되지 않아 서로 다른 이해와 경험을 통합하여 함께 저술하는 것이 쉽지는 않겠지만 매우 흥미로운 프로젝트가 되리라는 것을 깨달았다. 나는 임상과 진화심리학을 공부한 임상심리학자이고, 초덴은 전통적인 스님 출신이다.

나는 이전 책[『자비로운 마음The compassionate mind』(2009)에서 나의 배경을 보다 상세하게 읽을 수 있다]에서 자비로운 마음 훈련에 대한 개념들을 탐색하였지만, 우리는 자비 훈련의 기초로 마음챙김을 포함하고 싶었고, 마음 훈련을 시작할 때 만나게 되는 장애물을 조사하여 단계적인 훈련 프로그램을 개발하고자 하였다. 이 훈련들은 초덴의 명상 훈련 경험과 정신 건강 문제로 씨름하는 사람들을 위해 개발한 나의 훈련 경험을 기초로 하였다.

우리는 전체적으로 글의 흐름을 부드럽게 하려고 노력하였지만 글쓰기 양식을 애써 갖추려고 하지 않았기 때문에 독자들은 글쓰기 방식에서 약간의 차이를 느끼게 될 것이다. 나의 과제는 마음과 마음 훈련에 대한 과학적 통찰을 구축하는 것이었고, 초덴의 과제는 삶에 대한 고대의 훈련을 서양인의 마음에 적용하는 것이었다. 지난 몇 년 동안은 확실히 나에게도 엄청난 공부를 할 기회가 되었고, 인내와 끈기를 가지고 설명해 준 초덴에게 깊은 감사를 표현하고 싶다. 나는 초덴이 새로운 방식으로 사고하는 것을 두려워하지 않고, 어떤 훈련에 대해서도 깊이 숙고하는 개방성을 가진 것에 감동을 받았다. 나는 또한 초덴이 몇몇의 난제를 개인적으로 탐구하기 위해 개방성과 준비성을 보이는 것에 깊은 인상을 받았는데, 그는 이에 대해 제6장에서 이야기하였다. 이러한 과정에서 그와 다져 온 우정은 매우 소중하다.

우리는 또한 몇몇의 자비에 초점을 둔 명상 리트릿을 함께 진행하는 기회를 가져 이 책의 제2부에 실은 훈련들을 개발할 수 있었다. 이 리트릿은 우리의 자비로운 마음을 계발하고 세상에 보다 효과적으로 개입하기 위한 기술들을 구축하기 위해 침묵, 숙고, 내적 훈련의 시간을 포함하였다. 이 훈련들은 일반적으로 사람들에게 상당히 도움을 주는 것으로 입증되었고, 참여자로서 나에게도 확실히 그러하였다. 우리는 미래에도 이러한 훈련을 계속해 나가길 희망한다.

초덴

불교와 집중 명상 훈련으로 향하는 나의 여정은 다소 특이한 경로였다. 나는 아파르트헤이트(흑인 차별 대우)의 암흑기에 케이프타운에서 성장하였다. 나에게는 중상류의 삶을 영위할 수 있는 특권이 있었고, 물질적으로 원하는 모든 것을 가질 수 있었지만 행복하지는 않았다. 나의 큰 부분이 깨어나지도, 살아나지도 않는다고 느꼈다. 나의 나머지 인생은 양분된 사회에서의 삶과 연관되어 있었다. 그것은 우리 모두에게 영향을 주었다. 백인으로서 나는 아프리카 흑인의 본능적인 힘과 분리되었다고 느꼈고, 백인의 특권과 번영을 누리는 살균실과 같은 세계에서 사는 것에 대해 비난받는 것이 마땅하다고 느꼈다. 그래서 물질적으로 풍요로운 환경을 누림에도 불구하고, 마음속 깊은 곳에서 늘 불만스러웠다. 집을 사고, 직장을 얻고, 배우자를 구하고, 호화로운 휴일을 갖는 삶—그 밖에 다른 것은 없을까? 어린 시절 나의 마음속에 이러한 질문들이 남아 있었다.

이후 내가 스님이 되었을 때, 부처가 상당히 부유하고 특권을 가진 왕자였다는 이야기를 듣고, 다소 그의 삶의 궤적을 따라간다고 느꼈다. 부처는 물질적 번영이 삶의 심연의 문제나 그를 둘러싼 고통을 다루지 않는다는 것을 보고, 자신의 번영과 특권을 포기하였다. 이 책의 후반부에서 살펴보겠지만 부처는 고통의 근원과 진정한 행복과 평화의 원인을 탐구하고자 자신의 왕좌를 버리고 홀로 황야로 갔다.

어린 시절의 어느 날 밤, 도둑들이 초등학교 교장 집에 침입해서 그의 부인을 겁탈하고 교장을 살인한 충격적인 사건이 있었다. 그 충격으로 나의 어린 시절의 안전감은 산산이 깨지게 되었다. 나중에 우리의 삶을 돌아보니 어

떻게 귀중한 삶이 순식간에 사라지는지, 얼마나 많은 사람이 수치심과 비밀
스러운 고통으로 가득 찬 사적인 내적 세계를 가진 채 삶을 사는지, 그럼에도
불구하고 여전히 이러한 세상에 대해 별로 이야기하지 않고 내적 세계를 찾
아가기 위한 기술도 거의 제공하지 않는다는 것이 상당히 충격이었다.

　나는 5년간 법을 공부하고 졸업한 뒤 케이프타운의 작은 법률 회사에서 법
정 인턴으로 일을 하였다. 빚을 지불할 수 없는 사람들의 재산을 압류하는 채
무자에게 법원 명령을 집행하는 일을 하는 데 대부분의 시간을 보냈다. 이러
한 일을 하는 내 자신이 이미 억압받고 파산된 사람들을 더 비참하게 만드는
자본주의 기계의 한 톱니처럼 느껴졌다. 그즈음에 명상 스승으로 잘 알려진
케이프타운 대학교 범죄학 전 교수인 롭 네언Rob Nairn을 만났다. 그는 교수직
을 이제 막 그만두고, 카루의 사막이나 다름없는 니우 베데스다Nieu Bethesda에
불교 명상 센터를 건립하였다. 그는 나에게 명상을 가르쳤고, 나의 가까운 멘
토이자 친구가 되었다.

　학위 논문을 끝낸 후 1985년에는 변호사로서 대법원 보조직에 합격하였
다. 내 마음 깊은 곳에서는 늘 이것은 내 운명이 아니라는 것을 알았다. 변호
사가 되는 것은 강력하게 조건화된 나의 일부였고, 아버지의 꿈으로 살아가
는 것이었다. 나는 군대에 징집되어 마지막 2년간을 나병촌에서 보냈는데,
남아프리카 사회의 양극화가 상당히 심하다고 느꼈다. 기초 훈련 동안에는
폐기된 화장실에 앉아 명상 수련을 하곤 하였다. 어느 날 밤, 의무 하사가 연
병장에 있는 나에게 달려와 내 손에 있는 작은 티베트 묵주를 보고 내가 흡연
을 했다고 연대에 고발하였다. 나는 "아니요, 나는 만트라를 읊고 있었습니
다."라고 말했다. 그는 상당히 놀랐으며, 그 일이 있는 후에는 나를 철저하게
피하고 상당히 거리를 두었다. 내 생각에 그는 내가 그에게 마술을 걸 수도
있다고 생각했던 것 같다!

　군 복무가 끝난 뒤 롭 네언을 따라 남아프리카를 떠나 스코틀랜드로 가기
로 결정하였다. 아버지는 늘 공부를 끝마친 다음에 "히말리아에 가서 명상을

하라."고 말씀하셨다. 아버지는 나의 영적 부름이 일시적일 것이며, 곧 돌아와서는 변호사로서 직업을 얻은 뒤 결혼하여 가족을 갖게 될 것이라고 생각한 것이다. 그러나 그렇게 되지 않았다. 나는 나라를 결코 떠난 적이 없었지만, 1990년에 집을 떠난 뒤로 7년 동안 돌아가지 않았다.

먼저 나는 스코틀랜드 남부의 삼예 링Samye Ling 수도원에서 기거하면서 공부를 하고, 명상을 수련하였으며, 명상을 한 지 3년이 되는 1993년에는 석 달간 명상 리트릿에 들어갔다. 명상 리트릿은 내 인생 최고의 경험이었고, 커다란 전환점이 되었다. 리트릿 장소는 완전히 외딴 곳으로, 스코틀랜드 초원의 언덕 위에 세워졌다. 그곳의 날씨는 주로 바람과 폭풍우가 휘몰아쳤고, 겨울에는 눈이 많이 내려서 종종 도로가 마비되어 통행할 수가 없었다. 그곳은 규율이 엄격하여 아침 4시 30분부터 밤 10시까지 명상을 하였다. 우리는 티베트 불교의 탄트릭 방법을 깊이 배우고 수련하였으며, 그곳에서 마음의 깊은 수준에서 의식의 변화를 경험하였다. 우리는 이탈리아, 스페인, 미국, 영국 그리고 몇몇의 스코틀랜드인으로 구성된 국제적인 그룹이었다. 우리는 수련 기간 동안 하나의 성지와 같은 조그만 찬장 그리고 명상과 잠을 자기 위해 들어갈 수 있는 상자 같은 공간이 있는 작고 협소한 방에서 살았다.

내가 리트릿으로 떠나기 직전, 아버지가 방문하여 그곳에 침대가 있냐고 물으셨다. 나는 "아버지, 그곳에는 침대가 없어요. 우린 작은 명상 상자에서 잠을 자요!"라고 말하였다. 그 순간 스님들 중 한 분이 히말라야 산맥이 디자인된 긴 티베트 호른을 불기 시작하였는데, 그 소리는 수도원을 모르는 아버지에게 날카롭게 들렸고 귀를 먹먹하게 만들었다. 아버지는 "여기서 나가야겠다―독한 위스키나 마시러 술집에 가야겠다."라고 말씀하셨다. 그러나 아버지는 놀랍게도 나에게 학비와 법 공부로 많은 돈을 지불하고서도 나의 유별난 여정을 인내하셨다.

우리는 외출을 할 수 없었고, 완전히 고요한 곳, 다시 말해 오로지 자신과 자신의 마음, 그리고 사나운 스코틀랜드 겨울만 있는 곳에서 6개월간 지냈다. 지금 돌이켜 생각해 보아도 기이하고 변용적인 체험이었다. 놀랄 것도 없이 그곳에서 나와 외부 세계에 적응하는 데 시간이 조금 걸렸다는 것은 당연한 것이다. 우리가 리트릿에 있을 때에는 인터넷이나 이메일 같은 것이 없었기 때문에 그곳을 나온 1997년 3월에 온통 사이버 세상이 된 것을 알고 모두가 흥미로워하였다. 나는 법복을 벗고 나온 뒤 리트릿에 있었던 기간을 포함하여 7년간을 스님으로 지냈다.

나는 티베트 불교의 탄트릭 명상 수련에 깊은 감명을 받았고 의식의 변성을 경험하였지만, 그런 검소한 여정에 동참하거나 고대 동양의 영적 전통을 후원하는 사람들이 많지 않다는 것을 깨달았다. 그래서 나는 롭 네언과 함께 사람들에게 스트레스와 우울을 대하는 단순한 기술들을 가르치는 것을 비롯하여 보다 직접적인 접근들을 개발하기 시작하였다. 대부분의 사람에게 깨달음이라는 것은 백일몽에 불과한 것이기 때문에 보다 피부에 와 닿도록 우리의 거친 마음을 이해하고 안정시키며 생각과 행동을 다루는 능숙한 기술을 가르치고자 하였다. 이것은 어떤 종교적 전통을 포함하지 않으면서 마음을 다루는 대중적인 접근으로서 '마음챙김 명상'으로 알려지게 되었다.

2008년 홀리섬에서 폴 길버트를 만났다. 우리는 신경과학과 자비에 대한 콘퍼런스에 그를 연좌로 초청하였다. 우리는 바로 연결되었다. 나는 길버트가 자기에 대한 자비를 배양하는 데 있어 마음챙김을 훈련하는 것이 얼마나 중요한지를 아는 것에 대해 바로 감명을 받았다. 또한 길버트에게 감동한 것은 '친밀한 연결성'—우리가 생물학적으로 어떻게 다른 사람과 서로 연결되어 있는지, 우리 삶에 이러한 연결성이 부족하다면 얼마나 궁핍할지에 대해 주목하였다는 것이다. 이것은 내 배경인 대승 불교 전통이 반영된 것으로, 자비는 마음 훈련에 있어서 우선한다. 우리는 많은 매혹적인 토론을 하였고, 이런 대화에서 벗어나 함께 책을 쓰자는 생각에 이르렀다.

2009년 롭 네언과 나는 애버딘 대학교_Aberdeen University_ 마음챙김 석사 프로그램을 개설하는 데 중요한 역할을 하였다. 마음챙김과 자비를 함께 다루어야 한다는 우리의 접근은 길버트의 생각이 강력하게 반영된 것이다. 그리고 이 것은 영국에서의 첫 석사 학위 프로그램으로, 마음챙김 훈련 안에 자비를 훈 련하는 것이 포함되어 있다. 이 프로그램은 현존하는 것을 배우는 것에만 초 점을 두지 않고, 우리 자신에게 친절해지고 돌보는 것을 포함하여 자기비판 적인 마음을 직접적으로 다루도록 구성되어 있다.

우리는 이 책이 독자들에게 우리가 문제 있는 마음을 가질 수 있으며, 이는 진화의 역사와 우리가 자라난 환경에 의해 쉽게 형성될 수 있기 때문이라는 새로운 통찰을 제공해 주길 희망한다. 이 책을 아우르는 주제는 문제 있는 마 음을 가지고 있는 것이 우리의 잘못은 아니지만 마음을 훈련할 책임은 가질 필요가 있다는 것이다. 즉, 만일 번개가 당신의 근간을 파괴한다면 그것은 당 신의 잘못은 아니지만, 그것을 수리할 책임은 당신에게 있는 것이며 그것을 어떻게 솜씨 있게 해야 할지 배우는 것은 나쁜 생각이 아니다. 마음챙김과 자 비는 바로 이런 것들을 하기 위한 기술적인 수단이며, 부지불식간에 일어나 는 자연재해와 같은 여러 다른 문제를 치유한다. 진화의 투쟁은 다양한 동기 와 정서를 가진 복잡한 마음을 형성하게 되었지만, 단지 인간만이 자신의 마 음을 이해하고 훈련하며 자신이 되고자 원하는 종류의 사람을 현명하게 선택 할 수 있는 잠재력을 갖고 있다.

차례

도입

우리가 암을 치료하고, 아이들이 기아로 죽어 가는 것을 예방하고, 보다 공정한 세상을 만들고, 사람들의 분쟁을 평화롭게 해결하는 방법을 찾도록 도울 수 있다면, 얼마나 훌륭한 일일지 생각해 본 적이 있는가? 이런 생각을 해 본 적이 있다면 당신은 이미 자비의 길에 서 있는 것이다. 다른 사람이 고통과 고통의 원인에서 벗어나고, 그래서 행복하게 되기를 바라는 것은 자비의 본질이다. 앞으로 그 이유에 대해서 짧게 설명하겠다.

기독교 전통에서는 우리보다 불운한 사람들, 즉 아프고 가난한 사람들에게 자비롭고 친절한 태도를 보이는 것이 삶의 핵심이다.[1] 일반적으로 자비는 자신과 타인의 고통에 민감하고 그 고통을 예방하고 완화시키려는 깊은 헌신으로 정의된다.[2] 이러한 정의는 흥미롭다. 왜냐하면 우리가 잠시 생각해 보면, 이 단순한 문장이 두 가지 아주 중요한 정신 능력 혹은 심리작용을 가리키는 것을 알 수 있기 때문이다. 첫 번째는 고통을 차단하는 것이 아니라 마음을 열고 고통을 받아들이는 것이다. 실제로 'compassion'이라는 단어는 '고통을 함께하다'라는 의미인 라틴어 compati에서 유래하였다. 그래서 우리는 고통으로 나아가기 위해 어떤 특별한 특성과 기술이 필요한지 스스로에게 물어볼 수 있다. 두 번째의 정신 능력 혹은 '심리작용'은 우리가 어떻게 자신과 타인의 고통에 반응하는가에 관한 것이다. 우리는 이 책에서 이 두 가지 능력을 심층적으로 살펴보고, 그 능력을 훈련하는 방법을 제시할 것이다.

우선 자비를 단지 '고통을 함께'하는 것으로만 고려한다면, 자비는 동정과 공감으로 귀결된다. 동정과 공감은 중요하지만, 이것은 자비 이야기의 일부분에 불과하다. 또한 이른바 고통을 완화하기 위해 뭔가를 하는 것(실제로 가능하다면 고통을 예방하는 것)은 두 번째 정의와 관련된다. 이것은 아주 다른 마음을 요구하는데, 친절하고, 지지적이고, 이해하고, 행동을 동기화하는 능력과 관련된다. 이런 마음은 고통을 증오하거나 그것에 맞서 싸우기보다는 실제로 마음챙김하고 수용하는 것을 배우길 요구한다. 이것을 좀더 깊이 들여다보면 마치 광장공포증과 같은 불안을 가진 사람이 불안을 없애기보다는 외출해서 불안에 직면하고, 견디는 법을 배우는 것과 같다. 하지만 우리가 원하는 중요한 점은 고통의 근원에 관여하고, 조절하고, 이해하려는 능력이 고통을 완화하고 예방하는 능력과는 다르다는 것이다. 의사가 새로운 환자를 진찰하는 시나리오를 상상해 보자. 먼저, 그들은 통증의 위치와 그 원인을 파악하기 위해 환자의 통증과 고통에 주의를 기울여야 한다. 이 시점에서 잘못된 상태를 치료하려는 시도는 핵심이 아니다. 하지만 일단 그들의 병을 정확히 발견하면 통증에 집중하지 않고, 무엇이 그 통증을 완화시키는지에 관심을 돌린다. 그들은 치유를 가져올 치료법을 처방하기 위해 그들의 지식과 경험을 활용한다. 이에 더하여 그들은 안심시키는 미소를 띤 채 이러한 친절이 두려움을 진정시키는 데 도움이 된다고 생각하면서 환자의 손을 잡는다.

내적 자비를 계발하는 것은 우리 스스로 의사이자 치료사가 되는 것과 같다. 우리는 고통스러운 것과 마주하고, 그 뿌리를 이해하려고 노력하는 능력을 계발하지만 현명하게, 지지적으로, 그리고 친절하게 관계하려는 열망과 관련된 매우 다른 자질도 필요하다. 자비는 고통에 대한 이해와 수용을 포함한다. 하지만 고통 속에 가만히 앉아 있는 것—마치 더러운 욕조 물에 몸을 담그고 앉아 수용은 아무것도 하지 않는 것임을 믿는 것처럼—이 아니다. 사실 수용은 현명한 활동을 위해 필요한 용기 있는 행동이다(제8장 참조). 그러므로 우리가 오직 고통에 관여하고 이해하는 능력에만 집중하고 있다면, 이것은 전체 이야기의 절반을 놓치는 것이다.

마음 훈련

이러한 두 가지 처리 과정은 훈련이 필요하다. 우리는 우리 혹은 타인이 경험하고 있을지도 모르는 고통에 주의를 기울이고, 마음이 움직이고, 공감할 필요가 있다. 이와 비슷하게 우리는 현명한 관여와 친절의 특성을 계발하는 데 힘써야 한다. 의사가 치유자가 될 수 있는 유일한 방법은 질병의 본질을 공부하고 이해하는 것이다. 그런 다음 치유를 촉진하는 위치에 설 수 있다. 우리 마음에 있어서도 마찬가지이다. 우리는 고통의 특성과 원인을 이해할 필요가 있고, 그럴 때 효과적이고 돌보는 방식으로 고통에 관여할 수 있다. 우리가 겪는 많은 고통의 한 가지 근원은 우리의 마음과 감정이 어떻게 작용하는가에 관한 것이다. 우리는 마음이 가진 힘을 인식하기 위해서 마음에 대해 공부할 필요가 있다. 우리 마음에서 무엇이 일어나는지 주의깊게 관찰하는 법을 배우는 것은 아주 중요한 기술이다. 이 기술은 '마음챙김'이라고 알려져 있고, 이 책에서 깊이 있게 다룰 것이다(제7장 참조).[3, 4]

따라서 자비는 자신의 혹은 타인의 고통에 압도당하거나 빠져드는 것이 아니다. 자비는 겉으로 친절하다고 해서 사람들이 우리를 좋아하게 될 것이라는 것도 아니다. 자비는 약함, 부드러움, 혹은 사람들을 곤경에서 모면케 하는 것이 아니다. 자비의 핵심은 고통의 본질에 익숙해지고, 우리 존재의 깊은 곳에서 고통을 이해하고, 그 근원을 분명하게 바라보는 것이다. 하지만 똑같이 중요한 것은 고통을 완화하는 데 전념하고, 모두를 위해 고통을 완화시키는 것이 가능한 일임에 크게 기뻐하는 것이다.

　마티유 리카르Mattieu Ricard는 오랜 기간 승려이자 달라이 라마의 불어 통역가로서 신경과학자 타니아 싱어Tania Singer와 함께 자비를 느낄 때 뇌에서 무슨 일이 일어나는지 알아보기 위해 연구하였다. 그들의 연구는 만약 당신이 고통을 다루는 데 어떠한 긍정적 느낌 없이 그저 공감적 관심을 가진다면(예: 약이나 음식 부족, 혹은 학대받고, 고문 당하고, 질병으로 고통스럽게 죽어 가는 어린이) 어두운 여정이 될 것이라고 결론을 내렸다. 우리는 분노나 무력감에 사로잡힐 수 있다.[5] 2011년 10월, 의학자들은 말라리아 백신이 효과가 있다는 데이터를 보고 수천 명의 어린이를 구할 수 있다는 사실에 눈물을 흘리며 축하하였다. 이러한 사례가 자비의 두 번째 측면이다.

　분노는 자비로운 행동이 필요하다는 사실을 우리에게 일깨워 주는 중요한 정서가 될 수 있다. 길버트는 종종 자비에 관한 자신의 관심이 많은 사람의 짧은 삶이 비참하다는 분노와 슬픔에서 비롯되었음을 인정한다. 전 세계의 막대한 양의 연구 자원이 무기와 방어에 쓰이고, 세상의 대부분의 부가 소수의 손 안에 있으며, 우리를 미치게 하는 국가 안에서 사람들은 경쟁 심리에 갇혀 있는 것 같다.[6] 1984년 밥 겔도프Bob Geldof와 밋지 유르Midge Ure는 에티오피아 기근에 매우 마음이 아팠고, 이에 대한 정부의 변명에 좌절하고 분노하여 밴드 지원과 라이브 지원Band Aid and Live Aid으로 막대한 돈을 모금하였다. 부당함과 고통에 대한 분노는 우리를 행동에 옮기게 할 수 있다. 하지만 물론 분노 역시 상당히 파괴적일 수 있다. 따라서 고통을 이해할 수 있고, 행동을 유발하는 마음챙김 자비는 고통에 관여하고 행동하는 더욱 능숙하고 확실한 방법이다. 슬픔도 우리를 고통과 연결시키는 감정이다. 불교 전통에서 슬픔은 종종 우리를 자비로운 행동으로 나아가게 하는 감정이다(제6장 참조). 하지만 또다시 마음챙김 자비는 우리가 슬픔에 빠지지 않고, 오히려 슬픔을 이용하여 행동으로 이어지도록 돕는다.

자비의 또 다른 중요한 요소는 흐름flow의 개념이다. 이것은 후에 다시 한번 더 상세히 다루게 될 주된 주제이다. 다른 사람을 자비롭게 대할 수 있고, 이러한 느낌을 외부로 흐르게 하는 것이 자비 문헌에서의 일반적인 주요한 초점이다. 하지만 이것 역시 자비 이야기의 일부분—한 방향의 흐름—에 불과하다. 우리는 마음을 열고, 다른 사람들이 우리에게 보내는 자비도 수용해야 한다. 우리는 타인의 친절함이 우리를 어떻게 지지하고, 정서적으로 영향을 미치는지 알아차릴 수 있고, 그것에도 마음챙김하는 것을 배울 수 있다. 자비 흐름의 또 다른 측면은 때때로 불교와 기독교 문헌에서 더 강조되기도 하는데, 바로 우리 자신을 자비롭게 대하는 것을 배우는 것이다. 만약 당신이 자신에 대한 자비로움에 마음을 열지 못하고, 자기자비를 계발하는 것에 저항한다면 더 깊은 수준의 자비를 계발하는 것은 그야말로 불가능하다.[7] 예를 들어, 만약 당신이 내면에서 차단하거나 혐오하고 있는 어떤 것이 있다면 당신은 다른 사람이 가진 비슷한 것에 공감하는 데 어려움을 겪을 것이다.

우리의 여러 자기(our multiple selves)

정원사와 농부는 농작물이 자라나는 모습을 보는 것을 좋아한다. 대다수의 부모는 자녀가 잘 자라는 모습을 볼 때 기쁨을 느낄 것이다. 하지만 우리가 타인이 느끼는 기분과 어려움에 민감해지고, 그들을 돕고자 나설 수 있는 것은 우리의 깊은 내면에 '우리 자신과 타인의 고통을 덜어 주기 위한' 동기가 있기 때문이다. 사실 자비로운 열망과 동기는 우리 마음 안에 있는 많은 다른 동기와 경쟁한다. 말을 이어 가자면 우리는 출세하기 위해서, 경쟁하고 다른 사람을 능가하기 위해서, 부자가 되기 위해서, 섹스를 위해서, 혹은 자신의 종교나 공동체를 옹호하고자 하는 동기가 있다. 우리는 많은 모순과 갈등으로 이루어진 종이다. 심지어 적들이 파괴되는 모습을 볼 때 즐거워하고, 폭군의 머리에 박힌 총알을 보고 크게 기뻐한다. 오락 산업은 '선한' 사람이 '악한' 사람을 정의와 기쁨으로 죽이는 주제를 중심적으로 다룬다. 슬프게도 어린이들을 위한 게임에서는 총을 쏘고 죽이는 즐거움을 자극함으로써 우리 마음의 이런 부분들을 이용한다.

인간의 마음은 여러 동기의 경쟁으로 가득차 있다. 만약 우리가 자비에 가치를 두지 않는 위협적인 세상에 살고 있다면 다른 사람들과 경쟁해야 하고, 직장을 유지하거나 집이 압류당하지 않도록 항상 걱정해야 한다. 이는 자비로운 마음을 기르는 조건이 아니다. 이러한 경우, 자비에 대한 내적 역량은 부서지기 쉬운 가지들로 덮여 잊혀진 정원처럼 될 수 있다. 설상가상으로 사람들은 자비가 유약한 것, 즉 어떤 측면에서 연약하고, 흐릿하고, 방종이나 순종적인 친절에 대한 것이라고 생각할 수 있다.[8, 9] 그러나 자비는 절대 이러한 것들이 아니다. 앞으로 살펴보겠지만, 자비는 친절과 타인과의 연결감이라는 정서적 맥락 속에서 강인함, 확고함, 용기를 필요로 한다. 이는 땅에서 묘목들이 자라도록 기다려 주고, 자랄 수 있도록 허락하는 것이다.

마음 이해하기

우리 대부분은 수학이나 역사에 대해서는 교육을 많이 받았지만, 마음이 어떻게 작용하는가에 대해서는 거의 교육을 받지 못했다. 사회는 오직 사람들이 새벽부터 저녁까지 힘들게 일하는 여부에만 관심을 가질 뿐 자기이해를 더 잘할 수 있도록 돕지는 않는다. 그들은 엔지니어, 테니스 선수, 파일럿 혹은 가게 점원이 되고자 하는 포부를 키우고자 한다. 서양의 어린이들은 우리 마음이—수백만 년 동안 진화해 온 뇌에서 나오는 격정과 느낌으로 가득 차 있어—다루기에 아주 어렵고 까다로울 수 있다는 것을 전혀 배우지 않았다. 우리 마음속에서 일어나고 있는 일에 마음챙김과 자비로운 상태가 되는 것에 관해서는 거의 배운 것이 없으며, 이러한 상태가 되는 것이 우리가 불안, 분노, 우울, 자기회의로 투쟁할 때 실제로 어떻게 도움이 되는지 모른다. 심리학의 큰 발전과 마음에 대한 이해를 감안하면 이것은 비극이나 다름없다. 하지만 이것은 우리가 생산적인 구성원이 되어야 한다는 교육을 얼마나 많이 지향하는지를 보여 준다.

그동안 기독교와 같은 영적 시스템에서 자비의 핵심을 인식하고, 실제로 그것에 대해 종종 언급해 왔지만, 이 책에서는 동양 철학 세계에서 유래한 특정한 불교 사상에 더 집중하고자 한다. 우리가 불교에 집중하는 이유는 불교는 통찰과 수련이 없으면 우리 마음이 쉽게 혼란스럽고, 위험하고, 두려움과 분노, 절망감에 빠지기 쉬우므로 우리가 마음에 친숙해지고 수련하는 데 더 많은 시간이 필요하다고 주장하는 몇 안 되는 영적 전통 중 하나이기 때문이다. 사실 불교 문헌에서는 훈련되지 않은 마음은 격정과 난폭한 감정을 통제할 수 없기 때문에 광기에 가까울 수 있다고 말한다. 이러한 이유 때문에 전 세계에 수많은 끔찍한 잔인함과 부당함이 있는 것이다.

하지만 우리는 이러한 생각을 종교적 태도로 취하는 것이 아니라 심리학적 체계의 입장에서 본다는 것을 분명히 하고 싶다. 실제로 길버트는 좋은 환생을 얻기 위한 필요성, 현생의 아픔과 고통은 전생의 업보unskilful behaviours와 연관된다는—대부분의 불교 학파에서 일반적으로 통용되는—등의 불교를 뒷받침하는 일부 형이상학적 신념을 믿지 않는다.[10] 일부 해설자에 따르면, 부처 자신은 결코 그러한 형이상학적 추측으로 빠지지 않았다. 달라이 라마는 불교심리학을 불교의 형이상학적 차원과 구별하는 것이 중요하다고 자주 언급해 왔다. 불교심리학이 이렇게 중요한 이유는 수천 년 동안 마음에 초점을 맞추어 왔기 때문이다. 마음이 여러 얽힘 속에서 어떻게 일어나는지를 관찰하고, 그것을 이해하고 훈련하는 방법을 배우면 더욱 평화롭고 균형 잡힌 삶을 살 수 있다. 서양의 심리학과 심리치료 전통에서도 우리의 마음이 어떻게 작용하는지에 대한 중요한 통찰을 보여 주기 시작하고, 이러한 두 가지 전통은 과학적 연구가 마음을 관찰하고 훈련하는 것의 중요성과 효과성의 측면에서 수천 년 전 부처가 가르쳤던 많은 영역을 구체화하면서 점점 더 가까워지고 있다. 이 책을 집필하는 동안 우리는 두 가지 전통을 하나로 모으는 것에 흥분되었다.

우리가 선택한 자기

자비는 우리가 내적 역량을 기르고, 불교 전통에서 보살─모든 고통을 이해하고 완화시키는 데 전념하는─이라고 불리는 특정한 사람이 되기를 요구한다. 우리는 이를 위해 반드시 훈련해야 한다. 마라톤 선수가 마라톤에 참여하기로 결정했기 때문에 추울 때에도 매일 아침 고된 훈련을 하는 것처럼, 우리 역시 여정이 힘들 때, 그리고 많은 도전에 맞서 싸울 때 자비로운 마음을 적극적으로 계발할 필요가 있다.

삶의 통증과 고통을 직면하는 것은 어렵다. 우리는 태어나고, 한때 번창하고, 유전자를 퍼뜨리고, 그런 다음 쇠약해져서 죽는다는 현실을 안다. 이것은 모든 살아 있는 생명체에게 해당한다. 인생은 그렇게 길지 않다. 오늘날 중산층의 사람들은 현대 의학과 건강한 삶의 도움으로 25,000~30,000일 사이쯤의 수명을 기대할 수 있게 되었다. 만약 가난하게 태어났다면 훨씬 더 적을 것이다. 그리고 물론 이 25,000일 동안 모든 종류의 질병과 비극이 우리에게 그리고 우리 주변에서 발생할 수 있다.

우리가 여러 질병과 고통 속에 죽어 가는 것이 삶의 일부이고, 우리 자신이 가장 나쁜(아주 잔인한) 적이 될 수 있다는 사실에 직면할 준비를 하는 것은 고통스럽고 심지어 대단히 충격적일 수 있다. 이것은 우리를 화나고, 불안하고, 심지어 괴롭게 할 수도 있다―하지만 고통에 직면하는 것은 우리 안에 매우 깊은 무언가를 요구하는 것이다. 사실 그것은 주의를 기울이고, 용기를 필요로 한다. 이것이 자비로운 마음의 핵심 요소이며, 보살의 특징 중 하나는 삶의 현실을 직면할 준비를 하고 용기, 친절과 헌신을 바탕으로 그것에 관여하는 방식을 찾는 것이다.

솔직히 말해서 당신이 자비에 관한 자립 안내서를 팔고 싶을 때, 고통에 대해 깨어나기를 내용으로 이야기를 시작하는 것은 아마도 좋지 않을 것이다! 우리는 보통 책에 나오는 여러 방법들을 따라 하기만 하면 기분이 나아질 것을 바라면서 자립 안내서를 본다. 그렇다면 '고통에 대해 깨어나기'가 어떻게 그것을 가능하게 하는가? 여기서 요점은 단지 고통을 깨닫는 것이 아니라 다음에 무엇을 하는가가 중요하다. 여기에는 우리의 내적 세계와 우리 자신, 타인과 삶의 형태, 그리고 우리가 살고 있는 환경을 돌보는 능력을 점진적으로 변화시키고 일깨우는 자비로운 마음의 자질을 계발하고 활용하는 것을 포함한다. 따라서 비록 쉽지 않은 일이지만, 자비를 깨우는 것은 우리 자신과 세상과의 관계를 변화시키고, 이것이 곧 모든 것을 변화시킨다.

지혜의 중요성

자비를 계발하는 길에서 가장 중요한 것은 지혜이다. 지혜는 이제 신비롭거나 미신적인 것이 아니다. 지혜는 단순히 지식에 경험이 더해져 통찰을 일으키는 것이다.[11]

지식 + 경험 = 통찰

우리는 지혜를 길러야 한다. 지혜는 저절로 생겨나는 것이 아니다. 우리는 지식을 얻고, 고통의 원인에 대한 통찰을 계발하기 위해 노력해야 한다. 우리의 관점에서, 당신이 계발하려는 지혜의 유형은 동기에 달려 있다. 다양한 동기에 따라 다양한 유형의 지혜가 일어나므로 자비로운 동기가 아주 중요하다. 고통에 대해 자비롭게 접근하면 고통을 이해하는 지혜는 고통을 완화할 것이다. 따라서 동기는 우리가 추구하는 지식의 종류와 그 지식과 경험이 어떻게 적용되는지 결정하는 데 있어 아주 중요하다.

진흙 속 연꽃

이 책의 은유는 진흙 속 연꽃이다. 우리가 이 은유를 선택한 것은 진흙 속 연꽃이라는 은유가 아픔과 고통과 자비를 연결하는 핵심적인 지혜와 공명하기 때문이다. 이것은 대승불교 전통의 고대 신화에서 비롯되었다. 기본적으로 진흙은 우리의 어두운 면을 보여 준다. 자기중심성, 공격성, 두려움과 잔인함, 우리가 피하고 싶고 숨기고 싶어 하는 것들이다. 이것은 또한 진화된 삶의 냉엄한 현실을 보여 준다. 모든 것이 영원하지 않다는 것은 삶의 고난과 아픔이다. 또한 우리는 다른 동물과 똑같이 자기의 생존과 번영을 위한 많은 동기를 갖고 짧은 삶의 흐름 속에 놓여 있는 우리 자신을 발견할 뿐이다(제2장 참조). 그리고 때때로 우리 중 누구라도 비극에 부딪힐 수 있고, '가라앉고' 있다고 느낄 수 있다. 물론 진흙은 시야를 가린다. 하지만 진흙은 연꽃의 자양물이다. 진흙 없이 연꽃은 피지 못한다—따라서 진흙과 연꽃의 관계는 절대적으로 중요하다. 비슷하게 자비는 돌보는 행동의 진전으로 진화하였다. 자비는 진화적 발달이었고, 삶에 대한 투쟁 없이는 일어날 수 없었을 것이다.

연꽃은 진흙에 의존하기 때문에 진흙으로부터 떨어져 나갈 수도 혹은 진흙을 제거할 수도 없다—이것은 우리에게도 마찬가지이다. 자비는 우리 자신과 주변 사람들의 고통에 의해 마음이 움직일 때 깨어난다. 연꽃은 깨어난 자비의 마음, 즉 자기중심적 쾌락 추구에서 고통의 핵심으로 들어가는 것을 상징한다. 이것은 진흙(고통)으로 들어가고자 하는 동기와 헌신으로 이어지며, 우리 자신과 타인의 삶의 고통에 마음을 열고 그 고통에 반응함으로써 사랑, 돌봄, 이해, 기쁨의 긍정적인 특성을 계발한다. 이것이 이 책의 핵심 주제이며, 제6장에서 더 심도 있게 살펴볼 것이다.

핵심포인트

- 자비를 구성하는 '심리작용' 혹은 정신 능력은 두 가지로 구분할 수 있다. 하나는 우리가 고통에 관여하고 그것을 이해할 수 있도록 돕는다. 또 다른 하나는 숙련된 행동과 그것을 완화하려는 우리의 노력에서 비롯된다.
- 인간의 마음은 경쟁하는 동기와 잠재된 힘으로 가득차 있다. 자비로운 마음을 일으키고, 우리 삶에 변화를 주기 위해서는 이러한 두 가지 심리작용을 적극적으로 훈련할 필요가 있다.
- 많은 영적 전통이 사랑과 자비에 대한 위대한 가르침을 제공하는 반면, 불교는 자비로운 마음을 훈련하는 실질적 방법을 제공하기 때문에 특별한 자산이 된다.
- 이제는 서구의 과학 역시 향상된 행복과 모두를 위한 자비로운 삶의 창조를 목표로 우리의 마음 훈련을 시작할 수 있는 새로운 방법을 보여 주고 있다.

미주

1 Phillips, A. and Taylor, B. (2009) *On Kindness.* London: Hamish Hamilton.

2 The Dalai Lama (1995) *The Power of Compassion.* London: Thorsons; and T he Dalai Lama (2001) *An Open Heart: Practising Compassion in Everyday Life* (edited by N. Vreeland). London: Hodder & Stoughton. See also Geshe Tashi Tsering (2008) *The Awakening Mind: the Foundation of Buddhist Thought: Volume 4.* London: Wisdom Press.

3 Ibid.

4 There are some very useful and easily accessible books available now for thinking about mindfulness. Probably the best known is Kabat–Zinn, J. (2005) *Coming to Our Senses: Healing Ourselves and the World through Mindfulness.* New York: Piatkus. Another popular one with many useful exercises is Siegel, R.D. (2010) *The Mindfulness Solution: Everyday Practices for Everyday Problems.* New York: Guilford. Some books also link mindfulness *and* compassion in very interesting and important ways, e.g. Germer, C. (2009) *The Mindful Path to Self Compassion: Freeing Yourself from Destructive Thoughts and Emotions.* New York: Guilford. Another book that does this is Siegel, D. (2010) *Mindsight: Transform Your Brain with the New Science of Kindness.* New York: Oneworld.

5 You can see Matthieu Ricard talking about this research at www.huffingtonpost. com/matthieu–ricard/could–compassion–meditati_b_751566.html.

6 Jeffery Sachs (2011), in his important book *The Price of Civilization Economics and Ethics after the Fall.* London: Bodley Head, articulates how self–focused behaviours, especially those that focus on competitive edge in getting ahead of others regardless, are seriously distorting economic and world resource distribution systems. It's a world where the strong get stronger and the weak weaker. Increasingly now economists are recognising that trickle–down economics of unbridled self–focused competition is seriously damaging not only for our economies but also for our minds (see Twenge, J.M., Gentile.

B., DeWall, C.N., Ma, D., Lacefield, K. and Schurtz D.R. [2010] Birth cohort increases in psychopathology among young Americans, 1938–2007: A cross-temporal meta-analysis of the MMPI. Clinical Psychology Review, 30, 145–154). The compassionate mind is open to the realities of the world as we live it.

7 Self-compassion has become an important focus in Western approaches to well-being. The reason the West has become so interested in self-compassion is because we are far more individualistic and competitive, and therefore self-critical and shame-prone. Although there are different approaches to self-compassion based on different models, key figures in this area are Neff, K. (2011) Self Compassion: Stop Beating Yourself up and Leave Insecurity Behind. London: Morrow; and Germer, C. (2009) The Mindful Path to Self Compassion: Freeing Yourself from Destructive Thoughts and Emotions. New York: Guilford; my (2009) book The Compassionate Mind. London: Constable & Robinson, is also focused on self-compassion in some sections.

8 Phillips, A. and Taylor, B. On Kindness.

9 My research unit has become very interested in the concept of the fear of compassion, e.g. Gilbert, P., McEwan, K., Matos, M. and Rivis, A. (2011) Fears of compassion: Development of three self-report measures, Psychology and Psychotherapy, 84, 239–255. DOI: 10.1348/147608310X526511; and Gilbert, P., McEwan, K., Gibbons, L., Chotai, S., Duarte, J. and Matos, M. (2011) Fears of compassion and happiness in relation to alexithymia, mindfulness and self-criticism, Psychology and Psychotherapy, 84, 239–255. DOI: 10.1348/147608310X526511.

10 Geshe Tashi Tsering (2008) The Awakening Mind: The Foundation of Buddhist Thought, Volume 1. Boston: Wisdom Press.

11 Ardelt, M. (2003) Empirical assessment of a three-dimensional wisdom scale, Research on Aging, 25, 275–324, suggests that wisdom has many facets–there is an ability to thoughtfully reflect on the way things are (e.g. the human condition), an ability to feel a certain way and of course a motivation to

understand, 'to know and learn' with an openness to the new. Wisdom also enables us to actively reason and think about things when we integrate our knowledge and experience. There are also studies looking at the way wisdom operates in our brain: Meeks, T.W. and Jeste, D.V. (2009) The neurobiology of wisdom, *Archives of General Psychiatry*, 66, 355-365. At the time of going to press Christopher Germer and Ronald Siegel, two leading writers on mindfulness and compassion, have just published their edited landmark book (2012) *Wisdom and Compassion in Psychotherapy: Deepening Mindfulness in Clinical Practice*. New York: Guilford.

제**1**부

주제들

제1장
깨어나기

마음을 이해하는 것은 현대 과학뿐 아니라 우리 각자에게도 가장 어려운 일 중의 하나일 것이다. 인간의 마음이 과학, 의학, 그리고 정의를 위한 제도 등의 분야에서 놀랄 만한 성취를 이루었지만, 터무니없을 정도로 잔학하고 탐욕에 찬 행위를 하는 것 또한 똑같은 마음이라는 것을 인식하는 것은 그리 어렵지 않다. 우리가 사는 세상에서 당면하고 있는 모든 문제, 불공정한 빈부 격차의 문제로부터 지구 온난화와 지구 보존 문제, 어린이와 약하고 가난한 자들의 착취 문제, 전 세계적인 건강 체계의 구축 문제에 이르기까지 이 모든 문제의 공통분모는 마음이다. 이기적인 집착과 집단 간의 분쟁을 일으키는 것도, 이러한 문제들에 대해 개방적이고 사려 깊게 협동하는 태도를 만드는 것도 마음이다. 물론 행복과 기쁨 혹은 불안, 고뇌, 절망과 같은 개인적인 경험의 근원 또한 우리의 마음이다.

이 책은 마음이 어떻게 지금과 같은 모습이 되었는지, 마음이 어떻게 작동하는지, 그리고 가장 중요하게는 어떻게 마음을 훈련해서 우리가 당면하고 있는 외적 세계와 감정과 느낌이 출렁거리는 우리 내면의 어려움들을 다룰 것인지에 대해 이야기하고 있다. 또 우리가 마음을 더 많이 이해할수록 왜 그리고 어떻게 마음을 훈련해야 하는지 더 많이 알게 될 것이다. 이것은 제2부에서 다룰 것이다.

종교는 말할 것도 없고, 동서양의 많은 철학자는 마음의 본성과 고통의 본성이 무엇인지에 관해 씨름해 왔다. 우리는 이 책에서 현대심리학의 연구뿐 아니라 불교를 포함한 고대 전통들로부터 나온 통찰들을 탐색할 것이다. 최근 불교에 대한 서구의 높은 관심은 수천 년 동안 불교 학자들과 헌신적인 수행자들이 내성적이고 반조적인 심리학introspective and reflective psychology과 자비로운 통찰에 기초한 윤리의 수행 체계를 연구하고 개발했기 때문이다. 이러한 수행을 통해 사람들은 자신의 마음과 친숙하게 되고, 행복을 위해 마음을 안정시키고 조정하는 방식을 배울 수 있으며, 개인적·사회적 건강과 관련된 핵심적인 특성을 키울 수 있다. 우리는 불교를 내성과 윤리의 심리학으로 탐구함으로써 마음이 얼마나 다루기 어려운지, 그리고 마음에 대해 무엇을 할 수 있는가에 대한 통찰을 얻을 수 있을 것이다. 붓다로 하여금 마음에서 일어나는 고통의 뿌리를 이해하는 것에 대해 크나큰 관심을 갖게 한 것이 무엇이었는가에 대해 생각하는 것으로부터 이야기를 시작해 보자.

붓다의 어린 시절에 관한 중요한 이야기가 전해진다. 붓다는 지금의 네팔에 속한 일부 지역을 다스렸던 가문에서 태어난 것으로 알려져 있다. 그의 이름은 고타마 싯다르타였지만, 삶의 후반기에는 붓다로 알려지게 되었다. 붓다는 '깨달은 자'라는 뜻이다. 그의 정확한 탄생일은 알려져 있지 않지만 BC 563년 또는 BC 623년 무렵으로 추정된다. 그는 대략 80세에 사망하였는데, 그것은 당시로는 매우 장수하는 나이였다.

세속적인 야망을 가진 왕이었던 그의 아버지는 싯다르타가 위대한 왕이 되기를 열망하였다. 그가 태어난 날 많은 현자는 왕에게 그의 아들이 진실로 위대한 지도자가 되어 오래도록 만방에 알려지게 될 것이지만, 싯다르타가 삶에서 만나는 환경에 따라 위대한 왕이 될 수도 있고, 위대한 영적 대가가 될 수도 있다고 예언하였다. 왕은 영적 대가가 될 수 있다는 예언에 대해 크게 불안했고, 필사적으로 그것을 막으려고 하였다. 그는 아들이 모든 형태의 고통과 만나지 못하도록 했고, 상상할 수 있는 모든 쾌락을 맛보도록 하였다. 그는 아들을 위해 아름다운 정원이 있는 황금 궁전(아마도 여러 채였을 것이다)을 짓고, 최상의 음식과 술, 그리고 젊은 여인들 속에서 넘치는 유희를 즐길 수 있도록 하였다.

왕은 모든 것이 늘 아름다움을 유지할 수 있도록 엄명을 내려서 싯다르타가 궁전 문 너머에서 일어나는 빈곤과 고통의 실상을 발견하지 못하도록, 그래서 어떠한 영적 탐구의 길로도 나서지 못하도록 하였다. 그러나 호기심을 이기지 못한 싯다르타는 어느 날 밤 아무도 모르게 황금 궁전을 빠져나왔다. 거기에서 싯다르타는 완전히 다른 세계를 발견하였다—극심한 빈곤과 고통 속에 있는 세계, 즉 질병, 노쇠, 죽음, 그리고 잔인한 폭력이 있는 세계였다. 그는 한 남자가 말을 채찍질하는 것을 보고 잔혹한 폭력 앞에 압도되었고, 거리에서 비쩍 말라 죽어 가는 거지를 보고는 죽음과 빈곤 앞에 큰 충격을 받았다. 혼란과 고통에 빠진 그는 야음을 틈타 아내와 아이를 남겨 두고 궁전을 떠났다. 그는 인도의 먼지투성이 길 위에서 고통의 원인을 파악하여 깨달음을 성취하리라 결심하였다. 다른 영적 지도자들이 고난과 투쟁의 삶에서 시작한 것과 달리, 싯다르타는 호화로운 삶에서 시작하였다.

그가 이러한 외상적인 충격을 다루었던 방식은 이 이야기에서 매우 중요한 부분으로, 우리에게 중요한 무엇인가를 가르쳐 준다. 그는 다음과 같이 생각했을 수도 있다. '이런, 바깥세상은 끔찍하군. 내가 있는 곳이 정말이지 훨씬 더 낫군. 어서 돌아가서 삶을 즐기고, 돈을 세고, 와인과 여인들이 넘치도록 해야지.' 싯다르타와 같은 상황에 있었다면, 우리 중 얼마나 많은 사람이 이와 같이 생각하고 쾌락의 거품 속에 머무르려고 했을까? 이 이야기는 우리의 삶에 관한 우화라고 할 수 있다—대부분 우리는 안락한 거품 속에 살기를 바라고 삶이 가혹하지 않기를 바란다. 문제는 우리가 안락의 거품 속에 살면서 삶의 가혹함에 눈을 감아 버리는 데 익숙해져서 삶에 둔감해지지만, 결국은 어떤 일들이 방문을 두드려 삶의 실제에 직면하게 된다는 것이다.

싯다르타의 시대에 인도는 구루들과 현자들이 넘쳐났고, 그들은 온갖 형태의 찬팅 명상, 요가, 정화 의식, 그리고 고통의 문제에 해결책을 제공하는 많은 방법을 수행하였다. 싯다르타는 그들의 많은 수행법을 시도하였다. 그는 욕망을 고통의 원인으로 보았기 때문에 모든 욕망을 끊는 고행을 시작하였다. 영양실조로 거의 죽을 뻔한 그는 고행은 해결책이 아니라 단지 회피의 수단이라는 것을 깨달았다.

그가 언제, 어떻게 극한의 단식으로 인해 죽음 가까이에 갔는지를 전하는 한 이야기가 있다. 그는 배를 타고 흘러가고 있는 음악가를 보았다. 음악가는 음높이가 정확하게 맞춰질 때까지 줄을 조금씩 당겼다 풀었다 하면서 악기를 조율하고 있었다. 그렇게 해서 음악가는 올바른 음색으로 연주할 수 있었다. 싯다르타는 균형이야말로 어떤 새로운 것이 생성되고 번영하기 위한 조건을 제공해 주는 삶의 핵심적인 요소라는 점을 즉각 인식하였다. 이렇게 그는 중도—탐닉과 거부의 극단으로부터의 균형의 길—의 중요성을 깨닫게 되었다.

그가 고행자의 삶을 포기하고 음식을 다시 먹기 시작하였을 때, 다른 길을 찾을 필요를 느꼈다. 이것은 자신의 마음을 세밀하게 관찰하는 길이었다. 깊은 포기와 절망 속에서 행복과 고통의 영원한 수수께끼를 풀어 줄 해답을 갖고 있는 것은 자신의 마음이란 것을 깨달았다. 그는 자신이 자신의 마음과 어떻게 연결되는지, 마음 안에서 무엇이 일어나며, 마음에서 일어난 무엇이 자신을 행복하게도 그렇지 않게도 만드는지를 보았다. 결국 자신의 마음을 가장 위대한 스승으로 보게 되었다. 마음은 행복과 불행의 근원이었다.

사성제와 현대심리학

붓다의 이야기는 여러 가지 이유로 흥미가 있다. 첫째, 그는 세상의 고통의 문제에 접근하는 방식으로서 고통의 근본적인 원인을 알고자 하였다. 둘째, 고통의 원인을 뿌리째 뽑는 길을 발견하고자 한 것이다. 만약 붓다가 세상의 고통은 신들이 정해 놓았기 때문에 존재한다는 유신론적 견해를 가지고 출발하였다면 그가 발견한 개인적 탐구의 길은 결코 세상에 나오지 못했을 것이다. 고통에 관한 완전히 개방적인 접근은 모든 일이 그러한 방식으로 운명 지어졌다는 관념을 깨부수는 혁명적인 방식이었다. 싯다르타는 현대의 심리학자가 하는 것처럼 우리의 마음을 이야기의 중심에 놓았다.

싯다르타의 심오한 통찰은 그의 첫 번째 가르침인 사성제에서 표현된다. 그는 이러한 진리들은 스스로 시간을 들여 숙고한다면 자명하게 드러날 것이라고 가르쳤다. 실제로 사성제는 세상사에 대한 기본적인 과학적 접근과 매우 유사하다. 사성제에 관한 매우 통찰력 있고 권위 있는 책을 쓴 게쉬 타시 떼링Geshe Tashi Tsering의 사성제는 완벽히 세속의 과학적 접근과 양립이 가능하다는 점을 지적하였다.[1] 간단히 말해서, 사성제는 이렇게 요약할 수 있다. 우리는 고통이 존재하는 것을 인식할 수 있다. 고통은 다양한 원인을 가지고 있다. 우리가 고통의 원인이 무엇인지 이해한다면 그것에 대해 무언가를 할 수 있다. 고통으로부터의 자유는 고통의 원인이 다시 일어나지 않도록 예방하는 방법을 찾음으로써 가능하다.

원리적으로 이와 같은 사성제의 논리는 암을 연구하고 치료하는 과학적 노력과 다르지 않다. 2,000년 전의 사람들은 불가사의한 상태에서 죽었고, 아무도 그 이유를 몰랐다. 그러나 지금 우리는 암과 같은 것이 있다는 것을 안다. 이러한 앎은 암의 원인을 연구하도록 이끌고, 질병으로부터 자유로워질 가능성을 제공해 준다. 그리고 앎은 우리가 적절한 치료를 하고 암이 발생하지 않도록 예방하는 일을 하게 한다(예: 금연 캠페인). 마찬가지로 붓다는 고통을 이해하기 위해 사성제를 적용했으며, 이것이 지금 우리가 탐구하려는 것이다.

첫 번째 성스러운 진리

첫 번째 성스러운 진리는 고통이 존재한다는 것이다. 게쉬 타시 떼링이 지적하였듯이, 여러 가지 종류의 고통이 존재한다. 노화, 질병, 부상, 죽음과 관련된 고통, 싫어하는 것을 만나는 고통, 즐거운 것을 가질 수 없는 고통, 그리고 우리의 마음이 작동하는 방식과 관련된 고통이 그것이다.[2]

팔리어에서 사용되는 용어인 둑카dukkha는 '고통suffering' 보다 훨씬 더 광범위하고 미묘한 의미를 담고 있다. 둑카는 세상에 만연해 있는 불편함을 지칭하고 있다. 우리는 삶이 움직이는 모래 속에 위태롭게 뿌리내리고 있는 것처럼 덧없으며, 원하는 것을 붙잡을 수 없고, 원하지 않는 것을 멀리할 수 없다는 것을 직감적으로 알고 있다. 서양의 독자들에게 불교를 가장 쉽게 소개한 『바보들을 위한 불교Buddhism for dummies』라는 책에서 보디안Bodian과 랜도Landaw는 둑카는 원하지 않거나 좋아하지 않는 것을 만날 때(예: 길거리에서 미워하는 적과 마주칠 때), 원하고 좋아하는 것과 떨어질 때(예: 사랑하는 사람의 죽음이나 직업을 잃을 때), 그리고 원하는 것을 얻지 못했을 때(예: 사랑했던 사람에게 거절당할 때) 일어난다고 쉽게 설명하였다. 이들이 지적한 것처럼, 붓다는 삶이 이러한 세 가지 것에 의해 얼마나 지배되는가를 숙고해 보도록 요구한다. 이것들이 얼마나 우리의 마음을 두려움, 분노, 슬픔에 빠지도록 하는가. 우리는 우리의 삶에서 일어나는 것들을 통제할 수 없다는 것을 어떻게 발견하게 되는가.[3]

불교 문헌에서 둑카는 세 가지 수준에서 작용하는 것으로 기술된다. 첫째, '고통의 고통suffering of suffering'으로서 실제적인 아픔과 불만족의 경험이다. 흔히 인용되는 예는 상한 음식을 먹고 병이 나서 아픔을 경험하는 것이다. 둘째, '무상의 고통suffering of impermanence'이다. 붓다는 모든 살아 있는 존재는 잠시 동안 번성했다가 쇠퇴하고 죽도록 운명 지어졌기 때문에 태어나는 바로 그 행위가 둑카를 일으킨다고 가르쳤다. 무상은 우주의 모든 존재에게 진실이다. 언젠가 태양조차도 핵연료를 모두 소모하고 적색 거성이 되어 붕괴되고 폭발할 것이다. 우주 속으로 흩어진 새로운 원소들은 언젠가는 다른 행성에서 생명을 위한 기초 성분이 될 것이다. 무상의 고통에 대한 예로 우리는 상한 음식을 먹는 동안 음식을 즐길 수 있지만, 독이 퍼지는 것을 모르고 있다―고통은 (음식이 상한 것을 알았다면) 피할 수 있었겠지만, 몰랐기 때문에 의도적인 것은 아니다. 셋째, '합성의 고통suffering of the composite'으로서 모든 존재는 다른 것들로 구성되어 있다는 사실에 따른 고통이다. 우리의 몸은 변화하고 쇠퇴하는 여러 부분으로 구성되어 있다. 이것은 가장 미묘한 수준의 둑카로서 통증은 살아 있는 존재의 바로 그 구성 안에 내재해 있다는 사실이다. 이것은 삶의 일부이며 피할 수 없으므로 받아들이는 법을 배울 수 있다. 이러한 형태의 고통의 예는 우리가 통증을 느끼고 병이 나는 몸을 가지고 있으며, 따라서 상한 음식을 먹는 것은 나쁜 영향을 줄 수 있다는 사실이다.

현대과학은 젊은 싯다르타를 깜짝 놀라게 할 정도로 통증의 원인에 대한 이해를 덧붙이고 있다. 질병의 일부 원인은 부분적으로 유전자나 바이러스, 박테리아로서 이것들은 생존을 위해 우리와 같은 생물에 의존한다. 이들은 우리와 함께 지구에 거주하며, 우리처럼 진화하고 변화하며 번식한다. 1348~1350년까지 유럽에는 페스트균에 의한 흑사병이 덮쳤다. 흑사병은 2년 동안 유럽 인구의 40~60%를 몰살시켰다고 추정된다. 유럽인들이 아메리카 대륙에 나타났을 때 원주민들은 홍역이나 수두와 같은 유럽의 질병에 면역이 없었고, 보다 심각한 질병인 매독이나 천연두는 그들에게 매우 이질적인 질병이었다. 이러한 질병들이 원주민들의 엄청난 인구 감소를 가져왔다. 게다가 1917년 6월부터 1920년 12월까지 지속된 인플루엔자의 창궐은 제1차 세

계대전의 사망자—5천만~1억 명으로 추정—보다 많은 사람을 죽였다. 이
것은 믿기지 않지만 사실이며, 이 사건은 가장 치명적인 세계적 유행병의 사
례 중 하나가 되었다. 물론 바이러스는 우리의 삶에 이른 종말을 가져오는 다
양한 방식 중 하나에 불과하다. 지진, 토네이도, 홍수, 쓰나미, 그리고 셀 수
없이 많은 사건이 있다.

　과학의 초점이 통증의 신체적 성질과 원인을 이해하고 경감하는 것인 반
면, 불교와 같은 영적 전통은 마음이 통증에 반응하는 방식에 대해 작업하는
고통의 경감에 보다 큰 관심이 있다. 그렇기는 하지만 달라이 라마는 언제나
과학적 연구의 강력한 옹호자였다. 사성제의 기본 원리는 마음의 작업을 통
해서만이 아니라 가능한 한 윤리적 방식을 통해 고통을 이해하고 경감하려는
것이기 때문이다. 그는 명상만으로는 충분하지 않다고 여러 차례 언명하였
다—우리는 행동이 필요하다! 고통을 다루는 과학은 명백히 자비로운 노력
이다. 이것은 두 번째 성스러운 진리와 연결된다.

두 번째 성스러운 진리

　두 번째 성스러운 진리는 둑카는 원인, 더 정확하게는 일련의 원인들을 갖
는다는 것이다. 그러므로 우리가 이러한 원인들을 정확히 이해하고 다루면
둑카를 끝낼 수 있다. 통증과 고통의 차이를 분명히 아는 것이 중요하다—둑
카는 실재하는 통증보다는 고통의 경험과 더 연관된다. 불교 문헌에서 고통
은 우리의 마음이 통증에 반응하고 의미를 부여하는 방식과 관련된다. 붓다
는 통증을 끝낼 수 있다고 말한 적이 없다. 그러나 우리가 통증의 원인을 이해
한다면 그것을 피하는 행동을 취할 수 있다. 예를 들어, 흡연이 폐암의 원인
이 된다는 것을 안다면 금연을 하는 것은 폐암의 발병을 예방할 것이다.

　지금 당신이 암으로 인해 죽어 간다고 생각해 보자. 이런 경우, 죽어 감의
통증뿐 아니라 당신이 통증과 죽어 감의 경험에 부여하는 의미 또한 있을 것

이며, 이것이 고통의 초점이 될 것이다. 이제 당신은 현대 의학을 통해 통증을 조절할 수 있으며, 극심한 아픔 속에서 죽지 않을 것이란 것을 알았고, 또한 당신의 삶이 의미 있었으며, 천국에 올라가 죽은 친척들과 기쁜 재회를 할 것을 믿는다고 가정해 보자. 이 경우 통증을 견딜 수 없고, 두려워하며, 삶이 무의미했고, 죽은 후에는 모든 것이 끝난다고 느낄 때와 비교하면 고통의 수준은 크게 줄어들 것이다. 일어난 사건은 동일함에도 불구하고—폐암으로 죽어 간다는—그것을 경험하고 의미를 부여하는 방식은 우리의 마음이 그것과 어떻게 관련되는가에 따라 크게 달라진다. 서양 철학자와 심리학자들 또한 우리가 사건에 의미를 부여하는 방식이 감정과 행동에 어떤 영향을 미치는가에 관해 오랜 시간 숙고해 왔다.

불교의 중심 교의 중 하나는 둑카를 일으키는 것은 사건에 대한 기대라는 것이다. 우리 모두는 원하는 것과 원하지 않는 것에 대한 강력한 생각을 갖고 있지만 실제의 삶이 우리의 선호를 따르는 경우는 거의 없다. 우리가 원하는 것은 고통 없는 삶뿐만이 아니다. 우리는 다른 많은 것을 또한 원한다. 우리는 사랑해 주고 욕구를 채워 줄 사람을 찾기를 원하고, 배고픔과 추위에서 벗어나기를 바란다. 우리는 안정되고, 보수가 좋은 직업, 좋은 집과 최고급 자동차를 원한다. 우리는 휴가, TV, iPad를 원하며, 그 밖에도 원하는 것들은 끝이 없다. 원한다는 것은 우리의 마음이 작동하고 삶을 살아가는 방식이기는 하지만, 문제는 우리가 언제나 더 나은 것을 추구하는 종이기 때문에 원함이 만족할 줄 모르는 탐욕이 될 수 있다는 점이다. 붓다가 욕망에 대한 집착이 고통을 일으킨다고 말한 것은 그가 친절하지 않아서가 아니다. 그는 단순히 우리가 이것을 '해야만 해'라거나 '가져야만 해'라고 느낀다면 우리는 그것을 하거나 가지지 못했을 때 '참을 수 없으며', 이것이 고통을 일으킨다는 사실을 말하고 있을 뿐이다.

실제로 많은 현대 심리학자들 또한 정확히 똑같은 주장을 하고 있다. 그들은 '해야만 해, 해서는 안 돼, 하지 않으면 안 돼'와 같은 내면의 명령들이 우리를 구속하여 고통에 빠지게 한다고 말한다.[4) 예를 들어, 인지치료는 우리가 자주 스스로에게 다음과 같이 말한다고 지적한다. '이렇게 느끼는 것은 참을 수 없어.' '나를 사랑해 줄 누군가가 있어야만 해.' 또는 '그녀는 나에게 그렇게 해서는 안 돼.' '나는 A나 B를 가져야만 해.' 실제로 둑카를 일으키는 것은 이와 같은 강력한 감정적 갈망이다 — 원하는 것을 반드시 가져야만 한다는 느낌이 그것이다. 이러한 갈망은 우리를 고통의 수레바퀴에 결박시킨다. 이것은 많은 심리학자가 문제를 일으키는 것은 갈망과 '해야만 하는musting'의 동기 상태라고 말하는 것과 유사하다. 미국의 심리학자 알버트 엘리스Albert Ellis는 이를 '해야만 하는 행동mustabation'이라고 말했다.[5) 다시 말하지만, 우리가 무엇인가를 많이 원한다는 것이 문제가 아니라, 원하는 것을 얻어내려고 시도하는 방식과 원하는 것을 얻지 못할 때 반응하는 방식이 핵심적인 문제이다.

   붓다는 우리가 너무나도 쾌락을 추구하고 고통을 피하려고 하기 때문에 탐욕과 증오의 파괴적인 감정들에 취약하다고 말했다. 그리고 우리는 이러한 감정들이 가지는 힘으로 다른 살아 있는 존재들에게 끔찍한 고통을 가할 수 있다. 예를 들어, 우리가 먹기 위해 음식을 생산하는 방식은 이 행성을 공유하고 있는 수천만의 동물에게 끔찍한 고통을 야기한다. 이는 두 번째 고귀한 진리에서 보다 깊은 의미를 가리킨다. 우리가 보다 자기중심적일수록 고통을 피하고 쾌락을 좇으려고 하면서 더욱 탐욕과 독점의 나락에 빠져들게 된다. 그리고 그 결과 중의 하나가 어떤 이들은 수천만 달러를 가지고 있고, 다른 많은 사람은 굶주리며 50센트조차 갖고 있지 않은 세계에 살게 된 것이다. 사실 붓다에 의하면, 고뇌의 근원적인 원인은 강렬한 자기중심성에 있다.

   흥미롭게도 현대 과학과 진화심리학은 우리가 자기중심적이며, 호불호에 의해 이끌리는 것은 일정 부분 유전자에 의한 것임을 밝혔다. 우리는 진화를 통해 강렬한 호감과 비호감을 경험함으로써 살아남고 재생산할 수 있도록 만들어졌다. 만일 어느 순간 유전자에 무슨 일이 생겨서 우리가 낳은 아이들이 아무것도 원치 않는다고 상상해 보라. 그들이 먹는 것, 걷기를 배우는 것, 사회화, 우정 만들기나 성관계를 갖는 것에 관심이 없다고 해 보자. 그 어떤 종의 유전자도 이러한 것들을 강하게 추구하게끔 동기를 부여한 유기체들을 만들지 않고는 살아남을 수 없다. 생각해 보면 이는 상식이지만, 마음에서 이러한 유전자가 만들어 낸 구조가 하는 역할은 중요한 함의를 가진다. 다음에서 살펴볼 것이지만, 우리가 사는 문화와 우리가 만드는 선택은 추구하는 동기에 강력한 영향을 준다.

이는 붓다의 가르침의 필연적인 귀결이자 놀랍도록 중요한 통찰로 이어진다. 우리가 추동, 열정과 혐오감을 느끼는 것은 우리의 잘못이 아니다. 쾌락을 원하고, 고통스러운 것들을 피하며, 좋은 음식과 살기 편안한 집을 갈망하고, 성적 파트너를 사랑하는 추동은 우리 유전자의 구조에 박혀 있다. 요점은 이러한 기본적인 동기들이 우리의 마음을 매우 자기중심적인 방식으로 장악할 수 있고, 만약 그것들을 알아차리지 못한다면 동기들이 우리의 삶을 조종하게 될 수도 있다(이에 대해 다음 장에서 더 살펴볼 것이다). 이는 정원을 가지고 있으면서 거기에 아무런 주의도 기울이지 않는 것과 유사하다. 우리는 잡초들이 사방팔방으로 자라는 것을 좋아하지 않을 것이다. 그렇기 때문에 우리가 정원 가꾸기를 배우고 무엇을 기를 것인지 선택할 수 있는 것처럼, 마음을 가꾸는 것을 배울 수 있으며 우리가 계발하고 발전시키기를 원하는 자질과 습관에 대해 현명한 선택을 내릴 수 있다.

세 번째 성스러운 진리

세 번째 성스러운 진리는 둑카(苦, 고통)를 중단하여 끝낼 수 있거나 혹은 적어도 상당히 줄일 수 있다는 것이다. 그렇지만 이 말이 곧 우리가 다시는 절대로 고통을 겪지 않으리라는 의미가 아님을 염두에 두길 바란다. 이 말의 의미는 커다란 고통과 어려움이 존재함에도 불구하고, 우리는 내면의 평화와 안정을 발달시키는 방향으로 나아갈 수 있음을 뜻한다. 붓다는 우리가 삶에

활발하게 관여하면서도 동시에 물질에 대한 애착을 점진적으로 놓아 버리는 방식을 찾을 수 있다고 말했다. 둑카(꼭 고통만을 말하는 것은 아니지만)는 우리가 매 순간순간 세계가 실제 존재하는 방식대로 살아가는 방식을 배우면 점차적으로 줄어들 수 있다.

욕망과 감정이 우리의 마음을 움켜잡는 방식을 알아차리기 시작하는 방법은 마음의 작동을 관찰하고, 그것과 익숙해지는 것을 통해서이다. 우리에게는 다른 동물들에게는 없는 자기인식과 반성적 사고 능력이 있다. 지금 이 순간 당신은 이 책을 읽는 것을 멈추고 자신을 알아차릴 수 있다. 당신이 존재함을 알아차리고, 어딘가에 앉아서 읽고 있음을 알아차리고, 읽고 있는 무언가에 대해 가지는 생각과 느낌들을 알아차리고, 그리고 비록 피곤하고, 읽고 싶지 않은 기분이더라도 이야기를 따라서 계속 읽어 나갈 것인지 결정할 수 있다. 우리 마음이 할 수 있는 것은 굉장하다! 그리고 가장 중요한 것은 당신에게는 알아차리고 있음을 알아차림awareness of being aware 하는 능력이 있다는 것이다. 당신은 이 모든 것을 생각하고 있음에 대해 알아차릴 수 있다. 그것은 마치 거울 안에 있는, 거울 안에 있는 거울들과 같다. 이렇게 우리 내면에서 일어나고 있는 일들을 알아차리는 능력은 마음챙김mindfulness의 역량에 달려 있다. 마음챙김은 우리가 한발 물러나 매 순간 마음의 과정들과 드라마들을 바라보는 것을 가능하게 하며, 공정한 관찰자가 되는 것이 어떤 것인지를 경험하게 하는 정신 능력이다.

마음챙김은 많은 이에게 내면의 중요한 전환의 출발점이 된다. 전날 저녁에 있었던 언쟁을 다시 떠올리는 것과 같이, 욕망이나 감정에 의해 쉽게 촉발되는 이야기에 사로잡히는 대신에 이 이야기를 바깥에서부터 봄으로써 즉각적인 해방감을 느끼고, 그것에 연료를 줄 필요가 없음을 깨닫는다. 우리는 '발코니의' 관점에서 마음에서 벌어지는 일들에 대해 바라본다. 이러한 관점은 '해야만 하는(have to; must)' 정신화의 힘을 점차 약화시킬 수 있다.

이것이 붓다가 세 번째 성스러운 진리를 통해 가리키는 해방을 향한 가능성이다. 이것은 삶의 작은 순간들 속에서 일어난다. 마음챙김 수련을 통해서 이러한 순간들에 주의를 기울일 때, 우리 안에는 완전히 다른 차원의 자각을 일깨울 수 있는 잠재력이 있다. 붓다는 또한 마음을 관찰함으로써 마음이 조용해지고, 그렇게 되면 마음이 어떻게 작용하는지에 대한 통찰이 자연스럽게 떠오른다고 하였다. 그래서 마음이 매 순간 감정, 욕구, 생각과 걱정에 더 이상 휩쓸리지 않는다면 마음은 가라앉고 안정될 것이다. 진흙탕에 앉아 있는 사람처럼, 진흙이 천천히 가라앉을 때까지 가만히 앉아 있을 수 있다면 물은 깨끗해질 것이다. 이는 그들로 하여금 물속의 깊이까지 볼 수 있게 할 것이다.

현대심리학 또한 사람들로 하여금 마음을 안정시키고, 문제의 본질에 대한 보다 명확한 통찰을 발달시킬 수 있도록 돕기 위한 더 나은 방식을 찾으려고 하고 있다. 하지만 불교는 한 발짝 더 나아간다. 불교에서는 마음 그 자체의 본질에 대한 통찰에 집중한다. 우리의 마음이 안정되고 고요해지면 우리가 얼마나 마음이 만들어 낸 환상들로 가득찬 세계 속에 살아가는지를 보기 시작한다. 마음이 보다 명료해지면 우리는 개별적 마음이 느끼는 감각이 얼마나 일시적인 창작물인가를 인식할 수 있다. 개별적 마음의 감각은 부모의 유전자로부터 형태가 주어졌고, 살고 있는 세계에 의해 모양이 갖춰졌으며, 우리가 살고 있는 몸이 쇠락하고 죽기 전까지 상대적으로 짧은 기간 동안 유지된다. 하지만 이것이 이야기의 끝은 아니다. 우리의 통찰이 깊어질수록 우리는 마음의 다른 층에 대한 통찰을 얻게 되는데, 선불교에서는 이를 '대심big mind'이라고 부른다. 이는 얽매임 없이 광대무변한 자각의 특성으로서 생물학적인 마음이라는 제한적인 창조물로부터 자유롭고, 또한 우리의 내재된 지혜와 자비의 완전한 발달에 의해 나타난다. 세 번째 성스러운 진리는 개별적 마음의 작용이 중단되고 훨씬 깊은 경험의 차원으로 진입할 수 있다는 것을 말하고 있다.

네 번째 성스러운 진리

네 번째 성스러운 진리는 둑카로부터의 자유를 향한 길을 가리키며, 우리가 어떻게 둑카에 대처하고 점차 그것을 느슨하게, 부드럽게 할 수 있는가에 관한 것이다.[6] 싯다르타는 우리가 가장 깊은 수준에서 변화를 일으키길 원한다면 지속적이고 협조적인 방식으로 우리 자신의 모든 다양한 부분과 작업할 수 있는 능력을 계발시킬 필요가 있음을 이해하고 있었다. 이는 우리가 제4장에서 자비로운 속성들과 기술들을 묘사할 때 다시 이야기할 것이다.

붓다에 의해 시작된 깨달음으로의 길은 그의 죽음 이후 다양한 국면을 거쳐 왔는데, 이를 일반적으로 삼전법륜Three Turnings of the Wheel of Dharma이라고 부른다. 그러나 마음을 훈련하는 두 가지 방법은 이러한 가르침의 국면들을 가로지르며 면면히 이어져 왔다. 그것은 마음챙김과 자비이다. 이 방법들은 이 책의 주된 초점이 될 것이지만, 이는 세속적 관점에서 접근될 것이며, 불교적인 원천과 함께 신경과학과 심리학의 최신 이해를 적용할 것이다.[7]

사실 한마디로 요약하면, 붓다가 네 번째 성스러운 진리에 대한 가르침을 통해 말하고자 하였던 것은 마음이 둑카의 경험을 일으킨다는 사실이다. 고뇌는 오로지 우리의 마음이 그것을 일어나도록 하기 때문에 일어난다. 우리는 컴퓨터나 로봇이 인간과 흡사하게 행하는 것을 상상할 수 있지만, 그것들은 느낌이나 의식적 알아차림이 없기 때문에 고뇌를 겪지 않는다. 그리고 그것들은 행복하기를 원하는 마음이 없기 때문에 고통으로부터 자유롭다. 마음이 둑카의 뿌리이기 때문에 마음이 다르게 작동하도록 훈련하는 것은 그 뿌리를 제거하는 데 필수적이다.

그러려면 우선 첫 번째 방법은 마음의 작용을 관찰함으로써 마음이 하는 일에 보다 익숙해지는 것이다. 실제로 '명상meditation'이라는 단어는 단순하게 익숙해짐familiarisation을 의미한다. 오늘날 전 세계에서 사람들은 '마음챙김 명상'을 수련하는데, 이는 매 순간 우리의 생각과 감정의 흐름을 판단하지 않는

non-judgemental 방식으로 주의를 기울이는 수행이다. 이는 이 책의 뒷부분에서 보다 더 자세하게 다룰 것이다.

그런데 대승불교 전통에서는 오랜 기간 동안 마음을 변화시키는 것은 자비 수행이라고 이해해 오고 있다. 이것은 우리가 이야기할 두 번째 주된 방법이다. 나아가 깊은 변화가 뿌리내리게 하려면 마음챙김과 자비를 모두 함께 적용할 필요가 있다. 이 두 방법은 새의 두 날개처럼 작동하기 때문이다. 이러한 이해는 또한 신경과학과 심리학 모두에서 일어나고 있다. 자비는 마음을 변화시키지만 그러한 변화의 기반이 되고 안정을 주는 것은 마음챙김이다. 이것이 우리가 이 책을 통해 탐색할 주제이다.

마음의 출현과 상호 연결성

우리는 각자의 개별적인 마음을 훈련하는 것에 초점을 맞출 것이지만, 또한 상호 연결성interconnectedness과 우리의 마음이 우리가 함께 창조한 사회, 그리고 다른 마음들과 어떠한 관계가 있는가에 관해 강조점을 둘 것이다. 서구 철학에서는 멀게는 스토아 학파와 초기 기독교에서부터 최근의 사회학과 인류학 같은 과학에 이르기까지 자기에 대한 감각이 상호 의존적이라는 의미에서 우리를 상호 연결된 존재로 본다. 서양 과학과 불교의 중심에 있는 중요한 원칙은 모든 것이 함께 일어나고, 모든 것이 관계에 기초하고 있다는 것이다. 우리 몸의 모든 분자는 분자를 이루는 원자들의 관계에 의해 결정된다. 그러나 분자를 구성하는 원자를 조립하거나, 분자를 단백질로 혹은 단백질을 몸으로 이루어 내는 그런 일들을 하는 원대한 기획자는 없다. 대신에 자연 법칙의 작용에 따라서 원자들로부터 분자들이 나타나고, 분자들의 조합으로부터 단백질이 생겨나고, 단백질(과 또한 다른 물질들)의 관계로부터 몸이 생겨난다. 다른 예를 들어 보면, 개미집은 다른 개미들을 지휘하는 어떤 기획자에 의해서 설계도를 가지고 지어지는 것이 아니라, 단순하게 자신들의 본능적인 작업에 착수하는 개별적인 개미들의 상호작용을 통해서 만들어진다. 비슷한 방식으로 유전자는 단순하게 상호작용의 과정을 통하여 우리 몸을 만들어 간다.[8]

이런 방식으로 우리는 모든 것이 관계의 패턴을 통해 출현한다는 것을 볼 수 있다. 더해서 새로운 어떤 것은 이미 존재하는 과정들과 그들의 상호작용 법칙들에 의존한다. 이는 우리의 개인적인 관계들에도 적용된다. 현대심리학에 의해서도 우리가 상호 의존적이고, 서로에게 영향을 준다는 것은 이제 잘 알려져 있다.[9] 이는 형이상학적인 연결성이 아니라 우리가 만들어지고, 생물 종으로서 진화해 온 방식과 관련이 있다. 우리는 아이가 어릴 때 받은 사랑이 자라면서 발현되는[10] 유전자들과 두뇌가 어떻게 발달하는지에 영향을 준다는 것을 알고 있다.[11] 하지만 부모가 그들의 아이들을 사랑할 수 있는지 아닌지의 여부는 부모의 어린 시절에 무슨 일이 일어났는지와 연결되어 있을 것이고, 세대 사이에 흐르는 사랑 혹은 학대와 무시의 흐름과도 연관이 있을 것이다. 더 나아가서 따돌림을 당하거나 고립되지 않고 친구와 지지적인 관계를 갖는 것은 사람들의 심리적 상태와 질병에의 취약성, 그리고 정신 건강 문제에의 민감성에 큰 영향을 줄 수 있다. 실제로 우리가 서로와 관계하는 방식은 매 순간 우리의 심리적 상태에 영향을 준다.[12]

우리의 정체성 또한 다른 이들과의 연결성, 그리고 우리가 자란 사회적 조건과도 연관되어 있다. 이는 이 책에서 여러 번 인용할 사례를 통해 볼 수 있다. 만일 우리가 아기였을 때 납치를 당해 폭력적인 마약 조직에서 길러졌다면 지금 폭력적일 가능성이 높고, 다른 이를 죽이거나 고문할 수도 있고, 어쩌면 죽었거나 감옥살이를 하고 있을 수도 있다. 이는 현재 그러한 환경에서 자라고 있는 많은 젊은 남성의 운명이기에 비극이다. 우리가 이와 같은 환경에서 자랐다면 성장해서 불교도가 되거나 임상심리학자가 될 가능성은 거의 없을 것이다. 더욱더 비극적인 사실은 만약 우리가 라이벌 갱단에 입양되었다면 다른 갱단원들과 서로 고문하고 죽이는 싸움에 휘말렸을 것이고, 따라서 지금 우리가 경험하는 우정과 상호 배움은 결코 일어나지 못할 것이다. 우리가 지금 가지고 있는 사고방식으로 이에 대해 생각하는 것은 대단히 고통스럽다. 하지만 이는 우리의 자기self에 대한 감각이 얼마나 부서지기 쉬운 것인지를 보여 주기 때문에 중요하다.

만일 우리가 2,500년 전의 로마에 살고 있었다면 우리는 이번 주말에 있을 로마식 투기games를 고대하고 있었을 지도 모른다. 콜로세움이 열리고 첫 3개월 동안에 10,000명이 넘는 사람이 단지 오락을 위해서 목숨을 잃었다. 로마 제국은 700년 정도 유지되었으므로 폭력적인 유흥을 위해 죽은 이들의 숫자는 아마도 셀 수 없을 것이다. 또한 끔찍한 방식의 죽음인 십자가형은 당대에는 일반적이었고, 지독한 고문 또한 마찬가지였다. 하지만 로마인들은 우리와 다른 유전자와 다른 두뇌를 가진 외계인들이 아니었다. 본질적으로 그들은 당신이나 나와 완전하게 같았다. 달랐던 것은 그들이 포함되었던 문화와 그를 뒷받침하는 가치들이 엄청나게 잔인한 행위를 용납하였고, 그에 따라 이것이 그 문화에서 나타난 관계들을 결정지었다는 것이다. 따라서 예를 들면, 당시에는 투기 쇼의 기획자가 되는 것이 존경받는 직업이었을 수 있다.

비록 몇몇 사람은 여전히 새디즘에 매료되고, 현대의 텔레비전은 점점 더 잔인한 TV 쇼를 팔고자 하지만, 그럼에도 불구하고 문화적으로 우리는 지나간 시대의 끔찍한 가치들로부터 멀어져 왔다. 우리 중 많은 이가 현대적인 가치들을 가지고 상대적으로 공포로부터 자유로운 삶을 즐기는 이유는 인류가 우리 안의 파괴적인 잠재력을 제어하도록 문화적 가치와 제도를 만들어 왔기 때문이다. 죽은 지 오래된 이들의 용기 있는 노력 덕분에 우리가 지금 상대적으로 자유로운 삶을 살 수 있는 것이다.

그러므로 우리 삶의 모든 양상은 두뇌가 조직된 방식부터 문화적 가치에 이르기까지 복합적이고 상호 연결된 망의 일부이며, 지금 여기에서 작동할 뿐만 아니라 오래된 세대들과 연결되어 있고, 앞으로 수 세대에 걸쳐 파급 효과를 가질 것이다. 미국의 심리학자 필립 짐바르도Philip Zimbardo는 일생 동안 어떻게 해서 착한 사람들이 나쁜 행동을 하게 되는지를 연구하였다. 그는 이것을 루시퍼 효과Lucifer effect라고 불렀다.[13] 우리는 사회적인 존재들이기 때문에 착하거나 나쁘게 행동하는 것에 굉장히 취약하다. 어쩌면 자비의 가장 큰 적 중 하나는 순응성일지 모른다. 순응성이란 때로는 두려움으로 인해, 때로는 안주하거나 혹은 지도자가 그렇게 하라고 말했기 때문에 분위기에 편승해서 따라가려는 태도이다.

우리는 주위의 모든 것이 얼마나 많이 다른 사람들의 행동에 의존해 있는지를 알 수 있다. 당신의 차를 생각해 보자. 자동차 제작은 몇 세대에 걸친 발명가들, 철강을 만들기 위해 철을 채굴하는 사람들, 차의 각 부품을 조립하기 위해 공장에서 작업하는 사람들, 그리고 심해 유전에서 그들의 생명을 감수하는 사람들에 달려 있다. 우리 주변에 있는 것들, 먹는 음식과 입는 옷, 사는 집과 아프면 가는 병원에 이르기까지 어떤 것도 다른 이들의 행동에 의존하지 않는 것은 없다. 때때로 우리는 스스로를 완전히 자립적인 단일하고 분리된 존재로 착각하지만, 그것은 그저 환상이며 망상에 지나지 않는다.

이러한 맥락에서 우리가 날마다 사람들의 도움과 친절을 받으면서도 그것을 알아차리지 못하는가를 생각해 보면 놀랍기까지 하다. 우리가 받는 친절과 자비에 주의를 기울이는 것은 매우 중요한데, 왜냐하면 뉴스나 언론은 항상 비극적이고 파괴적인 강간, 살인, 폭력 등으로 주목을 끌기 때문이다. 하지만 실제로 우리는 감정적으로 서로 협력하고 돕는 방향으로 진화되어 온 종이다. 또한 행복의 커다란 부분이 사랑과 돌봄의 관계로부터 온다.[14, 15] 이것이야말로 이 책의 핵심 주제이다. 자비는 고뇌에 관심을 기울이는 것일 뿐만 아니라, 생존과 안녕을 가능하게 만들어 주는 우리 주위의 살아 있는 존재들과 그들의 행동에 대해 깊이 이해하고 감사하는 것이다. 몇몇 심리학자는 우리가 매일 마음속에 감사를 떠올려야 한다고 주장하기도 한다. 죄책감을 느끼는 방식으로가 아니라 단지 다른 이들의 도움에 주의를 기울이는 것이다. 감사에 집중하는 것이 우리의 안녕에 매우 유익하다는 증거가 많이 나와 있다.

　이 모든 것은 또한 현 시대에도 굉장히 타당하다. 비록 우리가 사회 변화로 인해 점점 덜 잔인하고 덜 폭력적이[16] 되어 가는 것처럼 보이기는 하지만, 정치적이고 경제적인 압력에 의한 과도한 경쟁, 이기주의, 탐욕에 집중하도록 내몰리고 있고, 이로 인해 많은 이에게 심각한 문제를 야기하고 있다.[17] 솔직히 말해 우리는 우리 스스로를 미치게 하고 있다![18] 현재 자비의 중심에 있어야 마땅한 영국 국립 보건 서비스British National Health Service는 보다 높은 효율성을 향한 욕구로 인해 자비롭지 못한 서비스로 전환하고 있다.[19] 우리는 효율성을 취할 수 있겠지만, 점차 살아가기에 차갑고 무자비한 세상을 만들어 가게 될 것이다. 효율성은 때로 두 개의 직종을 하나로 합치는 간소화를 의미하기도 하고, 혹은 사람들에게 점점 더 많은 책임이 주어져서 그 직무는 너무나 커지고, 품질을 유지하기 위해 분투하게 만들 것이다. 우리가 자비로운 사회를 만들고자 한다면 이러한 과정들을 이해하고 어떻게 우리를 보다 거대한 경쟁과 탐욕, 착취로 몰아가는 사회적인 압력을 중화할 것인지 알아야 할 필요가 있다. 우리는 깨어나야 하고, 붓다가 그랬던 것처럼 우리의 황금 궁전으로부터 나와야 한다. 마음챙김 자비는 우리의 삶이 다른 이들의 삶과 상호 연결되어 있고, 이런 방식으로 우리가 사는 세계를 함께 창조하고 있다는 것을 알려 준다.

붓다의 이야기와 우리

　수 세기 동안 전해 내려오는 이야기들은 그것이 우리의 삶에 근본적인 통찰을 가르쳐 주기 때문에 이어져 오는 것이다. 붓다의 이야기는 특별한 현실로 깨어나는 원형적인 이야기이다. 붓다는 오래된 영웅들처럼 지식과 지혜를 얻고자 위험한 여정에 나섰고, 결국 붓다의 목적지인 고난으로부터의 해탈에 도달하는 것이다. 여러 가지 측면에서 붓다의 이야기는 우리 모두의 이야기이기도 하다. 우리 모두가 어느 정도는 금박이 입힌 궁전에 살고 있지 않는가? 만일 우리가 운이 좋아 화목한 가정에서 자랐고, 어린 시절을 즐길 수 있도록 부모의 보호와 관심 속에 자랐다면 우리는 그들이 가졌던 것과 비슷한 야심을 갖고, 비슷한 삶을 살아갈 것이다. 또한 서구의 생산중심적인 사회는 기근으로부터 자유롭고, 따뜻한 집과 흐르는 물, 위생이라는 안락을 제공하는 과학과 기술의 발달을 자랑스럽게 여긴다. 과학은 불과 몇 백 년 전에 존재했던 인생의 가혹한 현실로부터 우리를 벗어나도록 해 주었다. 마취제와 진통제, 고통 완화 치료는 죽어 가는 이들이 겪어야 할 길을 쉽게 해 준다. 현대의 의학은 불과 백 년도 되지 않은 과거에는 죽음으로 이르게 했을 여러 질병과 상해를 치료할 수 있다. 우리는 현대 과학과 사명감을 위해 자신의 삶을 헌신한 이들에게 감사하고 기념해야 할 것들이 많다.

하지만 고독한 순간이 찾아오면 우리는 어두운 진실을 엿보게 된다. 우리는 최선의 노력에도 불구하고, 고통과 괴로움의 현실은 언제나 지평선 너머에서 깜빡거리며, 어떨 때에는 아주 멀지만, 다른 때에는 매우 가깝기도 하다는 것을 느낀다. 의학과 기술이 보호해 줄 수 없는 것들이 많이 있다. 그래서 우리는 계속 iPod와 블랙베리, 다채널 TV 따위의 것들로 스스로를 교란시킨다. 실제로 자본주의 체계는 우리가 물건과 소유물에 중독되고 그것들을 필요로 하도록 잡아 둔다. 우리가 더 많은 것을 사고, 가지고, 삶의 쾌락을 즐기도록 유혹한다. 그것은 뱀이 자기 꼬리를 먹는 것과 같이, 점점 더 많이, 점점 더 빠르게, 점점 더 싸게 작동할 필요가 있다. 이런 식으로 자본주의 체계는 우리의 시야 너머에 있는 고통과 삶의 현실에 대해서, 그리고 실제로 자기 삶 그 자체에 대해서 눈을 감도록 미묘하게 종용한다. 반면에, 마음챙김 자비는 눈을 감아 버리는 것도, 부정직하게 갈망하는 것도, 두려움으로부터 숨는 것도 아니다. 그것은 우리가 자신의 마음과 사회 체계 안에서 어떤 식으로 고통을 만들어 내는지에 대한 진실을 좇는 것이다.

붓다와 마찬가지로, 우리의 첫걸음은 고뇌의 원인을 이해하고, 마음을 더 잘 이해하는 앎을 추구하는 것이다. 다음 두 장은 이러한 앎을 얻을 수 있도록 하기 위해서 마음이 어떻게 구성되는지에 초점을 맞추고, 그럼으로써 붓다의 두 번째 고귀한 진리가 어떻게 오늘날까지도 여전히 타당성이 있는지를 보여 줄 것이다.

다음의 것들을 생각해 보는 것은 이 장에서 다룬 지식을 삶의 지혜로 전환하는 데 도움이 될 것이다.

생각해 볼 거리 하나

방해받지 않을 만한 곳에 조용히 앉아 만약 당신이 다른 환경에서 자라났다면 얼마나 달랐을지에 대해 생각해 보자. 당신이 자란 것과 매우 다른 어떤 환경이든 선택해 보자. 어쩌면 엄청나게 부유하거나, 혹은 매우 가난하거나, 아니면 아주 폭력적인 가정을 생각해 볼 수 있다. 당신이 지금 가지고 있는 정체성을 포기하는 것이 어떻게 느껴지는가? 만일 이것이 어렵게 느껴진다면 이 활동이 통찰을 유도하기 위한 생각 거리임을 기억하자. 이러한 저항이 당신에게 어떤 영향을 미치는지 알아차리자. 호기심을 갖고, 개방적이고, 나아가 놀이하듯이 시도하는 것이 도움이 된다. 이 활동의 요지는 당신의 저항을 죄책감이나 수치심을 갖지 않고 그저 알아차리는 것이다. 길버트(저자)는 종종 '심리학자로서'의 정체성을 포기하는 것이 실제로 극도로 힘들다는 사실에 대해 숙고해 왔다! 비난하려는 것은 아니며, 그저 왜 그것이 그토록 어려운가에 대해 마음 챙기며 흥미를 느끼는 것이다.

생각해 볼 거리 둘

다음 생각해 볼 거리는 만일 당신이 주위의 물질적인 것들을 잃었을 경우에 어떻게 느낄 것인지에 대한 것이다. 이것 역시 매우 어렵다. 예를 들어, 길버트는 집과 연주를 잘하진 못하지만 기타에 강한 애착을 느낀다! 다시 한번 말하지만, 이 활동은 당신에게 그것들을 포기하도록 종용하는 것이 아니라 단순히 그것들을 잃는 것에 대한 저항과 당신이 얼마나 특정한 라이프스타일을 유지하기 위해 매달리고 있는가를 알아차리기 위함이다. 전쟁에서 자신의 집을 날려버린 사람이나 쓰나미로 집이 쓸려가 버린 사람들을 떠올릴 때 우리 안에서 일어나는 고통과 접촉함으로서 그들의 아픔을 느낄 수 있다.

이러한 성찰을 통해 우리가 얼마나 우리 삶에서 만들어진 것들에 대해 집착하고 있는지 이해할 수 있다. 또한 이러한 것들을 잃었을 때 자신의 정체성을 상실한 것처럼 고통받는 사람들이 있다는 사실은 참으로 비극이다. 더 나쁜 경우는 자신의 정체성이 집착한 그것들에 달려 있기 때문에 파괴적인 삶 속에 머물러 있다는 것이다.

생각해 볼 거리 셋

이제 당신의 정체성을 바꾸지 않고도 매일매일을 스스로가 매우 자비로운 사람이라고 생각하면서 시작하는 것이 어떨지 상상해 보자. 당신은 매일 몇 분이라도 연습할 것이고, 고통과 고난으로 가득찬 세상에서 신비로운 삶의 여행을 하고 있으며, 가장 중요한 일은 여기에 머무는 동안 당신이 할 수 있는 일을 하는 것이다. 이 책의 연습 부분에서 보다 상세하게 이를 다룰 것이지만, 잠시 동안 이러한 방향 전환이 삶의 본질에 대해 더 이해하도록 열어 줄 것인지, 그리고 일어나는 갈등과 어려움들에 보다 능숙하게 반응하도록 할 수 있을 것인지에 대해 생각해 보자. 이러한 성찰이 주는 기쁨에 대해 초점을 맞추어 보라.

핵심포인트

- 붓다는 우리의 마음이 만족과 행복의 주된 원천이지만, 불행과 절망 역시 그러함을 깨달았다. 그러므로 마음을 이해하고 훈련하는 것은 필수적이다. 이것이 네 가지 고귀한 진리에 대한 그의 가르침이다.
- 네 가지 고귀한 진리를 통해 붓다는 괴로움의 소멸을 향한 길과 괴로움의 원인을 알려준다. 이 길의 두 가지 핵심적인 방법이 마음챙김과 자비이다. 이 방법들을 이해하고, 무엇이 그것을 방해하고 어떻게 그것들을 훈련할 것인가에 대한 배움이 이 책의 요지이다.
- 우리는 아주 다루기 힘든 개별적인 마음 안에 살고 있을 뿐 아니라, 우리의 통제를 넘어서는 많은 조건에 따라 행복이나 괴로움의 원천이 될 수 있는 관계들과 사회적 체계의 일부이기도 하다.
- 마음챙김 자비는 우리가 사로잡혀 있는 것에 깨어 있도록 도와준다. 그것은 우리가 어떻게 우리 마음 안에 괴로움을 만들어 내고, 우리가 속해 있는 사회적 체계 안에 고통을 만들어내는지에 대한 진실을 찾는 것이다. 이러한 지혜를 통하여 우리는 괴로움을 소멸하고, 예방할 수 있다.

미주

1 Geshe Tashi Tsering (2005) *The Four Noble Truths: The Foundation of Buddhist Thought: Volume 1*. Boston: Wisdom Publications.

2 Ibid.

3 Bodian, S. and Landaw, J. (2003) *Buddhism for Dummies*, Chichester: Wiley & Sons Ltd. Don't be put off by the title because actually this is a really accessible and knowledgeable book.

4 Whitfield, H.J. (2006) Towards case-specific applications of mindfulness-based cognitive-behavioural therapies: A mindfulness-based rational emotive behaviour therapy. *Counselling Psychology Quarterly*, 19, 205–217.

5 Ibid.

6   Geshe Tashi Tsering, *The Four Noble Truths*.

7   Once again Bodian and Landaw's *Buddhism for Dummies* offers an excellent and short review of this approach. For more detailed explorations see Geshe Tashi Tsering (2008) *The Awakening Mind: The Foundation of Buddhist Thought: Volume 4*. Boston: Wisdom Publications.

8   For a fascinating read on emergence see Johnson, S. (2002) *Emergence: The Connected Lives of Ants, Brains, Cities and Software*. London: Penguin.

9   Christakis, N. and Fowler, J. (2009) *Connected: the Amazing Power of Social Networks and How They Shape Our Lives*. London: HarperCollins.

10   Belsky, J. and Pluess, M. (2009) Beyond diathesis stress: Differential susceptibility to environmental influences. *Psychological Bulletin*, 135, 885–908. DOI: 10.1037/a0017376.

11   A very accessible and fascinating book if you're new to the area would be Gerhardt, S. (2007) *Why Love Matters*. London: Routledge. For more comprehensive coverage of the power of relationships to affect us in our bodies and brains Paul's favourites are Cozolino, L. (2007) *The Neuroscience of Human Relationships: Attachment and the Developing Social Brain*. New York: Norton; and Cozolino, L. (2008) *The Healthy Aging Brain: Sustaining Attachment, Attaining Wisdom*. New York: Norton.

12   Cacioppo, J.T. and Patrick, W. (2008) *Loneliness: Human Nature and the Need for Social Connection*. New York: Norton

13   Zimbardo. P. (2008) *The Lucifer Effect: How Good People Turn Evil*. London: Rider.

14   Johnson, *Emergence*.

15   Christakis and Fowler, *Connected*.

16   Pinker, S. (2011) *The Better Angels of Our Nature: The Decline of Violence in History and Its Causes*. New York: Allen Lane.

17   Gerhardt, S. (2010) *The Selfi sh Society: How We All Forgot to Love One Another and Made Money Instead*. London: Simon & Schuster. See also

Twenge, J. (2010) *The Narcissism Epidemic: Living in the Age of Entitlement.* London: Free Press.

18 Twenge, J.M., Gentile, B., DeWall, C.N., Ma, D., Lacefield, K. and Schurtz, D.R. (2010) Birth cohort increases in psychopathology among young Americans, 1938–2007: A cross-temporal meta-analysis of the MMPI. *Clinical Psychology Review, 30, 145–154. Part of this may be because we are becoming more self-centred and less community-orientated.*

19 Ballatt J. and Campling, P. (2011) *Intelligent Kindness: Reforming the Culture of Healthcare. London: Royal College of Psychiatry Publications. An excellent argument for a compassionately organised and delivered NHS.*

제**2**장
진화된 마음과 동기

우 리는 통증과 감정을 느낄 수 있는 신경세포와 뇌 체계가 있는
생물학적 몸과 마음을 가지고 있으므로 고통은 반드시 일어
난다. 우리의 몸과 마음은 수백 만년 동안의 진화를 통해 지금의 모습을 갖추
고 있으며, 이를 생명의 흐름이라고 부른다. 이것은 우리 세계가 약 30~40억
년 전 바닷속에서 가장 단순한 단세포 유기체prokaryotes를 낳고 그와 같은 생명
형태들이 점진적으로 진화하고 변형되어 현재 우리가 지구상에서 보는 모든
종으로 나타난 이야기이기도 하다.

우리의 몸과 마음이 생명의 흐름 속에서 어떻게 설계되었고 기능하는가를
이해하는 것은 중요한데, 이러한 이해를 바탕으로 마음챙김 자비를 증진시키
는 적절한 방식을 계발할 수 있기 때문이다. 우리의 마음이 진화해 온 방식을
이해하는 것은 지혜롭고 마음을 챙기며 자비로운 마음을 계발하고자 할 때
부딪히는 어려운 문제들에 대한 깊은 통찰을 제공한다.

우리의 기원을 이해하기-생명의 흐름

지난 2,000 내지 3,000여 년 동안 많은 사상가와 철학자는 우리의 마음이 다루기 힘들고 교묘하며 문제투성이라는 점을 인식해 왔다. 예를 들면, 이성 적 능력은 동기와 감정을 억제하기 위해 분투하지만, 강력한 비합리적인 힘들이 내면을 지배하여 그렇게 하고 있는 자신을 발견하게 된다. 성적 파트너를 찾고, 사랑에 빠지며, 아이를 원하고, 자신의 지위와 정체성을 방어하고, 부족과 집단에 참여하며, 자신의 집단을 지키기 위해 전쟁에 뛰어드는 행동과 같은 것들이다. 이러한 동기들은 이성이나 논리에 기초한 것이 아니다. 초기 그리스 철학자들은 이성이 열정과 본능적 추동의 혼돈에 빠지지 않기 위해 우리가 반드시 키워야 할 능력이라고 주장하였다. 그러나 이성이 도움이 되기는 하지만, 우리는 또한 동기란 것이 실제 무엇이며 어떠한 동기가 우리를 성장시키고 발전시키며 번영시키는 데 도움이 될 것인가에 관해 보다 깊이 성찰할 필요가 있다. 우리가 어떤 일을 하도록 하는 다양한 동기에 대해 어떤 동기를 키우고 어떤 것을 경계해야 할지 현명하게 선택하는 것은 충분히 숙고할 만한 일이다. 이 책은 마음챙김과 자비에 기초한 동기의 함양이 우리의 행복, 정신 건강, 관계, 정체감, 삶의 의미, 우리가 속해 있고 만들고 싶은 세계에 지대한 결과를 가져올 수 있는가에 대해 논증할 것이다.

영적 전통들은 보편적 사랑, 용서, 인류의 형제애를 강조해 왔지만, 숭고한 이와 같은 동기들은 성공, 권력, 적을 파괴하거나 적에 대한 과도한 잔인성과 같은 대립하는 동기들과 맞닥뜨린다. 오늘날에도 수천 명의 사람이 전쟁과 고문의 고통에 시달리고 있으며, 기아는 수백만 명의 삶에 만연해 있다. 또한 인간의 부는 나누기를 꺼려하는 소수의 사람에게 집중되어 있다. 그 결과, 자비로운 동기는 강력한 감정에 의해 추동되는 갈등하는 동기와 욕망으로 가득 찬 진화된 마음과 부딪힌다. 이것은 물론 새로운 통찰은 아니지만 많은 초기

사상가가 인간 조건에 관해 알 수 없었던 것은 정확히 우리가 '그것에 부딪히는' 이유, 우리의 마음이 열정에 의해 추동되어 매우 혼란스러운 이유, 이성을 이용하거나 자비로운 태도를 취하기가 그렇게도 어려운 이유이다. 이러한 지식은 진화에 대한 이해를 통해 상대적으로 최근에 들어서야 알 수 있게 되었다.

진화의 여정

인류가 생명의 흐름의 일부가 된 것을 밝힌 가장 저명한 인물은 찰스 다윈Charles Darwin(1809~1882)이다. 그는 유복한 지주의 아들이었으며, 목사가 되기로 결심하기 전에는 의학을 공부하기도 하였다. 그러나 그는 자연 세계에 대한 매혹을 느꼈고, 1831년에 박물학자로서 비글HMS Beagle호에 승선할 기회를 잡았다. 그는 18개월의 항해를 통해 비글호가 남반구 조사 활동을 맡게 되었을 때, 남아메리카의 여러 섬과 갈라파고스를 탐험하였다. 다윈은 유럽에는 없었던 많은 종을 보게 되었고, 그러한 다양성이 존재할 수 있는 이유를 탐구하기 시작하였다. 엄청난 생명의 다양성에 대한 그의 통찰은 지구 생명에 대한 사람들의 이해를 변혁시켰다. 그는 종들이 변화하는 이유는 종들이 지속적으로 음식, 생존, 재생산의 도전에 직면하며, 생존에 가장 적합한 종들이 자신의 특성을 후손에게 전달하기 때문이라고 설명하였다. 이러한 경천동지할 통찰은 비록 다윈 자신은 '진화'라는 용어를 결코 사용한 적이 없지만, 자연선택과 진화에 의해 종들이 변화한다는 개념을 낳게 되었다.

진지하게 생각해 보자. 잔인한 생존 투쟁을 벌여 온 99%의 모든 종이 지금은 멸종해 버렸다. 네안데르탈인도 25만 년 전 마지막 빙하기 때 멸종했으며, 현재 그들의 뼈와 유물만이 그들이 존재했다는 증거로 남아 있을 뿐이다. 우리는 그들이 어떤 방식으로 생각하고, 무엇을 좋아했는지, 아이나 가족에 대해서는 어떤 감정을 느꼈고, 미래에 대해서는 어떤 희망을 품었는지 절대 알 수 없다. 하지만 불교 철학은 모든 것은 변하며, 그 무엇도 영원한 것은 없다고 말한다. 특히 지금 우리가 알고 있듯이 생명의 형태는 계속해서 유전자가 결합하고 변이를 일으키며 놀라운 방식으로 변화한다.[1]

종의 특성(예: 달리기의 속도나 털의 색깔, 신체의 크기나 인간의 뇌 구조)이 한 세대에서 다음 세대로 정확히 어떻게 전달되는 것인지 알려져 있지 않았다. 다윈이 유전자에 대해서는 아무것도 몰랐기 때문이다. 유전자 전달의 수수께끼를 푸는 첫 실마리는 오스트리아 과학자이자 수사였던 그레고어 요한 멘델Gregor Johann Mendel(1822~1884)이 제시하였다. 그는 수천 개의 콩나무를 가지고 실험하면서 종의 특성이 어떻게 다음 세대로 전달되는지를 탐구하였다. 사람들은 1890년대까지 콩의 어떤 특성을 의도적으로 배양하고 전달할 수 있다는 그의 중요한 발견을 간과하였다. 그럼에도 멘델의 법칙은 정보가 다음 세대로 전달되는 방식을 이해하는 기반을 형성하였다.

1953년 케임브리지 대학교의 프랜시스 크릭Francis Crick과 제임스 왓슨James Watson은 유전자가 전달되는 메커니즘을 발견하여 글로 출간하였는데, 이 메커니즘을 DNAdeoxyribonucleic acid라고 불렀다. 이후 60년 간 과학자들은 우리가 물려받은 모든 유전자의 암호를 풀고자 애썼고, 그것은 게놈 프로젝트의 일부였다. 초기 게놈 프로젝트를 진행할 때에는 우리가 수십 만개의 유전자를 가지고 있다고 생각하였지만, 사실 우리는 2만~2만 5천 개의 유전자 밖에 가지고 있지 않다는 것이 밝혀졌다. 더 흥미로운 점은 우리가 다른 종들과도 같은 유전자를 꽤 많이 공유하고 있다는 사실이다. 우리는 쥐와 70%의 동일한 유전자를 가지고 있고, 소와는 80%, 침팬지와는 98~99%가 같다. 물론 이것이 쥐가 70%의 인간이며, 침팬지는 98%의 인간이라는 말은 아니다. 이렇게 공통점이 많음에도 불구하고 종이 다른 이유는 유전자가 아주 다른 방식으로 결합되고, 많은 유전자가 발현되지 않고 '침묵을 유지하는' 듯 보이기 때문이다. 사실 유전자가 상호작용하고 신체와 뇌를 형성하는 방식은 마음을 이해하는 핵심 열쇠이다. 흥미로운 점은 우리의 DNA는 바이러스가 우리 안에 남겨 놓은 잔여물의 증거까지 보여 준다는 점이다. 이것은 인간의 유전자가 돌연변이를 일으키고 변화하는 한 가지 방식일 것이다. 또 중요한 점은 어떤 유전자들은 우리가 살아가는 환경에 따라 (자궁에서부터 초기 생의 경험에 이르기까지) 발현이 되기도 하고, 발현이 되지 않기도 한다는 점이다. 현재 우리는 당신이 우울증과 같은 특정한 질환에 민감한 유전자를 가지고 있더라도 그 유전자가 필연적으로 발현되지는 않으며 환경에 따라 달라진다는 것을 알고 있다(사랑스럽고, 애정 어린 관계들은 억제되어 있던 유전자를 활성화시키는 환경으로부터 말 그대로 당신을 보호해 줄 것이다).

마음챙김 자비를 위한 진화의 결과들

발생학적인 진화는 사실 '모든 것이 이전의 조건으로부터 생겨난다'라는 불교의 사상과도 꽤 많은 점이 일치한다. 이와 같은 불교의 사상은 진화의 과정이 일어나는 방식이기도 하다. 이전에 태어나고 존재했던 모든 생명이 없었다면 우리는 여기에 지금과 같은 모습으로 존재할 수 없다. 이러한 통찰은 진화 과정에서 미리 설계된 청사진이란 없으며, 진화 과정이란 단지 이전의 조건에서 적응과 변화를 통해 생명체가 계속 새로워지는 것일 뿐임을 인식한다.

진화란 이전의 조건에서 새로운 것이 탄생하는 끊임없는 과정이기 때문에 뒤로 되돌아가서 지금까지의 변화 과정을 전부 지우고 다시 시작할 수 없으며 대신에 이전의 설계에 적응해야 하는 것이다. 그래서 이전에 사라졌던 것들이 늘 그다음의 진화와 발달에 강한 영향을 미치는 것이다. 예를 들어, 등을 타고 내려오는 긴 척추와 밖으로 뻗어 있는 사지의 골격 구조는 바닷속에 사는 어류의 설계 구조에서 비롯된 것이다. 이 구조는 물에서는 유용했지만 생명체가 뭍으로 올라와 포유류로 진화하여 수직으로 서게 될 때에는 문제를

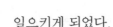

일으키게 되었다.

이와 비슷하게도 진화는 미리 어떤 것을 설계할 수 없다. 진화의 설계는 이전의 조건으로부터 특정한 이점이 있기 때문에 생겨나는 것이다. 예를 들어, 기린을 살펴보자. 그들이 몸을 낮추어 물을 마신다거나 섹스를 하는 것은 어려운 일이다. '생명체가 도대체 왜 저런 방식으로 진화를 했을까?'라고 생각할지 모른다. 하지만 곧 당신은 기린이 긴 목으로 다른 동물들이 먹을 수 없는 가지의 잎을 먹을 수 있다는 점을 발견한다. 이런 이점이 다른 난관들을 만들어 내더라도 기린이 점차 목을 길게 하는 방식으로 진화하게 만들었던 것이다. 이것을 트레이드 오프trade-off(어떤 것을 얻으려면 다른 것을 희생해야 하는 경제 관계)라고 부른다. 다른 사례는 공작새의 꼬리이다. 공작새의 꼬리는 암컷을 유혹하기 위해 화려하게 디자인되었지만 포식자로부터 도망칠 때에는 문제가 될 수 있다.

인간의 신체와 뇌도 진화 과정에서 온갖 종류의 거래와 타협을 거쳤다. 다른 동물처럼 네 발로 서기보다는 두 발로 서게 되면서 인간은 시야가 넓어지고 손이 자유로워졌다. 이런 적응에 단점이 있다면 원래는 신체의 무게를 지탱하도록 설계되지 않은 척추, 엉덩이와 무릎에 상당한 힘이 내리누른다는 점이다. 물론 이런 변화에 척추와 관절이 적응해 왔던 점도 있다. 하지만 원래의 디자인으로 인해 오늘날 많은 사람이 추간판탈출증을 겪으며 주요 관절들이 닳아 없어져서 수술로 대체할 필요가 생겨나고 있다. 또한 직립은 여성의 골반을 좁게 만들어 출산이 어려워졌다. 안타깝게도 이런 진화의 적응 과정으로 인해 수백 만 명의 여성과 아이들이 목숨을 잃었다. 지능의 증가를 수용하기 위해 머리가 커진 것이 산도의 협착이라는 난관을 만들어 낸 것이다.[2]

우리는 또한 인체의 기초 체계들이 한계 안에서 작동하도록 설계되었다는 점을 고려해야 한다. 특히 우리를 보호하려고 하는 인체 체계에 대해서는 이점이 정확히 들어맞는다. 예를 들어, 설사와 구토는 몸에 들어온 독을 처리하는 신체의 정상적인 반응 방식이다. 대개 이런 방어 반응은 정상적으로 잘 작동하지만, 몇몇 질병의 경우 이런 자연스런 방어 반응이 필요 이상으로 더 오래 작동하게 만들어 사람들은 탈수나 영양 부족으로 죽을 수 있다. 이는 개발 도상국 아이들의 주요 사망 원인이다. 질병 그 자체보다도 질병에 대한 신체의 방어 기제가 우리를 죽이는 것이다. 또한 인체의 면역 체계가 몸이 자신의 것임을 인식하지 못하여 스스로를 공격하는 다양한 자가 면역 질환도 있다. 암세포는 몸에서 늘 생겨나지만 신체가 이 세포들을 적절히 통제하지 못할 때에만 문제가 된다.[3]

이 이야기의 핵심은 인체 생리 체계의 진화 과정이 어떻게 우리를 완벽하게 만들었느냐가 아니다. 생리 체계는 전반적으로 어려움에 반응할 때 도움이 되는 방식으로 진화하였지만, 그것이 항상 도움이 되는 것은 아니다. 사실 우리가 많은 질병과 부상에 취약하고, 여러 다양한 방식으로 목숨을 잃는 한 가지 이유도 이 진화의 과정 때문이다. 게다가 뇌와 신체가 진화해 온 방식에 개입한 설계자가 없었으므로 온갖 종류의 난관들을 유발한다는 점을 이해하게 된다. 그래서 인간의 뇌를 살펴볼 때 진화를 통해 뇌가 무척이나 복합적으로 진화하였지만 서로 잘 조합되지는 않는 기관이라는 점을 이해할 수 있다. 진화 과정에서 우리의 뇌가 아주 복잡해졌고, 서로 대립되는 동기와 욕구, 감정들로 뒤얽혀 잘 작동하지 않는다는 사실을 이해하는 데에서 우리 자신에 대해 연민의 마음이 싹트기 시작한다. 이것이 우리가 불안이나 우울, 분노와 과대망상에 시달리기 쉬운 이유이기도 하다!

이전 장에서도 보았지만 삶의 딜레마에 접근하는 불교의 방식은 고통을 인정하고, 고통의 원인을 이해하며, 해결책을 찾는 것에 기반한다. 과학은 우리가 겪는 고통의 원인이 진화 과정과 설계와 연관되어 있음을 보여 줌으로써 해결책을 찾는 과정에 기여한다. 마음챙김 자비를 훈련하기 위해서는 우리가 처한 상황을 자각하고, 마음이 왜 특정한 방식으로 작동하는지를 이해할 필요가 있다. 이런 통찰과 지식이 지혜로 나타나고, 이러한 지혜는 우리가 자비롭게 행동하도록 알려 준다.

구뇌와 신뇌

진화론적 통찰을 이용하면 마음이 어떻게 특정한 방식으로 작동하게 되었고, 내면의 평화를 찾기란 왜 이리도 어려운 일이며, 왜 우리가 자기 자신의 최악의 적이 될 수 있는지를 이해하는 데 초점을 맞출 수 있다. 진화론 모델은 인간이 진화를 통해 탄생한 존재라는 기본 전제에서 시작된다. 수십억 년 동안 뇌는 이 세상에서 신체의 행동을 조절하는 기관으로 진화해 왔다. 호흡과 심장 박동에서 시작해 우리가 일으키는 모든 움직임과 느끼는 감정, 우리가 가진 생각들은 모두 뇌에서 조율한다. 뇌는 감각기관이 받아들인 정보를 해석한다. 이것이 음식인가? 이것이 나를 잡아먹으려고 노리는 포식자인가? 성관계를 맺을 기회인가? 태풍이 다가오고 있으니 보금자리로 돌아가야 하는가? 뇌가 어떤 신호를 특정한 가능성이라고 판단하면 결정을 내리고 신체가 이 결정에 따르도록 지시한다. 뇌는 다가가 음식을 먹고, 포식자로부터 도망치며, 경쟁자와 싸우고, 이성 파트너와 교제하라고 지시한다. 뇌는 위협을 처리하고 특정한 상황에서 이득을 보아 생존과 번식률을 높이기 위한 메커니즘을 가지고 있는 셈이다.

가령, 데이비드 애튼버러David Attenborough(영국의 동물학자, 50여 년 동안 다큐멘터리 영화의 해설을 맡은 방송인이자 영화감독) 감독과 BBC 채널 카메라맨이 만든 멋진 자연주의 영상을 보며 주변의 자연 세계를 관찰해 보면 대부분의 동물이 인간과 비슷한 목표를 추구한다는 점을 알 수 있다. 먹이를 찾고, 잡아먹히는 것을 피하며, 성적 파트너를 찾고, 지위와 귀한 것들을 얻으려고 애쓰며, 자손을 돌보는 것이 비슷한 목표이다. 동물들이 불안과 분노, 화, 만족과 이완, 성적 욕망과 추구에 취하는 것은 우리의 감정과 비슷하다. 동물의 뇌도 인간의 뇌와 비슷한 방식으로 움직이도록 설계되었다.

인간의 뇌는 생명 진화 흐름의 일부이고, 그래서 다른 생명체와 매우 비슷한 구조로 설계되어 있다. 그래서 우리의 뇌에 이런 종류의 목표를 따르는 메커니즘이 내재되어 있고, 이러한 목표가 위협을 받거나 가로막힐 때 동물처럼 분노와 불안으로 반응할 수 있다. 또한 우리는 동물들과 마찬가지로 만사가 잘 풀려 갈 때 기쁨을 느낄 수 있다. 우리는 이 동기와 감정들을 구뇌 기능이라고 부를 수 있다. 왜냐하면 이 기능들은 수백만 년 동안 진화해 왔으며, 다른 동물들과도 함께 공유하고 있기 때문이다([그림 2-1] 참조).

감정은 동기를 지배한다. 우리는 다음 장에서 여러 감정을 세세히 살펴볼 것이다. 왜냐하면 감정은 삶에 의미를 주고 자비의 기반이 되기 때문이다. 하지만 감정은 또한 파괴를 유발하며 자비를 가로막기도 한다. 그러한 순간에 우리는 감정이 동기와 어떻게 연결되어 있는지를 인식할 수 있다. 예를 들어, 시험에 통과하거나, 돈을 벌거나, 누군가에게 데이트를 신청하거나, 야채를 기르고 싶을 때(이것이 동기이다) 당신은 이것들을 성취하기 위해 노력할 것이다. 이것들에 성공한다면 기쁨과 흥분, 만족 같은 기분 좋은 감정을 경험하게 될 것이다. 하지만 반대로 시험에 떨어지거나, 돈을 잃거나, 상대방에게 거절당하거나, 달팽이가 야채를 다 먹어치우면 짜증과 실망, 슬픔과 같은 불

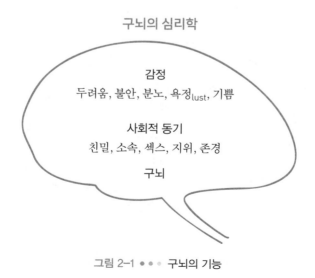

그림 2-1 ••• 구뇌의 기능

쾌한 감정을 느끼게 될 확률이 높다.

　이런 방식으로 감정은 우리가 원하는 것을 얻고, 목표를 성취하고 있는지를 알려 주는 내면의 신호이다. 이 사실은 자비로운 동기가 무엇이고, 그 동기가 우리 안에서 어떻게 작동하며, 어떤 감정들이 자비로운 동기와 연관되는지를 생각하기 시작할 때 중요해진다.

인간이 똑똑해지기 시작하면서 생긴 문제

　우리 접근의 핵심은 다른 동물들이 갖지 못한 전반적인 역량을 제공해 주는 새롭게 진화된 특별한 뇌를 가지고 있다는 것이 어떤 의미가 있는가를 탐색해 보는 것이다. 2백만 년 전부터 인간의 뇌는 점점 똑똑해졌다! 인간의 기원을 추적해 가는 화석 연구에서는 호모 에렉투스Homo Erectus와 호모 하빌리스Homo Habilis라고 부르는 종이 우리에게 수백만 년 동안 뇌의 크기와 용량이 점차 변해 왔음을 보여 준다. [그림 2-2]는 지금 우리가 가진 새롭고 '똑똑한' 뇌

그림 2-2 ● ● ● 신뇌의 역량과 능력

의 부위가 어떤 기능을 하는지 보여 준다.

우리는 진화를 통해 상상하고 공상할 수 있게 되었다. 동물들은 하지 못하는 방식으로 생각하고, 추론하며, 계획을 세울 수 있다. 그리고 생각하고 다른 이들과 의사소통하는 것을 돕는 놀라운 도구인 언어를 개발하였다. 우리는 상징을 사용할 수 있게 되었고, 이것이 생각하는 능력을 굉장히 증진시켰다. 하지만 생각하는 뇌는 양날의 검이 될 수도 있다. 예를 들어, 사자에게 쫓기는 얼룩말이 목숨을 구하려고 도망가는 것을 생각해 보라. 사자가 더이상 쫓아오지 않으면 얼룩말은 사바나로 돌아가 풀을 뜯는다. 하지만 사람들은 대개 이렇게 살지 못한다. 왜냐하면 우리는 계속해서 생각하고, 분석하고, 공상하고, 미래를 계산하고, 예상하기 때문이다. 새로운 뇌의 이런 능력은 사자에게 잡혔으면 얼마나 끔찍한 일이 벌어졌을지에 대한 상상으로 하루 종일 빠져있게 만든다. 우리는 마음속에서 우리를 두렵게 하는 온갖 상상과 환상을 떠올릴 수 있다. 그리고 '다음번에는 제대로 해내지 못하면 어쩌지?' '아이들이 집을 나가면 어쩌지?'라고 내일 벌어질지도 모르는 일을 미리 걱정한다. '어쩌면, 어쩌면' 하는 걱정스런 생각이 계속 이어진다. 이것이 새로운 뇌가 지닌 능력의 불리한 점이다. 다른 동물들은 살이 찌는 것을, 아이들이 취직하지 못하는 것을, 다른 아이들이 자신의 아이를 좋아하지 않는 것을(또는 좋아하는 것을), 어떻게 하면 좋은 평판을 얻을지를 걱정하지 않는다. 똑똑해지는 것은 생명의 흐름에 완전히 새로운 역동을 가져왔다. 그것은 생각, 자기인식self-aware, 반성적인 마음reflective mind이다. 하지만 이는 또한 불안을 유발하는 것에 대해 생각하고, 정서적으로 더 불안해져서 다시 위협적인 것을 생각하는 생각의 악순환에 빠트리기도 한다. 로버트 새폴스키Robert Sapolsky의 유명한 책『왜 얼룩말에게는 종양이 생기지 않을까Why zebras don't get ulcers』에서는 생각하는 인간의 똑똑한 뇌가 우리 자신에게 온갖 골칫거리와 문제를 가져다준다고 말한다.

그러나 우리는 뒤로 물러나 세상과의 관계에서 우리가 어떤 존재인지를 생각할 수 있을 뿐만 아니라 다른 사람의 마음에 대해서도 생각할 수 있게 되었다. 우리는 다른 존재가 무엇을 느끼는지, 그들의 동기가 무엇인지, 현재 어떤 감정을 느끼는 이유는 무엇인지 생각할 수 있다. 가만히 생각해 보면 이 것은 굉장히 특별한 능력이다. 이 능력이 있기 때문에 당신은 '만약 샐리에게 이런 얘기를 하면 샐리는 프레드에게 얘기를 할지 몰라. 그럼 프레드는 존에게 얘기를 하겠지. 그런데 존은 별로 믿을 만한 사람이 아니기 때문에 이 정보를 나에게 불리하게 활용할 수 있어.'라고 생각할 수 있는 것이다. 이렇게 생각하는 것은 인간인 우리 자신과 우리가 굉장한 이야기꾼, 소설가, 헐리우드 영화의 제작자가 될 수 있게 해 주는 서로 소통할 수 있는 능력에 대한 통찰을 제공해 준다.

신뇌는 또한 우리에게 자각하고 있음을 자각할 수 있는 능력을 준다. 우리는 스스로 존재하고, 우리에게 마음이 있으며, 언젠가 우리의 존재가 소멸될 것이라는 사실을 자각한다. 우리는 '우리가 자각한다'고 생각한다는 것을, 또는 자각하는 경험을 자각할 수 있다. 그러므로 인간의 의식 수준과 동물의 의식 수준은 다르며, 진화의 과정에서 근래에 생겨난 '자각할 수 있는' 능력은 우리가 마음챙김을 훈련할 수 있게 해 준다. 이 능력은 자신의 마음을 관찰하고 그 가운데서 선택을 할 수 있게 해 준다. 분명 인간을 제외한 어떤 동물도 훈련을 통해 의도적으로 주의를 특정한 방식으로 지향함으로써 마음챙김의 자각 상태를 선택할 수 없다(제7장 참조).

인간을 다른 동물과는 다른 존재로 만드는 또 다른 점은 우리가 고유하고 개별적인 자기감을 가지고 있다는 점이다. 현재 존재하는 전체 생명계의 발생은 개별 유기체의 출현에 의존한다. 첫 생명체가 생겨날 때 그 생명체에는 바깥과 안을 구분해 주는 세포막이 있었다. 생명 그 자체는 유기체가 그들이 처해 있는 환경과는 분리된 개별적인 개체이면서 동시에 환경에 의지하는 존재가 되어 가는 과정이다. '개별성'과 '분리된 자기'는 수십억 년 전부터 시작된 것이다.

하지만 인간은 고유한 신체와 뇌와 함께 피부 안에 완전히 새로운 형태의 의식을 가지고 있는 존재이다. 이러한 자각 능력과 개체로서의 존재감은 우리가 어떤 미래와 어떤 사람이 되고 싶은지(혹은 되고 싶지 않은지), 어떻게 느끼고 싶고, 어떤 삶을 살고 싶은지 생각할 수 있게 해 준다. 반면에, 다른 동물들은 그저 하루하루를 살아갈 뿐이다. 그들은 이 세상에서 분리된 개체로 존재한다는 것이 어떤 의미인지 생각하지 못하고 그저 내면의 동기와 감정을 따라 살아갈 뿐이다. 물론 동물과 다른 인간의 의식 능력은 도움이 될 수도 있고, 매우 유해할 수도 있다. 특정한 종류의 자기정체성을 만들려고 애쓰고, 그 정체성에 집착하는 것은 온갖 종류의 문제를 유발하기 때문이다. 그럼에도 불구하고 특정한 종류의 사람이 되고 싶다는 욕망은 마음챙김과 자비를 계발하는 데 중요한 요소이다. 그리고 이는 우리가 어떤 존재가 되기를 원하는지에 대한 동기의 중요성을 다시 한 번 강조한다.

이 모든 능력이 신뇌의 일부라고는 말하지만, 이러한 능력이 뇌 안 '어디에' 존재하는지는 말할 수 없으나(전두엽이 중요하기는 하지만) 단지 그것들이 우리가 아는 한 이 지구상에 사는 생명체가 가질 수 있는 매우 새로운 능력이라는 것은 분명하다. 지금까지 보아 왔듯이, 이 능력들은 우리의 주의와 상상, 공상, 예상, 계획, 생각, 추론을 사용한다. 신뇌는 다양한 문화와 과학, 자동차와 텔레비전, 휴대 전화와 의약품이 있는 이 세계를 만들었다. 이것은 대단한 일이지만, 신뇌가 가진 능력은 또한 우리에게 심각한 문제와 스트레스를 유발할 수도 있다. 예를 들어, 우리는 갈등 상황을 추론하고 복수를 계획할 수 있다. 우리는 핵무기를 만드는 데 지성을 활용할 수 있다. 우리가 얼마나 불행한지 곱씹으며 자살을 계획할 수 있다. 우리는 열등하고 사랑받지 못하는 존재라는 생각으로 머릿속을 가득 채울 수도 있고, 다른 사람들보다 훨씬 더 많은 자원을 가질 권리가 있다고 느낄 수도 있다.

기본적으로 신뇌는 구뇌의 격정과 동기, 두려움에 사로잡히고 장악될 수 있다. 계획하고, 추론하고, 상상하는 신뇌의 기능이 구뇌의 감정과 동기에 의

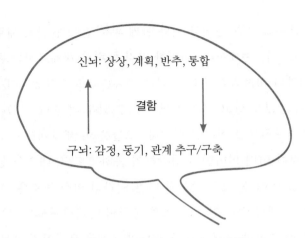

신뇌: 상상, 계획, 반추, 통합

결함

구뇌: 감정, 동기, 관계 추구/구축

그림 2-3 ••• 신뇌와 구뇌의 상호작용

해 조종될 수 있다. 생각과 주의를 불쾌한 감정을 조절하고, 대처하며, 긍정적인 감정을 촉진하는 데 사용하기보다는 구뇌가 우리를 위협에 반응하는 불안과 분노를 일으키는 방향으로 끌어당길 때, 신뇌는 위협에 초점을 맞추어 생각이 사로잡히고 반추하는 역할을 할 수 있다. 우리는 '감정을 유발하는 생각'과 '생각을 유발하는 감정'의 순환 고리에 갇혀 버린다. 이는 똑똑해지는 것으로 인해 일어나는 불행한 결과이다. 이 상황에 대응하지 않으면 이렇게 진화 과정에서 생긴 결함으로 인해 우리는 심각한 문제에 빠질 수 있다. 이를 [그림 2-3]에 묘사하였다.

　지난 2천 년간 동양과 서양의 철학자들은 감정이 생각을 복잡하게 하고, 생각이 감정을 더 복잡하게 휘저어 놓는 악순환에 빠질 수 있다는 것을 이해했기 때문에 이것이 그다지 새로운 통찰은 아니다. 예를 들어, 불안해질 때 우리는 불안한 생각과 가능성에 빠져들기 시작하고, 이것이 우리를 더 불안하게 만든다. 심리치료의 발달 과정에서, 특히 인지심리학파에서는 우리의 생각과 동기, 감정이 서로 주고받는 피드백 때문에 마음에서 온갖 종류의 문제와 고통을 유발할 수 있다는 점에 초점을 맞춘다.

다른 동물과 달리 똑똑해진다는 것은 우리가 자신의 내면에서 일어나는 감정과 동기에 대해 생각할 수 있고, 특정한 행동과 노력을 포함해 그 감정과 동기를 판단할 수 있다는 의미이다. 문제는 우리가 내면에서 경험하는 것을 좋아하지 않을 수 있다는 점이다. 우리는 두려움이나 분노가 치밀어 오르는 것을, 짜증을 내거나 순종적인 성향을 싫어할 수 있다. 우리는 우리 안에서 일어나는 성적·공격적 판타지에 놀라 이토록 까다로운 뇌를 가진 우리 자신에게 자비의 마음을 갖는 대신에 비판적이 되어 스스로와 싸움을 벌일 수도 있다.

이런 면에서 '느낌을 느끼는' 것 혹은 내면에서 일어나는 판타지를 회피하려고 애쓰는 사람들이 여러 정신 건강 문제를 겪을 수 있다. 분명 당신이 내면에서 벌어지고 있는 일을 회피하거나, 억누르거나, 분리해 내려고만 하면 스스로의 마음을 이해하지 못하고, 자신에 대한 자비의 마음이 약해진다.[4]

하지만 인간의 뇌는 기쁨과 행복, 돌봄과 애정, 연대와 평화로움의 능력도 가지도록 진화해 왔다. 그래서 우리는 평화로운 느낌에 주의를 기울이고 마음을 건설적인 방향으로 조직할 수 있게 신뇌의 능력을 어떻게 활용할지 배울 수 있다. 우리가 특정한 방식으로 주의를 기울이는 법을 배우면 머리 안에서 벌어지고 있는 일을 더 잘 알아차리게 된다. 우리가 어떻게 이것을 할 수 있는지는 이 책에서 중점적으로 다루고 있는 일이다.

뇌는 어떻게 스스로를 조율하는가

이제까지 우리는 뇌에서 일어나는 문제들이 왜 이리도 복잡하고 까다로운지 이해하기 시작하였다. 우리의 뇌는 수백만 년 동안 여러 요소와 부분이 조합된 복잡하고 다층적인 구조이다.[5] 뇌에서 처리되는 수많은 정보는 의식의 수준에서는 떠오르지 않는다. 의식은 뇌가 정보를 처리하는 후기 단계에 있기 때문이다. 다양한 동기와 욕망, 가능성이 뒤섞여 있지만, 뇌는 이 다양한 구조와 체계를 서로 협응된 방식으로 상호작용하게 만들어야 한다. 결국 도움이 되고 적응하는 곳도, 문제가 일어나는 곳도 모두 여기 뇌이다.

　주의와 추론, 행동을 촉진하거나 제어하고 감정을 조절하는 등의 역량을 환상적으로 조율하는 능력은 인간이 지닌 힘의 핵심이다. 인간은 정보를 환상적인 수준에서 통합할 수 있는 종이다. 예를 들어, 차를 운전하는 것을 생각해 보자. 손과 발로 기어를 바꾸고, 눈으로는 앞뒤 좌우의 차들을 보면서 손으로 핸들을 돌리고, 옆에 앉아 있는 친구와 얘기를 나누며 휴대 전화로 걸려 온 전화에 답하기도 한다(물론 블루투스 기능이 있는 핸즈프리 휴대 전화이다). 네비게이션의 지도를 보면서도 빨간불에 차를 멈추기도 한다. 당신은 이 모든 것을 몇 시간 동안이나 지속할 수 있다! 우리와 가장 가까운 종인 침팬지가 이렇게 차를 운전한다면 몇 초 뒤에 사고로 죽을지도 모른다. 활동과 주의를 이렇게 고차원적인 수준에서 조율하지 못하기 때문이다.

　신체는 음식을 먹고 소화시키며 영양소로 쪼개어 단백질과 다른 성분들로 몸을 만들고 근육에 에너지를 보내는 등의 복합적인 과정을 환상적으로 조율한다. 생리 체계가 제대로 기능하려면 잘 조율되고 협응이 이루어져야 한다. 한 부분만 균형을 잃어도 몸 전체가 고통을 받게 된다. 하지만 이는 마음에서도 그렇다. 뇌도 수없이 다양한 정보의 체계와 종류, 양을 조율해야 한다.

동기가 마음을 조율한다

　주의를 기울이는 것, 생각하고 느끼고 행동하는 방식은 스스로도 자각하지 못하는 수준에서 작동하는 동기에 의해 조율된다. 이것은 우리가 자비의 동기를 선택하게 하는 중요한 통찰이다. 자비가 우리의 마음을 특정한 방식으로 조율하기 때문이다. 세상에서 돈을 엄청나게 벌겠다고 생각하는 사람이나, 성적인 기회를 전부 즐기며 쾌락을 누리고 살겠다는 사람이 세상에서 어떻게 살아갈지 상상해 보면 동기가 마음에 얼마나 강력한 영향을 미치는지 이해할 수 있다. 자신의 마음을 이해하고 가능한 한 다른 이들에게 사려 깊고 자비로운 존재가 되려는 사람과 비교해 보라. 당신은 그들의 주의와 느낌, 행동이 어떤 존재가 된다거나 어떤 행동을 하려는 동기에 따라 다르게 조직되어 있다는 점을 볼 수 있는가? 1989년 길버트는 동기가 주의와 생각, 행동을 조율하는 지휘자와 같다고 묘사하며 '사회적 정신화social mentality'라는 말을 만들어 냈다.[6] 생각과 주의, 느낌과 행동을 조율하는 우리 안의 동기가 어떻게 자극을 받는지 더 깨어서 자각할 수 있게 되면 한 발 뒤로 물러나 특정 동기가 리드하는 길을 따를지 따르지 않을지 결정할 수 있다. 다양한 동기와 사회적 정신화가 실제로 뇌를 다른 방식으로 자극한다는 증거를 제시하는 연구가 많아지고 있다. 예를 들어, 심리학자 에밀리아나 사이먼 토마스Emiliana Simon-Thomas와 그녀의 동료들은[7] 우리가 자비에 기반한 목표나 자부심을 느끼기 위한 목표에 초점을 맞출 때 뇌에서 어떤 일이 벌어지는지를 연구하였다. 그들은 뇌에서 자비의 마음을 일으키는 부위가 다른 사람의 고통에 반응할 때 활성화되며, 이 부위는 아이를 기르고 타자를 돌보는 행동과 결부되어 있었다. 이와 반대로 자부심은 자기 자신을 생각하는 뇌의 부위와 연결되어 있었다. 자비는 좋고, 자부심을 즐기는 건 나쁘다며 흑백논리를 펼치려는 것이 아니다. 내가 하려는 일은 뇌에서 균형을 발견하고, 자비로 주의를 기울이는 것이 뇌에 어떤 영향을 미치는지 이해하려는 것이다.

우리는 누군가를 돌보고, 자비를 동기로 삼은 마음과 자신에게만 초점을 맞추고, 경쟁적인 마음을 대조해서 비교할 수 있다. 돌봄의 마음일 때 우리는 다른 사람의 괴로움과 필요에 초점을 맞추고, 타인을 염려하는 감정을 느낀다. 다른 이들이 필요한 것을 주려고 노력하며, 그들의 회복과 번영을 보면서 보상감을 느낀다. 이는 자기정체성과도 결부되어 있을지 모른다. 예를 들어, '나는 보살피는 사람이고 싶어.'라는 생각이 자리 잡고 있기 때문에 이렇게 생각하고, 느끼고, 행동하는 것이다. 이와 반대로 자신에게 초점을 맞춘 경쟁적

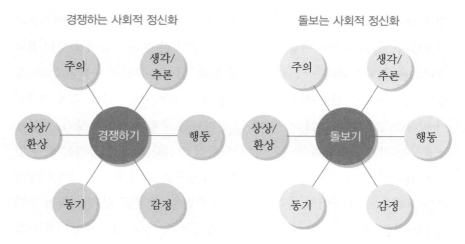

그림 2-4 ● ● ● 각기 다른 사회적 정신화

인 동기는 우리가 다른 이들보다 얼마나 더 잘할 수 있는지에 초점을 맞추게 만들고, 계속해서 자신을 남과 비교하게 하며, 남보다 더 잘났다는 데에서 기쁨을 느끼고, 자신의 성공을 공유하지 않으려는 마음을 일으킨다. [그림 2-4]에서 이를 잘 요약하였다. 우리가 가진 동기가 마음에서 일어나는 수많은 일을 조직한다는 것을 인식하는 것은 너무나도 중요하다.

　일반적으로 사회적 정신화는 관계에서만 발달될 수 있다. 사회적 정신화가 활성화되면 다른 사람으로부터 반응을 '추구한다'. 당신이 돌봄을 바란다면 돌봄을 제공할 다른 사람을 필요로 하게 된다. 성적인 경험을 원한다면 성적 관계를 만들기 위해 화답할 다른 사람을 필요로 하게 된다. 다른 사람으로부터 받는 신호는 특정한 관계 유형이 전개되고 발달하는 가운데 사회적 정신화가 기능하도록 해 준다. 이것은 무척 중요하다. 사회적 정신화가 특정한 신호를 유도해 내지 못하면 어떤 일이 일어나겠는가? 예를 들어, 당신이 돌봄을 바라지만 사람들이 당신을 거부하거나 놀린다면? 누군가와 성적인 관계를 원하지만 상대방이 당신에게 너무 늙었다거나 나이 들고 못생겼다고 말한다면? 그때 사회적 정신화는 차단된다. 이는 감정적인 혼란을 야기할 뿐 아니라 사회적 정신화와 관련된 기술을 발달시키는 데에도 방해가 된다. 그래서 돌봄을 원할 때 그 욕구가 계속해서 좌절된다면 당신은 그 욕구를 차단하거나 혹은 돌봄이 필요할 때 그것을 인식하고 충족하는 능력이 매우 미숙해진다. 사회적 정신화는 타인과의 상호작용을 통해 지속적으로 형성된다. 자비는 단지 자신에게만 초점을 맞추는 것이 아니라 다른 이들에 대한 자신의 상호작용, 그리고 다른 이들이 우리에게 행동하고 반응하는 방식에 대해 우리가 어떻게 대응하느냐에 초점을 맞춘다. 그래서 우리는 자비를 사회적 정신화라고 부른다.

그렇다면 가끔은 멈추어서 무엇이 우리의 실제 동기인가를 가만히 생각해 보는 것이 도움이 된다. 삶에서 우리의 중심 목표는 무엇인가? 우리는 무엇이 의미 있는 삶이라고 생각하는가? 살날이 하루밖에 남지 않았다고 상상해 보고 지난날을 되돌아보면 무엇을 생각하고 어떤 기분을 느끼게 될까? 다른 사람들에게 어떤 사람으로 기억되길 바라는가? 그 사람이 되기 위해 지금 우리는 어떻게 노력하고 있는가?

갈등으로 가득 찬 마음

이제 우리 안에는 생각과 느낌, 행동을 특정 맥락에서 특정한 행동을 하도록 조직하는 다양한 종류의 동기가 있음이 명료해진다. 그럼에도 여전히 우리가 얼마나 '다층적'인 존재인지를 인식하는 것은 무척 놀라운 일이다. 길버트는 이러한 문제가 심리학에서 인기 있는 주제가 되기 시작했을 때까지 꽤 오랫동안 공인 임상심리전문가clinical psychologist 자격을 가지고 있지 않았다. 특히 그에게 큰 영향을 미친 책은 로버트 오른스타인Robert Ornstein의 『다중-마음Multi-Mind』이었다. 25년 전 그는 이렇게 말했다.

인간이 자기 자신을 이해하는 데에는 오랜 진보의 과정이 필요했다. 그것은 마음이 단순하고 일반적으로 '지성적'이라는 관점에서 복잡하게 뒤섞인 구조라는 관점으로의 변화였다. 즉, 마음은 그 안에 복잡한 일련의 '재능들'과 '모듈들', 그리고 '정책들'을 담고 있다 … 마음을 구성하는 이 모든 구성 요소는 서로 독립적으로 행동할 수 있다. 그것들은 서로 다른 우선권priorities을 가지고 있을 수도 있다.[8]

사실 이것은 현대심리학에서 인간의 마음을 이해하는 보편적인 관점이 되었다. 20년 전 데니스 쿤Dennis Coon은 다음과 같은 상세한 서술이 있는 대학생용 심리학 입문 서적을 출간하였다.

당신은 하나의 우주이다. 수많은 세계 안에 세계를 담고 있는 집합체이다. 당신의 뇌는 아마도 존재하는 모든 것 중에 가장 복잡하고도 놀라운 장치이다. 뇌의 작동을 통해서만 당신은 음악과 미술을 향유하고, 과학적으로 생각하며, 전쟁을 벌일 수 있다. 당신 안에 내재된 사랑과 자비의 잠재력은 동시에 공격성과 증오 … 살인의 잠재력과 공존한다.[9]

쿤과 다른 연구자들은 우리가 경험하는 바와 달리 우리가 통합된 존재가 아니라고 말했다. 오히려 우리는 의미를 만들어 내고 뇌의 패턴과 마음의 상태를 생성해 내는 수없이 다양한 잠재력으로 구성된 존재이다. 이런 지식이 여전히 사회에 보편적인 상식으로 전해지지 않고 있다는 것은 놀랄 만한 일이다. 아마도 우리는 마음의 모든 영역을 통제하는 단일한 존재가 있을 것이라는 환상이 너무나도 강력하고 매혹적이어서 이 관념을 내려놓기를 원치 않을 것이다. 하지만 우리가 더 의식적이 될수록 내면에서 감정과 동기, 다양한 종류의 자기가 들끓면서 경쟁하고 있다는 점을 더 자각하게 된다. 다양한 자기와 감정이 생겨난 이유는 뇌의 기본 설계와 사회적 맥락 때문임을 기억하는 것이 중요하다―그것은 개인적인 것이 아니며, 우리의 잘못도 아니다―그러므로 그것들과 과도하게 동일시하지 않고 관찰자의 관점을 취하는 것이 도움이 된다. 이것이 마음챙김이 자비의 동기를 기르는 기반을 마련하는 데 중요한 이유이다.

　분명 동기와 사회적 정신화는 서로 겹치며, 하나가 다른 하나를 억누를 수 있다. 예를 들어, 공격적이면서 동시에 돌보는 마음을 가지기란 어려운 일이다. 하지만 사람들은 서로 다른 정신화로 변환할 수 있고, 그것들을 혼합하여 사용할 수도 있다. 사실 우리가 필요할 때 정신화를 변환할 수 있는 능력은 정신이 건강하다는 지표이다.[10] 예를 들어, 한 남자가 직장에서는 자신이 얼마나 가치 있고 능력 있는 사람인지 증명하기 위해 경쟁하지만 집에 돌아오면 내면에서 이와는 다른 자기가 등장할 것이다. 아마 그는 아내의 사랑과 시간을 얻기 위해 아이와 경쟁할 필요가 없는 다정한 아버지일 수도 있다. 특정한 한 가지 정신화나 동기 체계에만 갇히게 된 개인은 (항상 경쟁하거나 복종적인 사람과 같이) 협력하거나 돌보고, 돌봄을 받는 데 어려움을 겪을 것이다. 이는 그들의 삶을 여러 방식으로 곤궁에 처하게 만든다. 그래서 우리가 자신에게 던져야 할 가장 중요한 질문은 '어떤 동기가 우리의 마음을 잘 조정할 수 있을까' '어떤 환경에서 이 동기가 가장 잘 일어나며, 그 결과 어떤 일들이 벌어질까?' '이렇게 수백만 년에 걸친 진화에서 생겨난 다양한 동기에 의해 조정되는 마음을 우리가 얼마나 자각하고 있는가?'일 것이다.

자기정체성의 고충

　동기가 마음을 조직하는 것뿐 아니라 자기에 대한 감각을 유지하는 것은 우리 대부분에게 아주 중요한데, 이는 자기통합성과 타인과 연결되어 있는 감각을 유지하도록 돕기 때문이다. 우리는 자신이 누구인지에 대한 감각과 맞지 않는 어떤 것들을 느끼거나 그러한 방식으로 행동할 때 매우 고통을 겪게 된다.

리타 카터Rita Carter는 『다중성Multiplicity』이라는 그녀의 책에서 우리가 어떻게 하나의 머리 안에 존재하는 여러 자기selves의 주인 노릇을 하는지에 대해 흥미롭게 보여 준다.[11] 화났을 때 나타나는 자기가 있고, 불안할 때 등장하는 자기, 슬픈 자기, 완벽주의적 자기, 낭만적인 연인으로서의 자기, 환상적인 친구로서의 자기, 그리고 다정하거나 짜증을 잘 내는 부모로서의 자기 등으로 계속 나열할 수 있을 것이다. 이러한 각각의 자기는 저마다 나름 생각하고, 느끼고, 행동하길 원하는 방식이 있다. 우리는 거의 대부분 이러한 우리 자신에 대한 다양한 느낌, 사고, 그리고 경험이 매일매일 우리를 통과해 흘러가고 있다는 사실을 알고 있다. 우리는 자기 중심에 자리 잡고 있는 모든 감정을 제어하기 위해 최선을 다하지만, 내심 그렇지 못하다는 사실을 알고 있다. 우리가 내면의 아주 다양한 자기를 가진다는 사실은, 그리고 이들 자기가 서로 대립할 수 있다는 사실은 오랫동안 알려져 온 사실이다. 현대심리학의 시조 중 한 명인 윌리엄 제임스William James는 백 년도 더 전에 이 문제에 대해 다음과 같이 말했다.

나는 자주 나의 경험적 자기 중 하나로 서서 나머지 자기들을 포기해야 할 필요에 마주한다. 내가 할 수 있다면 나는 잘생기고, 뚱뚱하고, 옷을 잘 입고, 훌륭한 운동선수이고, 일 년에 십만 달러를 벌고, 재치 있고, 인생을 즐기고, 여자를 잘 다루고, 또한 철학자, 자선가, 정치가이면서 전사이고, 아프리카 탐험가이자 시인이면서 동시에 성자일 수도 있을 것이다. 하지만 그건 불가능하다. 백만장자의 일은 성자의 일과 대립될 것이고, 인생을 즐기는 사람과 자선가는 서로를 걸고 넘어질 것이다. 철학자와 호색한은 같은 육체에서 잘살 수 없을 것이다. 이런 다양한 개성이 인생의 초기에는 가능할 것이라고 상상할지도 모른다. 하지만 그것들 중 어떤 것이든 실제화하려면 나머지는 어느 정도 억눌러져야 한다. 따라서 자신의 가장 진실하고, 강하고, 깊은 자기를 찾고자 한다면 목록을 신중하게 검토하여 구원할 만한 것을 골라야 한다. 그로 인해 모든 다른 자기는 비실재가 되고, 선택된 자기의 운명은 현실이 된다. 그것의 실패는 진정한 실패가, 그것의 승리는 진정한 승리가 되며, 실패와 성공에 따라 수치와 기쁨을 느낀다.[12]

제임스가 설명하였듯이, 어떤 종류의 사람이 되기 위한 하나의 동기는 다른 동기를 위해 필요한 속성이나 자질을 차단시킬 수 있다. 예를 들어, 만일 당신이 적과 싸우고 있다면 그들을 돌보고자 하는 동기나 그들에게 고통을 준 것에 대해 당신이 느끼는 고난은 확실하게 차단될 것이다. 심지어 그들이 고통받는 걸 보면서 기쁨을 느낄 수도 있다. 실제로 이는 오늘날 대부분의 오락거리의 핵심이기도 하다. 여기서 중요한 점은 우리 마음에는 다른 측면들을 차단해 버렸기 때문에 접근할 수 없는 어떤 요소들이 있다는 것이다. 우리는 다른 사람들에게 나 있는 짜증에만 몰두하거나, 그들이 우리에게 주는 위협과 그들을 압도하고 목소리를 내기 위한 우리의 바람에만 집중하기 때문에 우리가 다른 이들에게 야기하는 고난에 대해서는 멈춰 생각할 수조차 없을 수 있다.

우리는 종종 스스로 되고자 하였던, 즉 '인생을 즐기는 사람 혹은 자선사업가'로 자기정체성을 정함에 따라 행동을 결정한다. 자기정체성은 우리를 우리로 만든 다양한 영향, 살아오면서 획득한 가치들, 열망하는 것들과 방어하고 싶은 것들을 조정하는 방식이다.[13] 우리의 정체성은 단순히 우리가 우리의 마음을 조직하는 방식에 따른다. 그렇지 않고서는 우리는 어떤 상황에서 무엇을 생각하고, 무엇에 가치를 두거나 행동할지 아는 것은 거의 불가능해질 것이다.

하지만 정체성은 매우 임의적이기도 하다. 예를 들어, 앞선 장에서 이야기하였듯이 만일 우리가 아기일 때 납치되어 폭력적인 마약 조직에서 자라게 되었다면 그것이 우리의 정체성이 되었을 것이다. 이러한 배경의 문화가 우리의 주된 참조점이 되었을 것이며, 우리는 폭력 조직원으로서의 정체성을 열정과 진정한 신념을 갖고 방어하였을지도 모른다.[14] 우리가 그러한 문화에서 빠져나오지 못하고, 그 폭력 조직원의 정체성이란 것이 실은 우리에게 조성되어진 것이란 사실을 인식하지 못한다면 우리는 그와 다른 존재가 되는 길을 선택할 수 없을 것이다.

결론적으로 자기감이나 자기정체성을 갖는다는 것은 많은 불리한 면을 가진다. 미국의 사회심리학자인 마크 리어리Mark Leary는 그의 책『자기라는 저주The curse of the self』에서 자기정체성의 진화를 사실상 저주나 다름없다고 말했다.[15] 이 책은 설득력 있게 자기의 감각을 가진다는 것이 우리가 그것의 가치에 과도하게 동일시할 수 있기 때문에 얼마나 까다로운 것인지 밝히고 있다. 자기감에 과도한 동일시를 하게 되면 우리의 정체성과 가치를 보호해야 할 것으로 느끼게 되고, 이는 우리가 위협받았다고 느낄 때 매우 공격적이 되도록 만들며, 자기정체감을 잃었다고 느낄 때에는 우울에 취약해질 수 있다. 만일 자신을 날씬하고 매력적인 사람으로 여기는 것이 우리가 누구인가를 정의하는 핵심 가치라면, 살이 찌는 것은 자기정체성 자체를 위협하며 우리를 수치심, 자기혐오, 우울감에 빠뜨릴 수 있다.

또 다른 예는 우리를 '터프 가이'라고 여기는 경우이다. 만일 어느 날 밤 술집에서 누군가가 우리를 거칠게 떠밀면 곧 자기정체성이 위협받게 되고, 우리는 체면을 잃고 약하게 비춰질까 봐, 특히 젊은 남성의 경우에는 더욱 그러한데, 곧 맞서 싸워야 한다고 느낄 수 있다. 자기정체성은 또한 우리가 어떤 특정 집단에 속한다고 느끼는 것과 연관이 있다. 예를 들어, 종교나 국가 혹은 심지어 축구팀에 있어서 그렇다. 어떤 집단에의 연결과 '융합'은 아주 강할 수 있어서 만일 누군가 우리의 집단을 위협하거나 모욕하면 우리는 개인적으로 위협받거나 도전받았다고 느끼게 되고, 그것을 심지어 그들을 죽여야 하는 이유로까지 생각하게 된다. 이는 특히나 특정 종교 집단에 있어서 그러하다. 흥미로운 점은 거기에는 어떤 물질적인 손해나 이득도 없을 수 있다는 것이다. 이것은 결국 우리가 스스로를 '누구'라고 생각하는지에 대한 '애착 혹은 집착'으로 귀결된다. 불교에서 자기정체성은 환상이고, 그것을 진짜라고 여기고 애착을 느끼면서 매달리는 것은 커다란 고통의 원인으로 간주된다.

수치스러운 자기

확실히 우리가 선택한 것은 아니지만, 많은 이가 갇히게 되곤 하는 자기감각 중 하나가 수치스러운 자기이다(제5장과 제6장 참조). 달라이 라마가 처음 서구로 왔을 때, 그토록 많은 서양 사람을 괴롭히는 자기비난, 수치심, 그리고 자기혐오의 수준에 놀라워 했다. 많은 정신 건강의 문제가 수치심으로 점철되어 있을 뿐더러 심지어 사람들을 자살로 이르게끔 하기도 한다.[16] 우리는 과거에 다른 사람들이 우리에게 비판적이었거나 우리를 비난했기 때문에 이런 식으로 느낄 것이다. 신체적으로나 성적으로 학대를 당한 사람들, 혹은 정서적으로 홀대받는 배경에서 자란 사람들, 혹은 따돌림이나 극심한 외로움을 경험해 본 사람들은 강한 수치심과 사랑받지 못하는 느낌을 겪을 수 있다. 그들은 자신이 다른 사람들의 마음속에서 부정적으로 비추어지리라 믿거나, 혹은 타인들이 그들을 진정으로 알게 되면 그들이 나쁘고, 부적절하거나 흠이 있기 때문에 거부할 것이라고 믿는다. 그들은 숨어서 자신의 삶을 살며, 평가받고 거부 당할 두려움 때문에 절대로 자신을 개방하고 타인들과 연결하지 못하며 산다.

우리는 수치심을 느낄 때, 우리를 이해하고 친절하게 대하지 못하는 다른 이들에 대한 두려움을 가질 뿐만 아니라 스스로를 비판하고 공격하기 시작한다. 그러면 우리의 자기감각은 수치스러운 정체성과 자신에 대한 수치스러운 느낌을 중심으로 작동하기 시작한다.[17] 그리고 우리가 내면의 투쟁과 어려움들을 도와줄 자비와 다른 이들의 지지를 필요로 하는 바로 그때에 반대의 부정적인 느낌을 발견하게 된다. 우리가 스스로에게 돌리는 부정적인 느낌들은 실망과 적대, 비난으로 가득 차 있다. 제5장에서 살펴보겠지만, 수치심은 마음챙김과 자비를 발달시키는 데 가장 큰 장애물 중 하나이다.

자비로운 자기와 그 이점

보통 수치심에 기반을 둔 정체성은 우리가 선택하는 것은 아니지만, 우리에게 커다란 고통을 가져올 수 있다. 하지만 우리가 어떻게 지금의 내가 되었는지에 대한 통찰을 발달시킨다면 우리 안에 잠재한 자비로움을 배양하기로 선택하고, 자비를 자기정체성의 중심으로 만들 수 있을 것이다. 자비중심치료는 높은 수치심과 자기비난 수준으로 고통받는 이들을 위해 고안되었는데, 자기 자신과 다른 사람들을 위한 자비를 발달시키는 것이 수치심에 대한 가장 큰 해독제 중 하나이기 때문이다.[18] 또한 우리가 다른 이들이 어떻게 생각하고 느끼는지에 대해 생각하고, 그들의 욕구와 느낌은 어떤 것일지 이끌어 내는 인간의 특별한 능력을 사용하기 시작한다면 어떤 일이 일어날까? 우리는 공감하고, 다른 사람이 된다는 것이 어떠할지 상상할 수 있는 능력이 있다. 이러한 특별하고, 똑똑한 인간의 자질은 다른 이들을 해치거나, 혹은 돕거나, 둘 모두에 사용될 수 있다.

마음챙김 자비는 우리가 마음을 조직하는 방법으로서 의도적으로 돌봄의 동기를 이용하는 것의 이점을 인식하는 것이다. 따라서 자비는 부드럽고 솜털 같은 그런 것이 아니라 의도와 목적성을 가지고 우리의 똑똑한 뇌가 자비와 같은 동기를 배양하게 하는 마음의 근본적인 능력에 뿌리를 두고 있다(제4장 참조). 훈련하지 않은 마음은 다양한 동기와 감정의 혼란 상태이지만, 의도적으로 어떤 동기와 감정을 배양할 것인지에 대해 선택하는 것은 우리의 마음을 변화시킬 수 있다. 이것은 이 책의 주된 초점이 될 것이다. 어떻게 자비로운 자기를 배양하고, 이런 관점에서 우리 자신 그리고 다른 사람들과 어떻게 관계할 것인지를 배우는 것이다.

자비로운 자기의 배양이 가져다주는 이점은 단순히 자신의 안녕을 증진할 뿐만 아니라 다른 이들과 관계를 맺고, 우리가 사는 사회를 더 낫게 만든다는 것을 지지하는 연구들이 점점 늘고 있다. 실제로 전 세계의 연구자들이 마음을 자비롭게 훈련하는 것의 이점을 조사하기 시작하였다. 밝혀진 것은 이러한 훈련이 우리의 안녕에 기여하고, 타인들과 조화로운 관계를 맺을 수 있게 돕는 다양한 뇌의 생리적인 변화와 연관되어 있다는 것이다.[19] 연구자들은 또한 우리가 자비로운 목적(예: 진정으로 다른 이를 돕기를 원하고, 그들을 해치는 것을 피하고자 하는)을 가지고 있다면, (다른 이들보다 뛰어나고자 하거나 다른 이들이 우리의 좋은 점을 알아차려 주기를 원하는 등의) 자기중심적인 목적을 가지는 대신에 다른 이들과 긍정적인 관계를 맺을 가능성이 높고, 만족스러우며, 덜 우울하고, 덜 스트레스 받으며, 덜 불안하다는 것을 알아냈다.[20] 이에 더하여 우리는 우리와 세상 사이의 보다 연결된 감각을 느낄 수 있는데, 이는 자비로운 동기들이 뇌에서 연결감과 의미로 충만한 느낌을 주는 부위와 연관되어 있다는 사실로부터 나온다. 당신이 태어난 환경과 문화에 의해 개인적 동기들이 조성되었음을 이해하기 위해 다음의 생각 거리들을 따라가 보라.

생각해 볼 거리 하나

경쟁적인 동기들이 당신 안에서 어떻게 작용하는지 생각해 보자. 당신은 살면서 새로운 성적 파트너를 위해서이든 혹은 새로운 직장을 위해서이든 다른 이들과 경쟁하는 때가 있는가? 당신이 어떻게 스스로를 다른 이들과 비교하

고, (어쩌면) 다른 이들이 당신을 어떻게 생각할지에 대해 걱정하는 것을 알아
차린다. 당신은 삶에서 앞서가고자 하는 어떤 환상을 가지고 있는가? 성공을
성취함으로써 무엇을 원하는가? 당신이 시도했지만 실패했을 때, 다른 이들
이 당신보다 나았을 때 당신 안에서는 어떤 일이 일어나는가? 당신은 스스로
에게 비판적이 되거나 혹은 그것 역시 삶의 일부로 수용할 수 있는가? 당신은
다른 이들의 성공에 기뻐할 수 있는가? 당신이 다른 이들과 대립하고, 그들과
다른 시각을 가졌을 때 어떤 일이 일어나는가? 떠오르는 것을 판단하려고 하
지 말고, 그저 호기심을 갖고 이렇게 진화된 동기 체계가 당신 안에서 어떻게
작동하는지 보라.

생각해 볼 거리 둘

당신 안에서 자비로운 동기가 어떻게 작용하는지 생각해 보라. 당신이 자신
에게, 그리고 다른 이들에게 보다 자비롭게 되는 것에 대해 어떤 계획이나 꿈
을 가지고 있는가? 당신은 자비로운 자기가 어떤 모습일 것이라고 생각하는
가? (우리는 이 주제에 대해 제10장에서 보다 상세히 살펴볼 것이다) 당신은 자비
롭게 되는 것이 약하거나 무르게 보이게 할까 봐, 혹은 당신이 (다른 이들이 그
런 것처럼) 그걸 누릴 만하지 못하다고 걱정하고 있는가? 아니면 그것이 용감
하고, 지혜롭고 권위롭고, 또한 때로는 어려울 것으로 보고 있는가? 당신의
일이 잘 풀리지 않거나, 실수를 했을 때에도 스스로에게 자비로울 수 있는가?
만일 다른 이들이 실수를 저질렀다면 그들에게도 자비로울 수 있을 것인가,
아니면 당신은 그들을 비난하는가? 당신이 다른 이들과 대립할 때, 한 발 물
러서서 그들의 시각을 이해하고 존중하면서 대할 수 있는가?

우리의 이야기를 한데 모으기

이 장에서는 우리가 어떻게 오늘의 우리가 되었는지에 대한 여정을 이야기
하였다. 우리는 우리의 뇌가 과학, 예술, 문화를 위한 환상적인 능력들을 발
현시켰음에도 아주 다루기 까다로운데, 이는 한편으로 생각, 상상, 반추와 다른
한편으로 감정, 동기 사이에 문제가 많은 순환 고리를 만들어 냈기 때문임을
살펴보았다. 얼룩말은 사자로부터 탈출하자마자 곧 다시 풀을 뜯는 일로 돌
아갈 것이지만, 사람은 그것에 대해 며칠이나 반추할 것이고 심지어 일생 동
안 그 경험으로 인한 트라우마를 겪을지도 모른다는 사실을 기억하라. 이것
은 우리의 생각, 상상, 그리고 반추하는 능력 때문이다. 그런 방식으로 우리
의 신뇌는 감정이 필요하지 않을 때 켜지고, 필요할 때에는 꺼지도록 할 수
있다. 실제로 감정의 촉발 요인, 주기, 지속 정도와 강도 모두 '신뇌'의 영향을
받을 수 있다.

여기서 마음챙김이 작동하는데, 마음챙김은 이러한 순환 고리를 중단시키
는 주의 방식이다. 생각에 의해 떠밀려 가고, 생각이 감정에 불을 지피고, 감
정이 생각에 불을 지피게 하기보다는 마음챙김이라고 불리는 이 특별한 종류
의 '관찰하는 알아차림'을 활용할 수 있다. 우리는 이에 대해 다음에서 더 상
세히 설명할 것이지만, 여기서 적절한 요지는 마음챙김이 최근에 발달한 인
간 능력이라는 사실이다. 우리가 아는 선에서 동물들은 (인간들과 대비했을
때) 의도적으로 현재의 순간에 주의를 기울일 수 없다. 그들은 그들의 생각을
관찰하고, 그들이 그렇게 하고 있음을 알지 못한다. 따라서 이것은 신뇌의 능
력이다.

마음을 훈련하는 어떤 접근법에서는 마음챙김의 계발 그 자체를 자비를 발
달시키는 방법으로 보고 있다. 그러나 대승불교와 진화론적 접근에서는 자
비를 구뇌의 진화적 체계에 근간을 둔 것으로 본다. 이것이 맞기도 하지만 상

상하고, 예측하고, 사고하고, 추론하는 등의 신뇌의 능력 또한 자비의 핵심이라는 사실을 알 필요가 있다. 이 능력들은 고통(suffering)과 고통의 원인, 그리고 고통의 예방에 대해 다른 어떤 동물들보다 더 깊이 있게 생각하고 그것을 이해할 수 있게 한다. 실제로 우리는 전두엽이 공감(즉, 우리가 우리의 마음과 다른 이들의 마음에 대해 생각하고 무엇이 일어나는지 이해할 수 있는 능력)과 같은 능력에 굉장히 중요한 영역으로, 자비에 핵심적인 역할을 한다는 사실을 알고 있다. 중요한 점은 이러한 능력들은 사회적 유대와 돌보고, 친밀한 관계를 만드는 방식을 촉진했기 때문에 진화했을 수 있다는 것이다. 이것은 '사회적 뇌' 가설로 불린다.[21] 그 기본 내용은 부모로부터 관심을 받는 등의 긍정적인 사회적 관계를 발달시키고, 털을 골라 주면서 유대를 형성하고, 이타주의와 협조적인 행동을 발달시키며, 또한 온화함과 친근함의 감정을 발달시키는 것이 인간에게 커다란 진화적 이점을 제공했다는 것이다. 우리는 이러한 특성들이 실제 행동에 영향을 미칠 뿐만 아니라, 생리학적 신체에 커다란 영향을 준다는 사실을 이제 알고 있다. 지지적인 연결망에 속해 있다고 느끼고, 주위 사람들에게 사랑받고 가치를 인정받는 이들은 고립되고 거절에 취약함을 느끼는 이들에 비해서 스트레스 수준이 훨씬 낮고, 더 나은 면역 체계를 갖고 있으며, 높은 안녕감을 가진다. 친밀한 관계들, 즉 당신이 다른 이들에게 친근하게 느끼고, 다른 이들의 안녕에 관심을 가지며, 다른 이들 역시 마찬가지로 당신에게 관심을 가진다고 느끼는 그런 관계들이 우리의 정신적·신체적 건강에 극도로 중요하다는 사실에는 의심의 여지가 전혀 없다.[22] 많은 정부가 이를 이해하지 못하고, 정확히 그 반대 방향으로 움직이고 있는 경제 체계를 유지하거나 심지어 강화하는 데 열심인 것은 유감스러운 일이다.

요점은 마음챙김과 자비가 다른 위치에서 같이 작용할 수 있다는 것이다. [그림 2-5]에 나타난 것처럼, 자비는 특정한 동기와 느낌을 유발함으로써 우리의 마음을 재정비할 수 있도록 돕고, 마음챙김은 한 발 물러나 우리를 빨아

그림 2-5 ●●● 마음챙김과 자비의 구뇌, 신뇌와의 상호작용

들이는 감정 사고 순환 고리로부터 풀려 나오게 도움으로써 통찰을 위한 기
반이 되는 안정성과 시야를 확보하게 해 준다. 도표의 낮은 층에서 시작한다
면 자비를 기본적인 동기로 두고 시작하는 것이다. 그렇게 자비에 전념하고,
이것이 우리의 사고에 영향을 미치고, 마음챙김에 집중과 방향성을 준다. 도
표의 위층에서 우리는 마음챙김과 함께 시작할 수도 있는데, 마음챙김은 마
음을 안정화하고, 자비로운 특성의 발현에 기반을 닦는 것이다. 마음챙김과
자비는 함께 작용한다.

　이러한 도표는 유용하기는 하지만, 뇌는 실제로 신뇌가 레고 블록처럼 구
뇌 위에 끼워져 있는 모양으로 이렇게 생기지는 않았다! 이런 식으로 구뇌와
신뇌를 구별하는 것은 단지 마음이 어떻게 작용하는지에 대해 생각하도록 돕
기 위함이다. 인간은 2백만 년이 넘는 시간에 걸쳐 다른 유인원들과는 다른
마음을 발달시켜 왔으며, 우리의 상이한 정신적 능력들은 분명 뇌의 생리적
인 체계와 연관되어 있고, 이와 같은 도표로 설명하기에는 극도로 복잡하다.
하지만 이 단순한 도표는 어떻게 마음의 다양한 기능이 상호작용하고, 함께
작동하는지, 그리고 그로부터 어떻게 다양한 특성과 능력이 발생하는가를 보
여 준다.

앞서 언급한 것처럼, 자비로운 동기는 부모의 돌봄과 연관되어 있는 뇌의 부위와 관련이 있다.[23] 그래서 자비는 구뇌 체계를 사용할 수 있지만, 물론 신뇌 체계 또한 그에 필수적이다. 예를 들어, 공감 능력과 다른 사람들의 생각과 느낌을 상상하는 능력은 상대적으로 신뇌의 능력이다. 하지만 요지는 동기 체계가 마음을 조직화한다는 것이고, 이것이 이 장의 중심 주제이다.

핵심포인트

- 우리의 뇌와 마음은 생명의 흐름 속에서 만들어졌으며, 생존과 재생산에 적합하게 구성되어 왔다.
- 우리의 가치와 동기는 우리가 태어나고 자란 환경에 의해 형성되고, 미세하게 조정되어 왔다.
- 그렇다면 나라고 하는 것의 상당 부분이 완전히 자신의 통제 바깥의 영향 때문이었고, 따라서 이것은 우리의 잘못이 아니다.
- 우리는 똑똑한 신뇌가 있으며, 이것은 생각하고, 상상하고, 계획하고, 공감적인 통찰을 가질 수 있는 놀라운 방식을 가능하게 한다.
- 우리의 동기와 감정이 이러한 신뇌의 능력과 연결되어 있는 방식은 우리로부터 최고의 모습을, 또는 최악의 모습을 끌어내 보일 수 있다.
- 따라서 훈련과 노력이 없으면, 우리 마음이 우리 자신의 최고의 적이 될 수 있다는 사실에 대해 책임을 져야 한다.
- 한 걸음 물러서서 이 사실을 알아차리는 것은 우리에게 그러한 것들을 계발할 기회를 주고, 신체적 건강, 정서적 안녕, 그리고 사회적 관계를 개선하게 해 줄 것이다.
- 수천 년 전에 알려진 것이고, 여러 종교에 의해서도 설파된 것처럼 자비의 동기가 일어난 마음은 위대한 지혜와 우주적인 변화의 원천이 될 수 있다.

미주

1 Bolhuis, J.J., Brown, G.R., Richardson, R.C. and Laland, K.N. (2011) Darwin in mind: New opportunities for evolutionary psychology. *PLOS: Biology, 9, 7,* *e1001109. DOI: 10.1371/journal.pbio.1001109. This gives a good review of* *some of the most recent adaptations and evolutionary changes that have taken* *place in the past hundred thousand years or so. We humans are still changing* *and evolving.*

2 Schimpf, M. and Tulikangas, P. (2005) Evolution of the female pelvis and relationships to pelvic organ prolapse. *International Urogynecology Journal,* *16, 4, 315-320. DOI: 10.1007/s00192-004-1258-1. This is a good example of* *how an advantage in certain areas – being able to stand up and also have bigger* *brains–can actually cause serious problems for us!*

3 Nesse, R.M. and Williams, G.C. (1995) *Evolution & Healing. London:* *Weidenfeld & Nicolson. This is an excellent book to introduce you to the basic* *concepts of how evolution can cause us all kinds of problems rather than* *perfecting wellness. Professor Nesse has been at the forefront of this work and* *you can find out much more if you visit his website: www.personal.umich.* *edu/~nesse/.*

4 A therapy developed by Stephen Hayes and his colleagues called Acceptance Commitment Therapy has focused on how people's emotional difficulties are linked to their efforts to avoid emotions, hence the importance of 'acceptance'. Hayes, S.C., Follette, V.M. and Linehan, M.N. (2004) *Mindfulness and* *Acceptance: Expanding the Cognitive Behavioral Tradition.* New York: Guilford. Also, if you search for Acceptance Commitment Therapy on the internet you will find many discussions about these issues. The problems of dealing with emotions have also been well explored by emotion therapists such as Leslie Greenberg (see Pascual-Leone, A. and Greenberg, L.S [2007] Emotional processing in experiential therapy: Why 'the only way out is through'. *Consulting and Clinical Psychology,* 75, 875-887. DOI: 10.1037/0022-

006X.75.6.875), and a very useful and helpful exploration of how mindfulness and compassion help emotion regulation can be found in Leahy, R.L., Tirch, D. and Napolitano, L.A. (2011) *Emotion Regulation in Psychotherapy: A Practitioner's Guide*. New York: Guilford.

5   If you are interested in looking more deeply into the various different interacting parts of the brain then look up Nunn, K., Hanstock, T. and Lask, B. (2008) *Who's Who Of the Brain: A Guide to Its Inhabitants, Where They Live and What They Do*. London: Jessica Kingsley. And if you're thinking about how researchers are looking at brain processes in terms of some of the Buddhist concepts then you may well enjoy Hanson, R. and Mendius, R. (2009) *Buddha's Brain: The Practical Neuroscience of Happiness, Love, and Wisdom*. New York: New Harbinger. If you want to fi nd out more about how the evolved brain gives rise to and infl uences our emotions then a good read is LeDoux, J. (1998) *The Emotional Brain*. London: Weidenfeld & Nicolson.

6   Gilbert, P. (1989) *Human Nature and Suffering*. Hove: Psychology Press. Gilbert, P. (2000) Social mentalities: Internal 'social' conflicts and the role of inner warmth and compassion in cognitive therapy. In Gilbert, P. and Bailey, K.G. (eds) *Genes on the Couch: Explorations in Evolutionary Psychotherapy* (pp. 118–150). Hove: Brunner-Routledge. Gilbert, P. (2005) Social mentalities: A biopsychosocial and evolutionary reflection on social relationships. In M.W. Baldwin (ed.) *Interpersonal Cognition (pp. 299–335). New York: Guilford.*

7   Simon-Thomas, E.R., Godzik, J., Castle, E., Antonenko, O., Ponz, A., Kogan, A. and Keltner, D.J. (2011) An fMRI study of caring vs self-focus during induced compassion and pride. *Social Cognitive and Affective Neuroscience*, Advance Access, 6 September, p. 1. DOI: 10.1093/scan/nsr045. There is now also some excellent research work showing that the kind of self-identities we pursue can have quite a major impact on our well-being and quality of relationships. Crocker, J. and Canevello, A. (2008) Creating and undermining social support in communal relationships: The role of compassionate and self-image goals.

Journal of Personality and Social Psychology, 95, 555–575.

8 Ornstein, R. (1986) *Multi-mind: A New Way of Looking at Human Behavior.* London: Macmillan, p. 9.

9 Coon, D. (1992) *Introduction to Psychology: Exploration and Application, sixth edition.* New York: West Publishing Company, p. 1.

10 Gilbert, *Human Nature and Suffering; Social mentalities: Internal 'social' conflicts and the role of inner warmth and compassion in cognitive therapy; Social mentalities: A biopsychosocial and evolutionary reflection on social relationships.*

11 Carter, R. (2008) *Multiplicity: The New Science of Personality.* London: Little Brown.

12 James, W. (1890) *Principles of Psychology, Vol. I.* New York: Henry Holt and Company, pp. 309–310 taken from http://jbarresi.psychology.dal.ca/Papers/Dialogical_Self.htm.

13 Taylor, C. (1989) *Sources of the Self: The Making of the Modern Identity.* Cambridge: Cambridge University Press.

14 McGregor, I. and Marigold, D.C. (2003) Defensive zeal and the uncertain self: What makes you so sure? *Journal of Personality and Social Psychology, 85, 838–852.*

15 Leary, M. (2003) *The Curse of the Self: Self-awareness, Egotism, and the Quality of Human Life.* New York: Oxford University Press. See also Leary, M.R. and Tangney, J.P. (eds) (2002) *Handbook of Self and Identity.* New York: Guilford.

16 Shame is one of the most problematic personal experiences because we can be very aggressive to avoid shame, but also shame can make us very submissive appeasing, depressed and anxious. The reason is because shame threatens rejection and even persecution by others and these, from an evolutionary point of view, are serious threats. Indeed shame can throw our brain into an intense sense of threat. You can read more about shame in Tracy, J.L., Robins, R.W. and Tangney, J.P. (eds) (2007) *The Self-Conscious Emotions: Theory and*

Research. New York: Guilford. And see Gilbert, P. (2007) The evolution of shame as a marker for relationship security. In Tracy, J.L., Robins, R.W. and J.P. Tangney (eds) *The Self-Conscious Emotions: Theory and Research* (pp. 283–309). New York: Guilford.

17 McGregor, I. and Marigold, D.C., Defensive zeal and the uncertain self (see note 14).

18 Leary, M. *The Curse of the Self*; see also Leary and Tangney *Handbook of Self and Identity*.

19 Hanson, R. and Mendius, R. (2009) *Buddha's Brain: The Practical Neuroscience of Happiness, Love, and Wisdom*. New York: New Harbinger.

20 Simon–Thomas et al. An fMRI study of caring vs self-focus during induced compassion and pride.

21 Robin Dunbar has been at the forefront of helping us understand the evolutionary pressures that led to the development of this fantastic new brain which can think, reason, anticipate, ruminate, etc. It turns out that the pressure was actually social and that much of it was to do with developing affiliative and cooperative relationships. A good introduction to some of this can be found in Dunbar, R.I.M. (2010) The social role of touch in humans and primates: Behavioral function and neurobiological mechanisms. *Neuroscience and Biobehavioral Reviews*, 34, 260–268. DOI: 10.1016/j.neubiorev.2008.07.001.

22 Simon–Thomas et al. An fMRI study of caring vs self-focus during induced compassion and pride.

23 Cacioppo, J.T. and Patrick, W. (2008) *Loneliness: Human Nature and the Need for Social Connection*. New York: Norton.

제**3**장

정서 시스템

동기는 삶에서 우리를 안내하지만, 동기를 안내하는 데는 감정이 필요하다. 예를 들어, 당신이 유명한 음악가가 되고 싶어 한다고 상상해 보라. 당신은 정기적으로 연습하는 데 에너지를 쓸 것이다. 연습이 잘되면 긍정적인 감정을 경험할 것이지만, 그렇지 못하다면 좌절감을 느낄 것이다. 콘서트에서 연주하도록 제안을 받는다면 기분이 좋을 것이고, 거절된다면 기분이 나쁠 것이다. 감정은 우리의 동기와 목표와 관련 있는 일들이 생기는 것에 따라 밀려오고, 빠져나간다. 좋은 부모나 음악가가 되기를 원하는 것과 같은 동기는 일생 동안 지속될 수 있는데 반해, 분노나 흥분과 같은 감정은 오고간다. 이제부터 살펴볼 테지만, 자비는 동기이지 감정이 아니다. 하지만 그것은 또한 특정 종류의 감정이나 감정의 조합을 느끼는 능력에 의지하기 때문에 감정과도 중요한 방식으로 연결되어 있다.

감정은 동기가 어떠한가에 따라 신체를 통해 나타난다. 감정은 분노, 불안,

즐거움, 기쁨, 행복, 그리고 성적 욕망과 같은 기분을 떠오르게 한다. 감정은 우리의 삶에 질감을 부여한다. 우리는 자녀를 향한 사랑을 느끼고, 무언가가 그들을 위협하면 불안을 느낀다. 부당한 일에는 분노를, 성공에는 즐거움을 느끼고, 새로운 기회에 흥분을, 그리고 이성 파트너에게 성적 욕망을 느낀다. 감정 없이 우리 삶이 어떠할지 생각해 보라! 당신은 목표를 이루었을 때나 집이 무너져 내렸을 때 아무 감정도 느끼지 못할 것이고, 당신의 자녀가 잘 살거나 혹은 죽는 것을 보더라도 동요하지 않을 것이다. 아무것도 문제가 되지 않을 것이다. 인생의 의미가 없어질 것이다. 이 작은 생각 실험이 우리에게 감정이 얼마나 중요한지를 보도록 도와준다. 우리는 물론 같은 상황에 대해서 하나 이상의 감정적 반응을 느낄 수 있고, 감정은 종종 서로 대립되곤 한다. 감정은 삶의 가장 의미 있는 경험들의 원천이지만, 또한 우리의 가장 깊은 문제들의 뿌리에 자리 잡고 있기도 하다. 몇몇 이론가는 심지어 감정이 의식consciousness 자체의 근원이라고 생각하기도 한다.

감정은 또한 동기와 목표를 더욱 발전시킬 것인지 혹은 그것들을 포기할 것인지에 영향을 미친다. 우리 중 대다수는 성공을 향해 가는 중에 지칠 때에도, 실패를 경험하거나 실망과 좌절을 느낄 때에도 계속 나아가야 한다는 것을 알고 있다. 동기와 인생의 목표는 우리를 어떤 항로에 올려놓을 것이고, 감정은 그 여정 중에 만나는 날씨와도 같다. 그렇기 때문에 인생의 여정을 나아가며 감정이라는 날씨 변화를 이해하는 것과 감정이 우리가 세상 안에서 어떻게 살아 나갈지에 대해 얼마나 결정짓도록 허락할 것인지를 아는 것은 중요하다.

우리에게 '똑똑한 뇌'가 있기는 하지만, 감정이 쉽게 그것을 가로챌 수 있다. 그것이 그렇게 할 수 있는 한 가지 이유는 진화를 통해 감정이 동물을 특정한 방식으로 행동하도록 고안되었기 때문이다. 만일 사자가 접근할 때 당신의 신체에서 미치도록 달리게 하는 즉각적이고 폭발적인 흥분이 없다면 사자에 대해 당신에게 경고하는 위협 체계를 가지는 것은 의미가 없다. 당신은 똑똑하고 생각하는 뇌가 반응하는 속도를 늦추게 하고, 사자가 진짜 위협인지 아닌지 가늠하고, 사자가 이미 밥을 먹진 않았는지 혹은 당신의 가라데 Karate 실력이 그것을 막을 만큼 되는지에 대해 심사숙고해 보길 원하지 않을 것이다! 이러한 종류의 생각은 '오프라인' 상태가 되어야 하고, 그래야 긴급하게 즉흥적인 행동을 취할 수 있다. 그래서 어떤 감정은 급박한 감각과 함께 일어나고, 그것은 이러한 상황에서 통제권을 가지게끔 고안되었기 때문에 똑똑한 뇌를 이길 수 있는 것이다.

감정이 가지는 문제

비록 감정이 삶에 의미를 주기는 하지만, 항상 함께하기에 쉬운 것들은 아니므로 성장하면서 그것들을 알아차리고 다루는 방법을 배워야 한다. 예를 들어, 아기일 때 우리는 쾌감과 고통의 차이말고는 거의 다른 점을 느낄 수 없다. 하지만 어른이 될 무렵부터는 불안, 두려움, 분노, 혐오, 슬픔, 즐거움, 흥분, 만족, 그리고 행복과 같은 많은 다양한 종류의 감정을 가질 수 있게 된다. 우리는 또한 감정들의 섞임을 알아차릴 수 있는데, 한 번에 한 가지 이상의 감정을 겪는 것이다. 그 감정들은 서로 대립할 수 있다. [우리는 불안한 것에 대해 화가 날 수 있고, 화가 나는 것에 대해 불안할 수 있다. 또한 (과도하게) 흥분하는 것에 대해 불안할 수 있다.] 우리는 절대로 그러고 싶지 않을 때에도 감정을 겪을 수 있다(중요한 면접이나 데이트를 앞두고 불안에 떠는 것, 혹은 사랑하는 이들에게 화가 났다가 이후에는 죄책감을 느끼는 것 등). 우리는 흥분되는 영화를 봄으로써 감정을 의도적으로 자극할 수도 있다. 물론 어떤 이들은 약물이나 술을 사용해서 힘든 감정과 느낌을 조절하고, 기분이 좋아지게 하기도 한다. 어떤 이들은 분노, 슬픔 혹은 애정을 표현하는 것이 괜찮다고 생각할 수 있지만, 또 다른 이들은 어떤 감정을 표현하는 것을 두려워하기도 한다. 어떤 심리학자들은 분노나 불안, 혹은 성적 욕망 같은 감정들을 느끼면서도 그런 감정들이 의식에 닿지 않을 수 있다는 것을 보여 주었다. 우리는 또한 생각이 매우 비합리적일 때조차도 생각하는 방식을 합리화하려고 감정을 이용할 수도 있다.[1]

　감정은 또한 관계에서 중요한 부분이다. 우리가 누군가와 관계할 때 겪는 감정들은 그 관계가 어떻게 발전해 나가는지에 중요하다. 우리는 (우리가 쾌활한 성격이라고 부르는) 긍정적인 감정들을 뿜어 내는 사람들을 매력적이라고 느끼는 경향이 있고, 침울하거나 비판적인 사람은 덜 좋아할 수 있다. 우리는 관계에서 실망하면 상대방의 감정에 영향을 미치는 행동을 하려고 할 수 있다(예: 더 많은 사랑이나 죄책감, 혹은 두려움을 갖게 되는). 마지막으로, 많은 심리학자는 우리가 어떤 상황에 대해 생각하고 거기에 붙이는 해석은 우리의 과거와 연결될 수 있으며, 어떤 감정이 자극을 받고 어떤 것에 대해 반추하는지에 있어서 커다란 역할을 한다는 사실을 알고 있다.[2]

　따라서 진화에 따라 뇌가 일련의 감정들을 발달시키고 경험하는 것이 가능하게 되었다고 하더라도, 삶이 쉬워진 것은 아니다. 이는 우리가 마음챙김 자비의 길에 착수함에 있어서 아주 중요한 통찰인데, 어떤 감정들과 관여하는 것이 굉장히 까다로울 수 있고, 심지어 고통스럽고 두려움을 줄 수 있으며, 그것이 절대로 우리의 잘못이 아니라는 사실에 대해 준비되어야 한다. 참으로 많은 정신 건강 문제는 사람들이 어떻게 감정을 겪고 다루는가에 관련되어 있다. 또한 생각해 보면 이 세상에서 일어나는 많은 일이 사람들이 자기의 감정에 지배되도록 그저 두었기 때문에 일어나는 결과이기도 하다.

　마음챙김(제7장 참조)은 우리가 감정에 의해 떠밀리는 것이 아니라 그것을 알아차리고 이해하는 것을 배우는 데 있어서 가장 중요한 방법 중 하나이다.[3] 이런 이유로 마음챙김의 능력을 계발하기 전에 감정들이 어떻게 고안되었고, 어떻게 우리를 통해 작동되는가 하는 것을 더 알아보는 것이 마땅하다. 그것은 마치 길을 떠나기 전에 지도를 보는 것과 같이, 무엇을 만나게 될지에 대해 미리 생각을 하는 것이다. 나아가 감정을 이해하고, 그것이 어디에서 오고, 어떻게 작용하는가를 이해하는 것은 앞으로 보게 될 것처럼 자비에 대해 이해하는 데에도 도움이 된다.

정서 조절 시스템

뇌가 감정을 경험할 때 어떻게 작동하는지를 살펴본 연구들에 따르면, 최소 세 가지 종류의 정서가 있음을 밝혀 냈다.[4] 우리가 정서들을 이해함으로써 어떻게 자비가 어려운 감정들을 조절하고 차분하게 하여 스스로 보다 감정적 균형감을 느낄 수 있게 하는지를 알게 된다. 이는 결국 자비로운 느낌을 만드는 것에 기여한다.

이제 여기서 우리는 사실을 조금 단순화하고 있고, 신경과학은 우리가 이야기하는 것보다는 덜 깔끔하고 덜 직설적이라는 사실을 공개적으로 인정할 것이다.[5] 하지만 이 책의 목적을 위해서 중요한 것은 자비가 어디에 뿌리를 두고 있고, 어디에서 차단될 수 있는지를 이해할 수 있기 위해 전체적인 그림을 보는 것이다.

각각의 종류의 정서는 다른 일들을 하기 위해서 진화되었지만, 그것들은 물론 〈표 3-1〉에서 볼 수 있듯이 아주 복잡한 방식으로 상호작용한다. 그것들은 특정한 기능을 가진 정서의 그룹이므로 우리는 그것들을 정서 시스템이라고 부르겠다.

세 종류의 정서는 다음과 같다.

위협과 자기보호 시스템은 우리가 위협과 상해를 감지하고 반응하도록 돕는다. 이 시스템은 두려움, 불안, 분노, 질투, 혐오와 같은 감정의 근원이다. 이러한 감정들이 올라올 때 주의, 생각, 행동을 특정한 방향으로 가게 할 수 있다. 예를 들어, 불안할 때 주의는 두렵게 하는 무언가에 집중되고, 우리는 그 것에 대해 끊임없이 이리저리 반추해 보며 새로운 직업에 지원한다든가, 새로운 사람을 만나는 것과 같이 불안을 야기하는 상황을 회피하는 방식으로 행동할 수 있다.

추동과 자원추구 시스템은 우리가 생존하고 잘 살아가는 것을 돕는, 예를 들어 음식이나 성적 파트너, 친구들, 돈과 직업적 기회를 찾는 것과 같은 중요한 자원들을 확보하는 것을 감지하고, 관심을 갖고, 쾌감을 느끼는 것을 돕는다. 이 시스템은 흥분이나 쾌감과 같은 감정의 근원이다. 또한 이러한 감정들이 일어날 때 주의, 생각, 행동을 그 감정과 관련하여 특정한 방식으로 가게할 수 있다.

진정과 친화 시스템은 우리가 위협이나 원하는 것들을 취하고자 추동되지 않은 상황에서의 만족감과 연결되어 있다. 이 시스템은 평화로운 안녕감, 만족감, 안전감, 그리고 연결감과 같은 감정의 근원이다. 이러한 감정들은 보다

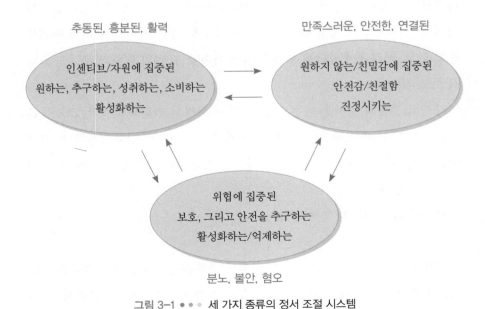

그림 3-1 ●●● 세 가지 종류의 정서 조절 시스템

출처: Gilbert (2009). The compassionate mind.

부드럽고 천천히 일어나는 경향이 있지만, 그것이 일어날 때 주의, 사고, 행동에 특정한 방식으로 영향을 준다. 주의는 개방되고, 불안은 완화되며, 보다 긍정적이고 부드러운 방식으로 추론 및 숙고하도록 돕고, 행동은 보다 느리고, 차분하게 된다.

위협과 자기보호 시스템

모든 살아 있는 존재는 위협을 감지하고, 거기에 대처할 필요가 있다. 식물들은 가뭄일 때 수분을 보존하기 위해 이파리를 오므린다. 벌레들은 날아가거나 구멍 속으로 파고든다. 어떤 동물들은 얼어붙거나 도망친다. 다른 상황에서는 위협에 대해 위협을 가하거나 싸우는 방식으로 대처한다. 이는 특히나 사회적인 위협에 있어 그러하다(예: 수컷들이 서로 도전하여 싸우는 것). 생명의 흐름에 있어서 위협 시스템의 기능은 위협을 감지하고 반응하는 능력에 있어서 필수적이며, 인간으로서 우리는 오래전에 고안된 재빠른 감지와 긴급한 반응의 특성을 물려받았다.[6]

다른 동물들과 마찬가지로 이러한 위협 시스템은 우리가 피해나 손실을 피하거나 최소화하는 것을 돕는다. 이 시스템은 우리에게 위험을 경고하고, 필요한 적절한 방어 행동을 취하게끔 신체를 대비시키도록 진화해 왔다. 이 시스템은 우리가 배고픈 동물의 점심거리가 되거나, 절벽 아래로 떨어지거나, 우리보다 크기가 두 배나 큰 누군가와 싸움을 시작해서 두들겨 맞거나, 땅 위를 미끄러져 다니는 것들에게 물리거나, 쓴맛을 내고 아프게 하는 것을 먹는 것 등의 일들로 인해 생기는 고통을 막아 준다. 그것이 이 시스템이 자기보호 시스템인 이유이다. 이 시스템은 우리가 위협을 감지하고 빠르게 대처할 수 있도록 고안된 것이다. 우리는 이를 자기보호라고 부르지만, 당연히 친족이나 친구, 때로는 우리가 속하는 집단과 같이 우리가 염려하는 사람들에게로 확장될 수 있다—그들이 위협을 받았을 때 우리 또한 불안을 느낄 것이다.

비록 이 시스템이 우리를 고통으로부터 보호하기 위해 고안되었지만, 실제로는 고통을 만들어 내는 방식으로도 작동할 수 있다. 통증은 위협 시스템의 일부이며, 물리적인 신체의 상해에 대해 알려 주어서 그 부위가 나을 때까지 우리가 그곳을 보호하도록 진화되었다. 통증을 느끼지 않는 사람들은, 예를 들어 (아주 드문 경우이지만 통증에 대한 선천적인 불감증과 같이) 특정한 유전자와 관련이 있는 증상을 가진 사람들의 경우에는 심각한 상해에 아주 취약하다. 심한 상처를 인식하지 못하는 이들이 감염이 되거나, 심지어 발목이나 뼈가 부러진 채 걸어서 장기적으로 자신에게 큰 상해를 입힌 사례가 기록으로 남아 있다.

그렇기 때문에 통증은 중요한 적응적 특성을 가지는 하나의 시스템이 또한 어떻게 큰 골칫거리가 될 수 있는지에 대한 좋은 예이다. 기본적인 통증 시스템은 또한 어찌할 수 없는 극도의 고통을 일으킬 수도 있다. 이 시스템은 사람들로 하여금 통증에 대한 두려움을 일으킬 수 있어 고문과 같이 의도적으로 그런 성질을 악용해서 통증을 가하는 사람들에게 길을 열어 준다. 슬프게도 우리는 생존하고, 재생산하는 쪽으로 진화되어 왔으며, 행복하거나 통증으로부터 자유로운 것은 진화의 방정식에 포함되어 있지 않다. 요행히 심장마비나 뇌졸중으로 급작스럽게 죽거나 마취제 처치를 받을 만큼 운이 좋지 않다면 많은 살아 있는 존재들은 실제로 극심한 통증 속에 죽어 갈 것이다.

위협 시스템에는 일련의 감정과 행동의 경향성이 포함되어 있는데, 공격적으로 행동하려는 욕구와 동반되는 분노라든가, 도망치거나 도피하려는 욕구와 함께 오는 불안, 그리고 없애 버리거나 파괴하고자 하는 욕구와 동반하는 혐오감 등이 그렇다. 그러한 감정 중 하나가 불안이다. 그것은 내적인 경고를 일으키고, 우리에게 피해나 고통을 줄 수 있는 어떤 것이나 사람과 마주하였을 때 도망치도록 한다. 이런 식으로 불안은 우리가 신중하고 조심하도록 돕는다. 이제 다음의 연습을 통해서 불안을 탐색해 보자. 이 연습을 하면서 메

모를 할 수 있게 종이 한 장을 준비해도 좋다. 이 연습에 호기심을 갖고, 친근한 태도로 어떻게 불안이 당신에게 나타나는지 가볍게 접근해 보라.

불안 연습

최근에 불안을 느꼈던 때를 떠올려 보라. 어쩌면 당신의 차 앞에서 자전거 타는 사람이 기우뚱거렸을 때일 수도 있고, 주머니에 손을 넣었는데 지갑이 사라졌다는 걸 알았을 때일 수도 있다. 혹은 거리를 걸어가고 있는데 공격적으로 보이는 술주정뱅이가 당신에게 관심을 보일 때였을 수도 있다. 불안이 얼마나 빠르게 생겨나는지, 몸에서 어떻게 느껴지는지, 당신의 주의와 초점에 어떤 영향을 미치는지, 그러고 나서는 생각과 행동에 어떤 영향을 미치는지 주목해 보라. 심장 박동이 얼마나 빨라졌는지 상기해 보라. 뱃속에서 뒤틀림이 느껴졌을 수도 있고, 땀을 흘렸거나 혹은 자신의 목소리가 이상하게 들렸을 수도 있다. 주의가 좁아지고, 위협에 굉장히 집중되며, 다른 관심사는 무시되었을 수도 있다. 위협 시스템이 작동하기 시작하는 것이다.

다음으로, 당신의 마음을 스쳐갔던 생각들이나 원치 않았더라도 어떻게 그것들이 떠올랐는지를 상기해 보라. 어떤 식으로 그것들이 당신이 불안을 느끼는 것을 중심으로 빙빙 돌았는지, 그리고 어떻게 당신이 최악의 시나리오에 빠져들었는지를 알아차려 보라. 당신의 마음이 어떻게 불안에 의해서 조종 당했는지를 그저 알아차려 보라. 잠시 동안 머무른 다음, 주의를 당신의 행동으로 전환해 보자. 당신의 몸이 무얼 하고 싶어 하는가—도망치거나, 회피하거나, 숨거나, 사과하거나 혹은 울고 싶어 하는가?

불안이 당신을 조종하는 것은 당신의 잘못이 아니라는 사실을 깊이 숙고하자. 그것은 마음이 고안된 방식이며, 당신이 노력을 기울여 마음을 훈련하고 주의를 재집중하지 않는다면 계속 그 방식으로 작동할 것이다.[7] 그리고 그렇게 하더라도, 불안은 우리 정서 시스템의 매우 중요한 부분이기 때문에 우리는 불안을 완전히 멈추어 버리기보다는 어떻게 조절하는지를 배울 것이다.

또 다른 중요한 위협-보호 정서는 분노이다. 분노는 우리가 도전받았을 때, 원하는 것을 얻는 데 방해를 받았을 때, 혹은 우리 자신을 방어할 필요가 있을 때 반응하도록 한다. 불안이 우리를 위협의 원인으로부터 멀어지도록 하는 감정이라면, 분노는 우리를 그 대상으로 다가가게 한다. 그것을 제압하거나 해를 가해서 결국 우리에게 덜 위협이 되도록 하는 것이다. 분노를 가지고 비슷한 연습을 해 보자.

분노 연습

최근에 분노를 느꼈던 때를 마음에 떠올리자. 어쩌면 직장에서 어떤 이가 당신을 부당하게 비판했을 때, 혹은 살이 쪄서 자기 자신에게 화가 난 때일 수도 있다. 분노가 얼마나 빠르게 일어나는지 보라. 당신의 주의가 얼마나 좁혀지고, 당신을 화나게 하는 것에 매우 집중되며, 다른 관심거리는 무시되는지를 보라. 예를 들어, 우리가 배우자에게 매우 화가 나 있을 때 적어도 그 순간에는 우리가 그들을 얼마나 사랑하는가는 개의치 않는다. 분노가 당신의 몸에서 어떻게 느껴지는지를 떠올리고 알아차리자. 어쩌면 당신은 심장이 빨리 뛰거나 가슴이 답답함을, 혹은 주먹이 꽉 쥐어진 것을 느꼈을 것이다. 그리고 당신이 이러한 신체적 경험들을 겪고 있을 때, 분노는 어떻게 사고에 영향을 미쳤는가? 다음으로 몸에서의 느낌과 분노가 무얼 하길 원하는지를 생각해 보자. 분노가 당신을 통제할 수 있다면 무엇을 할 것인가? 소리 지르고, 문을 쾅 닫고 나가 버리거나, 혹은 그 이상? 분노가 어떻게 당신의 마음을 화가 나는 대상에게로 되새김질하게 만드는지 지켜보자. 그것이 갑작스레 밀려오는 분노이든, 천천히 타오르는 불만과 짜증이든 어떻게 당신의 마음을 조종하는지 알아차리자.

이것들은 당신의 잘못이 아니다. 그것은 당신이 주의를 기울이고 작업하려

는 노력을 기울이지 않는 이상 그렇게 작용하기로 고안된 분노이다.[8]

사회적 상황에서 우리는 종종 분노와 불안을 함께 느낄 수 있다. 분노는 우리가 주장을 표현할 힘을 주고, 또한 단호한 태도를 보이거나 소리치고, 혹은 몰아세울 수도 있게 한다. 분노에 휩쓸리면 그 순간에는 매우 합당해 보이는 분노에 의한 판단을 내릴 수 있다. 그러나 우리 안의 불안한 부분은 다르게 생각할 수도 있다. '나 너무 막 나가는 거 아냐?' '어쩌면 어느 정도는 나의 잘못일 수도 있어.' '이 사람은 자신이 좋아하지 않는 모습을 내게서 볼 지도 몰라. 그리고 미래에 날 거부할지도 모르고.' '이렇게 화가 난 마음 상태일 때의 나 자신은 좋지 않아!' 만일 분노와 불안이 균형을 이룬다면 그들은 서로 도울 것이다. 그러나 다음 연습에서 설명하듯이, 그것들은 종종 상충한다.

분노, 그리고 불안 연습

당신이 최근에 복합적인 감정, 특히 불안과 분노를 느꼈던 때를 마음에 떠올려 보자. 예를 들어, 그것은 사랑하는 사람과의 원치 않는 언쟁일 수 있다. 일단 분노와 불안을 동시에 느끼는 것을 확인하면 화가 난 당신의 자기가 불안해 하는 자기에게 어떻게 느끼는지 생각해 보자. 분노한 자기가 불안한 자기를 좋아하는가? 아마 별로 그렇지 않을 것이다. 전형적으로 분노한 자기는 불안한 자기를 멸시하고, 하려고 하는 일에 장애물로 볼 것이다. 잠깐 이 책을 읽는 것을 멈추고, 탐구하는 마음으로 이 문제를 생각해 보자.

이제 주의를 전환해 보자. 불안한 자기는 분노한 자기에 대해 어떻게 생각하는가? 그것은 아마 분노한 자기를 꽤나 두려워할 것이다. 불안한 자기는 만일 분노한 자기가 마음대로 하도록 내버려두면 굉장히 파괴적일 수 있다는 것을 안다. 분노는 세상이 끝날 때까지 당신을 지키려고 할 것이고, 다른 어떤 것도 방해하도록 두지 않을 것이며, 누구로부터도 허튼 소리를 용납하지 않을 것이다. 그러나 그것이 우리 뇌의 매우 기본적인 체계이기 때문에 그다지 지혜롭지 못하고 또한 그것을 제약하는 어떤 것과도 함께 작용하는 것을 좋아하지 않는다. 이것이 분노하는 자기가 고안된 방식이다. 다시 한 번 말하지만, 이것들은 우리가 기획하거나 잘못한 것이 아니다. 그러나 감정 간의 관계—말 그대로 감정들이 서로를 어떻게 느끼고 생각하는지를 이해하는 것은 중요하다. 마음챙김과 자비는 우리의 서로 다른 부분들을 인식하고 균형을 이룰 수 있도록 돕는다. 그것들의 균형이 깨질 때, 그리고 우리 내면의 자기들이 극렬한 갈등을 겪을 때 사람들은 정신 건강 문제를 겪을 수 있다. 어떤 이들은 사랑받고 싶어 하는 이들을 향한 분노의 깊이를 인정할 수 없다. 어떤 이들은 다른 사람들을 멀어지게 하는 데 분노를 사용하고, 그들 안의 깊은 슬픔과 비탄을, 사랑을 향한 갈망을 인지하지 못한다. 공격적인 청소년들이 종종 분노를 이런 식으로 사용할 수 있는데, 그것은 그들이 과거에 상처받은 적이 있어서 그들 자신을 방어하는 방식인 것이다.

혐오감disgust은 위협-보호 시스템과 연관된 또 다른 감정이다. 혐오감은 독성 물질을 뱉어 내어 버리는 것과 연관되어 있기 때문에 굉장히 유용하다. 만일 우리가 아기의 입에 쓴 것을 넣어 주면 아기는 생물학적 지향성에 의해 그것을 즉시 뱉어 낸다. 혐오감은 종종 신체적 배출이나 기능과 연관되어 있고, 오염시키거나 질병을 옮기는 것들과의 접촉을 방지하기 위해 고안되었다. 우리는 그것이 논리적이지 않다는 것을 알고 있음에도 매우 강렬한 오염된 느낌을 가질 수 있다. 예를 들어, 연쇄 살인마의 집에서 살 수 있겠는가? 특정한 상황에서 혐오감이 일어날 때 굉장히 고약한 면을 가질 수 있다. 혐오감은 종종 나쁨, 오염, 혹은 때로는 사악함과도 연관되며, 피하고, 씻고, 버리거나 혹은 박멸시키려는 욕구를 자극한다. 예를 들어, 많은 독재자가 그들의 적에 대해 이야기할 때 '인간 말종' '질병' 혹은 '퇴치해야 할 해충'이라고 묘사하는 혐오의 언어를 사용한다. 1994년 르완다 학살 당시 후투 극단주의자들은 소수인 투트시들을 '바퀴벌레'라고 불렀다. 어떤 사람들은 동성애 문제에서와 같이 도덕적 입장을 합리화할 때 혐오의 감정을 사용한다.[9] 따라서 우리의 행동을 인도하는 도덕적 판단을 내릴 때 이러한 종류의 감정들을 사용하는 것에 굉장히 주의해야 한다.

사람들은 스스로에 대해 아주 나쁘게 느끼고, 자신의 일부분을 거부하거나, 심지어 스스로 손상을 입히길 원할 수 있기 때문에 자기혐오 또한 중요하다. 몇 년 전, 길버트의 연구팀은 실제로 사람들이 자기 자신을 증오하게 될 수 있고, 자신에 대해 강한 혐오감을 경험할 수 있으며, 이러한 감정들이 꽤 심각한 정신 건강 문제와 연관될 수 있다는 것을 발견하였다.[10] 혐오감은 때때로 무시되곤 하는 감정이지만, 우리 자신과 타인에 대한 잔인성에 있어서 잠재적으로 가장 강력한 감정 중 하나이다. 왜냐하면 혐오감은 제거하고 몰살시켜 버리려는 욕구와 연관되어 있기 때문이다. 그것은 우리를 매우 잔인한 행동으로 유도할 수 있다.[11] 몇몇 불교 수행자가 '독'과 같은 감정들에 대해 말할 때 그들은 혐오감의 언어와 심리를 사용하는데, 이는 별 도움이 되지 않을 수 있다. 우리는 그들이 어떤 의도로 그렇게 하는지 안다. 그들은 사실 분노, 공포, 혐오 혹은 갈망과 같은 감정에 휩싸여 행동할 때 일어나는 결과에 대해 생각하는 것이지만, 감정 그 자체는 독이 될 수 없다. 감정에 있어서의 요점은 이해하고 변화시키는 것이지 지워 버리거나 없애는 것이 아니다. 어느 정도는 이러한 감정들이 뇌에 내장되어 있기 때문이고, 우리는 그것을 경험하도록 고안되어 있기 때문에 그것들을 쉽게 '없애 버리지' 못한다.

혐오감 연습

분노나 불안과 마찬가지로, 혐오감에 대해서도 같은 연습을 할 수 있다. 혐오감을 느끼는 대상을 생각하고, 혐오감이 어떻게 당신의 주의를 특정한 것에 집중하도록 하는지, 그리고 몸에서 어떻게 느껴지며, 생각과 행동을 어떻게 통제하려고 하는지를 생각해 보라. 당신이 나쁘게 생각하고, '없애고 싶고, 바깥으로 내버리고 싶은' 혐오감을 느끼는 자기 자신이나 자기 몸, 자신의 느낌에 대해 호기심을 갖고 찾아보라. 그것들은 더러운 얼룩처럼 느껴질 수 있다. 이런 종류의 느낌들은, 예를 들어 과체중인 사람에게 흔하게 나타날 수 있다.

앞과 같이 연습을 하면 위협 시스템의 감정들이 분출되어 주의, 신체, 생각과 행동을 말 그대로 조종할 수 있다는 사실에 대한 통찰을 얻을 것이다. 아무도 아침에 일어나면서 '오늘은 더 화를 내는 연습을 해야겠다'거나 혹은 '불안을 더 연습해야지' '자기혐오를 더 연습해서 나쁠 건 없잖아!'라고 생각하지 않는다. 그러한 감정들은 자동적인 위협-방어 시스템의 일부이기 때문에 아직도 우리가 이러한 감정들을 가지는 것이다.

이것이 마음챙김-기반 자비 훈련이 아주 중요한 이유이다. 이런 훈련은 감정이 어떻게 작용하는지 바로 알아차리고, 우리의 마음이 언제나 희생양으로 전락하지 않도록 해 준다. 슬프게도 우리는 많은 사람이 스스로 분노에 쉽게 굴복하고, 자기 자신과 다른 이들에게 매우 파괴적으로 행동하고 있는 것을 본다.

위협 시스템이 우리를 힘들게 하는 이유

위협과 자기보호 시스템은 보호를 위해 진화된 것이지만 실제로 우리를 힘들게 한다. 그것은 신중한 사고를 위해 고안된 것이 아니기 때문에 많은 정신 건강 문제의 근원이며, 때로는 폭력의 원인이 되기도 한다. 위협과 자기보호 시스템은 생명을 구할 수 있는 재빠른 반응을 위해 고안된 것이다. 만일 당신이 들판에서 풀을 뜯고 있는 토끼이고, 풀숲에서 어떤 소리가 들린다면 최선의 대응책은 도망치는 것이다. 아마 10번 중 9번은 거짓된 경고였을 것이다. 하지만 그건 상관이 없다. 왜냐하면 얼마 지나지 않아 10번째 경우가 올 것이고, 이번에는 그 소리가 진짜 포식자일 것이기 때문에 위협에 지나치게 예민하여 위험을 과대평가하는 실수를 범하는 것이 그 반대의 경우보다 낫다. 우리는 이것을 '나중에 후회하는 것보다 안전한 것이 낫다'는 식의 사고라고 부른다.

위협 시스템은 포식자가 널려 있어서 위험도가 높으며, 다쳤을 때 현대 의술의 도움을 받을 수 없었던 조건인 수백만 년에 걸쳐서 고안된 것이다. 뇌는 위협이 닥칠 때 아주 **빠르게** 작동하는 경로가 있어 전두엽과 이성적 사고 능력을 우회해서 간다.[12] 그러니까 뇌가 사실 어떤 맥락에서는 실수를 일으키도록 디자인된 것이라는 사실을 깨닫는 것이 매우 중요하다.[13] 뇌는 당신을 위해 위험을 과대평가할 것이다. 우리 조상 중 '나중에 후회하기보다 안전하자'는 식으로 행동한 이들은 살아남았고, 그들의 자손도 그렇다. 불행하게도 위협을 과대평가하는 이 경향은 우리가 그토록 많은 불안 문제를 가진 이유 중 하나이기도 하다. 우리의 마음은 불안 모드로 들어가기가 너무 쉽다. 우리가 불안하기 쉬운 경향을 가진 것은 우리의 잘못이 아니라 우리의 뇌가 진화된 방식과 삶에서 우리에게 일어났던 경험들의 조합 때문일 공산이 크다. 이는 우리가 이러한 경향들을 넘어서기 위해 노력할 필요가 있음을 의미한다. 이에 대해 이 책의 연습 부분에서 다룰 것이다.

위협 시스템이 우리를 힘들게 하는 다른 방식은 긍정적인 것들을 차단하는 식으로 우리의 주의를 돌린다는 것이다. 예를 들어, 들판에서 풀을 뜯던 토끼 이야기로 돌아가 보자. 토끼는 가장 달콤한 양배추를 먹고 있고, 어쩌면 옆에 있는 토끼 아가씨에게 추파를 던지고 있었을 수도 있다. 만일 '포식자가 나타날 가능성'의 신호가 그의 레이더에 나타난다면, 그는 곧바로 양배추와 토끼 아가씨에 대한 관심을 내려놓고 도망쳐야 한다. 위협 시스템은 다른 어떤 것에 대한 어떤 관심도 즉시 끊어 버린다. 여러분이 잔디밭에서 모이를 먹는 새들을 바라본다면 그들은 대부분의 시간을 실제로 먹는 데보다는 주위를 조심스럽게 둘러보며 먹이에 접근하는 데 쓰며, 때로는 먹기도 전에 날아가 버린다는 것을 볼 수 있다. 그리고 앞에서 살펴보았듯이, 위협 시스템이 사고를 부추기고 그 사고가 감정을 부추기는 구뇌/신뇌 순환 고리에 틀어박힌다면 더 많은 문제가 일어난다. 심지어 위협이 사라진 지 오래된 후에도 위협 감정은 계속 분출된다. 결과적으로 위협이 사라진 후에도 우리는 오랫동안 기분이 좋지 않을 뿐 아니라, 계속해서 긍정적인 경험들을 차단하게 될 것이다.

여기에 어떻게 위협 시스템이 자비로운 알아차림을 차단할 수 있는지를 나타내는 다른 예가 있다. 여러분이 크리스마스 쇼핑을 하러 10개의 상점을 둘러보러 다닌다고 상상해 보라. 9개의 상점에서는 점원들이 지극히 친절했고, 당신이 쓰려고 했던 돈보다 더 적은 돈으로 선물을 살 수 있도록 도와준다. 당신은 매우 기쁘다. 그런데 한 상점에 들어 갔는데 점원은 친구와 수다를 떨고 있었고, 당신에게 거의 관심이 없으며, 지루해 보이고, 때로는 무례하며, 게다가 당신이 지불하려는 가격보다 더 높은 값에 질도 나쁜 물건을 팔려고 한다. 선물을 들고 집에 돌아가서 당신은 배우자에게 무엇에 대해 이야기할까? '난 크리스마스를 사랑해. 왜냐하면 내가 마주치는 90%의 사람들이 내게 도움을 주려고 하고, 친절하며, 들뜬 축제 분위기를 느끼게 하니까.'라고 말할 것인가? 그럴 것 같지 않다. 위협 시스템은 당신에게 도움이 되지 않았던 그 한 사람에만 집중하게 만들 것이고, 어쩌면 저녁 식사 내내 배우자에게 요즘 상점 점원들은 어쩌나 무례한지에 대해 말하게 될 수 있다!

위협 감정이 어떻게 작용하고 종종 서로 상충하는지에 대한 통찰을 얻는 것은 그것들과 주의깊고 자비롭게 관계 맺는 법을 배우기 위한 토대가 된다. 그것들은 진화에 의해 우리에게 내장된 것이지 우리가 고안한 것도 아니고, 우리의 잘못도 아니기 때문에 감정이 어떻게 작동하는지에 대해 가혹하게 대응하거나 비난하지 않는 것이 중요하다. 우리가 스스로를 비난하거나 부끄러워하기를 멈추고 한 발짝 물러서서 진정으로 책임을 지고, 끝까지 최선을 다해 노력할 수 있다. 이것이 마음챙김 자비 훈련의 핵심 요소이다.

추동과 자원추구 시스템

우리는 위협 감정이 상해와 손실을 피할 수 있게 도움을 준다는 것을 보았다. 그러나 우리는 또한 음식, 거처, 성적 파트너를 찾고, 세상에서 성공하는 것과 같은 것들을 얻기 위해 움직인다. 여기서 긍정적 감정은 이러한 인생 과업을 성취하도록 이끄는 데 매우 중요하다. 그러나 긍정적 감정을 두 가지의 매우 다른 종류로 구분하는 것은 지극히 중요하다.[14)]

첫 번째 긍정적 감정 시스템은 대부분의 사람이 굉장히 친숙한 것으로, 흥분과 추동drive 시스템이라고 일컫는다. 이것은 우리 사회가 굉장히 주목하는 것이다. 이는 성공, 획득, 소비와 연결되어 있다. 그러나 두 번째 종류의 긍정 감정은 추동의 과도한 흥분감을 일으키지 않기 때문에 흥분과 추동 기반 감정과는 굉장히 다르다. 오히려 그것은 평화로운 안녕감, 만족감, 그리고 사람과 주변의 세계에 연결된 느낌과 연관되어 있다. 진정soothing 시스템은 우리의 위협-기반 감정을 진정시키고, 조절하며, 과도한 추동-기반의 감정을 다스리는 것을 돕는 중요한 역할을 한다. 잠시 후 우리는 이 긍정 시스템을 들여다볼 것이다. 그러나 우선은 추구하고, 얻고, 성취하고, 획득하는 것과 연관된 흥분과 추동-기반 감정에 주목할 것이다.

이처럼 추동과 자원추구 시스템은 밖으로 나가서 생존과 재생산에 중요한 것들을 성취하게 하는 원인이 된다. 그래서 우리는 도움이 될 만한 것들에 직면하면 그것들을 좇게 되고, 만약 그것을 얻게 된다면 기쁨에 들뜬다. 이 흥분감은 같은 것을 되풀이하도록 한다. 심리학자들은 이를 긍정적 강화라고 부르지만, 중요한 것은 무엇이 우리에게 그 '긍정적' 느낌을 주는가를 인식하는 것이다. 이것이 뇌 화학물질인 도파민과 연결되어 있고, 교감 신경계라고 불리는 활성화 시스템의 증가와 연결되어 있음이 밝혀졌다. 이 교감 신경계는 근육과 심장에 영향을 주어서 행동을 하도록 준비시킨다. 그것은 위협을 받았을 때에도 활성화되지만 일종의 '가 보자_{let's go}' 시스템이기 때문에 흥분했을 때에도 활성화된다. 대조적으로 부교감 신경계는 그 반대의 작용을 한다. 느려지게 하고, 차분하게 하며, 조용하게 느끼도록 도와 행동을 취하거나 무언가를 하도록 활성화되는 것을 막는다.

　이제 당신이 1,000억 유로의 복권에 당첨되었다고 상상해 보자. 당신의 신체에 어떤 일이 일어날 것 같은가? 당신은 아마 굉장히 흥분하고, 어쩌면 불안할 수도 있다. 당신은 교감 신경계의 추동으로 급격한 심장 박동과 아주 빠른 생각들의 연쇄를 겪을 것이다. 아마 킥킥거릴 수도 있다. 증가한 도파민과 교감 신경계의 활성화로 하루나 이틀 정도는 밤에 잠을 잘 못 잘 것이다. 정말 좋은 일이 일어나면 흥분과 추동 시스템으로부터 큰 흥분감이 일어난다. 중요한 시험에 통과하거나 새로운 사람과 데이트를 하는 것은 우리에게 큰 기쁨의 떨림을 안겨 줄 수 있다. 또한 좋은 일이 일어나리라고 기대하는 것에서도 흥분을 얻을 수 있다. 이것은 새로운, 똑똑한 뇌의 작용이다. 우리가 걱정과 두려움에 골몰할 수 있는 것처럼, 마찬가지로 기대되는 결과에 집중하고 시험을 통과하거나 경쟁에서 이기면 어떻게 느낄지를 상상한다. 그런 상상은 좋은 느낌과 연관되어 있기 때문에 많은 시간을 이러한 목표를 어떻게 이룰 것인지 곰곰이 생각하며 보낸다.

　당연한 말이지만, 우리가 성공에 대한 공상 속에서 살아가면서 환상이 비현실적이 될수록 매일의 현실과 대면하고, 일들이 잘 굴러가지 않을 때의 타격감은 더 클 것이다. 또한 당연히 꿈에 부응하는 것에 실패하였을 때 더 많은 위협 시스템이 활성화될 것이다. 그러면서 어떤 사람들은 좋은 기분을 느끼기 위해 성취하려는 노력들을 마다하고 그러한 느낌을 위한 지름길을 찾는다. 코카인이나 암페타민 같은 마약을 통해 충만되고, 긍정적인 기분을 느끼려고 한다. 하지만 불행하게도 그러한 약물은 매우 중독성이 있고, 다시 현실로 돌아왔을 때 아주 끔찍하다.

　서구 사회와 경쟁적인 기업 환경이 성취에서의 자부심, 소유, 그리고 통제와 연관된 흥분과 추동 기반의 감정들을 고양시키는 데 과도하게 몰두하고 있다는 점에 대한 우려가 많다. 이렇게 분투하고, 얻어내고, 소유하고, 성취하고, 보유하는 것들은 거의 중독에 가깝다—일정 정도 우리가 지속적으로 도파민과 교감 신경계를 과하게 자극하기 때문이다.[15] 물질적 소유나 돈, 명예 혹은 성적 관계 등을 향한 끊임없는 갈망은 문제가 될 수 있다. 실제로 어떤 사람들은 오직 지속적으로 무언가를 성취하거나 욕구를 만족시킬 때에만 좋게 느낀다. 며칠 동안 TV 광고를 관찰해 보면 그중 얼마나 많은 것이 흥분 상태를 끌어내는지 알아차리게 된다. 흥분하고, 미소 짓는 사람들이 제공하는 상품과 서비스는 온갖 종류의 이유로 사람들을 들뜨게 만든다. 특히나 젊은 사람들을 대상으로 하는 광고들에서 두드러지며, 사람들로 하여금 이것이 좋은 기분이나 좋은 삶 그 자체라고 믿게 하는 분위기를 만들어 낸다. 단순하게 기분이 고양되고, 좋은 시간을 갖는 그런 것들에 대해서 말이다. 그래서 추동 시스템이 어떤 것들을 성취하는 데 중요하기는 하지만, 그것이 균형을 잃어 너무 성취에만 집중하지 않도록, 그래서 성공하지 못했을 때 좌절하거나 우울해 하지 않도록 조심해야 한다.

　물질적 성취에 집중하는 삶의 한 가지 귀결은 사회 공동체를 만들고, 그 일부가 되고, 그에 기여할 관심을 약화시키는 것이다. 실제로 어떤 이들은 너무나 일 중심적이 되어서 이웃들을 거의 알지 못한다. 물질적이고 경쟁적인 갈구와 '가지고 소유해야 할' 필요는 특히 젊은 사람들에게 있어 정신 건강 악화와 연결되어 왔다.[16] 덧붙여 무언가를 성취하기 위해 애쓰고, 자신을 증명하려고 할 때, 우리는 굉장한 압박을 느끼고, 효율을 높이려고 하며, 뒤처질 거라는 공포감을 느낀다. 길버트의 연구팀은 열등하거나 일에 적합하지 않아 보이는 것을 모면하려고 두려움에 찬 분투는 특히 우울, 불안 및 스트레스와 같은 정신 건강 문제와 직결된다는 것을 보여 주었다.[17] 중산층과 노년층의 음주가 점점 늘어서 간 질환과 알코올 관련 문제에 대한 우려가 늘고 있다. 하지만 그들과 이야기해 보면, 그들의 바쁜 삶이 너무나 스트레스를 주고 심신을 지치게 해서 집에 돌아오면 그저 술을 마시면서 긴장을 풀어 이완하고 싶은 것뿐이라고 말할 것이다. 의료 기관들은 우리의 생활방식, 스트레스, 음주와의 관련성을 이해하고, 그 해결책을 단순히 주류 가격을 인상하는 것이라고 생각하지 않는 것이 중요하다. 다시 말하면, 서양인들의 마음은 경쟁 심리로 균형을 잃고 있으며, 문제는 균형과 방향성에 있다. 흥분과 추동 시스템과 경쟁 심리가 지구의 자원을 게걸스럽게 집어삼키도록 허용된다면 종국에는 오염된 환경만을 남길 것이라는 사실은 말할 필요조차 없다.

통제를 벗어난 흥분과 추동 시스템의 가장 심각한 결과 중 하나는 대량의 자원을 획득할 기회가 왔을 때 심각하게 비윤리적이고, 부패하게 될 수 있다는 것이다. 금융 위기 때 엄청난 돈을 벌 기회를 차지하기 위해 열중하며 흥분하는 은행가들에게 많은 자료가 쏟아졌다—우리 모두가 그렇게 사로잡힐 수 있다. 문제는 개인들이 추동 시스템에 매여 잠재적으로 (타인에게) 가할 수 있는 상해에는 주의를 기울이지 않는다는 것이다. 사회심리학에서는 사람들이 악하기 때문에 그런 것이 아니라 특정 사회적 집단에서 그들이 그렇게 하도록 용인되고, 사회적 집단에서 사람들의 행동에 가치와 맥락을 만들어 내기 때문에 이런 일이 일어난다고 말한다. 이것이 정부의 자비로운 규제 compassionate regulation가 필요한 매우 중요한 이유이다. 그것들 없이는 사람들이 파괴적으로 행동할 수 있고, 규제는 사람들을 도덕적이고 사회적으로 의식 있게 행동하도록 격려하고 유도하기 때문에 실시될 필요가 있다. 효과적으로 이용되었을 때, 추동은 도움이 되고 필수적이다. 그러나 규제를 받지 않으면 극도로 파괴적일 수 있다. 과도한 추동은 지나친 자기몰두와 비도덕적이고 부정한 행동으로 이어질 수 있음을 나락으로 떨어진 최고의 기업들을 대상으로 한 여러 수사에서 볼 수 있다. 많은 국가가 부패로 인해 망가졌고, 그 국민들은 자신을 보호해야 할 사람마저 부정에 연루되었다는 사실로 인해 공포와 허탈감에 빠진다. 솔직히 말해서 외부로부터의 규제나 혹은 우리 자신의 윤리 규범이 없이는 추동은 가장 저급한 종류의 탐욕과 부패한 부도덕을 낳을 수 있고, 사람들은 심지어 그것을 정당화하려고 할 것이다.

매우 인간다운 것이기는 하지만 통제되지 않는 추동은 공공의 인간성을 심각하게 왜곡하며, 어떤 사람들은 수십억 갑부로서 자신이 그럴 '가치가 있다'고 믿고 합리화하는 반면, 다른 이들은 먹을 것조차 충분치 않게 될 수 있다. 우리 가슴으로는 이것이 옳지 않다는 것을 안다. 현대 사회는 집단적인 추동 체계를 자극함으로써 규제 상실의 상태가 되었다. 이는 널리 퍼져 있는 무한 경쟁의 가치에 대한 믿음에서, 그리고 이러한 상황을 규제할 방법을 찾기 어려운 현실에서 볼 수 있다. 규제되지 않는 추동은 고통받는 이들에 대한 무관심과 냉담함을 부추긴다.

우리의 화두는 어떻게 경제, 정치, 사업 모델, 언론, 예능과 교육 시스템이 지속적으로 경쟁심과 흥분 및 추동−기반 정서를 자극하는지를 인식하고, 이러한 상황에서 우리가 스스로에 대해 생각하고 알아가며 타인과 관계하는 방식에 어떤 결과를 가져올까를 깨닫는 것이다. 문제는 단지 개인으로서의 우리에게만 있지는 않다. 그것은 사회적 시스템이 작동하는 방식과 우리 마음이 이러한 시스템을 어떻게 만들어 내고, 우리 스스로 그 안에 갇혀 버리는가에 있다. 우리는 우리에게 문제를 일으키는 바로 그 시스템에 영양분을 주게 되는데, 그 이유는 우리가 만들어 낸 시스템에 대해 스스로 통제를 잃었기 때문이다. 우리는 마음챙김과 자비 둘 모두가 부족한 채로 그저 거기에 끌려간다. 왜냐하면 추동 정서가 우리를 끊임없는 쾌락 상태의 갈구로 밀어넣기 때문이다. 우리가 사성제를 염두에 두고 고통이 진실로 중요한 문제의 중심이라면마음챙김 자비는 단지 '개인적 이익을 위해 마음을 훈련하거나 명상하는 것'일 뿐 아니라 진실로 이러한 '추동'과 관계된 현실에 눈을 뜨는 것이다. 이로써 다시 붓다의 중도를 상기하게 된다.

자비는 규제와 법치의 중요성을 이해하게 해 준다. 그것은 단지 모두에게 친절해지라고 호소하는 것만이 아니라, 사회적 배경이 우리의 좋은 면과 나쁜 면 모두를 이끌어 낼 수 있다는 인식이기도 하다. 앞에서 말했다시피, 우리가 폭력적인 마약 조직원 사이에서 자랐더라면 이런 책을 쓰고 있지는 않을 것이다! 우리는 개인성의 한계와 우리 모두가 일정 부분 사회적으로 구성된 존재라는 점을 인식하고, 정치적 좌와 우의 작은 차이를 넘어서는 새로운 정치적 사고방식이 필요하다. 이를 통해 우리 아이들과 손주들이 자라나게 하고 싶은 종류의 사회를 건설해 나가야 한다.

지금 추동 정서를 아주 나쁜 것으로 평가하고 있는 것처럼 보일지도 모르겠다. 그러나 위협 정서와 마찬가지로, 그것을 이해하고 지혜롭게 접근할 때 그것은 중요한 역할을 가진다. 흥분과 추동 정서는 소속감, 즉 우리가 다른 이들과 함께하고 그들과 나눌 때 얻는 기쁨과 즐거움에 있어 중요하다. 이 점을 고려할 때, 자비는 흥분과 추동 정서를 동원하여 자비로운 목표(예: 암의 치료법을 연구하거나 평등한 사회를 위해 노력하는)를 추구하는 데 있어 깊이 동기 부여되고, 열정적이며, 불굴의 의지를 가질 수 있다. 이 때 중요한 것은 우리가 하려고 추구하는 일의 기저에 깔려 있는 동기가 무엇인가이다. 당신을 흥분하게 하고 당신에게 힘을 주는 것은 무엇인가? 그것이 돈이나, 적을 죽이는 것, 음란물을 찾아 인터넷을 뒤지거나, 쇼핑을 하거나, 친구들과 클럽에 가는 것인가, 아니면 자비로운 사명을 위해 일하는 것인가? 물론 여러 경우에 대답은 '전부 다'일 수 있지만, '당신은 진심으로 무엇을 가장 중심으로 두고 삶의 초점이 되게 하고 싶은가?'라는 질문이 생긴다. 감정은 매우 다양한 동기와 결합될 수 있기 때문에 동기야말로 가장 중요하다. 이러한 맥락에서 마음챙김 자비 훈련을 통해 점차 동기와 욕구를 알아차리게 된다. 예를 들어, 직업에서 탁월하기 위함인지, 돈을 벌기 위함인지, 다른 이들에게 깊은 인상을 남기기 위함인지, 거절 당하지 않기 위함인지, 수치를 면하기 위함인지, 그리고 할 수 있는 최선을 다해 남들을 돕기 위함인지 등을 들 수 있다. 우리가 무엇을 중심에 두고 세상에서 찾으려고 하는지에 의해 추동–기반 정서가 어떤 방향으로 우리를 데려갈지 결정하게 된다.

추동 정서와 사회적 관계들

대다수의 사람에게 추동과 관련해서 가장 중요한 문제는 관계이다. 당신이 1000억 유로의 복권에 당첨되었으나 남은 생을 무인도에서 살아야만 한다고 상상해 보라. 이 섬은 당신이 원하는 모든 것을 갖췄다. 훌륭한 집과 편안한 침대, 수영장, 사우나, 고급 스포츠카와 그것을 타고 돌아다닐 수 있는 수없이 긴 텅빈 도로, 환상적인 풍경, 푸른 바다를 항해할 보트, 세계 최고의 음식과 완벽한 기후 등이다. 그곳은 모든 육체적 욕구가 채워질 수 있는 곳이다! 그러나 다시는 다른 인간을 볼 수 없다는 것이 애로사항이다. 당신은 절대 사랑과 애정을 모를 것이고, 다른 이와 대화나 친밀감을 나눌 수 없을 것이다. 거래를 할 것인가? 아니면 가난할지라도 사회적으로 연결된 지금 있는 곳을 선택할 것인가?

생각해 보면 참으로 신기하다. 우리는 물질적인 것이 행복을 가져다준다는 생각에 늘 자극받고 끊임없이 경쟁에서 우위에 도달하려고 애쓰는 세상에 살면서도 관계가 얼마나 중요한지 절실히 깨닫기 때문이다.[18] 사실 긍정적인 감정은 태어난 날부터 우리와 교류하면서 미소 짓고, 웃고, 놀아 주는 다른 누군가에 의해 활성화된다. 실제로 관계는 긍정적인 감정과 동기의 생명줄인 동시에 최악의 위협, 슬픔, 불안, 분노, 그리고 잔인함의 근원이 될 수도 있다.

또한 우리는 인정받고, 소중하게 여겨지며, 존중되고, 사랑받고 싶은 엄청난 사회적 추동을 가지고 있으며, 그 반대편에는 비난받거나 무시, 거부, 잊혀지고 싶지 않은 욕구가 있음을 숙고해야 한다.[19] 우리가 당연하게 여기고 있지만 대부분의 사람에게 사회적 추동과 욕구는 자기감의 중심에 있고 우리를 동기화한다. 이에 우리는 모든 육체적 편안함이 갖추어진 무인도에서 여생을 보내는 것이 어떨지를 생각해 볼 필요가 있다. 그러면 곧바로 이러한 종류의 쾌락은 외롭고 사회적으로 단절된 세상에서는 의미가 없음이 명백해진다.

마지막으로, 우리는 그냥 '나'이기보다는 '우리'가 되어 함께하는 것을 좋아한다는 사실을 생각해 보자. 그것이 축구팀에서 경기하는 것이든, 오케스트라에서 연주하거나 누군가를 달에 보내기 위해 함께 일을 하는 것 혹은 자선사업을 위해서이든 말이다. 집단을 형성하고, 공통의 관심사와 가치를 통해 그 일부로 느끼는 것은 정체성과 안정감에 있어 매우 중요하다. 그러므로 우리는 무언가를 함께하는 것에서 즐거움을 경험할 수 있다. 물론 집단들은 다른 집단과 매우 경쟁적이 될 수 있고, 어쩌면 그 집단의 구성원이 아닌 이들에게 공격적이 될 수도 있다는 단점이 있다. 우리가 잘 알듯이, 라이벌 축구팀의 팬끼리는 싸움에 말려들기도 한다. 그러니 이렇듯 쉽게 집단을 이루고 '외집단' 사람들에게 공격적이 되는 경향은 우리 안의 심각한 편견이 될 수 있다. 진화를 통해 우리의 뇌는 다른 동물들의 것과 마찬가지로 우리 집단의 일원이고, '우리 중 하나'로 보이는 이들과 그렇지 않은 이들에 대해 매우 민감하게 만들어졌다. 여기서의 요지는 이것이다. 우리는 과연 그저 뇌가 시키는 대로 할 때 행복한가? 우리가 이것을 인식하면, 즉 마음챙김의 도움을 받아 '우리 모두는 같은 생명의 흐름과 공통의 인간성의 일부로서 여정을 같이한다'는 보다 영적인 시각을 진정으로 따르고, 그러한 편견에 맞서 노력하기를 선택할 수 있다.

진정과 친화 시스템

서구 사회가 추동 시스템의 중요성을 필요 이상으로 강조하거나 과대평가하여 물질적 부를 위시한 개인의 목표를 공동체의 목표보다 중요하게 여기는 추세가 이어져 오는 가운데, 평화롭게 삶을 영위하고 만족감을 느끼는 시스템은 안타깝게도 과소평가되고 있는 듯 보인다. 후자의 시스템은 또한 우리가 사회적 연결감과 유대감을 필요로 하는 존재임을 말해 준다. 영적 신념을 가진 이들에게 이 시스템은 곧 영적 안녕감을 느끼는 일과도 맞닿아 있다. 이를 진정과 친화 시스템이라고 부르기로 하자. 이 시스템 또한 특정한 조건 아래서 어떤 목적을 위해 진화한 결과이다.[20] 이 시스템은 안정감을 느끼고, 기분을 가라앉히는 것에서 출발해 다른 이들에게 애착의 감정을 느끼는 일과 자손을 돌보는 일에도 관여한다. 이 장에서 우리는 이 시스템에 대해 더 자세히 살펴보고, 왜 누군가로부터 보살핌을 받는 느낌이 선천적으로 우리의 기분을 누그러트리는지, 그리고 어떻게 이 시스템이 심리적 안녕과 연결되어 있는지를 살펴볼 것이다.

동물들은 위협으로부터 자신을 보호할 필요가 없거나 이미 충분한 것을 가지고 있기 때문에 더이상 무엇을 성취하지 않아도 될 때 만족감을 느낀다. 만족감이란 '세상의 모습 그대로에 행복한' 감정이며, 안전감을 느끼고 무언가를 갈구하지도 또 원하지도 않는 상태를 말한다.[21] 이 상태는 내면적인 평화로움으로 특징지을 수 있는데, 이는 추동 시스템과 연결되어 있는 고조된 흥분이나 '추구하고 성공하는' 느낌과는 매우 다르다.[22] 앞에서 서술하였듯이, 감정을 활성화시키는 일은 우리 뇌 안의 교감 신경계와 연결되어 있는 데 비해, 기분을 가라앉히고 평화로운 상태는 부교감 신경계와 연결되어 있다(부교감 신경계는 종종 '휴식과 소화 시스템'이라고 불리기도 한다). 사람들은 명상을 하거나 조용히 앉아 있을 때, 무언가를 원하거나 노력하는 대신에 침착하게 가라앉은 기분을 느끼고, 자기 자신에 대한 평화로운 감정과 함께 타인들, 그리고 자연과도 좀더 연결되어 있는 느낌을 받는다. 이는 교감 신경계와 부교감 신경계가 균형을 찾은 상황이다.

이쯤에서 강조하자면 명상적 상태에 대해 유의해야 할 다른 점이 있는데, 이는 이 상태가 단지 이완되어 있는 상태만은 아니라는 점이다. 오히려 이 상태는 고조된 알아차림과 열린 주의력이 동반한다. 예를 들면, 시골길을 걸을 때 주변 풍경의 색감과 향기를 더 예민하게 알아차리는 등의 현상이 일어나는데, 이는 무엇을 원하거나 걱정하지 않아도 되는 상태에서 마음의 생각하는 작용이 멈추어 감각적 세계와 직접적으로 연결되기 때문이다. 이런 느낌은 교감 신경계와 부교감 신경계 사이의 균형과도 연결되어 있을 뿐만 아니라, 뇌 안의 중요한 신경 전달 물질 중 하나인 엔도르핀과도 관련되어 있다. 엔도르핀은 흥미롭게도 고통의 감각을 진정시키는 물질로 알려져 있다. 헤로인을 가끔씩 사용하는 사람들도 이런 비슷한 느낌을 가진다고 하는데, 이는 헤로인이 엔도르핀 시스템을 자극하기 때문인 것으로 알려졌다. 물론 감정이 그에 상응하듯 극적으로 곤두박질치는 부작용을 비롯해, 헤로인은 매우 강한 중독성을 가지고 있다.

이렇듯 우리는 종종 경쟁적이고, 쾌락을 쫓는 추동 시스템에서 빠져나와 아름다운 자연 속의 조용한 곳을 찾는 실험을 해 보아도 좋을 것이다. 단지 그곳에 있으면서 시간을 보내고 삶의 속도를 늦추면서 감각에 좀더 귀를 기울여 보는 것이다. 발밑의 땅을 느끼고, 주위의 자연의 소리를 듣는다든지, 계속 변화하는 하늘의 색을 지켜보는 일 등 말이다. 당신은 이런 경험을 통해 평화롭고, 만족스러우며, 세상과 연결되어 있는 느낌을 조금씩 이해할 수 있을 것이다. 그중 속도를 늦추는 일은 매우 중요하다. 사실 일상 속에서도 찬찬히 이를 실행하는 일이 중요한데, 왜냐하면 우리의 감각이 수시로 자극을 받고 있기 때문이다. 네온 불빛부터 시작해서 자동차, 텔레비전, 컴퓨터 게임 등 일상의 크고 작은 일들을 완수하는 과정에서 받는 스트레스는 차치하고서라도 말이다. 우리는 점심 식사를 하기 위해 식당을 찾더라도 주위를 산만하게 하는 음악과 밝은 불빛으로부터 벗어나기가 힘들다. 사실 생각해 보면 조용히 앉아 있을 수 있는 공간은 매우 적다. 잠들기 전 침실에 누워 있을 때에도 바깥에서는 어딘가로 움직이는 자동차들의 소리가 미약하게나마 끊이지 않는다. 그런데다가 우리 중 많은 이는 잠들기 어렵다고 느낄 때면 텔레비전을 켜거나 소셜 미디어에 접속해 스스로를 더 자극하기도 한다.

여기서 다루고자 하는 핵심적인 이야기는 우리가 더 높은 강도의 감각적 자극에 노출될수록 부교감 신경계와 관련된 진정 시스템을 활성화시키기는 일이 더욱 어려워진다는 것이다. 그리고 우리는 종종 사람들이 삶의 속도를 줄이려고 시도할 때 마치 도파민 부족에 걸린 듯 조바심을 내거나 걱정스러운 마음 상태에 처하는 모습을 발견하기도 한다. 이와는 대조적으로 우리가 마음챙김 수행을 다녀온 사람들에게 수행의 마지막 날에 어떤 기분을 느꼈는지를 물으면 그들은 보통 성공적으로 삶의 속도를 줄일 수 있었고, 자기의 내면에서도 평화를 느꼈다고 대답한다. 하지만 불행하게도 그들은 며칠 안에 번잡한 일상으로 돌아가고, 결국 시간에 쫓겨 서두르면서 다시금 추동 시스템을 끌어올리는 삶으로 돌아가 버리곤 한다. 앞에서 이야기하였듯이, 우리는 이미 세상이 감각적 포화 상태에 있다는 것을 충분히 인식하게 되었다. 그 많은 텔레비전 채널의 수, 광고들, 밝은 불빛들, 상점들 안의 자극적인 음악 소리, 교통 체증 혹은 그 외에 잡다한 소음들을 떠올려 보자. 이는 우리의 뇌가 작동하는 방식에 지대한 영향을 끼친다. 높은 강도의 동기가 쉴 없이 자극을 받으면 더 빠르고, 더 많이 일을 해결하려는 욕구도 상승하며, 이는 곧 탐욕, 좌절, 스트레스, 우울증 혹은 비도덕적인 행동들까지 불러오기도 한다.[23] 물론 이 사실은 세상에서 새롭게 밝혀진 이야기는 결코 아니며, 더불어 우리는 자선 기관 등을 포함해 세상 곳곳에서 타인의 이익을 위해서 일하는 사람들이 많다는 것도 기억해야 할 것이다. 사실 우리는 정신을 잃어버릴 만큼 탐욕스럽게 변하거나 자신에게만 집중하기도 하지만, 서로를 위해 많은 선의를 품을 수 있는 능력 또한 가지고 있다. 마음챙김과 자비 훈련은 인간의 이런 속성에 닿고, 이를 더 발전시켜서 경제적인 목적에 불균형적으로 종속된 추동 체계를 누그러뜨릴 수 있도록 돕는다.

진정과 관계

우리는 제7장의 '마음챙김 훈련' 부분에서 호흡을 천천히 가라앉히는 법과 의식적으로 몸 안에서 진정 시스템에 접속하고, 이를 활성화시키는 법을 다룰 것이다. 일단은 그에 앞서 어떻게 혹은 왜 진정 시스템이 위협 시스템과 추동 시스템을 제어하는지 이해할 수 있는 몇몇 맥락을 더 살펴보기로 하자.

유아들이 스트레스 상황에 놓이거나 위협 시스템이 자극받을 때, 그들을 달래고 가라앉히는 것은 무엇일까? 보통 어머니를 포함한 다른 사람으로부터의 보살핌이 그 역할을 한다. 이는 우리가 어른이 되어서도 마찬가지인데, 스트레스에 시달리거나 화가 나 있는 경우에 우리는 타인의 친절과 이해에서 위안을 얻는다. 이 같은 사실은 부분적으로 우리의 뇌가 친절함을 대면할 때 침착하게 누그러지도록 설계되어 있다는 사실에 기반한다.

실제로 친절을 경험하면 심장 박동 수가 줄고, 혈압이 낮아지며, 몸이 느긋해진다. 이러한 상태는 우리가 위협을 느끼거나, 무엇인가 서두를 때 혹은 흥분했을 때 일어나는 신체 상태와는 정반대이다.

그렇다면 보살핌과 애정 어린 태도들이 위협 시스템을 진정시키는 작용은 어떤 과정을 거쳐 형성되었을까? 이야기는 이렇다. 수백만 년 동안 살아 있는 생명체들에게 이러한 돌봄은 존재하지 않았다. 예를 들어, 둥지에서 알을 깨고 부화한 거북들은 같이 부화한 몇백 마리의 형제자매와 함께 최대한 빠른 속도로 바다를 향해야 했다. 슬프지만 그중 많은 수는 여정을 시작한 바로 첫 날에 그들을 노리는 포식자들에게 잡혀 먹이가 된다. 아마 태어난 거북 중 98%는 성체가 되지 못했을 것이라고 추정된다.

하지만 1억 2천만 년 전쯤부터 포유류의 암컷이 그들의 새끼들을 보살피는 방식에 변화가 일어나게 되었다.[24] 이 변화의 영향으로 전보다는 적은 수의 새끼를 잉태하여 어미는 좀더 새끼들에게 시간을 투자하여 돌보고, 먹이와 온기를 제공하고, 새끼들이 느끼는 스트레스에도 민감하게 반응해 줄 수 있게 되었다. 여기서 많은 것이 일어났는데, 그중 하나는 유아기 생명체의 뇌와 신경계에 일어난 변화이다. 그들의 뇌는 앞선 예의 새끼 거북들과는 달리, 그들의 부모로부터 달아나거나 혼자 자신을 지키려고 하지 않도록 변화했을 것이다. 이 포유류의 새끼들은 대신 부모를 향하여 가까이 있으려고 할 것이다. 바꾸어 말하자면 이는 그들의 뇌 안에서 부모가 가까이에 있을 때 안전함과 친밀감을 느끼고, 부모와 멀리 떨어져 있을 때 불안을 느끼는 기제가 작동해야 함을 의미한다. 거기에 덧붙여 이 같은 변화를 위해서는 부모 또한 자신의 새끼들을 돌보고자 하는 동기를 가지도록 진화된 내부 메커니즘을 필요로 한다.[25] 인간에게 있어 '누군가를 보살피고, 돌보고, 해로운 것을 막아 주고, 먹여 주고, 잘 자라기를 바라는' 기본적인 동기는 자비의 토대이다. 우리가 앞선 장에서 살펴보았듯이, 시몬-토마스와 그의 동료들의 연구에서 자비가 부모의 보살핌과 비슷한 작동 원리를 가지고 작용한다는 것을 보여 주었다.

초기 생애에서의 애착과 진정

여기서 잠깐 진화가 이끌어 낸 보살핌의 행위와 친밀감을 주고받는 관계들이 정서 시스템의 조직과 발달에 끼치는 영향을 살펴보도록 하자. 몇 년 전, 영국의 심리학자 존 볼비John Bowlby는 부모가 자신의 아기와 접촉하고 관계를 형성하는 과정을 살펴보면서 그 행위가 유아의 성장에 어떤 영향을 미치는가를 연구하였다. 그는 진화가 포유류의 뇌 안에 유아로부터 그들을 보살펴 주는 이와 가까워지도록 만드는 시스템을 남겨 놓았다고 주장하였다. 그는 이를 애착 시스템이라고 불렀는데, 그의 주장에 따르면 우리가 생애 초반에 경험하는 애착 관계는 감정을 제어하는 방식, 자신을 바라보는 시각, 그리고 타인과 관계를 형성하는 능력에 지대한 영향을 끼친다.[26] 그가 활동하던 시절에 그의 주장은 다소 새로운 것으로 받아들였는데, 이는 당시 인간의 성장에 대해 연구하던 대다수의 학자가 보상과 처벌을 성장의 중심으로 생각해 연구를 진행했기 때문이다. 볼비는 자신의 주장을 더 발전시켜서 아이의 뇌는 하루에도 몇백 혹은 몇천 건씩의 정보를 받아들이고 연결 고리를 형성하면서 성장하는데, 초기 삶의 경험이 굉장히 중요하기 때문에 부모의 접근 가능성과 기본적인 애정이 아이의 발달에 핵심적이라고 주장하였다. 이는 오늘날 명백한 사실로 밝혀졌다.[27] 볼비에 따르면, 부모와의 잦은 접촉은 아이가 세상에서 받는 위협에 충분히 맞서 싸울 수 있는 정서적 안정감의 토대를 마련해 준다. 아이가 화가 나거나 다른 자극에 노출되었을 때, 그를 진정시키기 위해 찾는 대상 또한 그들의 부모이다. 스트레스를 받은 아이를 발견한 부모가 그들을 들어올려서 안아 주면 아이의 스트레스는 감소하기 시작한다. 다른 말로 표현하자면, 부모의 존재는 아이의 진정 시스템을 활성화시키고 위협 시스템을 가라앉히는 역할을 한다.[28] 이상적으로는 아이가 스트레스를 받을 때 아동의 안정감의 근원으로서 부모의 역할은 아동기 내내 계속된다. 하지만 부모는 종종 놀이와 기분 좋은 접촉을 통해 추동 시스템을 자극하는 역할을 하거나 아이에게 위협을 대면하는 법을 가르쳐 주어 용기를 기르도록 북돋우는 일도 해야만 한다. 이런 역할은 격려의 행위라고 불리는데, 아이에게 안전함을 느끼는 공간을 마련해 준 뒤 세상 밖을 탐험하면서 기존에 불안을 경험했던 일들과 마주하고 그것을 극복하도록 돕는다. 이와 같은 관계가 성공적으로 형성되었을 때, 아이는 자신과 다른 사람을 애정이 깊고, 지지적이고, 독립을 격려하는 존재로 경험하게 된다.

　타인으로부터의 애정, 친절, 격려는 아이가 성인이 되어 스트레스에 시달릴 때에도 그를 진정시키도록 도움을 준다. 진정이 될 때, 우리는 일상의 삶에서 안전감을 느낀다. 이러한 진정되고 안전한 느낌은 충만함과 만족과 관련된 평화로운 기분을 만드는 뇌의 시스템과 유사한 경로를 통해 활성화된다.[29] 여기서 흥미롭고도 중요한 사실은 신체를 진정시키고, 차분하고, 만족스러운 느낌과 관련된 부교감 신경계에 변화가 일어난다는 것이며, 이는 친밀감과 애착의 발달에 특별히 중요하다. 그러므로 아이를 진정시키는 부모는 유아의 부교감 신경계를 활성화시킬 수 있다. 이 연구는 스티븐 포지스 Stephen Porges라는 연구자에 의해서 발전되었다.[30] 그의 연구의 요점은 친절과 사람들과 연결되어 있다는 느낌은 교감 신경계와 부교감 신경계가 균형을 찾도록 도움을 준다는 것이다. 덧붙여 친절과 친밀감이 타인으로부터 받든, 자기 자신으로부터 나오든 간에 그럴 수 있다.

한 연구[31]에서는 사람들에게 자신이 가장 좋아하는 샌드위치를 만들도록 요청했을 때, 추동 시스템이 자극되어 교감 신경계를 각성시킨다는 것을 발견하였다. 만일 다른 사람이 자신을 친절하게 대하는 모습을 상상하도록 한다면 이는 부교감 신경계의 활성화를 불러올 것이고, 교감 신경계와 부교감 신경계 사이의 균형을 강화하는 데에도 영향을 미치는 것으로 보인다. 이런 상상은 위협 시스템과 관계있는 뇌 안의 화학 물질 중 하나인 코르티솔의 분비를 감소시키기도 한다. 여기서 우리는 단지 자비와 친절을 상상하는 것만으로도 진정과 친화 시스템이 활성화되며, 위협 시스템의 영향력 또한 낮추는 것을 발견할 수 있다. 그러므로 재차 강조하자면, 친절이 교감 신경계와 부교감 신경계 사이의 균형에 끼치는 영향과 위협의 느낌을 감소시킨다는 점은 여러 증거로 입증된 셈이다. 그럼에도 이 사실에는 하나의 반례가 존재하는데, 자신에게 비판적인 사람들은 친절을 상상할 때 예외적으로 평소보다 더욱 위협을 느끼는 것으로 보인다는 점이다. 이런 현상에 대한 이유들은 추후에 제6장에서 설명하겠다.

우리의 뇌 안에 존재하는 물질 중 하나로서 차분하고 평화로운 기분과 연결되어 있는 엔도르핀은 우리가 친절을 느낄 때 분비된다. 원숭이들이 서로를 껴안고 쓰다듬으며 털을 골라 주는 행위는 엔도르핀의 분비와 관련이 있다. 엔도르핀은 사회적 상호작용과 주위의 환경과의 관계에서 얼마만큼 안전감을 느낄 수 있는가와 밀접하게 관련된 호르몬이다.[32] 우리가 자기 자신에게 친절하게 대할 때, 타인에게서 친절을 경험할 때, 자비로운 행위에 집중할 때 엔도르핀이 분비된다.

뇌 안에는 또한 옥시토신이라는 물질도 존재하는데, 이는 사회적 안전감과 친밀감을 관장하는 물질이다. 옥시토신은 인간이 애착의 감정을 가지는 데 매우 중요하며, 이것을 제거한다면 동물들은 자신의 새끼들에게조차 애착의 감정을 품지 않을 것이다. 옥시토신은 신뢰, 사람에 대한 호감, 안전감, 그리고 지지받는 느낌 등과 연결되어 있다.[33] 길버트의 연구팀이 찾아낸 바에 의하면, 옥시토신은 다른 사람으로부터 자비로운 친절을 받는 것을 상상할 때 나타나는 느낌을 증진시킨다. 이는 곧 자비가 옥시토신 시스템과 연관되어 있을 수 있다는 뜻이다.[34] 하지만 또다시 이와 다른 경우를 발견할 수 있는데, 자기비판적 혹은 자기혐오적인 사람들은 자기 자신을 향한 친절을 덜 긍정적으로 받아들인다. 그들은 옥시토신이 나올 때 오히려 더 외로움을 느낄 수도 있다! 이는 부분적으로 옥시토신이 친밀감을 느끼는 시스템을 활성화시키기 때문에 외로움과 같은 대면하기 힘든 기억들을 가진 경우, 이런 느낌들을 다시 불러오는 결과를 만들기 때문인 것으로 생각된다. 설명하자면 이는 기억이 작동하는 방식과 연관되어 있다. 예를 들어, 대다수의 사람에게 휴가는 긍정적인 흥분을 불어넣는 삶의 요소이다. 하지만 언젠가 휴가 중 끔찍한 일을 겪었던 사람이 있다고 가정해 보자. 그 사람은 당시의 일을 극복하였을지 모르지만, 꽤 시간이 지난 후에 누군가 그에게 다시금 휴가에 대한 생각을 불러내었을 때 즐겁거나 흥분되는 느낌보다는 이전에 겪은 끔찍한 기억과 감정이 되살아날 것이다. 우리는 자기비판적인 사람들의 경우에 대해서 같은 방식으로 생각해 볼 수 있다. 그들은 친밀감의 시스템이 활성화되었을 때, 유아 시절 혹은 이전에 그들이 갈구하였지만 얻지 못한 친절이 떠올라서 오히려 외로운 감정과 마주하게 될 것이다. 충분히 예상 가능하듯이, 자비와 친절에 두려움을 느끼는 일은 우리가 자비로운 사람이 되는 데 중요한 장애물이 되기 때문에 제5장과 제6장에서도 이와 관련된 내용들을 중요하게 다룰 것이다.

지금까지 살펴본 바를 정리해 보자면 포유류, 그중 특히 인간의 뇌는 타인으로부터의 애정과 관심에 높게 반응하도록 설계되어 있다. 우리의 몸과 뇌에 진화되어 온 특별한 시스템들은 친절과 애정에 반응하고, 신체가 최적으로 기능하여 평화로움, 안전, 안녕의 느낌을 생산하도록 돕는다. 연구가 밝혀

낸 바에 의하면, 유아의 뇌 안에 존재하는 유전자들은 유아가 생애 초반에 받는 애정의 양과 종류에 따라서 성공적으로 발현하거나 실패할 수도 있다.[35] 슬픈 일이지만 학대를 경험하거나 극도로 방치된 아이들의 경우, 그들의 뇌는 극단적인 변화를 보이기도 하며, 성장 과정에서 충분한 사랑과 관심을 받은 이들과 비교해 현저히 다른 모습을 보인다.

존 볼비는 아이들이 다른 사람이 자신과 어떤 관계를 맺을 수 있을지에 대한 생각, 기대, 그리고 믿음 시스템을 발달시킨다는 점을 지적한 바 있다. 생애 초반에 사랑과 관심을 더 받은 아이일수록 다른 사람을 바라보는 관점도 비교적 온화하여 그들이 누군가를 필요로 할 때 더 쉽게 다가가는 모습을 보인다.[36] 덧붙여 사랑과 관심을 주기적으로 경험하는 일은 뇌 안의 중요한 부위들을 발달시키고, 성장하도록 자극하기도 한다. 그러므로 우리는 이런 경험의 효과가 타인에 대한 긍정적인 믿음을 발달시키는 일 뿐만이 아니라, 우리의 뇌가 개방성과 타인이 친절하고 도움을 주는 존재라는 기대를 향해 조정되도록 돕는 역할을 한다는 점을 확인할 수 있다. 물론 초기 아동기의 경험이 좋지 않은 반대의 경우, 아이들은 타인이 덜 온정적이며 쉽게 자신을 거절하거나 비판하고 상처를 줄 수 있다는 믿음, 기대, 느낌을 가지게 된다.

안정감과 안전 추구의 차이

여기서 다루고자 하는 안정감(safeness)은 자유, 개방성, 그리고 탐험의 느낌까지도 포함한다. 이런 느낌들은 우리가 적극적으로 추구하거나 만들어 내야 한다는 점에서 어느 정도는 추동과 관련된 경험이라고 볼 수 있다. 어쨌든 우리가 늘 유의해서 생각해야 할 점은 세 가지 정서 조절 시스템의 균형을 맞추는 일이다. 실로 여러 도전에도 불구하고, 과업의 수행이 가능할 정도로 충분한 안정감을 학습하는 것은 삶의 중요한 부분이다. 우리는 운전면허 시험을 치르기 위해, 그리고 여러 어려움에 대처하기 위해 충분한 안정감을 가져야 한다. 올림픽 경기에서 모든 운동선수는 가족, 친구, 트레이너에게 그들이 보내 준 지지와 사랑에 감사를 전한다. 이는 운동선수들이야말로 타인으로부터 받는 안정감, 지지와 격려가 어려움을 극복하는 데 얼마나 도움이 되는가를 극명하게 보여 준다.

안정감과 안전 추구(safety seeking)는 대비되는데, 안전 추구는 (그리고 안전 추구의 동기는) 나쁜 일이 벌어지는 것을 피하거나 도망가려고 시도하는 것이다. 우리는 도피 모드flight mode에 있을 때 무언가로부터 벗어나려고 한다. 이것이 안전 추구이며, 이런 상태에서 주의는 매우 협소해지고 신체는 불안을 경험하기 때문에 위협 시스템의 일부라고 할 수 있다. 우리는 위협을 느끼는 무엇인가로부터 벗어나야 안도감을 느낄 것이다. 그에 비해 안정감은 개방된 주의를 가지고 세상을 향한 탐구적 자세를 띠게 만드는데, 덕분에 우리의 사고 또한 좀더 통합적으로 바뀐다. 일반적으로 우리가 안정감을 느낄 때, 감정은 과도한 흥분 상태도, 위협에 집중된 상태도 아니다. 안정감을 느끼는 사람들은 좀더 이완되고 즐길 수 있다. 또한 즐거운 관계를 만들 수 있다.[37]

친밀감의 중요성

애착을 가능하게 하는 뇌의 기관들은 일상에서 느끼는 친밀감, 공감, 우정의 느낌과도 연결되어 있다.[38] 이러한 느낌들의 발달 여부에 따라 아동이 친숙한 가정을 떠나 학교에 갔을 때 학교를 즐거운 곳으로 느끼고, 또래 친구들과 지지와 유대감을 형성할 수도, 반대로 새로운 환경을 두렵고 괴롭힘을 당할지 모르는 곳으로 생각할 수도 있다. 친밀감은 내적인 안정감을 발달시키고, 새로운 관계에 열린 태도를 가짐으로써 갈등에 대응하는 능력을 키워 준다.[39]

또한 우리가 다른 이들과 관계를 형성하는 데 있어 중요한 요소는 타인과 연결되어 있다는 경험을 갖는 것이다. 예를 들어, 사랑받고, 보살핌이 충분한 환경 속에서 자란 개인들이 자기 자신에 대한 만족도가 높고, 자신을 사랑받기 충분한 존재로 여기는 것은 크게 놀라운 일이 아니다. 그에 비해서 비교적 어려운 환경에서 자라난 사람들일수록 타인의 관심과 애정에 자신을 열고 다가가기 힘들어 하는 모습을 보이며, 지나치게 자기비판적이 되거나, 자신을 혐오하는 모습을 보이기 쉽다. 자신에게 비판적인 태도나 자신을 좋아하지 않는 태도는 위협 시스템을 수시로 활성화시켜서 몸과 마음에 스트레스를 불러온다. 결과적으로, 우리 뇌 안의 안정감과 친밀감을 느끼는 시스템이 자극받지 못하거나 발달하지 못하면 자비를 느끼는 능력 또한 성장하지 못한다. 마음챙김 자비를 연습하는 일은 평화로움, 안정감, 만족감을 조성하는 뇌의 시스템을 활성화시켜서 자신에게 손해가 되는 자기비난, 분노, 자기혐오를 극복하도록 도와준다.

잠시 후에 이 책에서 다시 설명하겠지만, 이 이야기의 핵심은 우리의 뇌가 친절과 자비에 의해 여러 가지 방식으로 영향을 받는다는 것이다. 우리가 태어난 날부터 죽는 날까지 타인을 향한 친근감과 친절은 뇌와 마음의 상태에 큰 영향을 끼친다. 뇌의 특정한 시스템들은 친절을 베풀고 받도록 설계되어 있고, 설령 우리가 생물학적으로 더 가까운 이들에게 더 쉽게 애정과 친절을 느낄 수 있다는 조건을 고려하더라도 인간이 친절에 반응하도록 설계되었다는 것은 더이상 부정할 수 없는 사실로 보인다.

친밀감은 곧 공동체에 대한 감각으로도 이어진다. 불교의 가르침에서 세 가지 귀중한 안식처라고 부르는 것이 있다. 붓다에게로의 안식(자신을 포함한 모든 존재를 향한 자비), 가르침으로의 안식, 공동체로의 안식이 바로 그것이다. 공동체는 우리가 안정감과 평온함을 느끼는 데 있어 필수적이다. 어떤 업무 환경에서이든 사람들은 자신이 어딘가에 속해 있다는 느낌과 함께 주변의 사람들로부터 지지와 인정을 받을 때 가장 행복하다. 스트레스 때문에 잠시 일을 그만둔 사람들의 경우를 살펴보면 앞서 말한 만족의 조건들이 갖추어지지 않았음을 쉽게 발견할 수 있다. 그렇기 때문에 마음챙김 자비는 자신을 명상 수행 안에 고립시키는 것이 아니라, 공동체의 일원이 되는 것의 중요성을 인식하는 훈련이다. 이미 이야기하였듯이, 꾸준히 증가하는 추세에 있는 서구적 생활방식이 야기한 경쟁적이고 물질주의적인 태도는 사람들의 공동체에 대한 감각을 방해하고, 해체시키는 듯이 보인다. 이는 뇌가 작동하는 방식과 적절하게 기능할 수 있는 조건을 고려했을 때, 매우 심각한 문제이다.[40]

친밀감에는 또 다른 중요한 요소가 존재하는데, 이는 친밀감이 용기를 기르도록 한다는 점이다. 부모와 아이 간의 애착 관계가 아이로 하여금 하기 겁나는 일들을 시도해 보는 데 도움을 주는 것처럼, 친밀한 관계는 자신을 위협하는 일들을 대면하는 데 도움을 줄 수 있다. 불안 문제를 가졌거나 자신이 할 일들로부터 자주 도망치는 사람들의 다수는 불안할 때 '외로움을 느낀다'고 토로한다. 마치 그 두 느낌이 함께 존재하는 것처럼 말이다. 갑자기 불안감이 엄습해 온 사람에게 '당신의 현재 기분은 혼자인 것 같습니까, 아니면 다른 이들과 연결되어 있고, 공유되는 것을 느낍니까?'라고 묻는다면 대다수로부터 '나는 외롭고, 다른 사람들과도 떨어져 있는 것 같다'는 대답을 들을 것이다. 이렇듯 외로움은 불안감과 관계되어 있어 불안감을 대면하는 일을 더욱 어렵게 만들기도 한다. 반대로, 사람들이 혼자인 기분을 느끼지 않을 때를 상상해 보자. 예를 들어, 전쟁터에 있는 사람들은 자신을 어떤 공동체의 일원으로 느끼거나 다른 누군가가 자신을 필요로 한다고 느끼기 때문에 비범할 만큼의 용기 있고 영웅적인 행동을 해내기도 한다. 그들은 자신이 혼자라고 느끼지 않는다. 이렇듯 우리가 지지 받고 이해받고 있다는 느낌은 용기를 기르는 데 큰 도움을 준다. 또한 덧붙여 이야기하자면, 자비는 스스로 대면하기 힘들어 하는 것들과 마주하는 데 용기를 불어넣어 준다. 예를 들면, 자기 자신을 자비롭게 대함으로써 광장공포증이 있는 사람이 밖에 나가 보아야겠다는 용기를 가지기도 하고, 낯가림이 심한 사람이 파티에 참석할 만큼의 용기를 기르기도 한다. 우리가 용기를 기르는 행위는 자주 친밀감이라는 배경 아래서 이루어진다. 다른 이들과 연결되어 있다는 느낌은 우리가 자신이 가진 여러 두려움을 넘어서는 데 많은 도움을 준다.

요약하면 친밀한 관계는 여러 가지 면에서 매우 중요하다.

- 친밀한 관계는 우리가 가질 수 있는 큰 기쁨과 만족감의 원천 중 하나이 며, 동시의 두려움과 외로움의 원인이 되기도 한다.
- 친밀한 관계는 추동 시스템(관계에서 쾌락과 기쁨을 느끼는)과 진정 시스 템(관계에서 만족감을 느끼는 등) 모두와 관련된다.
- 친밀한 관계는 우리가 안정감을 느끼고, 스트레스나 위협으로부터 자신 을 진정시키는 능력을 기르는 데 기본적인 역할을 한다.
- 친밀한 관계는 우리 자신과 다른 이들을 향한 친절과 관대한 느낌을 기 르는 데 도움을 준다.
- 친밀한 관계는 자신과 타인의 마음에 대해 생각하고 이해할 수 있을 정 도의 충분한 안정감을 제공한다. 친밀한 관계는 공감할 수 있는 능력과 자신의 마음 안과 바깥 모두를 성찰할 수 있는 능력의 바탕이 된다.
- 친밀한 관계는 인생에 의미를 부여해 준다. 다른 이들과 함께 일을 하거 나 '타인을 돕는' 일은 인간이 추구하는 가장 의미 있는 활동 중 하나이다.
- 친밀감을 느끼는 뇌의 구조는 몇 백만 년의 진화를 거듭해 왔다. 이에 접 근하는 법과 그것을 적절히 자극해 이용하는 법을 연구함으로써 개인의 정서적 안녕과 사회의 조화를 이루어 낼 수 있다.
- 친밀감을 느끼는 뇌의 시스템을 활성화시킴으로써 우리는 용기를 기르 고, 어렵게 느껴졌던 일들에 도전할 수 있다.
- 뇌의 이러한 시스템을 발전시키는 것은 자비의 계발에 기초가 된다.

결론적으로 우리의 마음을 조절하는 데 있어 친밀한 관계가 매우 중요한 역할을 해 온 오랜 진화 과정의 맥락에서 자비가 이해될 필요가 있다. 만약 만족감과 친밀감의 경험을 조절하는 뇌의 기관들이 충분히 작동하지 않거나,

그런 느낌들을 두려워하고 거부한다면 우리의 존재는 심각한 불균형에 처하게 될 것이다. 그런 경우에 우리는 긴 진화가 우리에게 남긴 가장 값진 감정 조절 장치를 사실상 잃게 되는 셈이다.

연습: 세 개의 원

그렇다면 앞서 다룬 지식을 토대로 우리 자신의 삶을 점검해 보도록 하자. 잠시 멈추어서 어떻게 세 가지 감정 시스템이 우리 안에서 작동하고 있는지를 살펴보자. 이 연습은 편안하게 호기심을 갖고 시도하면 된다. 어떠한 이유로도 이 연습이 스트레스를 준다면 멈추고 휴식을 취하면 된다.

큰 종이나 노트북에 다음 세 개의 원을 그린다([그림 3-1]에서 보여 주듯이). 자, 이제 잠시 세 정서 시스템 각각에 집중하고, 어디에 자신이 가장 많은 시간과 에너지를 사용하였는지를 떠올려 보라. 만약 당신이 걱정과 반추에 많은 시간을 쓰고 있다면 큰 원으로 위협 시스템을 그린다. 그리고 안정감과 만족감을 느끼면서 보내는 시간이 매우 적은 편이라면 진정 시스템은 작은 원으로 그린다.

위협 시스템부터 시작해 보자. 현재 일상 안에서 위협 시스템을 자극하는 것들을 생각해 보라. 그것은 직장에 정시 출근하기, 교통 체증에 대한 걱정, 일의 마감과 같은 작은 일일 수도 있고, 이혼이나 건강 문제처럼 심각한 일일 수도 있다. 이런 것들을 위협 시스템의 원 안에 적는다. 그리고 얼마나 많은 시간을 이 정서 시스템 내에서 소비하고 있는지, 얼마나 자주 이 걱정과 염려가 당신의 마음에 파장을 일으키는지를 생각해 보라. 앞으로 며칠 동안 더 많은 일이 일어날 텐데, 그 일들에 대해서 적어 보아도 좋다. 이 시스템에 속한 생각과 감정은 예고 없이 당신의 마음에 찾아온다는 점을 명심하라.

이제 잠시 한숨을 돌린 뒤, 일상에서 기쁨과 즐거움을 주는 것들에 집중해 보자. 당신의 마음을 들뜨게 하고, 일어나기를 학수고대하고 있는 일들, 날마다 침대에서 벌떡 일어나게 하는 긍정적인 일들 말이다. 앞으로 성취하기를 바라는 일이나 어딘가로 휴가를 떠나는 생각일 수도 있다. 맛있는 식사를 생각하면서 집으로 돌아오는 일, 영화를 보거나 멋지게 업무를 마무리하는 일도 좋다. 당신에게 힘을 불어 넣는 일에 집중하는 것이 핵심이다. 당신은 얼마나 자신을 들뜨게 하고, 삶에 방향과 목적을 부여하는 일들을 생각하면서 지내고 있는가? 이런 종류의 일들을 우리는 에너자이저라고 부른다. 하지만 주의할 점은 에너자이저 중 일부는 사실 위협에 초점이 맞추어졌을 수도 있다는 점이다. 예를 들면, 무언가 성취하고자 하는 욕구가 그 자체에 대한 즐거움보다는 그렇게 하지 못하면 사람들로부터 받아들이지 못할 것이라는 걱정에서 비롯되는 경우가 그렇다. 이런 경우에는 추동 시스템의 원보다는 위협 시스템의 원이 더 적절할 것이다. 이제 종이에 얼마나 많은 시간을 추동 시스템 안에서 보내는지 적어 보기 바란다.

잠시 휴식을 취한 뒤, 이번에는 일상 속에서 속도를 늦추거나, 편히 쉬고, 만족과 안녕감을 느끼는 것들에 집중해 보자. 지금 이대로의 삶에 만족하고 있기 때문에 성취하고 싶은 것도, 가고 싶은 곳도 없는 상태를 떠올려 보라. 당신의 삶에서 어떤 일과 활동, 관계가 안전하고, 연결되어 있고, 만족스러운 느낌을 키우는가? 얼마나 많은 시간을 진정과 친화 시스템 안에서 보내고 있는가?

이 작업을 마친 뒤, 잠시 물러서서 당신이 가장 많은 시간을 보내고 있는 정서 시스템에 대해 생각해 보라. 어떤 시스템을 앞으로 더 발전시키고 싶은가? 많은 경우에 사람들은 자신이 원하는 것보다 많은 시간을 위협 시스템이나 추동 시스템 안에서 스트레스를 받고 걱정하면서 분주하게 보내고 있을 것이다. 어떤 사람들은 자신이 너무 많은 시간을 진정 시스템에서 보낸다면 오히려 불안해질 것이라고 말하기도 한다! 이는 마치 추동 시스템이 발동해서 아무것도 하지 않거나 무언가를 성취하려고 하지 않는 사람들에게 죄책감을 느끼게 하는 것처럼 보인다.

이 연습을 하는 다른 방법으로는 일상의 특정한 부분에 집중해 보는 것이다. 일터 혹은 집 안에서 시간을 보낼 때, 다른 장소에 있음으로써 어떻게 세 가지 시스템이 자신의 삶에 다르게 작용하는지를 관찰해 보자.

물론 어떤 한 시스템이 다른 시스템보다 본질적으로 좋거나 나쁘지는 않다. 그보다는 세 시스템이 균형을 이루고 함께 작동하는 법을 찾는 것이 중요하다. 예를 들어, 몸이 허약해진 느낌을 받고 있던 데이비드는 의사를 찾아가 자신의 혈압 수치가 굉장히 높아졌다는 것을 발견하였다. 이는 심각한 위협이다. 그는 일상에서 스트레스를 줄이고 좀 더 천천히 쉬어 가면서 살아가야 할 필요를 인식하였다. 이를 위해 더 많은 시간을 정원을 가꾸는 데 할애하고, 순간순간을 현재에 머무는 법을 배우게 되었다.

카렌은 우울증에 걸렸을 때, 자신이 많은 시간을 위협 시스템 안에서 반추하고, 걱정하고, 자신을 비난하면서 보내 왔음을 깨달았다. 카렌은 이전에는 친구들과 외출하는 등의 일들을 즐기곤 했지만, 이제는 그런 활동들이 불안감을 증폭시킬 뿐이라고 느껴 최대한 피하고 있었다. 여기에 더하여 카렌은 삶의 속도를 늦추거나 무언가 즐길 수 있는 일을 하는 데 거의 시간을 할애하지 않았다. 자기 자신과 다른 이들을 향한 친절한 느낌을 키우는 일도 소홀히 했고, 오히려 늘 자기비판적인 태도를 유지하였다. 카렌은 균형감을 잃고 있었다. 카렌은 자신의 생각과 행동이 위협 시스템을 유지시켜 왔으며, 자신에게 즐거움을 주는 작은 일들을 하는 것이 다른 정서 시스템을 활성화시킬 수 있다는 것을 이해함으로써 삶을 변화시킬 수 있었다. 조금씩 자신의 에너지를 다른 시스템의 활동에 사용하고, 스트레스의 원인을 찾아감으로써 카렌은 회복하게 되었다.

이 이야기들은 우리가 살아가는 문화 속에서 마음의 균형을 유지하기가 결코 쉽지 않음을 보여 준다. 하지만 마음챙김 자비의 기술을 적용하는 법을 익힘으로써(이 책의 제2부) 우리는 점진적으로 균형을 회복할 수 있다.

우리 모두는 사랑을, 사랑하기를 원한다

불교의 경전들은 우리 모두가 행복을 원하고, 고통을 멀리하고자 한다는 점에서 같은 존재임을 설파한다(제11장 참조). 하지만 연구 결과에 따르면, 단지 행복을 쫓는 것 이상으로 우리는 깊게 사랑받고, 사랑하고자 하는 의지를 가지고 있다. 이는 사람들이 사랑받는다고 느낄 때, 그리고 다른 이들에게 사랑을 느낄 때 뇌에 어떤 일이 일어나는지를 관찰한 결과이다. 이 연구 결과는 우리의 뇌 안에는 타인의 사랑과 친절에 반응하고 사랑을 베푸는 것에 관여하는 기관이 존재한다는 것을 밝혔다. 덧붙여 정신 건강, 면역 체계, 전두엽의 성숙, 자비와 창의적 능력, 낮은 스트레스 등을 포함한 우리 존재의 많은 면이 사랑받고 사랑하는 조건 하에서 최상으로 기능한다는 점도 관찰할 수 있다(사랑받지 못하고 불안이나 분노의 느낌 상태와 비교하여).[41] 이런 조건 아래서 우리는 안정감을 느끼고 더 개방적인 태도를 가지기 쉽다. 정신 건강 문제를 가지고 있거나 공격성과 파괴적인 모습을 보이는 사람들의 경우에도 그들이 가치 있는 존재로 받아들이고, 존중과 사랑을 받는다는 느낌을 갖게 되면 마음이 진정된다(물론 이렇게 하기 위해서 그들은 친밀한 느낌에 대한 두려움을 극복할 수 있어야 한다).

지난 역사의 흐름을 살펴보면 인간이 얼마나 파괴적이고, 잔인하고, 이기적이고, 물질주의적이고, 탐욕스러울 수 있는지를 잘 알 수 있다. 그럼에도 불구하고 진화의 과정이 마음을 최적으로 작동하도록 만들어 왔다는 점을 염두에 둔다면, 인류의 미래에 희망의 빛을 주는 것은 우리의 친밀감의 능력이다. 이는 더 공평하고 나은 세상을 만들어 갈 수 있다는 희망을 준다. 우리에게 흥분과 기쁨뿐 아니라 우리를 진정시키고 안정감을 제공하는 친밀한 관계를 고무하고 촉진하는 방법을 더 잘 배우는 것은 미래를 향한 중요한 도전이 될 것이다.

핵심포인트

- 감정은 마음에 색과 무늬를 입혀 준다. 만약 아무런 감정도 느끼지 못한다면 우리의 인생 또한 회색빛일 것이다. 동시에 감정은 마음을 쉽게 지배하기 때문에 삶에 있어 큰 어려움이 되기도 한다.
- 우리는 위협에 대응하거나, 세상으로 나가 무언가를 성취하고, 자신의 삶에 만족하고 관계를 가꾸는 등 여러 가지의 목적을 위해 진화한 다양한 종류의 감정을 가지고 있다.
- 감정이 발달하고 자기감과 연결되는 방식은 유전자, 그리고 초기 삶의 경험에 매우 많은 영향을 받는다.
- 태어나는 날부터 죽는 날까지 타인과의 관계는 정서적 안녕에 기본적인 역할을 수행한다. 이는 타인과의 관계가 우리 자신을 진정시키고 친밀감을 느낄 수 있도록 도와주기 때문이다.
- 만약 진정 시스템을 활성화하는 것이 불가능하다면, 감정의 균형을 맞추는 일은 매우 어려워 질 것이다. 실제로 정신 건강에 문제를 가지고 있는 사람들의 경우, 그 균형을 잃어버려 일상에서 감정이 과도하게 표출될 수 있다.
- 진정/친화 시스템이 가진 중요한 역할은 위협에 기초한 감정들을 조절하여 균형을 맞추는 일이다. 자신과 타인에게 친절하고 사랑하는 것은 이 시스템을 활성화하여 어려운 감정들을 조절할 수 있게 한다.
- 마음챙김 자비 연습은 마음의 균형을 이루는 법과 진정 시스템에 접근하는 방법을 가르친다.

미주

1 Haidt, J. (2001) The emotional dog and its rational tail: A social intuitionist approach to moral judgment. *Psychological Review*, 108, 814–834. This is a very helpful review of the complexity of our emotions.

2 Leahy, R.L., Tirch, D. and Napolitano, L.A. (2011) *Emotion Regulation in Psychotherapy: A Practitioner's Guide*. New York: Guilford. offers a very good

overview of how some psychotherapists think about emotions and ways in which people can learn how to develop their understanding and abilities to cope with their emotions. For more technical interest see Kring, A.M. and Sloan, D.M. (2010) *Emotion Regulation and Psychopathology: A Transdiagnostic Approach to Aetiology and Treatment*. New York: Guilford.

3   Two books that explain why our emotions are tricky for us and how mindfulness can be helpful are Siegel, R.D. (2010) *The Mindfulness Solution: Everyday Practices for Everyday Problems*. New York: Guilford; and Siegel, D. (2010) *Mindsight: Transform your Brain with the New Science of Kindness*. New York: Oneworld.

4   A very important paper underpinning some of these ideas to follow is Depue, R.A. and Morrone-Strupinsky, J.V. (2005) A neurobehavioral model of affiliative bonding. *Behavioral and Brain Sciences*, 28, 313-395. Another key researcher in the fi eld is Panksepp, J. (1998) *Affective Neuroscience*. New York: Oxford University Press. If you want to follow his work and fi nd out how he sees emotional systems in slightly different ways you can download one of his papers: Panksepp. J. (2010) Affective Neuroscience of the Emotional BrainMind: Evolutionary perspectives and implications for understanding depression. *Dialogues in Clinical Neuroscience, 12, 383-399 (www.dialogues-cns.org)*.

5   Ibid.

6   LeDoux, J. (1998) *The Emotional Brain. London: Weidenfeld & Nicolson. offers a very readable account of how the brain processes information, especially threatening information.*

7   For more on the compassionate mind approach to anxiety with many exercises see D. Tirch, (2012) *The Compassionate Mind Approach to Overcoming Anxiety: Using Compassion-Focused Therapy. London: Constable & Robinson. Also see Lynne Henderson (2011) Improving Social Confi dence and Reducing Shyess Using Compassion-Focussed Therapy. London: Constable & Robinson.*

8   For more on the compassionate mind approach to anger with many exercises

see Kolts, R. (2012) *The Compassionate Mind Approach to Managing Your Anger: Using Compassion Focused Therapy*. London: Constable & Robinson.

9 Haidt, The emotional dog and its rational tail.

10 Gilbert, P., Clarke, M., Kempel, S., Miles, J.N.V. and Irons, C. (2004) Criticizing and reassuring oneself: An exploration of forms, style and reasons in female students. *British Journal of Clinical Psychology, 43, 31-50. Disgust and psychopathology was also the subject of a special edition of the (2010) International Journal of Cognitive Therapy, 3.*

11 Gilbert, P. (2009) *The Compassionate Mind.* London: Constable & Robinson.

12 LeDoux, *The Emotional Brain (see note 6).*

13 Tobena, A., Marks, I. and Dar, R. (1999) Advantages of bias and prejudice: An exploration of their neurocognitive templates. *Neuroscience and Behavioral Reviews, 23, 1047-1058. Gilbert, P. (1998) The evolved basis and adaptive functions of cognitive distortions. British Journal of Medical Psychology, 71, 447-464.*

14 See note 4.

15 Pani, L. (2000) Is there an evolutionary mismatch between the normal physiology of the human dopaminergic system and current environmental conditions in industrialized countries? *Molecular Psychiatry*, 5, 467-475.

16 Twenge, J.M., Gentile, B., DeWall, C.N., Ma, D., Lacefi eld, K., Schurtz, D.R. (2010) Birth cohort increases in psychopathology among young Americans, 1938-2007: A cross-temporal meta-analysis of the MMPI. *Clinical Psychology Review*, 30, 145-154. Part of this may be because we are becoming more self-centred and less community-orientated.

17 Gilbert, P., Broomhead, C., Irons, C., McEwan, K., Bellew, R., Mills, A. and Gale, C. (2007) Striving to avoid inferiority: Scale development and its relationship to depression, anxiety and stress. *British Journal of Social Psychology*, 46, 633-648; Gilbert, P., McEwan, K., Irons, C., Broomhead, C., Bellew, R., Mills, A. and Gale, C. (2009) The dark side of competition: How

competitive behaviour and striving to avoid inferiority are linked to depression, anxiety, stress and selfharm. *Psychology and Psychotherapy*, 82, 123–136.

18　Leahy et al. *Emotion Regulation in Psychotherapy*; Gilbert et al. (2007); Gilbert et al. (2009).

19　Gilbert et al. Striving to avoid inferiority; The dark side of competition (see note 17).

20　Depue, R.A. and Morrone-Strupinsky, J.V. (2005) A neurobehavioral model of affiliative bonding. *Behavioral and Brain Sciences*, 28, 313–395. This paper articulates and reviews important concepts of contentment and the ability to be 'at peace'.

21　Ibid.

22　Gilbert et al., Striving to avoid inferiority: The dark side of competition (see note 17).

23　Pani, Is there an evolutionary mismatch? (see note 15).

24　The evolution of caring behaviour and the way in which parents came to look after and care for their children is now well-established psychology: see Geary, D.C. (2000) Evolution and proximate expression of human parental investment. *Psychological Bulletin, 126,* 55–77. We also know something about the evolution of specific physiological systems and the brain for caring: see Bell, D.C. (2001) Evolution of care-giving behavior. *Personality and Social Psychology Review, 5,* 216–229; Depue and Morrone-Strupinsky, A neurobehavioral model of affiliative bonding. We also know that there have been some very fundamental adaptations in the autonomic nervous system, which allows animals to get close together for affiliative purposes without overactivating their fight or flight system: see Porges, S. (2003) The Polyvagal theory: phylogenetic contributions to social behaviour. *Physiology & Behavior, 79,* 503–513; Porges, S.W. (2007) The polyvagal perspective. *Biological Psychology, 74,* 116–143.

25　Ibid.

26 John Bowlby's three classic books on attachment sparked a revolution in child development research and are still a good read today: (1969) *Attachment: Attachment and Loss, Vol. 1.* London: Hogarth Press; (1973) *Separation, Anxiety and Anger: Attachment and Loss, Vol. 2.* London: Hogarth Press; (1980) *Loss: Sadness and Depression: Attachment and Loss, Vol. 3.* London: Hogarth Press. Today, research on attachment relationships has advanced enormously and you can get a good overview of the research and developing field from Mikulincer, M. and Shaver, P.R. (2007) *Attachment in Adulthood: Structure, Dynamics, and Change.* New York: Guilford.

27 Cozolino, L. (2007) *The Neuroscience of Human Relationships: Attachment and the Developing Social Brain.* New York: Norton.

28 Ibid.

29 Depue and Morrone–Strupinsky, A neurobehavioral model of affiliative bonding (see note 20).

30 Porges, The Polyvagal theory (see note 24).

31 Rockliff, H., Gilbert, P., McEwan, K., Lightman, S. and Glover, D. (2008) A pilot exploration of heart rate variability and salivary cortisol responses to compassion–focused imagery. *Journal of Clinical Neuropsychiatry, 5, 132–139.*

32 Dunbar, R.I.M. (2010) The social role of touch in humans and primates: Behavioral function and neurobiological mechanisms. *Neuroscience and Biobehavioral Reviews, 34, 260–268.* DOI: 10.1016/j.neubiorev.2008.07.001.

33 MacDonald, K. and MacDonald, T.M. (2010) The Peptide that binds: A systematic review of Oxytocin and its prosocial effects in humans. *Harvard Review of Psychiatry, 18, 1–21.* A rather older outline but still very readable is Carter, C.S. (1998) Neuroendocrine perspectives on social attachment and love. *Psychoneuroendocrinology, 23, 779–818.*

34 Rockliff, H., Karl, A., McEwan, K., Gilbert, J., Matos, M. and Gilbert, P. (2011) Effects of intranasal oxytocin on compassion–focused imagery. *Emotion, 1, 1388–1399.* DOI: 10.1037/a0023861.

35 Belsky, J. and Pluess, M. (2009) Beyond diathesis stress: Differential susceptibility to environmental influences. *Psychological Bulletin, 135*, 885-908. DOI: 10.1037/a0017376.

36 Cozolino, *The Neuroscience of Human Relationships* (see note 27).

37 Panksepp, J. (1998) *Affective Neuroscience.* Oxford: Oxford University Press. sees the play systems as a separate and important mammalian system in the brain. We believe that play is indeed extremely important for the process of affiliation with low threat and open attention. Whether or not we should focus on it as a special system or a particular combination of drive and soothing systems, however, is open to research and debate. There seem to be key brain areas for play, playfulness and pretend.

38 Dunbar, The social role of touch in humans and primates (see note 32).

39 Ibid.

40 Pani, Is there an evolutionary mismatch?; Twenge et al., Birth cohort increases (see notes 15 and 16).

41 Cozolino, L. (2008) *The Healthy Aging Brain: Sustaining Attachment, Attaining Wisdom.* New York: Norton. This is also brilliantly articulated by one of the pioneers and leaders in social neuroscience in Cacioppo, J.T. and Patrick, W. (2008) *Loneliness: Human Nature and the Need for Social Connection.* New York: Norton. So there is indeed now considerable evidence that social relationships and a sense of community are key to many health indices; see, for example, Holt-Lunstad, J., Smith, T.B. and Layton, J.B. (2010) Social relationships and mortality risk: A meta-analytic review. *Public Library of Science Medicine*, July, 7, 7, e1000316.

제**4**장
자비의 등장

도입

제2장에서 전달한 내용 가운데 하나는 동기가 마음을 구조화하는 데 도움을 준다는 것이다. 만약 우리가 의도적으로 자비와 같은 동기를 삶의 지침으로 선택한다면 우리는 그 지침에 따라 주의를 기울일 대상, 사고, 그리고 행동을 결정할 것이다. 그래서 우리가 자비를 사회적 정신화라고 말하고 있다. 왜냐하면 자비도 다른 종류의 동기와 마찬가지로 주의, 느낌, 자신 및 타인에 대한 사고와 같은 다양한 심리적 능력이나 역량을 조직화해서 특별한 사회적 결과와 관계를 만들어 낼 수 있기 때문이다.

그래서 기본 동기, 삶의 목표 그리고 어떤 사람이 되고 싶은지 등은 우리가 의미 있는 삶을 사는 데 크나큰 영향을 미친다. 누군가를 보살피고, 도움을 주고, 격려하고, 지지하는 것처럼 자비라는 동기를 삶의 중심에 의식적으로 놓을 때, 우리가 자신 및 타인, 세상과 관계 맺는 방식이 크게 달라질 것이다. 우리는 수천 년 동안 이런 통찰을 해 왔는데, 세상의 모든 종교도 똑같은 말을 하고 있다. 대승불교 전통에서는 자비를 자신에게만 관심을 갖는 삶을 타인에게 봉사하는 삶으로 전환시키는 매우 중요한 요소로 간주한다. 그것은 모든 존재가 고통과 그 고통의 원인에서 벗어나기를 소망하고, 또 그것을 위해서라면 무슨 일이든 하겠다고 서원하는 대승불교의 고전적인 염원과 신실한 마음에서 드러난다.[1] 그 염원과 서원은 보리심과 관련이 있다.[2]

불교학자 게쉬 타시 떼링Geshe Tashi Tsering은 보리심을 이렇게 말했다.

> 보리심은 모든 불교 수련의 정수이다. 보리심이라는 말은 그 자체로 많은 뜻을 드러낸다. 보디bodhi는 '깨우다awake' 혹은 '깨침awakening'이라는 뜻의 산스크리트어이고, 시타chitta는 '마음mind'을 뜻한다. 깨달음enlightenment이 완전히 깨어 있는 마음의 상태라고 하면, 보리심은 다른 모든 존재를 이롭게 하려고 완전히 깨어나기 시작하는 마음이다. 보리심에는 두 가지 측면이 있다. 타인을 이롭게 하고자 하는 염원과 그것을 잘하기 위해 완전한 깨달음을 얻고자 하는 소망이 있다.[3]

타인을 이롭게 하기 위해서 먼저 '자신이 깨달아야' 한다는 인식은 매우 중요하다. 예를 들어, 어떤 사람이 물살이 빠른 강에 빠졌다면 그를 구하고자 강에 뛰어들어야 한다는 마음이 일 것이다. 하지만 당신이 수영을 하지 못한다면 그 사람과 당신은 둘 다 죽을 것이다. 당연히 다른 이를 도우려면 의사와 간호사처럼 먼저 자신을 훈련해야 한다. 누군가를 돕고 싶어 하는 마음만으로는 부족하다. 마음을 다스리는 자신만의 방편을 계발하고 싶은 동기는 다양한 불교 수련법을 관통해 흐르면서 그것들을 생생히 살아 있게 하는 생명선이다. 결국 그것을 통해서 자신과 타인을 도울 것이기 때문이다. 전통적인 불교 경전에서는 보리심 없이 하는 명상 수련은 제대로 이루어질 수 없고,

마치 바람 부는 곳에서 모래성을 쌓는 것이나 같다고 말하고 있다.

그래서 불교 전통에서는 살아 있는 존재에게 봉사하는 최고의 방법은 깨닫는 것이라고 말한다. 그것은 지혜와 자비에 관한 내적 역량을 최대로 끌어올리는 것을 의미한다. 지혜로운 자기인식으로부터 오는 명료함과 자비의 따뜻함과 넓은 마음이 있다면 우리를 제한하는 장벽들은 자연스레 녹아 없어질 것이다. 오로지 자신에게만 집중하고, 더 많이 성취하고, 더 많이 소유하고, 소유물에 집착해 더 매달리는 장벽들이 사라질 것이다. 자비심이 깊어져서 더 많은 것을 깨달을 때, 우리는 다른 사람들도 고통에서 벗어나 행복해질 수 있도록 도울 수 있는 명료함과 능력을 더 많이 얻게 될 것이다.

보리심의 핵심 기능은 마음을 특별한 방식으로 조직하는 것이다. 보리심이라는 축을 중심으로 다른 모든 명상법과 가르침은 자리를 잡는다. 그래서 대승불교 수행자들은 명상 수련을 하려고 자리에 앉을 때마다 자비심을 불러일으키겠다는 특별한 염원과 서원을 한다. 그렇게 하면 마음은 특별한 방식으로 향하여 이기적인 좁은 목적보다 더 큰 자비라는 그 훈련의 주된 목적을 향하게 되므로 수련자들은 더 큰 힘과 에너지를 가지고 수련할 수 있게 된다.

이런 점에서 보리심이 동기 및 감정과 관련된 뇌의 깊은 곳에서 작동되고 있기 때문에 우리는 마음챙김 하나만으로 그 깊은 변용의 과정을 깨울 수 없다는 것을 알 수 있다(94쪽 참조). 마음챙김에 자애loving-kindness가 동반되더라도 그렇다. 또한 우리는 자비가 얼마나 강력한 것인지, 그것의 파급 효과가 얼마나 큰지 알 수 있다. 이제부터 이 부분에 대해 좀 더 자세히 알아보자.

자비란 무엇인가

화석들을 살펴보면 약 백만 년 전부터 우리 조상들은 어린이들뿐만 아니라 늙고 병든 사람들까지 보살피며 사는 종(種)으로 진화하였다. 그것은 조상들이 보살핌이라는 동기를 사려 깊게 활용했다는 의미이고, 바로 이것이 능숙한 자비의 핵심이다.[4] 그런데 '자비'는 '고통을 함께 나누는 것'이라는 뜻의 라틴어compati에서 유래하였다. 앞으로 알게 되겠지만 그 정의는 그렇게 유용한 정의가 아니다. 오늘날에는 자비의 핵심을 고통이나 '고통을 함께하는 것'이 아니라 고통을 제거하고 싶은 동기와 그렇게 할 수 있는 기술을 습득하고자 하는 동기라고 생각하기 때문이다. 우리가 자비의 핵심 특성들을 살펴보려고 할 때 과학적 측면에서는 매우 모호하고 명확하지 않다.

자비의 뜻을 명확히 정의하려는 노력의 일환으로 미국의 심리학자 제니퍼 고츠Jennifer Goetz[5]와 그녀의 동료들은 '자비'의 의미와 그것의 진화론적 기원과 기능을 심도 깊게 검토하였다.[6] 보통 자비는 동감sympathy, 공감empathy, 친절kindness과 관련이 있다. 또한 몇몇 영어 사전에서는 (상당히 부적절하게) 동정pity과 결부 짓기도 한다(일부는 다른 단어로도). 그러나 자비는 동정과는 아무런 관련이 없다. 동정은 다른 사람에게 미안함을 느끼면서 그 사람을 아래로 내려다보는 느낌을 갖고 있기 때문이다. 그래서 자비는 참 다루기 까다로운 개념이다.

대승불교 전통에서 슬픔은 자비를 일깨울 수 있다. 일부 경전에 따르면, 붓다는 황금 궁전을 처음 나와 세상의 고통을 직접 봤을 때 슬픔에 사로잡혀서 그것에 대해 무언가 하기로 서원하였다. 그리고 경전에는 다양한 자비의 보살들이 세상으로 돌아와 고통의 울부짖음을 듣고 본 뒤 그것에 가슴이 크게 움직여 무언가를 하기 위해 다시 고통의 세상에 태어났다는 이야기가 많다. 사실 우리가 내면에 지니고 있는 슬픔과 연결되는 일은 상당히 쉬운 일이다. 예를 들어, 내면의 슬픔에 접촉하기 위해 다음의 실습을 해 보라. 당연히 슬픔에 휩쓸리기까지 얼마 안 걸릴 것이다. 당신 자신의 내면의 보살을 일깨울 어떤 것에 의해 마음이 움직이기 시작할 때까지만 해야 한다.

실습

고요히 앉아 텔레비전에서 봤던 이미지들을 몇 개 떠올려 본다. 수많은 어린이가 음식과 물 부족으로 죽어 가고 있고, 그들의 어머니는 절망에 빠져 있다. 많은 사람이 폭력과 잔혹함으로 고통 속에서 죽어 가고 있고, 또 병 때문에도 죽어 가고 있다.

이러한 이미지는 금방 떠올릴 수 있다. 그리고 우리가 사는 세상은 석양, 푸른 하늘에 눈 덮인 산과 봄날의 숲, 피어나는 꽃들의 아름다움도 있지만, 다른 한편으로는 엄청난 고통의 세계임을 금방 떠올릴 수 있을 것이다. 아름다움에 취해 고통을 망각해서는 안 된다. 그렇다고 고통의 이미지만을 붙잡고 있으면 우리는 에너지가 고갈되어 우울해질 것이다.

자, 다시 고요히 앉아 세계 도처에서 일어나고 있는 자선 활동에 마음을 집중해 보라. 맑은 물을 얻으려고 우물을 파고, 학교와 병원을 짓고, 어려운 상황을 극복할 수 있는 적절한 해결책을 마련하는 사람들을 그려 보라. 그리고 이 모든 것이 실현되었을 때 느껴지는 기쁨을 상상해 보라. 사람들이 고통을 없애기 위해 함께 행동하는 모습과 그렇게 하는 과정에서 흘러나오는 즐거움을 상상해 보라. 지금 마음이 어떤가?

마티유 리카르가 언급하였듯이, 개인적 만족이라는 황금색 거품 속으로 숨어 버리지 않고 고통에 마음을 개방하는 것은 중요하다. 아울러 자신과 타인의 행복을 바라고 또 고통과 그 고통의 원인이 사라지기를 바라는 진실한 소망과 관련된 긍정적인 느낌을 만들어 내는 것이 중요하다. 자비는 중요한 동기와 행동을 활성화시킨다. 자비는 고통이라는 진창에 빠져서 허우적거리는 것이 아니다.

자비는 내면의 슬픔에 압도되거나 그 슬픔 속에서 나뒹구는 것이 아니다. 자비는 동정이나 감상주의에서 나오는 슬픔이 아니라 인간의 조건을 정확히 꿰뚫어 보는 통찰, 즉 사물을 있는 그대로 보는 통찰에서 비롯된 슬픔이다.

우리는 주변에서 일어나는 일 외에도 똑같은 실수를 반복하면서 의도치 않게 고통을 만들어 내는 자신을 보기도 한다. 또 우리를 위해 뇌가 만들어 낸 고통과 상실의 드라마를 상영하면서 예외 없이 일상에 매몰된 자신을 보기도 한다. 슬픔과 동감(자비의 속성 중 하나로 나중에 설명할 예정이다)은 매우 밀접한 관계에 있다. 우리는 가슴을 열고 주의를 기울임으로써 통증과 상실과 고통에 감정적으로 주파수를 맞춘다(그것들과 동감 어린 관계를 맺을 수도 있다). 자비의 그런 측면은 우리로 하여금 가슴을 열고 삶의 고통을 맞이하도록 요구하고, 그때 슬픔이 생기곤 한다. 요점은 그 고통을 개인적인 것으로만 간직한다면 우리는 '불쌍한 나' 증후군에 빠질 것이다. 그런데 더 나쁘거나 비슷한 상황에 처한 다른 사람들의 모습이 어떠한지 알게 되면 우리는 그들과 연결될 수 있다. 그리고 그것은 자비가 생길 수 있는 강력한 토대가 된다. 크리스틴 네프Kristin Neff는 그것을 '보편적 인간성common humanity'이라고 불렀다.

한편, 우리는 사람들이 심리치료를 받으면서 슬픔을 피하려고 화를 내는 모습을 볼 때도 있다. 어떤 사람들은 화내는 것이 슬픔을 느끼는 것보다 더 쉽다고 생각한다. 그러나 중요한 것은 슬픔을 인지하고, 그것을 다루고 처리함으로써 변화를 일으키는 것이다. 이상하게 보일지 모르지만, 슬픔은 변화와 영감을 불러일으키는 것이기도 하다. 고난의 진흙탕 속에서 자비의 연꽃이 필 때 물을 뿌려 생명을 불어넣는 것은 우리의 눈물이라고들 한다.

치유: 자비의 정의

모두가 동의하는 자비에 대한 보편적인 정의가 없어서 우리는 자비에 대한 정의를 몇 개 살펴보고자 한다.

위키피디아에서는 자비를 이렇게 정의한다. '자비는 (타인의 고통에 대한) 공감과 동감이라는 정서적 역량으로서 사랑의 일부이며, 더 큰 사회적 상호 연결성과 휴머니즘의 초석으로 간주되는 덕목이다. 자비는 철학과 사회와 인간성의 가장 높은 원칙의 토대이다.' 이 정의는 기독교와 서구의 선virtue의 개념에 더 기초하고 있다(156-159쪽 참조).

전통적인 불교에서 자비에 대한 가장 간단한 정의는 '고통을 완화하고 예방하겠다는 간절한 동기와 서원을 통해 자신과 타인의 고통을 알아차리는 민감성'이다.[7]

자비 분야의 주요한 연구자인 크리스티나 펠드만Christina Feldman과 빌렘 쿠이켄Willem Kuyken은 자비에 대한 불교의 개념과 최근의 진화론적 사고까지 모두 고려해서 다음과 같이 말했다.

> 자비란 모든 고통을 '치유'하거나 '해결'할 수는 없지만 자비의 조망 속에서는 고통에 더 쉽게 접근할 수 있다는 것을 인식하는 것이다.

> 자비는 고통과 비애와 비통에 대한 다면적인 반응이다. 자비 속에는 친절, 공감, 관대함, 수용이 포함된다. 용기와 인내와 평정이라는 실들이 골고루 사용되어 짜인 옷감이 바로 자비이다. 무엇보다 자비는 현실의 고통에 가슴을 열고 그것을 치유하고자 열망하는 힘이다.[8]

이렇게 말한 후, 그들은 다음을 추가하였다.

> 자비는 인간으로 살아가면서 느끼는 고통의 보편성을 인식하는 마음의 지향성이며, 그 고통을 친절과 공감과 평정과 인내로 만날 수 있는 역량이다. 자기자비는 우리 자신의 경험을 지향하지만 자비는 그 지향성을 타인의 경험으로 확대시킨다.[9]

치료적 환경에서 자비를 기르는 일의 중요성과 자비가 부드럽거나 나약하거나 '상냥한' 것 이상임을 전달하기 위해 우리는 자비의 의미를 이렇게 제안한다. 자비는 '우리 자신과 타인의 안녕과 발전을 증진시키고자 할 때 필요한 용기와 행동을 고취시킬 수 있는 격려와 지지와 친절함을 계발하는 방법'이다.

중요한 것은 자비의 정의들에는 고통에 대한 인식이 있을 뿐만 아니라 고통의 완화와 예방, 그리고 번영과 안녕의 개념이 중심을 차지하고 있다는 점이다.

또한 마티유 리카르가 여러 차례 이야기하였듯이, 이타적인 사랑의 한 형태로 보일 수 있는 자비는 동감, 공감 및 동기를 포함한 하위 속성, 능력 및 기술로 구성되어 있다.[10] 실제로 리카르는 자비란 본질적으로 사람들이 고통과 고통의 원인에서 벗어나 잘 성장하고 행복해 하기를 진심으로 바라는 마음이라고 말했다. 이런 동기는 우리가 주변의 모든 고통을 명백히 바라볼 때 생긴다. 이 책의 저자인 길버트가 최근에 참여한 어떤 명상 수련에서 불교학자 게쉬 타시 떼링은 우리가 고통의 끔찍함에만 안주하는 것이 아니라 그 고통에서 벗어난 사람들을 실제로 봤을 때 느낄 수 있는 기쁨에도 집중해야 한다고 말했다.[11] 마티유 리카르도 똑같은 지점에 대해 지적하고 있는 것이다. 즉, 고통에 접촉하는 것은 자비의 핵심 요소인 공감에 더 가깝다. 하지만 자비는 고통과 그것의 원인에서 해방되는 것에 중점을 둔 훨씬 더 복잡하고 넓은 범위의 과정이다. 이런 측면에서 다정하고 우정 어린 친절함은 고통에는 덜 집중하고, 고통이 끝나기를 바라는 소망과 고통이 끝났을 때 경험하는 기쁨에 더 초점을 맞추는 감정적인 태도로서 자비의 함양과 활용을 위해 필요하다. 다정하고 우정 어린 친절함은 고통을 누그러뜨리는 감정적인 면이다.

자비, 친절, 사랑

자비와 친절은 자주 겹치는 개념이다. 기독교는 물론 서양철학의 일부 학파들에서는 친절, 자선, 관대함 및 자비를 인간이 길러 내야 할 핵심 자질로 분류하였다. 이것을 아는 것은 매우 중요하다. 아담 필립스Adam Phillips와 바바라 테일러Barbara Taylor는 신작 저서인 『친절함에 관하여On kindness』에서 친절함이 다양한 정서를 포함하고 있다고 말했다.

> 친절함은 동감, 관대함, 이타심, 자애, 인류애, 자비, 동정, 공감을 포함하고, 과거에는 박애주의(인류의 사랑)와 자선(이웃애나 형제애)처럼 다른 용어로 알려지기도 했다. 이 용어들은 뜻이 다양하지만 모두 기본적으로 빅토리아 시대의 사람들이 '열린 마음open heartedness'이라 불렀던 것, 자신과 타인을 연결하는 동감의 확장을 의미한다.[12]

필립스와 테일러에 따르면, "서구 역사에서 친절을 가장 큰 가치로 삼은 곳은 기독교였다. 기독교는 사람들의 관대한 본능을 신성시하고 그것들을 보편적인 믿음의 기본 요소로 삼았다".[13] '이웃을 네 몸처럼 사랑하라' '오른편 뺨을 때리면 왼편 뺨을 내주어라' '착한 사마리아인'이라는 어구들은 기독교인의 생활의 중심에 있었다. 기독교는 기본적으로 친절과 자비에 가장 먼저 호소한다.

게다가 지난 수천 년 동안 상호 연관성의 중요성에 대한 인식과 유의미하고 행복한 삶의 중심에는 자비가 있다는 것을 인식하자는 철학적이고 영적인 호소가 반복적으로 존재해 왔다.[14] 친절과 자비가 사회적·정치적 담론에 영향을 준다면 그 결과는 19세기처럼 매우 극적일 것이다. 필립스와 테일러가 지적하였듯이, 19세기에 영국과 미국에서는 인도주의적 행동주의라는 중요한 바람이 불었다. 그 시대의 사람들은 이전 시대의 사람들이 모두 당연시 여겼던 아동 방치와 노예 및 동물 학대와 같은 많은 참상을 대부분 공개적으로 토론해서 다뤘다.[15] '모두를 위한 더 나은 삶을 창조하자'는 욕구는 제2차 세계대전으로 생긴 파괴를 재건하는 과정에서 생긴 정서였다. 인프라도 없고 거의 붕괴 직전이었지만, 영국은 15년 만에 그들의 자랑인 세계보건기구를 만들었고, (학교 및 대학과 같은) 많은 교육 시설과 노인 및 빈곤층을 위한 지원 서비스를 마련하였다. 전후 정치는 '고통에 대한 민감성과 고통을 완화하려는 욕구'에 기반을 두고 있었다. 제2차 세계대전으로 생긴 고통은 어마어마하였다. 하지만 그 당시의 자비는 틀림없이 개인주의와 경쟁과 물질주의로 물든 정치에 의해 점차적으로 약화되었을 것이다. 그래서 요즘 사람들은 친절을 '좋지만 실패자를 위한 것'으로 간주하는 것 같고, 또 경쟁적인 삶에 적당하지 않은 자질로 생각하는 경향이 높다.[16]

심리치료사인 존 발라트John Ballatt와 페넬로페 캠플링Penelope Campling은 친절함과 건강 관리를 다룬 자신들의 저서『지적인 친절함Intelligent kindness』에서 그 문제에 대해 다뤘다.[17] 그들은 친절함이 일종의 동류 의식과 관련 있고, 특히 타인과의 상호 연결성 및 상호 의존성이라는 감각에서 발달한다고 지적함으로써 색다른 통찰을 제시하였다(53-57쪽 참조). 이 친절함이라는 개념은 자비의 특징과 많이 겹친다. 불교에서는 자애(더 정확히 말해 다정한 친절함)가 친절과 같은 범주로 분류되는 반면에, 친절함에 접근하는 서구적 방식은 그보다 더 포괄적이다.

한편, 크리스틴 네프는 또 다른 방식으로 자비를 정의하였는데, 그것은 자기자비이다.[18] 그녀는 다음의 세 가지 측면을 주요하게 다루었다.

- 친절: 우리 자신의 어려움을 이해하는 것. 그리고 실패하거나 좌절했을 때 가혹하게 평가하거나 자기를 비판하지 말고 따뜻하게 대하는 것
- 인간 경험의 보편성: 우리 자신의 경험을 사적이고, 고립적이고, 수치스러운 것으로 보기보다는 인간 조건의 일부분으로 보는 것
- 마음챙김 수용: 고통스런 생각과 느낌에 지나친 동일시를 하지 말고, 그 대신 그것들을 알아차리고 수용하는 것

여기서 우리는 친절함과 상호 연결성이 자비를 이해하는 데 중요한 개념이라는 것을 다시 한번 알게 된다. 수백 년간 다양한 전통에서 자비를 친절함과 연민과 마티유 리카르가 언급한 이타적 사랑과 연결시켜 왔기 때문에 우리는 자비를 단 하나의 개념으로 단순화하지 않도록 주의해야 한다.

우리는 자비의 개념이 여러 상황에 따라 종잡을 수 없이 달라진다는 것을 알 수 있다. 또 많은 사람이 자비와 자비로운 마음의 본질과 그와 관련된 과정을 이해하려고 많은 작업을 하고 있음을 알 수 있다. 우리는 이렇게 살짝 열어 놓는 개방형의 정의를 더 선호한다. 개방형의 정의는 우리가 말하는 것을 구체적인 정의와 과정으로 변환시키기보다는 그것을 느끼게 해 준다. 그리고 우리가 주목할 만한 또 다른 중요한 주제는 요즘 대부분의 연구자가 자비를 단 하나의 동기나 감정으로 정의하려고 하지 않는다는 점이다. 그들은 자비가 사회적 정신화, 즉 마음의 다양한 요소(예: 동기, 주의, 동감, 공감, 행동)의 조합과 통합에 가깝다고 설명하고 있다. 다음에 모델을 제시하면서 자비를 살펴볼 것인데, 그때 우리는 기본적으로 이와 똑같은 생각을 보게 될 것이다. 즉, 자비는 여러 속성과 방편으로 구성되어 있지만 그 핵심은 동기, 즉 모든 생명체가 고통과 고통의 원인에서 해방되기를 바라는 마음이라는 것을 이해해야 함을 알게 될 것이다.

돌봄의 중요성과 자비

흥미롭게도 불교 경전에서는 자비를 어머니가 가지는 자녀에 대한 사랑에 자주 비유하지만 '돌봄(신체적 그리고 감정적 지원과 보살핌을 제공하는 따뜻하고 애정 어린 행동)'이란 개념은 자비를 언급할 때 자주 사용하지 않는다. 그러나 돌봄의 심리학은 자비에 관한 중요한 가르침을 우리에게 전달할 수 있다. 길버트가 자비의 모델을 찾게 된 배경과 왜 돌봄의 개념이 자비를 이해하는 데 중요한지 설명하기 위해 우리는 그 역사를 잠깐 언급하고자 한다. 1980년대에 사회적 정신화 이론을 연구한(80–83쪽 참조)[19] 길버트는 돌봄과 양육에 관한 알란 포겔Alan Fogel, 게일 멜슨Gail Melson과 제인 미스트리Jane Mistry의 연구에 큰 영향을 받았다.[20]

그들은 돌봄이 다음의 것들을 포함한다고 주장하였다.

- 돌보고자 하는 동기
- 돌봐야 할 필요성에 대한 알아차림
- 돌봄 느낌의 표현
- 돌보기 위해 필요한 것들에 대한 이해
- 발달상의 과업을 달성하기 위해 선척적인 성향과 현재 필요한 것을 일치시키기
- 돌봄의 대상이 어떻게 반응하는지에 따라 주어진 것을 변화시키고 적응시키는 능력으로서의 피드백

이때 돌봄은 능숙하게 실행되어야 한다. 한편, 길버트는 이 측면들이 외부의 사람이나 사물을 지향할 뿐만 아니라 자기지향적일 수도 있다고 말했다. 자기돌봄의 개념은 자비의 개념에 우선하였다.[21] 그래서 우리의 자비에 대한 접근은 불교의 자비의 개념뿐만 아니라 서구 심리학의 자비의 개념으로부터도 영향을 받는다.

사회적 정신화로서의 자비: 자비의 다면적 특성

어떤 사람들은 자신과 타인을 보살피거나 그들에게 친절하거나 자비로운 마음을 갖는 것을 힘들어 한다. 우리는 그러한 사람들과 수년 간 함께 작업하였으며, 그 과정에서 얻은 통찰을 통해서 우리가 제시하는 자비 모델이 만들어졌다. 그들은 자기와 타인 사이에서, 그리고 자신 안에서 흐르는 자비의 흐

름을 차단한다. 차단된 자비의 흐름을 극복하는 것도 대승불교의 주된 수행이다. 확실히 사람들은 다양한 이유로 자비심을 내는 것을 어려워한다. 예를 들어, 어떤 사람은 걱정과 두려움에 휩싸여 있거나 자비란 무르고 연약한 것이라고 확신하고 있기 때문에 돌봄의 동기가 생기지 않을 수 있다. 또는 어떤 사람들은 타인의 자비나 자기자비에 가슴을 여는 것과 관련해서 그렇게 하면 좋겠지만 자신에게는 그럴 자격이 없다거나 자신의 능력 밖의 일이라고 생각한다.[22] 또 어떤 사람들은 보살피고 돕고자 하는 동기는 크지만 공감 능력이 부족하다. 이런 사람들은 깊이 성찰하기보다는 곧장 일로 뛰어들어 상대방이 자신에게 필요한 자질을 계발하도록 돕기보다는 구원자가 되기도 한다. 또 다른 경우, 다른 사람의 고통에 관여하면서 주의력을 잃게 될 때 매우 고통스러워질 수 있다.

그래서 자비의 원이 개발되었다([그림 4-2] 참조). 이 그림은 (1) 대승불교의 전통과 가르침, 그리고 그 전통에 관한 연구에서 비롯된 지침을 따르고, (2) 돌봄과 이타주의, 보살핌 및 돕기에 관한 현재의 연구 조사를 참고해, (3) 자비(특히 자기자비) 때문에 힘들어 하는 사람들과의 작업을 통해, 또 자비 계발의 어려움이 어디에서 비롯되는지 파악하려는 노력을 통해 만들어졌다.[23] 자비의 다양한 속성과 기술이 겹쳐지면서 서로 연결되고 영향을 주는 것을 표에 반영하기 위해 우리는 자비를 두 개의 원으로 그렸다. 자비는 선형적인 과정이 아니다. 자비는 복잡하고 다면적인 사회적 정신화이다. 만약 자비의 속성 혹은 기술이 제 기능을 하지 못한다면 자비는 전반적으로 위축될 것이다.

자비의 두 가지 심리

자비는 고통을 완화하는 것 이상의 과정이어서 고통에 대한 예방과 타인의 안녕을 바라는 마음도 포함하고 있다. 고통을 예방하는 것은 고통의 원인을 제거하는 것에 관한 것이기 때문에 당연히 포함된다. 그러므로 애써서 마음을 수련하여 고통을 알게 되면 그 고통을 제거할 수 있을 뿐만 아니라 고통이 일어나는 것을 막을 수 있다. 그것은 모든 수련에 해당되는 사실이다. 우리는 병을 예방하기 위해 운동을 하고 건강한 음식을 먹으라고 배운다. 다시 말해, 고통을 낳는 조건들을 제거하거나 감소시키려고 애쓴다.

이런 맥락에서 고통에 대한 예방과 완화는 문제가 있는 자동차 엔진을 고치거나 무언가 잘못되었음을 지적하는 것처럼, 고통에 대한 하나의 '해결책'으로 접근하지 않는다. 마음은 무언가가 '잘못되었기' 때문이 아니라 원래 그런 식으로 존재하기 때문에 갖가지 어려움에 빠진다. 그래서 예방과 완화는 분명한 통찰과 변화를 위한 조건을 만들어 내는 것이며, 때때로 고통과 어려움을 피하지 않고 직면해 수용하는 것을 의미한다.

한편, 자비 명상을 하면서 '당신이/내가 고통에서 자유로워지기를 바랍니다'라고 만트라를 하면 분명히 당신은 '당신이/내가 행복해지기를 바랍니다'라는 만트라도 같이하게 될 것이다(371-382쪽 참조). 마티유 리카르가 여러 번 설명했듯이, 고통으로부터의 해방은 안녕과 행복을 바라는 희망을 수반한다.[24] 그래서 우리는 [그림 4-1]에서처럼 자비의 과정을 다이아몬드 모형으로 표현하기로 하였다. 우리는 고통을 피하지 않고 직면하고(개입), 고통의 완화를 위한 기술을 가지고 있고(무엇을 해야 할지 알고 있음), 고통의 원인을 제거해(예방) 안녕과 행복을 위한 조건을 만든다. 이 다이아몬드 모형의 한쪽

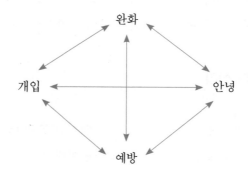

그림 4-1 ●●● 자비 다이아몬드 모형

면이 개선되면, 다른 면에 접근하는 것이 훨씬 쉬워진다. 따라서 이 모든 면은 상호 의존적이다.

이런 종류의 도표와 설명이 늘 그렇듯이, 이 도표가 절대 변하지 않는 확고한 규칙이라고 생각해서는 안 된다. 즉, 다른 식으로 설명할 수도 있다는 뜻이다. 또한 자비의 구성 요소들은 상호작용하기 때문에 안녕의 질이 좋아지면 고통에 개입하는 각오도 커진다는 점에 주목해야 한다. 고통을 완화하는 능력이 향상되면 고통에 임하는 각오도 커진다. 물론 모든 일이 거의 그렇듯이, 그렇게 되는 이유는 부분적으로 자신감의 문제이기도 하다. 자신의 능력과 관련해서 경험이 많아지고 자신감이 커질수록 더욱더 힘든 일에도 더 잘 개입하게 된다.

이제 자비를 구성하는 기본 요소들부터 살펴보자. 구성 요소들은 고통을 완화하고 예방하는 기술뿐만 아니라 고통에 개입할 때 필요한 속성도 포함하고 있다. 자비의 속성과 기술은 모두 차갑게 분리된 느낌이 아니라 따뜻한 느

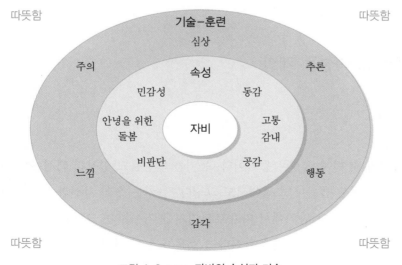

그림 4-2 ●●● 자비의 속성과 기술

출처: Gilbert (2009). The compassionate mind. London: Constable & Robinson

낌을 띤다. 이러한 속성과 기술을 모두 겸비할 때 우리가 자비로운 마음이라고 부르는 것을 창조해 낸다.[25]

우리는 속성들이 속한 타원(고통에 대한 개입을 위한 것)과 기술들이 속한 타원(고통 완화와 예방을 위한 것)의 상호작용을 통해 자비로운 마음을 표현하기도 한다. 자비는 서로 다른 두 가지의 심리작용을 포함하기 때문에 원이 두 개이다. '자신과 타인의 고통에 대한 민감성과 그 고통을 완화하기 위해 무언가를 하겠다는 서원이 결합된 것'이라는 가장 단순한 자비의 정의로 돌아가 면 우리는 개입(고통을 회피하거나 그것을 부인하고 억누르는 것이 아니라 고통을 마주하고 그것에 참여하는 능력)과 완화(고통의 근원을 약화시켜 고통을 누그러뜨리는 능력)의 차이를 알 수 있다. 내부 원에 속한 속성들을 통해 우리는 고통에 개입한다. 즉, 고통에 개입할 동기를 갖게 되고, 고통을 이해하고, 고통에 마음이 움직이고, 고통을 감내하게 된다. 그에 비해 외부 원에 속한 기술들은 고통을 완화하려고 노력하는 것과 관련이 있다. 즉, 우리가 고통을 완화하는 데 유익하고 효과적인 것들에 관한 것이 바로 우리가 지녀야 할 지혜이다.

자비의 속성들: 개입

동기

자비의 첫 번째 속성은 동기이다. 동기는 대승불교 입장의 핵심 요소이고, 우리의 진화된 돌봄 시스템에서도 그렇다. 동기는 우리 자신과 모든 생명체가 고통과 고통의 원인에서 자유로워지기를 기원하는 크나큰 열망을 말한다. 고통의 원인에서 자유로워진다는 것은 고통의 원인을 발견하고서 그 고통을 예측하고, 예방하려는 동기가 부여된다는 의미이다. 돌봄을 기반으로 하는 동기는 다른 속성들을 조직화하고 지휘하는 가장 기본적인 동기이다.

예를 들어, 돌보고자 하는 마음이 없는 공감은 착취에 유용될 수 있다(예시는 다음의 '공감' 부분 참조). 고통에 대해 무언가를 하고자 하는 동기가 없으면 당신이 그 고통에 관심을 가질 이유가 없을 것이다. 그러므로 동기 시스템은 다른 속성들에 대한 집중과 목적 의식, 그리고 요점을 제공한다. 더하여 우리에게는 지혜와 통찰이 있어야 한다. 지혜가 있으면 우리는 자비를 '반드시 해야 할 일Should or an ought'로 여기지 않을 것이고, 또 사랑받기 위해 좋은 사람이 되려는 노력을 굳이 하지 않을 것이다. 불교 전통에서 자비는 지혜를 동반한다. 즉, 우리는 먼저 사물이 어떠한가(사성제 혹은 삶의 흐름)를 보고 이해하는데 이것이 지혜의 측면이고, 그런 다음 가슴이 움직여 무언가 하는데 이것은 자비의 측면이다.

우리의 동기는 역할 모델이 있으면 그것에 자극을 받기도 한다. 다시 말해, 우리가 계발하고 싶은 자질을 다른 사람들을 통해 발견하기도 한다. 사람들은 우리의 본보기가 되기도 한다. 예를 들어, 다수의 남자 아이가 축구 영웅처럼 되고 싶어서 정기적으로 축구 연습을 한다거나, 여자 아이들은 잡지에서 본 패션모델처럼 되려고 노력한다. 우리가 감탄하는 자질을 가진 사람들은 영감의 원천이 되기도 한다. 우리는 그들처럼 되고 싶어 하고, 그들에게서 배우고 싶어 하며, 그들이 속한 집단에 들어가고 싶어 한다. 예를 들어, 어떤 축구 스타를 좋아하는 청년은 그 스타와 똑같은 클럽에서 경기를 하고 싶어 할지도 모른다. 또 어떤 선생님에게서 영감을 받은 학생은 그 선생님의 전공 분야를 전공하고 싶어 할지도 모른다. 그것은 자기정체성의 강력한 근원을 촉진한다. 불교 전통에서 똑같이 되고 싶어 하는 자비로운 영웅은 보살의 상으로 구체화된다. 보살은 지혜를 획득한 사람이고, 고통에 반응하여 그것을 줄이고 싶은 동기를 가진 사람이다. 보살은 유명 의사나 자선가, 정신적인 지도자일 수도 있고, 당신이 마음속으로 존경하는 주변 사람일 수도 있다.

보살과 똑같이 되고 싶은 것은 유명한 피아노 연주자나 축구스타가 되고 싶은 것과 별반 다르지 않다. 먼저 우리 자신의 동기를 확인한 뒤 도와줄 사람을 파악한다. 그런 다음 당신이 존경하는 사람에게서 가르침을 받고 수련하면 된다. 그리고 어쩌면 당신은 다음 세대의 누군가를 가르칠지도 모른다.

그런 인물이 되려면 우리는 잠재적 자기들이 여럿 살고 있는 내면으로 들어가 마음을 수련해야 한다. 불교 전통에서는 스승을 강하게 동일시해 스승처럼 되겠다고 염원하면 마음이 특별한 방식으로 조직되고, 또 사고와 말과 행동도 그렇게 된다고 한다. 그런 식으로 자비가 세상에 퍼지는 일에 전념한 보살과의 동일시는 내적 동기, 자기정체성 및 세상에 반응하는 방식을 조직하고 형성하는 사회적 정신화를 자극한다(160-161쪽 참조). 그리고 사회적 정신화는 결국 주의, 사고, 느낌과 행동에 영향을 미친다.[26] 어떤 불교 전통에서는 예수가 내적 성장에 관심을 갖도록 우리에게 영감을 주기 때문에 예수를 보살로 여긴다.

우리는 마음챙김을 할 때 자비의 느낌과 그 느낌을 차단하는 것들을 더 잘 알아차린다. 즉, 우리가 화나거나 불안하거나 물질주의적으로 흐르거나 자기중심적인 상태가 될 때, 자신과 타인을 보살피고 격려하고 지지하고자 하는 자비로운 동기가 어떻게 차단되는지를 알아차리기 시작한다. 또한 우리는 마음챙김이 잘될 때 체중을 감량하거나 몸매를 가꾸는 등 특별한 목표를 수행할 동기가 더 잘 생길 수 있다는 것을 안다. 그렇다고 해서 그런 일이 일어나게 애쓸 필요는 없다. 동기는 노력을 수반해야 하지만 무언가를 욕망하는 것 이상이어야 한다. 바로 그것 때문에 우리는 제2부에서 훈련과 수련의 중요성을 강조한다.

민감성

이 속성은 열린 주의를 통해 민감하게 감지하는 능력을 말한다. 주의의 민감성을 계발하는 것은 우리가 흘러가는 경험의 순간순간에 접촉함으로써 고통스러운 것들에 개입하는 것을 피하고, 눈감아 버리거나 부정, 합리화할 가능성이 낮아지는 것을 의미한다. 어쩌면 우리가 먼저 슬픔에 가슴을 열면서 시작해야 할지도 모른다. 다음 장들에서는 주의의 개방성을 계발하여 고통에 주파수를 맞추는 능력에 초점을 둘 것이다. 우리는 민감성의 이런 측면에 마음챙김이 중요한 역할을 한다는 것을 알게 될 것이다(제7장 참조). 마음챙김을 통해 경험의 내·외적 흐름은 물론 감각, 느낌, 사고, 그리고 행위들 간의 연결에 주파수를 더 잘 맞출 수 있는 훈련을 할 것이다.

어떤 사람들은 고통과 관련된 감정을 촉발하는 것을 알아차리는 일에 애를 먹는다. 그 이유는 그들의 마음이 사방에 흩어져 산만하기 때문일 수도 있고, 아니면 보다 특별한 원인이 있을지도 모른다. 그러므로 고통과 고통의 원인을 제거하고자 하는 소망을 동기로 계속 갖고 있을지라도 우리는 반응을 촉발하는 것들과 그 원인을 알아차릴 만큼 세심하게 주의를 기울여야 한다. 이 지점에서 현대 심리치료의 통찰들이 도움이 되기도 한다. 현대 심리치료에는 감정적 기억들이 우리를 어떻게 고통스럽게 하는지, 또 어떻게 쓸데없이 재생될 수 있는지에 대한 이해를 돕는 사례들이 많기 때문이다. 우리는 고통스런 일을 피하기 위해 그 고통에 주목하지 않거나 고통받지 않으려고 애쓰는 것에서부터 시작한다. 여기서 마음챙김 훈련은 우리의 몸과 마음속에서 일어나는 것들에 주의를 기울이도록 도움을 줌으로써 어마어마하게 유익할 수 있다. 몸에서의 변화들이 현재 어떤 감정이 있다는 것을 말해 주기 때문이다.

그러나 어떤 사람들은 자신의 감정이나 타인의 감정을 잘 인식하지 못한다. 그들은 감정 상태를 정말 읽지 못한다(이것을 감정표현불능증alexithymia이라고도 한다). 그래서 아무리 의욕적으로 자신의 어려움에 직면하려고 해도 자신의 감정을 인식하지 못하는 문제가 있다면 자비는 다루기 힘든 까다로운 것이 될 수 있다. 제3장에서 보았듯이, 그 이유들 중 하나는 감정과 동기가 너무 혼란스런 상태일 때 우리가 그것에 압도당할 수 있기 때문이다. 예를 들어, 성장 배경이 좋지 않은 사람들은 강한 분노를 갖고 있는데, 그 분노를 수용하면 자신이 모델로 삼는 인물처럼 되는 일에 오점을 남길 것 같아서 분노에 대한 어마어마한 수치심과 두려움을 느낄 수 있다. 그것이 분노가 차단되는 이유이다. 그러나 마음챙김을 하면 그들은 그때부터 해결되지 않은 분노나 슬픔이나 갈망을 어렴풋이 보게 된다. 그 감정들은 그들을 혼란 속으로 몰아넣으면서 압도했던 것들로, 그들을 방어적으로 만들어 내면의 경험을 회피하게 했던 것들이다. 어떤 심리치료사는 사람들이 그 감정 때문에 갈등을 인식하지 못한다고 말한다. 이처럼 사람들의 감정이 차단되면 이들은 전문적인 도움을 구한다. 그렇기는 하지만 사람들은 마음챙김의 과정을 통해 자신에게 도움이 필요하다는 사실을 알아차리는 지혜를 계발하기도 한다. 그리고 자비를 통해 수치심을 느끼지 않은 채 가슴을 열고 타인의 도움을 수용하기도 한다.

동감

　동감sympathy은 우리가 자신 및 타인의 고통을 가슴으로 느끼는 능력을 말한다. 흥미롭게도 기독교에서 동감은 자비와 친절의 핵심 속성이다. 그것은 착한 사마리아인의 이야기에서처럼 타인의 감정에 주파수를 맞출 수 있는 능력, 그 감정에 가슴을 움직일 수 있는 능력이다. 심리치료사 필립스Phillips, 애덤Adam과 테일러Taylor는 18세기의 스코틀랜드 철학자 데이비드 흄David Hume이 동감을 인류애의 핵심으로 본 것과 사람들이 각자 다른 사람들의 고통과 쾌락을 자신의 것인 양 공영하는 것을 보면서 사람들 간의 감정 전달을 바이올린 현의 진동에 비교한 것에 주목하였다. 흄에 따르면, 우리는 '자신 밖으로 나와' 다른 이의 감정적 세계로 들어가게 된다. 한편, 애덤 스미스Adam Smith는 그것에 대해 『도덕 감정론Theory of moral sentiments』(1759)에 이렇게 말했다. '우리는 어느 정도 똑같은 사람이 된다… 이것이 바로 동류의식의 근원이다.'[27]
　타인의 기분을 단순히 느끼는 것과는 대조적으로 타인을 이해하는 방법으

표 4-1 동감과 공감의 차이

동감	공감
동감은 타인의 고통이나 결핍을 경감시켜야 한다는 인식이 높아지는 것을 포함하고 있다. 초점은 타인의 안녕에 있다.	공감은 타인의 경험(반드시 고통을 말하는 것은 아님)을 이해해야 한다는 인식이 고조되고, 그것에 집중되는 것을 포함한다.
동감은 상대적으로 자동적이고 노력이 덜 든다.	공감은 노력이 필요하고, '상대방의 입장에 서 보는 것'을 상상하는 능력에 따라 달라진다.
행위는 고통을 완화시키려는 즉각적인 행동과 관련이 있다. 그것은 필요한 것일 수도 있고, 아닐 수도 있다.	행위는 듣기, 관여하기, 발견하기, 알기, 개념화하기, 이해하기에 관한 것이다. 사려 깊고 능숙한 행동을 하기 위한 토대와 관련이 있다.
동감이 있어야 자기는 타인과 감화된다.	공감이 있어야 자기는 다른 사람에게 손을 내민다.
이해를 위한 통로는 상대방이고, 정체성의 상실이 일어날 수 있다.	이해를 위한 통로는 자기 자신이고, 정체성의 상실이 절대 일어나지 않는다.

출처: P. Gilbert (2009). *Human Nature and Suffering*. Hove: Psychology Press.

로서 공감empathy이라는 개념이 있다. 공감은 1909년에 영국의 심리학자 에드워드 티치너Edward Tichener가 영국에 소개한 개념으로, 동감보다 나중에 생겼다. 하지만 동감과 공감은 자주 혼동된다. 그래서 우리가 이 두 개념을 용도에 맞게 사용할 수 있도록 이 둘의 차이점을 표로 만들었다(〈표 4-1〉 참조).[28]

이렇게 구분하는 것에 대해 여러 논쟁이 있지만, 동감은 의식적인 사고와 고찰 없이 즉각적이고 감정적인 반응을 불러일으킬 수 있다. 예를 들어, 당신 친구가 전화를 해서 자녀가 자동차 사고로 사망했다거나 끔찍한 병에 걸렸다고 하면 당신은 여러 감정으로 인해 생각할 겨를도 없이 흥분할 것이다. 또는 행복하게 놀고 있는 아이가 넘어져서 다치면 즉각 비명을 지르거나 소리를 치면서 감정적으로 움찔 놀랄 것이다. '한 대 얻어맞은' 느낌이 들 것이다. 우리는 동감과 연결되었음을 느끼려고 무언가 생각하거나 추론할 필요가 없다. 그것은 바로 거기에 있기 때문이다. 그러나 자비의 다른 많은 측면처럼,

동감은 그 자체로 항상 도움이 되는 것은 아니다. 가끔씩 우리는 자신의 감정에만 압도되어 자신의 감정과 상대방 안에서 일어나고 있는 감정을 구분하지 못하는 경우가 있다. 그럴 경우에 우리는 균형감을 잃게 되고, 견딜 수 없이 고통스럽기 때문에 고통을 망각하거나 고통에서 도망치려는 절망적 노력으로 아무생각 없이 질주하기도 한다. 우리는 너무도 많은 개인적인 고통들을 가지고 있다.

동감의 차단

동감과 관련해서 어떤 문제가 생기기도 하는데, 그것은 동감이 특정한 방식으로 차단되기 때문이다. 어떤 연구에 따르면, 우리가 사랑하거나 책임을 느끼는 사람이 고통 속에서 정신적으로 힘들어 할 때 그 사람과 동감으로 연결되면 동감은 매우 고통스럽거나 해로울 수 있다.[29] 또 다른 종류의 장애물은 우리는 고통에 감정적인 주파수를 맞추려고 노력하는데, 어떤 환경에서는 그것이 너무 힘들 때가 있다. 예를 들어, 일하는 사람이 너무 부족하고, 관료주의적이고, 비협조적이고, 징벌적인 곳에서 일할 경우이다. 이러한 상황의 결과로 일어난 영국의 국민건강보험의 자비 실패에 관한 다양한 보고서가 발표되어 왔다.[30] 감정적으로 조율하는 능력을 무디게 하는 또 다른 원인으로 죽음, 질병, 굴욕, 그리고 수치심에 끊임없이 초점을 맞춰서 아무것도 할 수 없다는 무력감만 양산하는 미디어 환경을 들 수 있다. 그런 환경 속에서 살고 있는 결과로 우리는 화가 나면 그냥 어깨만 으쓱하고서는 스위치를 꺼 버린다. 거기다 연예 예능 산업은 악한이 부상을 당하고, 불구가 되고, 죽임을 당하는 것을 보면서 즐거움을 느끼도록 우리를 계속 부추긴다. 그것은 마치 동감과 관련된 신경을 꺼 버리고 아무런 고통도 느끼지 말라고 우리를 초대하는 것과 같다.

동감과 죄책감

우리 자신이 타인에게 불러일으킨 고통에 대해서 어느 정도 동감을 느낄 수 있어야 한다. 왜냐하면 그것이 수치심과는 다르게 슬픔과 후회의 느낌을 갖게 하는 죄책감의 토대로 작용하기 때문이다(제6장 참조). 우리는 소리를 치면서 누군가를 비난할 경우, 자신이 그 사람을 화나게 한다는 것을 알아차린다. 그리고 그 사람이 느끼는 고통에 대해 동감을 느낌으로써 우리 자신이 야기했던 고통을 바로잡을 기회를 갖게 될지도 모른다. 그러나 자기중심적인 사람이라면, 자신이 했던 비난 때문에 괴로워하는 사람에게 화가 날지도 모른다. 그리고 그들이 괴로워하는 모습을 보면서 속으로 이렇게 말할지도 모른다. '정말 나약하군. 왜 더 강한 사람이 되지 못한 거야?' 또는 '그래, 인생은 힘든 거야. 그냥 하던 일이나 해.' 여기서 핵심은 동감을 감소시키고 우리 사이를 갈라놓는 일들이 우리 내부뿐만이 아니라 문화 속에도 많다는 것이다. 동감을 느끼지 못하면 우리는 타인의 감정과 우리를 연결하는 감정적 다리도 잃게 될 것이다.

고통 감내

이 분야의 많은 연구자는 우리 자신과 타인의 아픔에 연결되는 것이 개인적인 고통을 많이 자극할 수 있음을 안다. 개인적인 고통을 다루는 방식은 자비를 통해 고통에 개입할지 아니면 회피할지, 혹은 자신의 고통을 직면하지 않기 위해 다른 어려운 사람을 돕는 방향으로 나아갈지에 큰 영향을 미친다.[31] 그래서 자비의 네 번째 속성은 고통 감내이다. 이 속성은 고통에 감정적인 주파수를 맞추는 경험 안에 오래도록 머물 수 있게 해 준다.[32] 자신과 타인의 고통에 압도된 사람들은 고통을 보지 않으려는 경향이 있다. 그들 중 일부는 우울과 불안을 제거하려고 모든 종류의 약을 구입할지도 모른다(이 고통이 치료 가능한 질환과 장애 때문에 생긴 경우라면). 이러한 행동은 때때로 자비로운 것이지만, 또 다른 경우에는 전혀 도움이 되지 않기도 한다. 고통을 감내하고 다룰 수 있는 능력은 고통에 도움이 되는 것에 주의를 기울여 해결책을 찾아내도록 도움을 준다. 그러나 고통을 감내하는 것에 마초적인 참을성을 조장하려는 의도가 있는 것은 아니다. 그것은 오랜 시간이 필요한 회복이나 발달을 촉진하고자 하는 사려 깊은 동기를 근거로 한다. 예를 들어, 인내하거나 수용하는 법을 배우기 위해서 불 가까이에 손을 계속 두어야 한다고 말하는 것은 어리석은 믿음이다. 곧 인내할 필요가 없는 고통도 가끔 있다는 것을 아는 것은 매우 중요하다.

고통 감내는 그것에 자발적으로 개입하고자 하는 동기에서 생긴다. 오늘날 많은 심리치료법은 수용과 자발성 계발의 중요성에 초점을 두고 있다. 즉, 힘든 경험이나 느낌을 차단하기보다는 그것을 해결하려는 동기에 많은 관심을 기울이고 있다.[33] 그러나 중요한 것은 우리가 더 많이 지지하고 더 친절할수록 인내를 더 잘할 수 있어서 힘든 일에도 기꺼이 개입할 수 있음을 아는 것이다. 반면에, 만약 우리가 자기비판적이라면 고통에 대한 감내는 감소할 것이다. 불교적 전통과 서구적 전통에서도 고통에 대한 감내는 인내심 계발을 포함한다. 인내심은 좌절을 행동화하지 못하게 막을 때 반드시 필요한 속성이다. 어떤 사람들은 다른 사람들보다 천성적으로 참을성이 많고 '느긋하고' 태평스러울 수 있다. 하지만 다른 한편에서 보면 인내심 계발 능력을 저해하는 것들(예: 너무 많은 할 일-추동 시스템의 과잉 활성화)을 인식하고 조바심 나게 하는 것들을 해결하기 위해 노력하는 것도 좋은 방법이다.

고통을 감내하는 법을 배우는 것은 용기의 토대가 된다. 모든 것이 영원하지 않고 모든 삶에 고통이 배어 있다는 진리인 사성제를 생각해 보고, 삶의 흐름을 이해하기 시작하는 것을 그 예로 들 수 있다. 사성제는 우리를 우울하게 하고 견딜 수 없게 만들기도 한다. 그래서 우리는 그 진리를 외면한 채 와인을 꺼내 들고 죽을힘을 다해 삶을 즐길지도 모른다. 그러나 우리가 최선을 다해 고통을 예방하고 완화시키고자 하는 자비로운 소망을 가질 때, 우리의 지향점이 변화된다.

공감

앞에서 언급하였듯이, 철학자와 신경과학자와 심리치료사는 동감과 공감에 대한 관점이 약간 다르지만 지금부터 우리는 심리치료적 견해를 따르고자 한다. 위키피디아에 공감에 대한 다양한 정의가 있는데, 이에 대한 명확한 정리가 필요하다. 공감은 진화된 인간의 중요한 속성들 중 하나로 알려졌다. 우리는 공감을 할 수 있어서 다른 동물과 다르다고 분류된다.[34] 공감은 알아차림과 직관적인 이해 능력을 포함하고 있다는 점 때문에 동감과 다르다. 동감이 타인의 감정에 자동적으로 공명하는 것이라면, 공감은 통찰과 이해와 더 많은 관련이 있다. 공감은 어떤 사람이 고통을 받고 있다는 사실뿐만 아니라 그 고통의 원인을 이해하고, 간파하는 능력까지 포함한다. 공감은 다른 사람이 우리 마음에 있는 것을 이해하는 데 도움이 되는 소통과 행동방식을 익힐 수 있게 하는 복잡한 과정이다. 사실 서로를 이해할 수 있는 능력이 없다면 문명은 이 정도까지 발달하지 않았을 것이다.[35]

우리는 인간의 인지 시스템의 진화적인 적응 중 하나인, 소위 마음이론theory of mind에 주목해 공감에 대한 탐구를 시작하고자 한다. 마음이론은 우리가 자동차나 조리용 믹서기와 관계를 맺는 방식과는 다르게 다른 사람들과 연결되어 있다는 것을 설명하는 기술적인 용어이다! 자동차나 조리용 믹서기는 동기와 의도와 감정을 가지고 있지 않다. 그것들은 고통을 받지도 않고 살아 있는 존재가 느끼는 즐거움도 느끼지 않는다. 그것들을 감동시킬 필요도 없고, 수치스럽게 할 수도 없다. 물론 제 기능을 못하면, 즉 믹서기가 케이크 가루를 당신 몸에 뿌려 대거나 중요한 인터뷰에 가야 하는데 자동차가 움직이지 않으면 그것들을 한 대 칠 수도 있다! 그러나 동물, 특히 인간과 관련해서 우리는 그들이 감정과 의도를 가지고 있다고 생각한다. 공감은 타인의 감정과 동기와 의도를 이해하고, 또 감정적으로 인지하는 능력이다.

공감을 학문적으로 연구한 문헌은 상당히 많으며, 이러한 공감을 심리치료에서 활용한 역사는 60년을 거슬러 올라가 인본주의 심리치료사 칼 로저스carl Rogers에까지 닿는다.[36] 칼 로저스는 사람들을 긍정적 관심, 진솔성, 그리고 공감을 가지고 대하면 그들은 변화와 성장의 길로 들어설 것이라고 말했다. 그는 공감을 다른 사람들의 자리에 가서 서 보는 것을 상상할 수 있는 능력이라고 정의하였다. 예를 들어, 누군가 눈물을 흘리는 것을 보면 우리는 그들이 상실을 경험하고 있을지도 모른다고 생각하게 된다. 동감을 통해서 우리는 눈물을 흘리고 있는 사람의 고통에 마음이 동요되지만, 그것의 원인을 반드시 이해하지는 못한다. 하지만 공감을 통해서는 그 사람이 느끼는 고통의 원인을 이해하려고 노력한다.[37] 〈표 4-1〉에서 알 수 있듯이, 공감은 동감처럼 자동반사적이지는 않지만 다른 사람들에게 무슨 일이 일어난 것인지 생각해 보게끔 한다. 다시 말해, 우리는 그들의 관점에서 무슨 일이 일어나고 있는지를 생각하고, 그들의 관점으로 걸어 들어가는 것이다. '공감의 기적'에 대해 이야기하는 마걸리스Margulies는 우리가 타인과 연결되기 위해서는 마음을 열고 타인에게 호기심과 관심을 가져야 한다고 말한다.[38] 호기심을 갖는 것은 공감을 계발하는 주된 방법이다.

오늘날 공감의 임상적인 활용은 치료 작업의 과정과 효과를 이해하는 데 핵심이 되었다. 요즘 우리는 공감이란 치료사가 환자의 마음속에서 벌어지고 있는 일을 이해한 뒤(공감이 없다면 이것은 불가능함), 환자가 이해와 인정을 받고 있음을 느끼도록 그것을 다시 환자에게 전달하는 의사소통의 순환임을 알고 있다. 그러면 환자는 자신이 이해 받았음을 보여 주는 행동을 한다. 공감적인 이해는 대인관계와 관련된 것이다. 즉, 공감은 우리가 다른 사람들을 이해하고 다른 사람이 우리를 이해하는 것에서 비롯된다.[39] 자비에 관한 한 우리는 고통의 원인을 알지 못하면 분명히 고통에 반응하는 방법도 알지 못할 것이다.

공감과 감정의 보유

공감은 감정을 보유하게 한다. 이런 측면에서 공감은 고통 감내와 관련이 있다. 예를 들어, 당신이 제인의 50번째 생일 파티에 간다고 생각해 보자. 그런데 파티에 가기 직전에 당신은 제인도 알고 있는 친구 샐리가 암 진단을 받았다는 소식을 듣는다. 당신은 매우 당혹스러울 것이다. 만약 당신에게 자비롭고 공감적인 보유력이 있다면 당신은 파티에 가서 제인에게 샐리의 소식을 전하지 않을 것이다. 그 소식 때문에 파티가 엉망이 될 수 있으므로 다음날 소식을 전하는 것이 좋겠다고 생각할 것이다. 당신의 공감은 제인이 그 소식을 듣는다면 파티로 인한 기쁨이 사라질 것이라고 예측하고, 돌봄 동기가 당신이 그렇게 하지 않도록 한 것이다. 또 다른 사례를 들자면, 직장에서 매우 힘든 날을 보낸 당신은 집에 돌아가 배우자에게 그 일에 대해 이야기하고 싶다. 그래서 배우자에게 하루를 어떻게 보냈는지 묻지도 않고 당신은 자기 고민만 쭉 늘어놓는다. 감정을 보유하는 것을 어려워하는 사람들은 주위 사람들과 나누면 좋지 않은 일도 사람들에게 이야기해 버린다. 그들은 자신의 행동이 타인에게 어떤 영향을 미치는지 잘 인식하지 못한다. 자비 훈련은 속도를 늦추고, 멈추는 법, 그리고 공감을 통해 자신의 행동이 타인에게 어떤 영향을 미치는지 성찰하는 법을 가르쳐 주기 때문에 바로 이 점에서 도움이 된다.

공감 대 투사

공감은 가끔 투사와 대비된다. 투사의 고전적인 사례로는 아끼는 자동차(우리에게는 자동차에 대한 애착이 있다)를 폐차할 때 느끼는 슬픔을 들 수 있다. 우리는 망가질 것을 알면서도 차를 폐차장에 두고 오는 것에 대해 죄책감 같은 것을 느낄지도 모른다. 마치 자신이 나쁜 일을 한 것처럼, 우리에게서 버려졌다고 차가 느끼는 것처럼 말이다! 또한 투사란 우리가 생각하고 느끼는 것처럼 다른 사람도 똑같이 그럴 것이라고 생각할 때 일어난다. 예를 들어, 오늘이 당신의 생일인데 당신은 새 기타를 갖고 싶다. 그것을 아는 아내가 당신에게 기타를 새로 하나 사 준다. 당신은 기분이 좋아진다. 다음 달이 되어 아내의 생일이 다가왔다. 그래서 당신은 '음, 뭐가 좋을까? 나는 저번에 기타를 받아서 정말 좋았는데. 오! 그래, 기타가 완벽한 선물이 되겠군!'이라는 생각을 한다. 그러나 문제는 아내는 기타를 연주하지 못한다는 것이다. 그러므로 다른 사람에 관한 결정을 할 때, 우리 자신의 기호와 욕구와 소망만을 기초로 결정하면 일을 그르칠 수 있다.

한편, 공감에 관해 재미있는 점은 타인을 이해하기 위해 자신의 감정과 의도와 욕망을 활용해야 한다는 것이다. 그렇지 않으면 다른 사람이 외계인처럼 보일 것이다. 우리는 자신과 타인 사이의 차이점도 인식할 수 있어야 한다. 다른 사람이 알지 못한 일을 나는 알고 있고, 다른 사람이 가지고 있지 않은 욕망을 나는 가지고 있으며, 다른 사람이 할 수 없는 일을 나는 쉽게 할 수 있음을 알아야 한다.[40] 진정한 공감은 다른 사람이 되는 것이 어떤 것인지 상상해 보는 것이다. 그들을 자신과 똑같은 판박이로 보는 것이 아니라 그들 입장에서 보는 것을 의미한다. '그녀는 정말 이해할 수 없는 사람이야. 내가 그/그녀였다면 이렇게 할 텐데 혹은 저렇게는 안 할 텐데….'라고 말한다면, 그것은 공감이 부족해서 생기는 문제이다. 누군가가 당신과 다르다는 것을 이해하는 것은 그들이 무엇을 느끼는지, 또 당신과 그들이 어떻게 다른지를 알기 위한 첫 걸음이기 때문이다.

자신의 생각과 감정을 다른 사람의 마음속에 투사하려는 인간적인 경향성에 관한 논쟁 중 하나는 신에 대한 믿음과 종교이다. 인간에게는 자신과 같은 동기와 감정을 가진 신을 창조하려는 경향이 있다. 예를 들어, 사랑하고 돌보고 복수하는 인간의 마음과 아주 흡사한 것을 가진 신을 창조하려는 경향이 있다. 우리는 우리의 마음을 신의 마음으로 생각하고 신이 우리와 어떤 관계를 맺는지, 그리고 신이 우리에게 갖는 사랑과 분노의 원인이 무엇인지 궁금해 하도록 허용한다.[41] 남성들은 자신이 신과 비슷하다고 생각했기 때문에 여성을 신의 제물로 바치곤 했으나 오히려 몇몇 여성들에게 쉽게 설득되곤 하였다! 비록 진화의 영역에서 우리의 감정이 다듬어졌음에도, 우리는 우리 자신의 마음과 똑같은 마음을 신이 가졌다고 가정한다. 그렇지 않으면 신의 마음이 완전히 이질적이기 때문에 관계를 형성하는 것은 불가능해질 것이다.

무익한 공감

우리가 자주 듣는 질문 중 하나는 공감은 자비와 같은 것인지 또는 공감은 늘 자비로운 것인지이다. 답은 절대 '그렇지 않다'이다. 공감은 자비의 중요한 속성이기는 하지만 자비는 공감보다 훨씬 더 큰 개념이다. 이뿐 아니라 공감은 자비롭지 못한 방식으로 자주 쓰인다. 가장 지독한 고문자는 공감을 할 줄 아는 사람이다. 공감을 못하는 사람은 당신의 머리에 총을 겨누지만, 공감할 수 있는 사람은 당신 아이의 머리를 겨눈다. 공감이 가능한 광고주는 건강과는 상관없이 당신이 더 많이 먹게 하는 방법을 정확히 안다. 또 당신의 삶이 비만으로 망가지는 것도 별로 신경 쓰지 않는다. 사실 현대 사회의 상업화와 경쟁은 매우 공감적인 반면에 파괴적이기도 하다. 예를 들면, 정치인들은 인간의 뇌가 어떤 메시지에 어떻게 반응하는지를 파악해서 사람들의 지지를 얻는 방법을 끊임없이 연구한다.[42] 궁극적으로 돌보고자 하는 동기가 없다면 공감 그 자체만으로는 무익하고 심지어 파괴적이기까지 하다. 우리는 몇 번이고 반복해서 동기의 문제로 돌아갈 것이며, 자비로운 사람이 되기 위해서는 마음의 훈련이 필요하다는 사실을 계속해서 강조할 것이다.

공감을 차단하는 것

슬프게도 우리는 믿을 수 없을 정도로 종족중심적인 종이어서 쉽게 집단을 이뤄 다른 집단을 공격하거나 경멸하는 경향성이 있다. 바로 이런 경향성 때문에 공감의 흐름이 차단된다. 자신이 속한 집단의 속성을 확인하자마자, 우리는 다른 집단의 구성원이 '우리와 다르다'고 여기고, 그들이 왜 그리고 어떻게 우리와 같은 인간인지를 이해하는 데에는 관심을 거의 갖지 않는다. 대립하는 집단과 분쟁이라도 생기면 리더들은 상대 집단과의 공감적인 연결을 의도적으로 훼손시킨다. 심지어 상대 그룹을 '해충이나 질병, 타락하고 삶을 위협하는 해로운 존재'로 모욕하기까지 한다. 비극적이게도 종족주의는 공감과 자비의 흐름을 막는 가장 비극적인 원인 중 하나일 수 있다. 우리는 원수가 동료 인간으로서 고통에서 벗어나고, 행복하고, 자녀를 사랑하고, 성장하고, 잘 살아가기를 원하지 않는다. 원수의 눈을 통해 세상을 보는 것은 아예 시도조차 하지 않는다. 비극적이게도 우리가 원수에게 공감하려고 할 때는 그들을 괴롭히는 방법을 연구할 때이다!

또한 협소하게 정의되고 사회적으로 구성된 자기정체성에 집착하기 때문에 공감이 차단되기도 한다. 2,500년 전에 붓다가 사성제를 가르치던 곳으로부터 수천 마일 떨어진 로마의 검투 시합장에서 사람들은 서로 싸우는 검투사들의 살육을 즐기고 있었다. 우리는 자신 안에 그런 격정이 있다는 것을 거부하고 싶기 때문에 로마 조상들처럼 되는 것은 상상하기 쉽지 않을 것이다. 그러나 피가 솟구치는 것을 보고 비명을 지르며 기뻐하는 사람들은 외계인이 아니다. 그들도 우리와 똑같은 사람이다. 단지 그들은 우리의 문화와 다른 문화 속에서 살았고, 다른 방식의 사회적 영향을 받았던 것이다. 공감을 통해 우리는 그런 이해에 도달할 수 있다. 즉, 문화가 우리를 어떻게 만들고 또 진정으로 자비로운 문화 속에서 살고 싶다면 우리가 무엇을 해야 하는지가 훨씬 더 명확해질 것이다. 분명하게도 그것은 경쟁과 개인주의와 물질주의에 중독되는 것을 거부하고 더 균형적인 삶의 방식을 찾는 것이다.

여기서의 요점은 우리가 자신과 비슷한 사람에게는 쉽게 공감하는 반면에, 자신과 비슷하지 않은 사람에게는 그 차이만큼 잘 공감하지 못한다는 점이다. 그래서 근심걱정이 많은 사람에게, 심지어 화를 내는 사람에게 공감하는 것이 쉬울 수 있다. 하지만 인정사정없이 폭력적인 사람에게나 성적인 학대를 하는 사람에게는 어떠한가? 우리가 싫어하는 사람이나 우리를 심하게 화나게 하는 사람을 우연히 마주쳤을 때 그들에게 공감을 느낄 수 있을까? 공감을 하기 위해 우리는 가기 어려운 자리로 관점을 이동하는 것을 결정해야 할 수도 있다. 예를 들어, 상사가 우리를 기분 나쁘게 할 때 우리는 그 상사에게 무슨 일이 있었는지 생각을 해 볼까 아니면 상사를 미워하기만 할까?

앞의 사례를 통해 자비는 수동적인 수용이 아님을 명심해야 한다. 회피하거나 두려워하기보다는 공감하는 것이 중요하기는 하지만, 자비로운 용기란 상사에게 당당히 맞설 수도 있어야 한다. 마찬가지로 폭력을 쓰는 사람들이 폭력적인 환경에서 자랐을 가능성을 고려해 자비로운 마음으로 그들을 대하는 것도 가능할 수 있다. 하지만 그렇다고 그들이 계속 폭력을 쓰도록 그냥 둬서는 안 된다. 그것은 현명하지도, 자비롭지도 않은 일이기 때문이다. 우리는 그렇게 폭력적인 사람들을 자비로 대하면서 그들의 투쟁에 공감을 하고, 그의 파괴적인 행동의 원인이 제거되기를 가슴 깊이 기원할 수는 있지만, 그들의 나쁜 행동에는 엄한 조치를 적절히 취할 수 있어야 한다.

마티유 리카르에 의하면, 공감은 자비의 전제조건이 아니다. 공감은 타인의 입장에서 서서 그가 겪고 있는 것을 감지할 수 있기 때문에 큰 도움이 되기는 하지만 어떤 상황에서 자비는 지혜를 통해 직접 일어나기도 한다. 저자와 개인적으로 소통하는 과정에서 마티유 리카르는 다음과 같이 말했다.

공감은 타인의 고통에 대해 감정적인 공명을 불러일으키고, 타인의 욕구와 고통에 대해 우리 자신을 깨어 있게 할 때 자비를 불러일으키는 중요한 촉발제가 될 수 있다. 그러나 공감적 공명이 늘 필요한 것은 아니다. 왜냐하면 고통의 깊은 원인들(불교에서 말하는 세 가지 고통 중 세 번째인 무지에서 오는 만연한 고통)을 인식하는 것과 살아 있는 존재들이 모든 고통의 뿌리인 근본적인 무지에서 벗어날 수 있기를 바라는 소망을 인식하는 자비의 지혜 관점은 감정적인 또는 공감적인 상태가 아닌 인지적인 상태이기 때문이다.

비판단

자비는 비난하지 않는다는 의미에서 비판단을 포함한다. 불교와 기독교에서는 분노와 복수에서 기인한 행동을 하지 않거나 사람을 해치는 짓을 하지 않는 것을 친절함과 자비의 중요한 일부분으로 생각한다(예: 죄 없는 자가 첫 번째로 돌을 던지게 하십시오). 그런데 분명히 뇌는 늘 판단하고 있다. 하지만 우리는 그것을 거의 모른다. 그러나 지금 논의하고자 하는 것은 자동적인 판단에 의존해 행동하는 것이 아니라, 우리가 더 성찰적으로 되어서 자비와 지혜, 그리고 선택을 기반으로 행동하는 것이다. 매사에 비판적이고 화만 낼 경우, 자비는 거의 생기지 않을 것이다. 그 결과, 우리는 지혜가 존재하지 않는 위협 시스템에 빠지게 된다. 그럼에도 불구하고 주변의 고통에 대한 분노는 자비를 향한 첫걸음을 떼게 해 주기도 한다.

판단하지 않음과 수용은 '아무것도 하지 않음'을 의미하지 않는다. 예를 들어, 우리는 자신을 우울한 사람으로 판단하지 말라고 배우지만 동시에 그것을 극복하기 위해 할 수 있는 일을 하라고도 배운다. 우리는 폭력적인 사람이 폭력을 계속 쓰도록 허용하지 않는다. 판단하지 않는다는 것의 핵심은 마음의 흐름과 싸우지 않은 채 그것이 자연스럽게 드러나도록 허용하는 마음챙김의 기술과 같다. 이렇듯 판단하지 않으면 우리는 무슨 일이 일어나고 있는지 명확히 파악할 수 있고, 현명하게 행동하는 쪽을 선택할 수 있다.

자비로운 비판단이 반드시 좋고 싫음을 기반으로 하는 것은 아니다. 예를 들어, 사람을 해치고 동물에게 잔인하게 행동하는 사이코패스를 우리는 결코 좋아하지 않는다. 그러나 공감을 통해 사이코패스의 마음을 이해하려고 시도할 수는 있다. 한 발 더 나아가, 그와 같은 마음이 우리에게 없다는 사실에 감사함을 느낄 수도 있다. 그런 이해와 감사를 통해 우리는 사이코패스를 향해 비판단적인 태도를 취할 가능성을 열어 놓을 수 있다. 그러나 다시 한번 말하지만, 그렇다고 해서 사이코패스가 악한 짓을 계속 하게 두자는 뜻은 아

니다. 사이코패스를 감옥에 넣지 않는다면, 그가 사람들을 해치지 못하게 막
으려는 우리의 노력은 수포로 돌아갈지도 모른다. 그것은 중요한 도덕적 사
안이다. 자비의 목적은 사이코패스의 내면에서 잔인함이 생기는 과정이 멈
추기를 기원하는 것이다. 그리고 자비는 사이코패스도 우리처럼 자신이 선
택하지 않은 유전자와 사회적 조건에 의해 설계된 뇌를 가진 (의식의 불꽃을
가진) 현재의 자신을 발견할 뿐이라는 이해를 기반으로 한다. 사이코패스를
혐오하는 감정을 키우는 것은 뇌의 위협 시스템을 자극할 뿐이다. 우리는 자
신도 모르게 자신이 혐오하는 사람의 길을 무의식적으로 따라가게 된다.

　판단하지 않음은 선호하는 것이 없다는 의미가 아니다. 그것은 당신이 중
요하다고 생각하는 일을 행하지 않는 것을 의미하는 것도 아니다. 사실 정확
히 그 반대이다. 예를 들어, 달라이 라마를 비롯해 많은 영적 지도자는 자비
의 가치를 전파하기 위해 많은 시간을 여행한다. 그들에게 그 일은 매우 소중
하다. 즉, 판단하지 않는다는 것은 열망과 포부와 가치를 갖지 않는다는 뜻이
아니다. 그것은 일이 원하는 대로 되지 않을 때 그것과 싸우지 않고 잘 이겨
내는 법을 배운다는 뜻이다. 비판단 기술에 대한 좀더 자세한 내용은 제7장
'마음챙김 훈련'에서 살펴볼 것이다.

속성의 결합과 자비의 등장

　서로 다른 접근법을 가진 사람들은 자비를 다양한 속성과 특성으로 설명한
다. 우리는 앞에서 논의했던 속성들을 매우 중요하게 생각한다. 그 속성들 중
하나라도 빠지면 자비는 효력을 제대로 발휘하지 못할 것이다. 예를 들어, 돌
봄의 동기가 없으면 자비의 노력은 전체적으로 무너지기 시작할 것이다. 민
감성이 사라질 경우, 고통을 알아차리지 못하고 주의도 기울이지 못해 자비
의 노력은 전체적으로 불안정해질 것이다. 고통을 알아차리기는 했지만 견

더 내지 못한다면 고통은 외면당할 것이다. 고통을 직면할지라도 공감이 부족하면 당신은 그것을 이해하지 못하고 무엇을 해야 할지 모를 수 있다.

우리는 그 속성들 각각에 집중할 수 있다. 하지만 흥미로운 것은 모든 속성이 자비의 과정에 속하는 중요한 부분들로서, 소위 사회적 정신화이기 때문에 마음챙김과 자비를 훈련하면 그 모든 속성은 동시에 생기기도 한다는 것이다. 그 속성들은 서로의 탄생을 도와주는 경향이 있다. 우리가 공감적 자각을 계발하면 그 알아차림이 고통 감내를 돕는다. 우리 자신과 타인의 감정에 끈기 있게 머물면서 그 감정을 탐색하는 것을 잘하면 우리는 공감을 잘하고 가슴을 열게 된다. 우리가 제1장에서 논의했던 자비의 등장에 대한 중요성을 다시 한 번 보면 좋을 것 같다(52-57쪽 참조). 앞에서 이야기했던 속성들의 상호작용을 통해 생성되는 패턴도 다시 한 번 보면 좋을 것이다. 이 경우, 당신은 상호작용하는 자비의 속성을 계발함으로써 자비가 서서히 생성되는 것을 볼 수 있을 것이다.

제8장에서 우리는 그 속성들을 경험적인 방식으로 다룰 예정이다. 그리고 펼쳐지는 경험을 온전히, 그리고 정직하게 경험하는 방식으로 순간순간 우리의 마음을 작업하는 데 그 속성들을 어떻게 적용할 수 있는지 보여 줄 것이다.

자비의 기술: 완화 및 예방

지금부터 [그림4-2]의 외부 원에 대해 이야기해 보자. 대승불교 전통에서 명상은 두 가지 측면을 가지고 있다. 한 측면은 마음의 작용을 잘 아는 것으로, 흔히 마음챙김을 통해 계발되는 측면이다. 다른 한 측면은 마음의 작용에 익숙해진 뒤 그것을 기반으로 특별한 자질과 가능성을 계발하는 것인데, 이 측면을 자비수련이라고 할 수 있다. 다시 말하면, 관찰을 통해 얻어진 통찰은 앞으로 해야 할 일이 무엇인지를 현명하게 판단하는 것으로 이어진다. 자비의 내부와 외부의 원들도 마찬가지이다. 내부 원이 고통을 이해하는 데 초점을 맞추고 있어서 우리는 고통을 이해하고 견뎌 낼 수 있는 것이다. 반면에, 외부 원은 고통에 대해 무엇을 해야 할지에 초점을 맞추고 있다. 즉, 고통을 완화할 수 있는 기술에 초점이 맞춰져 있다. 불교 전통에서는 고통을 인지했을 때, 그것과 능숙하게 관계 맺는 법을 배울 수 있는 '뛰어난 방법론'이 있다. 쓸모 있는 사람이 되는 방법을 아는 것은 자비와 지혜에 속한다. 바로 그것 때문에 사람들은 의학이나 다른 치료법을 훈련하거나 마음챙김 훈련을 수년간 하면서 숙련된 돕는 이가 되어서 고통을 예방하고자 한다.

자비로운 주의

이 책의 제2부의 주의 훈련을 살펴보면 알게 되겠지만(273-277쪽 참조), 주의는 우리가 좋아하는 것이라면 어떤 것이든 초점을 맞출 수 있다. 예를 들어, 처음에는 왼발에 주의를 기울였다가 다시 오른발로, 또 먹으려고 하는 아이스크림이나 지금 보고 있는 TV 프로그램으로 방향을 바꿀 수 있다. 그렇게 특별한 어떤 것에 주의를 집중하면 다른 것들은 의식의 영역에서 사라진다. 잠시 후에 우리는 주의 실습을 해 볼 것이다(277-279쪽 참조). 자비로운 주의는 당신이 자신과 타인에게 도움이 되는 것에 자발적으로 주의를 기울일 수 있는 방법을 인식하는 것이다.

내부 원의 속성들과 외부 원의 기술들 간의 주의 초점의 차이를 설명하기 위해 부상당한 환자를 진찰하는 의사의 예를 들어 보자. 먼저 의사는 정확하게 진단하려고 부상에 집중할 것이다. 무슨 일이 있었는지 귀기울여 들으면서 증상들을 탐색하고, 여기저기를 만져 보고 느껴 볼 것이다. 그런 방식으로 환자가 말하는 증상과 통증의 패턴을 능숙하게 파악할 것이다. 이때 전문적인 주의와 사려 깊은 참여가 있어야 한다. 그런데 이 과정이 완료되기만 하면 의사는 더 이상 부상에 주의를 집중하지 않는다. 그 대신 환자를 치료하는 데 필요한 것이 무엇인지로 주의를 돌린다. 바로 그 순간, 의사의 주의는 전환되고 감정도 바뀐다. 그렇게 의사는 부상을 살펴보기 위해 반드시 주의를 집중해야 했고, 그런 후 부상을 치료하기 위해 또 다른 방식으로 주의의 초점을 변경했다.

이 두 가지 형태의 주의를 다른 사례를 통해 한 번 더 살펴보자. 크리스마스 쇼핑을 위해 가게 열 곳을 방문했는데, 아홉 곳의 점원들은 우리에게 친절했고, 한 곳은 불친절했던 사례를 기억해 보자(116쪽 참조). 마음챙김을 하면 우리는 불친절한 가게의 점원에게 주의가 집중되고, 나머지 아홉 곳의 친절한 점원들에게는 집중되지 않는다는 것을 사려 깊게 알아차리게 된다. 마음챙김을 통해 그 사실을 잘 알아차리면 우리는 친절한 가게의 점원들에게 의도적으로 주의를 집중하는 것을 선택할 수 있다. 그 점원들의 얼굴 표정과 말을 기억하고, 또 멋진 선물을 들고 나올 때의 기쁨을 기억할 수 있다.

그런데 자비로운 주의는 단순히 항상 정확한 것을 의미하지는 않는다. 예를 들어, 인지치료의 창시자인 아론 벡Aaron Beck은 이렇게 말했다. 불타는 집의 3층에서 배수관을 타고 내려가야 할 때 당신은 그곳에서 미끄러져 죽을 수도 있다. 이것이 정확한 사고이다. 그런데 그 상황에서 미끄러져 죽을 수도 있다는 것에 주의를 집중하는 것은 별로 도움이 되지 않는다! 배수관을 타고 내려갈 때 그것을 단단히 잡고 있는 손과 발에 집중하는 것이 훨씬 더 도움이 될 것이다. 그러므로 집중의 대상은 매우 중요할 수 있다. 우리가 집중할 대상은 정확한 사실이 아니라 그 순간에 도움이 되는 것에 마음을 챙기는 것이다.

자비로운 이미지

오늘날 수많은 치료법에서 이미지를 활용하고 있다.[43] 이미지는 언어로만 소통할 때보다 훨씬 더 강력한 심리적 및 생리적 변화를 가져오는 수단으로 간주된다. 많은 불교 명상은 내적 과정과 느낌과 동기에 닿을 수 있도록 고안되었는데, 그 명상들의 중심에는 이미지가 있다.[44] 우리는 제9장부터 제11장까지 자비로운 이미지를 상세히 탐색할 것이다. 많은 사람은 마음속에 그림을 창조해 내는 것으로만 이미지를 오해하고 있다. 때때로 이미지는 마음의 상태에 따라 자연스럽게 올라오기도 하지만, 우리는 몸 전체에 폭포수처럼 흐르는 호르몬에 영향을 줄 수 있는 이미지들을 의도적으로 만들어 낼 수 있다. 우리가 자비로운 이미지를 떠올릴 때 그것은 몸과 마음의 중요한 정서 시스템을 건드리는 것이기 때문에 이미지를 의도적으로 창조하는 일은 매우 중요하다. 자비로운 이미지를 그리는 일을 정기적으로 한다면 우리의 마음은 자비로운 마음의 등장을 위한 초석을 다지면서 기존과는 다른 방식으로 조직되고 다른 경향성들을 구축할 것이다.

자비로운 느낌

내부 원의 속성들 중에서 자비로운 느낌은 고통에 대한 동감과 그것에 연결된 느낌을 경험하는 우리의 감각을 통해 일어난다. 그러나 외부 원의 기술에 관한 한 우리의 느낌은 고통의 완화에 집중되어 있어서 우리는 가끔 자애metta라고 불리는 친근함과 친절함을 통해 고통에 접근한다. 앞에서 보았듯이, 친절함은 상호 연결성과 관련된 서양철학에서 특별한 의미가 있다.[45] 여기서 중요한 것은 고통이 줄어들기를 간절히 바라는 마음과 그 결과로 생기는 기쁨과 희열이다.[46] 마티유 리카르는 자비로운 느낌의 근원으로서 진심 어린 기원은 정말 중요하다고 자주 말했다.[47] 우리는 자비로운 느낌을 두 단계의 과정으로 생각해 볼 수 있다. 먼저, 마음챙김의 주의는 우리에게 고통의 실제를 알게 하고, 동감은 거울과 같은 느낌을 느끼면서 고통에 관여하게 한다. 그러나 자비의 기술은 고통을 감소시키려는 열망을 갖고 친절함과 친근함의 긍정적인 느낌을 활발하게 활성화한다.

목소리의 어조를 인식하는 것도 중요하다. 자신이나 타인에 대해 생각할 때 우리는 중립적이거나, 가혹하거나, 공격적이거나, 비판적인 목소리가 아닌 친절하고 따뜻한 어조를 만들어 내려고 의도적으로 노력한다.

또한 자비로운 느낌은 불교의 다른 중요한 요소인 인내심 및 감내와 연관된다. 인내심과 감내는 서로 다른 뜻이지만 앞에서 이야기하였듯이 고통을 견디는 것과 관련이 있다. 즉, 강압적이고 서두르는 것이 아니라 기다리고 허용하는 능력이다. 인내심은 원하는 대로 되지 않아도 평온을 유지할 수 있는 능력을 의미한다. 자비로운 느낌에 대해서는 앞으로도 계속 살펴볼 예정이다.

자비로운 생각

여러 차례 언급하였듯이, 인간의 신뇌는 생각하고, 반추하고, 분석하고, 예측하고, 상상하고, 기대하고, 계획하는 능력이 있다. 이 능력들은 특별한 재능이다. 그러나 문제는 생각하고 추론하는 능력을 활용하는 방식이다. 신뇌의 이러한 능력을 사용하게 하는 동기는 무엇인가? 이성의 명령을 받는 우리는 다른 사람들이야 어떻게 되든 상관없이 이 경쟁적인 문화에서 이기기만 하면 되는 것인가? 자비롭게 생각한다는 것은 최선을 다해 자비롭게 추론하고자 결심하는 것이다. 그것은 먼저 속도를 늦추고 사려 깊게 뒤로 물러나 마음속에서 무슨 일이 일어나고 있는지 관찰한 뒤, 다양한 방법으로 자비롭게 생각하는 과정을 수반한다.[48] 사실 인지적 치료라고 일컫는 심리치료법들은 모두 유익하게 사고하는 방식에 초점이 맞춰져 있다. 즉, 사물을 균형 있게 보는 법과 친구를 대하듯이 자신을 대하는 법과 걱정의 근거를 확인하는 법에 중점을 두고 있다. 여기서 우리는 이렇게 질문할 수 있다. 우리의 마음이 지금과 다른 상태라면 우리는 이것을 어떻게 볼까? 배려하고 자비로운 마음이 최고에 달하면 우리는 이것을 어떻게 생각할까? 가장 고요하고 현명한 상태라면 이것을 어떻게 볼까? 자비에 접근하는 과정에서 이런 질문들은 실제로 많

은 도움이 된다.[49]

자비로운 생각은 우리의 자연스러운 사고 편향을 거스르면서 작동한다. 우리는 위협 당하거나 극도로 충동적일 때 사고와 추론이 매우 편향되기도 한다는 것을 잘 안다. 예를 들어, 누군가와 논쟁할 때 화가 난 자기는 상대방을 공격하거나 비판해야 할 모든 이유를 생각해 낼 수 있다. 또 우리가 불안을 경험할 때 생각은 불안을 더 부추길 수 있다. '오, 세상에! 심장 발작이 일어나면 어떻게 하지? 이 사람에게 거부 당하면, 실수를 저지르면 어떡하지? 난 결코 이겨 낼 수 없을 거야. 그건 완전히 재앙이 될 거야.' 위협 시스템이라는 불꽃에 기름을 붓는 식으로 영향을 미칠지, 아니면 불꽃을 끄는 방향으로 영향을 미칠지 결정하는 것은 바로 사물에 대한 사고와 추론과 반추의 방식이다. 사실 특정한 종류의 반추 방식은 우리를 스트레스와 고통 속에 가두는 것으로 알려져 있다. 자비로운 생각은 그것을 해결하는 해독제이다.

자비로운 감각 집중

자비로운 감각 집중을 통해 우리는 자비의 감각적인 특징에 집중하는 법을 배운다. 이 책의 제2부 실습 편에서는 (진정시키는 호흡 리듬이라고 불리는) 부교감 신경을 활성화하는 호흡법에 대해 살펴볼 것이다. 부교감 신경의 활성화는 자비에 대한 작업을 할 때 그 토대를 확실히 제공한다(255-260쪽 참조). 또한 우리는 자비로운 태도와 얼굴 표정, 목소리의 어조에 대해 살펴보고, 우리 자신을 자비로운 존재로 상상하는 이미지들도 사용할 것이다.

자비로운 행동

자비로운 용기

자비로운 행동은 서로 다른 방식으로 내부 및 외부 원과 연결된다. 자비로운 행동의 가장 큰 특징은 용기이다. 용기가 없으면 공감되거나 동기가 있어도 행동 방침을 따르기가 쉽지 않기 때문이다. 예를 들어, 불이 타고 있는 집에 들어가 아기를 구하는 일이 자신의 생명을 위험하게 하는 일인데도 불구하고 그렇게 한 소방관이 있다면 그는 자비의 용기를 보여 준 사람이다. 또다른 예로, 제2차 세계대전 중에 유대인을 구하려고 자신과 가족을 위험에 빠뜨린 수천 명의 사람이 있다.[50] 흥미로운 점은 이들 중 어떤 이는 친절과는 거리가 먼 사람이거나 부드러움을 모르는 사람일 수도 있다는 것이다. 어쩌면 상당히 독재적인 사람일 수도 있다. 그러나 그들이 한 행동은 자비롭다고 말하지 않을 수 없다. 왜냐하면 그 행동이 고통을 줄이고 예방하고자 하는 동기에서 비롯되었기 때문이다.

그렇게 독립적으로 기능하는 다양한 요소를 볼 수 있다는 점에서 외부 원은 내부 원과 다르다. 그 예로 자비로운 느낌이 없는 자비로운 행동을 들 수 있다. 불교 수행과 현대심리학에서는 행동의 중요성에 대해 자주 말한다. 우리가 자신과 타인의 번영을 위해 행동하는 법을 배운다면 그 행동은 설사 자비로운 느낌이 없더라도 자비를 향한 소중한 길이다. 분명 자비로운 느낌은 그 뒤로 서서히 생길 것이다.

용기를 내도록 돕는 것과 관련해 '격려'라는 단어가 쓰이는데, 격려는 공감을 필요로 한다. 예를 들어, 힘겨운 일을 피하고 싶을 때, 타인의 격려—가끔은 그들이 가하는 압력—가 그 장애물을 뛰어넘게 해 준다. 그런 식으로 자비로운 행동은 다른 모습을 취할 때가 있다. 광장공포증 환자의 경우, 자비로운 행동은 그 환자와 함께 문 앞으로 가서 한 걸음씩 전진할 때마다 불안감을 느끼는 환자를 공감하고 친절하게 지지하면서 어디까지 갈 수 있는지 지켜보는 것일 수 있다. 자비로운 행동은 소파에 앉아 초콜릿을 먹거나 TV를 보는 것과 같은 자기위로 행동이 아니며, 따뜻한 목욕으로 이완하는 것도 아니다. 자비로운 행동이란 의도와 목적이 있는 집중된 행동이다. 자비로운 치료사는 환자가 자신의 불안이나 다른 것을 직면해서 그 경험을 통해 무언가를 배우는 것을 꺼려할 때 그것을 극복할 수 있도록 '강하게 밀어붙일' 수도 있다. 어린 아이들의 경우, 아이들이 원하지 않을지라도 두려움에 직면하도록 당신이 도와야 할 때가 있을 것이다. 자비는 다른 사람을 화나게 하지 않거나 항상 '친절하게 대하는' 것이 아니다. 때때로 당신이 사람들에게 무언가에 맞서도록 격려할 때 그들은 당신을 싫어할 수도 있다.

기독교의 서사는 궁극적으로는 용기의 서사이다. 예수가 하느님의 아들이라는 것을 믿든 안 믿든, 인류를 구하려고 죽음을 마다하지 않았다는 이야기는 비범한 용기로 간주될 수밖에 없다. 사실 가난하고 병들고 고통받는 사람들을 위하는 것은 용기를 필요로 하는 행동이고, 그것은 기독교의 자비로운 가치관에서 가장 중요한 역할을 한다. 안타깝게도 일부 정치인들은 기독교적 윤리를 외치면서도 병들거나 가난한 사람들을 돌보는 일에는 관심이 없고 개인적인 출세에 더 관심이 있다.[51] 대승불교 전통에서도 용기는 맹렬한 자비로 일컬어지며, 보살이나 영적 전사의 핵심 속성에 들어간다. 보살이나 영적 전사들은 자비의 이상을 구현해 내는 사람들로, 삶의 고통과 어려움을 직면하기 위해 자신의 두려움을 감내할 수 있으며 타인의 고통을 줄이기 위해 위험을 감수하는 사람들이다.

자비로운 친절

앞에서 살펴보았듯이(156-159쪽 참조), 친절은 파란만장하지만 매우 중요한 역사를 가지고 있다.[52] 친절은 감정, 동기, 행동 등을 통해서 드러날 수 있다. 타인을 행복하게 해 주는 친절은 우리 자신에게도 도움이 되는 일로 인정되어 왔다. 실제로 행복에 이르는 방법에는 매일 누군가에게 친절한 행동을 하는 것이 포함된다. 친절은 반드시 용기가 있어야 하는 일이 아니며, 그렇게 행동함으로써 즐거울 수 있다(예: 생일 선물을 사거나 이웃집 노인의 잔디를 깎는 것). 우리는 친절할 때 자신에 대해 좋은 느낌을 갖는다. 친절이 우리의 감정과 기분에 긍정적인 영향을 미치기 때문에 많은 심리학자는 우리에게 친절을 권한다. 그런 의미에서 친절은 이기적인 요소를 포함한다. 사실 달라이 라마는 세상에서 가장 이기적인 행동은 다른 사람을 친절히 대하는 것이라고(즉, 스스로에게 최고의 배당금을 주는 것) 자주 말했다. 즉, 당신이 햇볕을 다른 사람에게 퍼뜨리면 그 빛은 당신도 빛나게 한다.

자비로운 행동이 자신에게 긍정적인 보상을 갖게 해서는 안 된다는 생각은 잘못된 것이다. 자비로운 행동을 할 때 우리가 경험하는 것은 다른 사람의 감사함만이 아니다. 더 중요한 것은 자신에게 유익한 뇌 시스템을 자극하고 있다는 점이다. 감사함에 큰 가치를 두지 않더라도 자비로운 행동이 뇌에 영향을 미친다는 사실은 무시할 수 없다. 다른 한편으로 우리가 단지 사랑받고 싶어서나 좋은 사람으로 보이고 싶어서, 또는 어쩔 수 없어서 자비로운 일을 한다면 그때의 우리의 동기는 진정한 자비가 아니다. 그러므로 그러한 행동은 똑같은 결과를 낳지 못할 것이다. 길버트는 최근에 그와 관련된 연구를 하고 있다.

주어진 상황에서 어떤 행동이 자비로운 행동인지 아닌지를 결정하는 것은 까다로운 일일 수 있다. 그래서 동기와 행동이 서로 섞여 있다는 것을 알아차리는 지혜가 필요하다. 어떤 것들은 의식적인 것이지만, 다른 것들은 그렇지 않을 수도 있다. 그럼에도 불구하고, 우리는 마음을 열고 시간을 들여 특정한 상황에서 어떤 것이 자비로운 행동인지 고찰해 볼 수 있다. 이렇게 질문해 보자. '이 상황에서 우리가 할 수 있는 자비로운 행동은 무엇일까?' 속도를 늦춘 뒤 천천히 성찰해 봄으로써 우리는 내면의 지혜에 접근할 수 있다. 문제는 사람들이 멈춰 서서 그런 질문을 하지 않는다는 것이다! 때때로 자비로운 행동을 하려면 용기가 있어야 하고, 어떤 때에는 친절함이, 또 어떤 때에는 그 둘 다가 필요할 수도 있다.

자비의 두 심리: 결합

결론적으로 자비를 구성하는 두 가지 심리는 확연히 다르지만 서로 의존적이다. 두 심리 중 하나는 판단을 하지 않은 채 고통에 관여해 그것과 함께 머물면서 그것의 원인을 이해하고자 하는 동기를 갖게 해 주는 심리이다. 다른 하나는 고통과 그것의 원인이 감소되고 예방되는 방향으로 능숙하게 일할 수 있게 해 주는 심리이다. 이 모든 과정은 마음의 작용에 대해 주의깊게 관찰하고 익숙해지는 것이다. 사실 주의깊은 알아차림이 없다면 그 과정은 매우 제한적일 것이다.[53]

구체적인 사례를 통해 이 두 과정을 종합해 보자. 당신 친구가 당신에게 아는 지인이 암에 걸렸다고 말한다. 그때 일어나는 돕고 싶은 마음은 동기이다. 그 지인의 경험에 주의를 기울이는 것은 민감성이다. 그의 고통과 두려움에 가슴이 움직이는 것은 동감이다. 그의 고통과 두려움을 외면하거나 피상적으로 구하려고 하지 않고 함께 머무는 것은 고통 감내이다. 그들의 입장에서 그들이 필요로 하는 것이 무엇인지 생각해 보는 것은 공감이다. 그 비극과 싸우려고 하지 않고 분노하지 않으면서 비극을 받아들이는 것은 비판단이다. 외부 원의 경우, 도움이 될 일에 집중하는 것은 주의이다. 어떤 것이 도움이 될지, 어떻게 해야 능숙하게 행동하는 것인지에 관한 것은 생각이다. 그들과 함께 병원에 가 주거나 그들의 손을 잡아 주는 것은 행동이다. 그들이 회복될 수 있기를 혹은 그들의 고통이 가시기를 바라는 진심 어린 소망을 품고 있는 것은 느낌이다. 당신의 감정과 몸에 대한 알아차림은 감각의 집중이다.

[그림 4-3]은 자비의 두 심리작용에 대해 간략히 보여 주고 있다.

우리는 이 상호작용이 지혜와 용기의 근간을 이룬다고 생각한다. 또한 고통의 관여 및 완화, 예방과 관련된 우리의 역량을 지속적으로 발달시키는 데 있어 지혜와 용기가 핵심 역할을 한다고 생각한다. 자비의 두 심리를 계발하

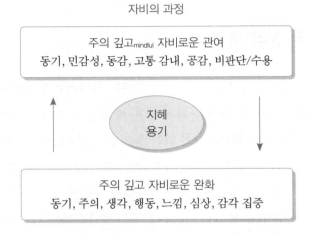

자비의 과정

주의 깊고mindful 자비로운 관여
동기, 민감성, 동감, 고통 감내, 공감, 비판단/수용

지혜
용기

주의 깊고 자비로운 완화
동기, 주의, 생각, 행동, 느낌, 심상, 감각 집중

그림 4-3 ● ● ● 고통과 고통의 원인에 관여하기 위해 자비의 마음을 키우기

는 데 특별한 도움을 주는 정서 조절 시스템은 진정/친화 시스템이다. 그 시스템은 돌봄의 느낌을 주고 타인의 안녕에 관심을 갖도록 해 준다. 그 시스템이 있어야 친화감과 '친절'의 느낌을 느끼게 된다. 거북처럼 애착 시스템과 친화 시스템이 없는 동물을 생각해 보자. 그런 동물들은 다른 동물의 안녕에 관심이 없다. 그것들은 다른 동물의 안녕을 생각할 수 있는 시스템도, 뇌도 없다. 앞 장에서 보여 줬던 것처럼, 그 느낌들은 (대부분) 진정/친화 시스템에서 생긴다. 진정/친화 시스템이 제대로 기능하지 않아 친화와 친절의 느낌이 잘 생기지 않거나 우리가 그것들을 소중히 여기지 않는다면, 자비는 약화될 것이다. 제6장에서 우리는 자비를 차단하는 것들 중 일부를 살펴볼 것이다. 그러나 진정/친화 시스템에 뿌리를 내릴 때 고통에 관여하고자 하는 속성들은 좋은 토양에서 움트고, 고통의 완화에 대한 기대로 기쁨도 피어날 것이다.

자비의 두 심리는 이와 같이 서로 도움을 주고받으며, 이전 장에서 논의하였던 주요 감정 시스템에 의해 뒷받침된다.

핵심포인트

- 자비는 사물이 실제로 어떻게 존재하는지에 대한 깊은 통찰에서 생긴다. 불교에서 그 통찰을 네 가지 고귀한 진리, 사성제라고 말한다. 진화론적 모형으로 말하자면, 온갖 문제를 가진 진화된 뇌를 가진 우리 모두는 유전자와 사회적 조건화로 만들어진 존재이며, 우리는 이러한 자신을 발견할 뿐이다.

- 고통의 본질에 대한 통찰과 고통에 접촉해 머무는 것은 고통에 대해 무언가 하도록 동기를 자극한다.

- 자비로운 동기는 특별한 속성과 기술을 포함하는 다면적인 과정을 자극하고 조직한다.

- 사회적 정신화로서 자비는 주의와 사고와 행동과 느낌을 토대로 마음을 조직하고 자기 정체성을 발달시킨다.

- 자비는 두 가지 주요 심리를 가진다. 하나는 관여의 심리(내부 원의 속성들)로 고통에 대해 가슴을 열고 그것을 이해하고 참아 내는 능력이다. 다른 하나는 완화/예방의 심리(외부 원의 방편들)로 고통을 완화하고 그 원인을 제거하는 기술이다.

- 마티유 리카르는 우리가 고통의 경험에 머물러 있기만 한다면(내부 원의 속성들, 특히 동감과 공감)고통을 참아 낼 수 없게 될 것이라고 했다. 필수적인 것은 고통을 완화하고 예방하는 방법인 자비의 기술이다.

- 불교의 접근법들은 고통의 종식을 행복을 향한 열망과 연결시키며, 모든 존재의 행복과 안녕을 바란다. 자비는 긍정적인 동기에 초점을 둔다.

- 사랑받는 것과 사랑하는 것은 행복에 이르는 가장 확실한 길이다.

- 우리는 자비로운 자기(제10장 참조)에 내재된 자비의 내적인 속성들을 이끌어 낸 후 고통에 초점을 맞추고, 고통이 사라지고 행복해지기를 바라는 간절한 기원과 친절, 이해와 돌봄을 포함하는 긍정적인 느낌을 계발한다.

미주

1   Two excellent books by the Dalai Lama are his (1995) *The Power of Compassion*. London: Thorsons; and (2001) *An Open Heart: Practising Compassion in Everyday Life* (edited by N. Vreeland). London: Hodder & Stoughton. Research around the world is now showing that when we train ourselves in compassion we actually change not only our thoughts and feelings but also physiological processes including processes in our brains. For a fascinating study and review of the literature see Klimecki, O.M., Leiberg, S., Lamm, C. and Singer, T. (2012) Functional neural plasticity and associated changes in positive affect after compassion training. *Cerebral Cortex*, advance publication (1 June). Doi: 10.1093/cercor/bhs142.

2   There are many good Buddhist texts on the nature of *Bodhicitta*, e.g. Geshe Tashi Tsering (2008) *The Awakening Mind: The Foundation of Buddhist Thought, Volume 4*. London: Wisdom Publications. However, a scholarly and fascinating book that explores the relationship of the con cepts of *bodhicitta* and Western concepts of archetypes and a 'modern psychology of motives' is Leighton, T.D (2003) *Faces of Compassion: Classic Bodhisattva Archetypes and Their Modern Expression*. Somerville, Mass.: Wisdom Publications. This was a great find for Paul. See also Vessantara (1993) *Meeting the Buddhas: A Guide to Buddhas, Bodhisattvas and Tantric Deities*. New York: Windhorse Publications.

3   Geshe Tashi Tsering, The Awakening Mind, p. 1 (see notes 1 and 6; Chapter 1).

4   Spikins, P.A., Rutherford, H.E. and Needham, A.P. (2010) From homininity to humanity: Compassion from the earliest archaics to modern humans. Journal of Archaeology, Consciousness and Culture, 3, 303–326.

5   Goetz, J.L., Keltner, D. and Simon-Thomas, E. (2010) Compassion: An evolutionary analysis and empirical review. Psychological Bulletin, 136, 351–374. DOI: 10.1037/a0018807.

6   Feldman, C. and Kuyken, W. (2011) Compassion in the landscape of suffering. Contemporary Buddhism, 12, 143–155. DOI: 10.1080/14639947.2011.564831.

7 The Dalai Lama, The Power of Compassion, An Open Heart; Geshe Tashi Tsering, The Awakening Mind.

8 Feldman and Kuyken, Compassion in the landscape of suffering, p.143, italics added (see note 6).

9 Ibid., p. 145.

10 Matthieu Ricard gives a lovely explanation of this and the concept of 'altruistic love: http://cultureofempathy.com/References/Experts/Matthieu-Ricard.htm. If you follow the links on the internet you will also find many other excellent talks by Matthieu Ricard. See too Ricard (2007) Happiness: A Guide to Developing Life's Most Important Skill. London: Atlantic Books.

11 Geshe Tashi Tsering, The Awakening Mind (see note 3).

12 Phillips, A. and Taylor, B. (2009) On Kindness. London: Hamish Hamilton, p. 4.

13 Ibid., p. 5.

14 Ibid.; Ballatt, J. and Campling, P. (2011) *Intelligent Kindness: Reforming the Culture of Healthcare*. London: Royal College of Psychiatry Publications.

15 Phillips, A. and Taylor, B., *On Kindness*, p. 27 (see note 12).

16 Ibid.

17 Ballatt and Campling, *Intelligent Kindness* (see note 14).

18 Neff, K. (2011) *Self-Compassion: Stop Beating Yourself up and Leave Insecurity Behind*. New York: Morrow. Kristin has been at the forefront of developing the concept of self-compassion and you can find references to all her work-along with some questionnaires you can fill in to look at your own levels of self-compassion-on her Self-Compassion website: www.self-compassion.org. Other important books that combine mindfulness and self-compassion are Germer, C. (2009) *The Mindful Path to Self-Compassion: Freeing Yourself from Destructive Thoughts and Emotions*. New York: Guilford; and Siegel, D. (2010) *Mindsight: Transform Your Brain with the New Science of Kindness*. New York: Oneworld.

19 Gilbert, P. (1989) *Human Nature and Suffering*. Hove: Psychology Press; Gilbert.

P. (2005) Compassion and cruelty: A biopsychosocial approach. In P. Gilbert (ed.) *Compassion: Conceptualisations, Research and Use in Psychotherapy* (pp. 3-74). London: Routledge. Gilbert, P. (2009) *The Compassionate Mind*. London: Constable & Robinson.

20 Fogel, A., Melson, G.F. and Mistry, J. (1986) Conceptualising the determinants of nurturance: A reassessment of sex differences. In A. Fogel and G.F. Melson (eds), *Origins of Nurturance: Developmental, Biological and Cultural Perspectives on Caregiving*. Hillsdale, NJ: Lawrence Erlbaum Associates Inc.; Ehlers, A., Hackmann, A. and Michael, T. (2004) Intrusive re-experiencing in post-traumatic stress disorder. Phenomenology, theory and therapy. *Memory*, 12, 403-415.

21 Gilbert, *Human Nature and Suffering*; Compassion and cruelty; *The Compassionate Mind* (see note 19).

22 Gilbert, P., McEwan, K., Matos, M. and Rivis, A. (2011) Fears of compassion: Development of three self-report measures. *Psychology and Psychotherapy, 84*, 239-255.

23 Gilbert, *Human Nature and Suffering*; Compassion and cruelty; *The Compassionate Mind* (see note 19).

24 See note 10.

25 Gilbert, *Human Nature and Suffering*; Compassion and cruelty; *The Compassionate Mind*.

26 See note 2.

27 Phillips, A. and Taylor, B., *On Kindness*, p. 29.

28 Although this was published in 1989 in *Human Nature and Suffering* it was derived from ongoing research at the time and particularly impressive was a paper by Wispe, L. (1986) The distinction between sympathy and empathy. *Journal of Personality and Social Psychology*, 50, 314-321. There is also the important Decety, J. and Ickes, W. (2011) *The Social Neuroscience of Empathy*. Cambridge, Mass.: MIT Press. The first chapter by Bateson is especially useful

because he points out the complexity and multiple meanings given to empathy. Another key researcher in this area is Eisenberg, N. (2002) Empathy-related emotional responses, altruism, and their socialization. In R. Davidson and A. Harrington (eds), *Visions of Compassion: Western Scientists and Tibetan Buddhists Examine Human Nature* (pp. 131-164). New York: Oxford University Press.

29 Karp, D. (2001) *The Burden of Sympathy: How Families Cope with Mental Illness.* Oxford: Oxford University Press. This is a very moving book based on 60 interviews with families coping with relatives with a mental illness and reveals how complex sympathy is in everyday lived experience. Caregiving that is felt to be obligatory in some way or the need of the other exceeds the resources one wants to put into caring can, however, be stressful and detrimental to health; see Vitaliano, P.P., Zhang, J. and Scanlan, J.M. (2003) Is caregiving hazardous to one's health? A meta-analysis. *Psychological Bulletin, 129,* 946-972.

30 Ballatt and Campling *Intelligent Kindness* (see note 14).

31 Researchers such as Nancy Eisenberg draw distinctions in our reactions to pain and suffering, such as empathy, sympathy and personal distress. To be compassionate means we can not just turn away when distressed by confronting suffering. Eisenberg, N. (1986) *Altruistic Emotion, Cognition and Behaviour: A New View.* Hillsdale: NJ: Lawrence Erlbaum. Eisenberg, N. (2002) Empathy-related emotional responses, altruism, and their socialization. In, R. Davidson and A. Harrington (eds), *Visions of Compassion: Western Scientists and Tibetan Buddhists Examine Human Nature* (pp. 131-164). New York: Oxford University Press.

32 Ballatt and Campling *Intelligent Kindness* (see note 14).

33 Willingness and motivation are very important in many therapies such as existential psychotherapy; see Yalom, I.D. (1980) *Existential Psychotherapy.* New York: Basic Books, which has a fascinating chapter on willingness. Also some of the newer therapies focus on willingness: Hayes, S.C., Strosahl, K.D.

and Wilson, K.G. (2004) *Acceptance and Commitment Therapy: An Experiential Approach to Behavior Change*. New York: Christopher Germer and Ronald Siegel also address this in (2012) *Wisdom and Compassion in Psychotherapy: Deepening Mindfulness in Clinical Practice*. New York: Guilford.

34 Rifkin, J. (2009) *The Empathic Civilization: The Race to Global Consciousness in a World in Crisis*. Cambridge: Polity Press. You can see a short but brilliant Royal Society of Arts YouTube sketch of these key ideas at: www.youtube.com/watch?v=l7AWnfFRc7g. To explore research on different types and degrees of empathy see Baron-Cohen's (2011) *Zero Degrees of Empathy*. London: Allen Cane.

35 Ibid.

36 Rogers, C. (1957) The necessary and suffi cient conditions of therapeutic personality change. *Journal of Consulting Psychology*, 21, 95–103.

37 See note 28.

38 Margulies, A. (1984) Toward empathy: The uses of wonder. *American Journal of Psychiatry*, 141, 1025-1033. This is a paper that had a major impact on Paul many years ago.

39 Elliott, R., Bohart, A.C., Watson, J.C. and Greenberg, L.S. (2011) Empathy. *Psychotherapy*, 30, 43–46. DOI: 10.1037/a0022187. And for fascinating research see Neumann, M., Bensing, J., Mercer, S., Ernstmann, N., Ommen, O. and Pfaff, H. (2009) Analyzing the 'nature' and 'specific effectiveness' of clinical empathy: A theoretical overview and contribution towards a theory-based research agenda. *Patient Education and Counseling*, 74, 339-346.

40 Nickerson, R.S. (1999) How we know–and sometimes misjudge–what others know: Imputing one's own knowledge to others. *Psychological Bulletin*, 125, 737-759.

41 Bering, J.M. (2002) The existential theory of mind. *Review of General Psychology*, 6, 3-24.

42 Western, D. (2007) *The Political Brain*. New York. Public Affairs.

43 Stopa L. (ed.) (2009) *Imagery and the Threatened Self: Perspectives on Mental Imagery and the Self in Cognitive Therapy*. London: Routledge.

44 Ringu Tulku Rinpoche and Mullen, K. (2005) The Buddhist use of compassionate imagery in Buddhist meditation. In P. Gilbert (ed.) *Compassion: Conceptualisations, Research and Use in Psychotherapy* (pp. 218-238). London: Brunner-Routledge. Vessantara (1993) *Meeting the Buddhas: A Guide to Buddhas, Bodhisattvas and Tantric Deities*. New York: Windhorse Publications.

45 Phillips and Taylor, *On Kindness*; Ballatt and Campling *Intelligent Kindness* (see note 14).

46 See notes 1 and 2.

47 See note 10.

48 Gilbert *The Compassionate Mind* (see note 19).

49 Ibid.

50 Ibid.

51 Phillips and Taylor *On Kindness* (see note 12).

52 Ibid.; Ballatt and Campling *Intelligent Kindness* (see note 14).

53 Oliner, S.P. and Oliner, P.M. (1988) *The Altruistic Personality: Rescuers of Jews in Nazi Europe*. New York. Free Press.

제5장
마음챙김 훈련의 도전

앞장에서 우리는 마음을 다루는 일이 너무나 어려운 이유를 살펴봤다. 제1장에서는 네 가지 고귀한 진리가 만물의 비영속성, 즉 무상함에 대해 알려 주지만 우리에게는 영구성과 견고함과 지속성을 붙잡도록 생물학적으로 고안된 뇌가 있다는 것을 살펴보았다. 뇌는 상실과 위협에서 비롯된 불안, 분노, 슬픔, 고통에 반응한다. 제2장과 제3장에서는 수많은 결함을 지닌 뇌가 생명의 흐름 속에서 창조되었음을 살펴보았다. 우리에게는 강한 동기와 감정을 지닌 구뇌가 있고, 사고하고 상상하고 계획하고 기대하는 것을 가능하게 해 주는 신뇌도 있다. 이 두 종류의 뇌는 우리가 인간으로서 소중히 여기는 과학과 문화의 근원이면서 동시에 어마어마한 고통의 뿌리이기도 하다. 제3장과 제4장에서는 돌봄과 친화와 애착을 가능하게 해 주는 포유류 뇌의 중요성에 대해 살펴보았다. 과학을 통해 우리는 이러한 특성들이 뇌의 성장과 발달에, 심지어 유전자의 발현에 영향을 미친다는 것을 알았다. 그 특성들은 (예: 전두엽을 통해) 감정을 조절하는 능력과 특별한 형태의 자기 발달에 영향을 미친다. 동기가 마음을 조직하기 때문에 불교에서는 사실 대부분의 영적 전통에서도 자비로운 동기를 배양해야 한다는 것을 중요하게 가르치고 있다. 왜냐하면 자비로운 동기는 개인적인 안녕과 사회적인 조화를 향상시키는 방향으로 마음을 조직화하기 때문이다. 마음에게만 맡겨 두면 마음은 환경의 자극을 받아 매우 파괴적인 동기를 따를 수도 있다.

무언가를 계발하려면 그것의 목적과 이유를 알아야 하고, 그것을 훈련하기 위한 도구도 있어야 한다. 제2부 실습 편에서는 그 도구들을, 특히 마음챙김, 수용, 자비로운 자기와 같은 자비 중심의 다양한 실습법을 제시할 것이다. 그러나 이번 장과 다음 장에서는 마음챙김과 자비 훈련이 모두 의도와 달리 약화될 수 있음을 경고하려고 한다. 이러한 점을 염두에 두면 당신은 적절한 준비를 하게 되고, 이런 일이 일어나더라도 그 맥락을 이해할 수 있을 것이다.

마음챙김의 역할

우리는 자비의 동기와 속성을 향상시키려면 어떻게 해야 하는지에 대해 많은 이야기를 했다. 그러나 무언가를 발달시키는 일 전에 해야 할 일이 있다. 그것은 마음이 습관적으로 향하는 곳을 인지하고, 또 유익한 방식으로 주의를 기울이는 법을 배우는 것이다. 자비 훈련 과정에서 마음챙김이 하는 역할이 바로 이것이고, 우리는 마음챙김을 실습 편에서 첫 번째로 다룰 것이다.

정의

우리는 마음챙김이 논란이 있는 분야이며, 지금도 중요하면서도 매력적인 논쟁이 일어나고 있음을 미리 말해 둔다. 마음챙김 훈련에 관해서는 다음 장에서 알아보겠지만, 마음챙김에 대한 다양한 정의를 이 장에서 간단히 살펴보고자 한다. 사실 마음챙김의 수백 년의 역사는 논란과 논쟁의 역사였다.[1] 서구 사회에서 가장 유명한 마음챙김 지도자인 존 카밧 진Jon Kabat-Zinn은 '지금 이 순간에 의도적으로 주의를 기울임으로써 그리고 순간순간 전개되는 경험에 비판단적으로 주의를 기울임으로써 드러나는 알아차림'이라고 마음챙김을 정의하였다.[2] 또 다른 지도자인 로날드 시겔Ronald Siegel은 보다 단순하게 마음챙김이란 '현재 경험에 대한 수용적인 알아차림'이라고 말했다.[3] 반면, 롭 네언은 '마음챙김이란 어떤 일이든 상관없이 그 일이 일어나는 동안 그것을 아는 것'이라고 말했다.[4]

판단하지 않음이라는 주제는 마음챙김을 규정하는 모든 정의에서 매우 중요하다. 왜냐하면 좋고 싫음으로 판단하는 것은 우리를 구뇌와 신뇌의 프로세스 고리 안에 가둘 수 있기 때문이다(제2장 참조). 다시 말해, 우리는 '저' 생각이나 느낌을 없애려고 노력하거나, '이' 생각이나 느낌을 더 맛보려고 노력한다. 마음챙김을 통해 우리는 특별한 종류의 주의력과 알아차림을 발달시키게 되고, 까다로운 우리의 마음속에서 벌어지는 일들을 능숙하게 지켜보는 관찰자가 된다. 그렇게 되면 우리가 다음 세 가지 유형의 문제에 걸려들 위험이 줄어든다. (1) 주의 분산—마음이 나비가 되어 우연히 발견하는 모든 감각적 대상에 내려앉아 이곳저곳을 방황하는 것, (2) 반추와 곱씹기—우울과 불안의 원인인 부정적인 생각이 머릿속을 부질없이 계속 맴도는 것에 갇히는 것, (3) 감정적 회피—매우 고통스러운 것 또는 우리가 생각하는 자신의 모습에 들어맞지 않는 것을 의식적으로 알아차리는 것을 못하게 막는 것이 그것이다.

이 순간의 알아차림

사람들은 개인적인 어려움이나 정신적인 문제를 해결하려고 마음챙김을 시작하곤 하는데, 존 카밧 진은 마음챙김은 단순히 기술이 아니라 존재하는 방식이라고 강조하였다. 그런 의미에서 마음챙김의 중요한 요소는 주의를 기울이는 일을 기억하는 것이다. 즉, 정기적으로 명상을 하는 동안뿐만 아니라 일상생활을 할 때에도 온전히 현존하는 것을 기억하는 것이다.

붓다의 위대한 통찰들 중 하나는 폭풍우 치는 바다 위를 떠다니는 코르크 마개처럼 마음이 움직이는 것을 알아차릴 때 마음이 진정되고, 순간의 알아차림 속에서 휴식하는 법을 배우게 된다는 것이다. 마음챙김 훈련을 시작하면 우리는 이내 자신의 주의가 얼마나 산만한지를 알게 된다(제7장 참조). 무엇보다도 호흡에 주의를 기울이는 일은 욕조 안에서 비누를 손에 쥐는 것처럼 매우 어려운 일이다. 또한 우리는 대부분 지금 하는 일에 주의를 기울이지 못하는 주의력 결핍에 익숙하다. 우리는 집까지 차를 운전해 가면서 수많은 생각을 하느라 자신이 어떻게 집까지 왔는지 기억하지 못한다.

그러나 이것은 중요한 이슈이기 때문에 성찰해 볼 필요가 있다. 실제로 당신은 어디에 있는가? 당신은 지금 이 순간에 있을 수밖에 없다. 우리는 (방금 지나간 순간도, 앞으로 다가올 순간도 아닌) 바로 지금 이 순간에 존재할 수밖에 없는데도, 좀처럼 여기에 주의 집중을 하지 못한다. 대부분의 시간 동안에 마음은 계획하거나, 기대하거나, 곰곰이 생각하거나, 문제를 해결하거나, 후회하거나, 소망하거나, 백일몽을 꾸느라, 즉 복잡하고 부산한 신뇌에 사로잡혀 있다!

마음챙김을 통해 우리는 과거에서 지금 이 순간으로, 몸의 감각을 단순히 알아차리는 것으로 돌아올 수 있다.[5] 더 깊은 수준에 이르면 끊임없이 흘러가는 경험의 내용으로부터 '단순히 알아차리는' 마음을 구분할 수 있게 된다. 마티유 리카르는 의식을 물에 비유하는 것을 좋아한다. 의식은 독이나 약을 포함하고 있을 수는 있지만, 그 자체는 독이나 약이 아니다. 즉, 의식은 순수 그 자체이다. 거울은 많은 것을 비추지만 그것이 비추는 사물은 아니다. 마찬가지로 우리의 마음도 순간적으로 지나가는 다양한 감정과 생각으로 가득찰 수 있지만 그것들 중 어느 것도 변함없이 순수한 '지금 이 순간'의 알아차림에는 어떤 영향도 미치지 못한다. 하늘에 떠 있는 많은 구름은 하늘을 지나가지만 하늘 그 자체는 늘 그 자리에 있다. 마음챙김은 지나가는 구름들을 잘 알아차리면서 하늘과 같은 알아차림 속에 머무는 것을 배우는 것이다.

우리의 잘못이 아니다

마음챙김을 시작하면서 가져야 할 중요한 태도는 마음이 현재 이 순간을 쉽게 벗어나는 것이 우리 자신의 탓이 절대 아님을 인식하는 것이다. 그것은 우리가 곱씹고, 걱정하고, 기대하고, 상상하고, 계획하게 해 주는 신뇌의 진화와 관련된 문제이다. 사실상 과거의 사건을 들추어내거나 미래의 사건을 예상한 뒤, 그것들을 바탕으로 하나의 이야기가 엮어져서 탄생하기도 한다. 제2장에서 말했던 것처럼, 얼룩말이 사자에게 쫓기다 간신히 도망친 뒤 바로 초원의 풀을 뜯어먹는 것과는 달리, 우리 인간은 '그때 사자에게 잡혔으면 어떻게 됐을까? 난 끝장났을 거야.'라고 그 사건을 끊임없이 되살리기도 한다. 갈기갈기 찢기거나 산 채로 잡아먹히는 상상을 계속해서 할 것이다. 정말 무섭고 끔찍한 일이다. 한편, 우리 인간은 좋은 일이든 나쁜 일이든 '～라면 어쩌지?' 그리고 '가령 ～라면'과 가정법으로 생각을 계속한다. 마음챙김을 하면 그처럼 일어나지도 않은 일에 대해 이야기하고 앞으로의 계획을 세우는 것을, 그리고 마음이라는 극장에서 상영되는 내면의 드라마를 관찰할 수 있게 된다. 마음챙김은 우리가 한 발 뒤로 물러서서 주의를 기울일 수 있도록, 소위 '발코니에서 관찰하기'를 할 수 있도록 도와준다. 이렇게 우리는 마음의 활동을 열심히 관찰하는 관찰자가 된다. 붓다가 발견했듯이, 마음은 우리에게 가장 위대한 스승이다.

디폴트 모드 네트워크

흥미롭게도 어떤 연구 결과에 따르면 우리 뇌에는 소위 디폴트 모드 네트워크default-mode network라는 것이 있다. 그 네트워크는 집중된 마음이 아닌 '방황하는 마음'일 때 작동한다. 그것은 우리를 긴장시키고, 이쪽과 저쪽의 어떤 위협이나 사건과 같이 우리가 주의를 기울여야 할 일을 끊임없이 찾아다니는 뇌의 한 영역으로 보인다. 디폴트 모드 네트워크는 우리 인간에게 매우 유익할 수 있는 생각하기, 계획하기, 예측하기 능력과 관련이 있다. 문제는 그것이 다른 뇌 회로를 지속적으로 자극하면서 독립적으로 기능할 수 있다는 것이다. 그래서 방황하는 마음으로 있다가 위협적인 생각에 빠져들면(그 결과로 화가 나거나 걱정에 휩싸이면), 제2장에서 살펴보았듯이 위협 시스템이 활성화된다. 명상을 통해 우리가 획득할 수 있는 것은 디폴트 모드의 안정화이고, 이것은 매우 중요하다. 연구자들은 숙련된 명상가가 명상을 하는 동안에 디폴드 모드 네트워크가 매우 덜 활성화된다는 것을 발견하였다.[6] 명상을 하면 우리의 마음은 주의라는 확대경을 활용함으로써 스스로를 진정시키고, 우리를 힘들게 할 가능성이 있는 회로를 자극하는 일을 그만두게 된다. 위협과 추동 회로를 자극하는 활동이 멈추면 우리는 안정이 되어 진정/친화 시스템에 자연스럽게 안착하게 된다. 우리는 이 시스템을 통해 단순히 '존재하는' 신기한 경험을 하게 될 것이다. 실제로 대니엘 시걸Daniel Siegel은 마음챙김과 관련된 중요한 저서에서 마음챙김이 친화와 친절함과 관련된, 즉 제3장에서 살펴보았던 진정/친화 시스템과 관련된 뇌 회로에 영향을 미치는 것 같다고 말했다.[7]

마음챙김의 기원

제1장에서 살펴봤듯이, 마음챙김은 붓다의 가르침에서 비롯되었고, 진리의 길인 사성제의 일부분으로 알려졌다. 붓다는 마음챙김의 네 가지 토대를 정리

했는데, 그것들은 마음챙김 훈련에서 집중적으로 훈련해야 할 영역들이다.[8]

1. 신체에 대한 마음챙김: 신체를 비롯해 신체적 활동과 시각, 청각, 미각, 촉각, 후각이라는 우리의 감각적 경험에 대한 마음챙김을 말한다. 우리는 훈련 중에 걷기, 먹기 또는 호흡과 같은 행동을 하면서 주의를 기울이는 법을 배운다.

2. 느낌에 대한 마음챙김: 청각과 미각 등 감각적인 활동의 결과로 일어나는 느낌에 관한 마음챙김이다. 붓다는 유쾌, 불쾌, 중립이라는 세 가지 주요 느낌을 발견했다. 마음챙김 훈련에서 우리는 자신이 어떻게 즐거운 느낌에 중독되고, 또 불쾌한 느낌을 지속적으로 피하는지 알아차리게 된다. 그 결과 우리는 특정한 생각과 행동을 하게 된다.

3. 마음에 대한 마음챙김: 여러 느낌에 반응해서 일어나는, 특히 '나'와 '내 것'이라는 생각과 이미지와 정신적 연상을 말한다. 훈련을 통해 우리는 여러 생각과 정신적인 활동을 인지하게 된다. 서양 심리학에서는 그것을 메타인지metacognition, 때로는 정신화mentalising라고 부른다. 그것은 '내가 ~에 대해 생각하고 있다'는 것을 알아차리는 능력이다.

4. 진리dharma에 대한 마음챙김: 사물의 본성 또는 사물 간의 본질적인 관계 및 과정에 대한 마음챙김을 말한다. 우리는 마음챙김을 통해 삶의 본질을 더 깊이 들여다볼 수 있게 된다.

제8장의 '수용 작업하기'에서 우리는 앞의 네 가지 기본적인 토대를 경험적으로 살펴볼 것이다.

여기서 우리가 유념해야 할 것은 붓다가 특별한 맥락에서 마음챙김을 가르쳤다는 것이다. 소승불교 전통에서 마음챙김은 팔정도에 꼭 필요한 요소로 간주된다. 마음챙김은 우리가 의도, 생각, 말, 그리고 행동을 창조해 내는 방식에 적용된다. 마음챙김은 외따로 있는 것이 아니라 해가 없음non-harming이라는 축을 중심으로 돌아가는 윤리 의식에 견고하게 의지하고 있다. 또한 집중된 안정Stability, Samadhi과 지혜wisdom, prajna를 지향하고 있다. 대승불교 전통에서 마음챙김은 보살이 순조롭게 정진할 수 있도록 지켜 주고, 또 상충되는 감정들의 먹이가 되지 않도록 보호해 준다. 이런 측면에서 마음챙김은 보리심이라는 지혜와 자비의 깨어 있는 마음을 보호해 주는 역량이라고 할 수 있다. 다시 한번 말하지만, 마음챙김은 윤리 및 가치 체계와 밀접하게 관련되고, 또 지혜의 본체라고도 알려져 있다. 스코틀랜드의 삼예링Samye Ling 사원에서 불교학을 담당하고 있는 켄 홈즈Ken Holmes는 이렇게 말했다.

> 알아차림awareness과 달리 마음챙김은 그 자체로 윤리적 가치들을 포함하고 있다. 마음챙김은 목숨을 걸고 자신이 되고 싶은 모습을 만드는 데 필요한 역량을 계발하는 훈련이다. 불교의 경우, 변화의 목적은 자연스럽게 불교적인 가치에 단단히 뿌리를 둔다 … 마음챙김은 마음이 목적으로 가득 차 있는 것, 즉 목적을 잊지 않는 것으로 문자 그대로 이해되기도 한다. 불교에서의 마음챙김은 기억하기, 더 정확히 말해 잊지 않기와 같은 말이다. 수행자들은 자신의 변화된 결과를 깊이 유념하며 이 순간에 일어나고 있는 일을 곧바로 알아차리고 현명한 조언을 기억한다.[9]

세속적인 마음챙김

지난 40여 년간 서구에서는 특히 신체 및 정신의 문제와 관련해 마음챙김의 효능과 혜택에 대한 관심이 높아졌다. 한 가지 흥미로운 점은 불교적인 뿌리로부터 다소 멀어진 세속적인 마음챙김 훈련법이 등장하고 있다는 점이다.[10] 의심의 여지없이 이 새로운 훈련법은 마음을 직접적으로 다루는 한 세트의 도구를 제공하고 있기 때문에 분명 많은 사람이 이 훈련법의 혜택을 받고 있다.

이 분야의 저명한 개척자인 존 카밧 진은 만성 통증을 다루는 데 마음챙김을 적용했다. 그 과정에서 '마음챙김 기반 스트레스 감소Mindfulness Based Stress Reduction: MBSR'라는 8주짜리 프로그램을 개발해 발전시켰다. 그것은 철저한 연구를 통해 만들어진 프로그램이다. 이 프로그램이 스트레스 이완에 좋고, 면역 시스템도 강화한다는 근거 자료들도 많다.[11] 또한 뇌 기능에 영향을 미친다는 자료도 있다.[12] 우울증이 재발하지 못하게 예방하는 데 적용한 '마음챙김 기반 인지치료Mindfulness Based Cognitive Therapy: MBCT'도 매우 유익한 기법이다.[13] 그렇게 마음챙김은 서구 사회의 교육과 치료와 건강 관리 분야에 점점 더 많은 영향력을 미치고 있다.

그러나 우리는 마음챙김이 어디에서 생겼는지 그 뿌리를 잊지 말아야 한다. 그리고 마음챙김이 도덕적 가치들을 포함하고 지혜와 자비라는 높은 비전과 연결되어 있음을 명심해야 한다. 고대 지혜를 서구 사회에 적용할 때, 우리는 그 기본적인 토대를 잃지 않기 위해 주의를 기울여야 한다. 사실 그것은 이 장과 다음 장에서 우리가 탐색하려고 하는 주제이다.

마음챙김으로 생길 수 있는 문제들

앞에서 말했던 것처럼, 마음챙김 훈련과 관련해 여러 가지 논란이 있다.[14] 따라서 우리는 마음챙김의 핵심 목적에서 자신이 벗어났는지 항상 진정성을 가지고 주의깊게 살펴봐야 한다(말장난이 아니다!). 마음챙김 명상이 사람들에게 어려운 이유는 명백하다. 특정한 방식으로 주의를 모으는 것에 어려움을 겪는 사람들도 있고, 고통이나 흥분의 정도가 높은 사람들도 있을 수 있다. 그런 경우를 제외하고도 마음챙김을 오해하고 오용하는 사례도 많이 있을 수 있다.

마음챙김과 동기

마음챙김은 기본적으로 주의를 기울이는 방법이므로 다양한 동기와 맞닿게 된다. 여러 무술에서도 마음챙김을 반드시 훈련해야 할 핵심 요소로 도입하고 있다. 이기고자 하는 욕망이 강한 일류 운동선수들 중 일부는 마음챙김 기술을 배운다. 요즘은 음악가들도 마음챙김을 훈련한다고 한다. 이런 추세는 마음챙김이 모든 동기 시스템과 연결될 수 있는 주의력 훈련이기 때문이다. 요즘 어떤 치료사들은 마음챙김으로 먹고, 마음챙김으로 섹스하는 법을 가르친다(하지만 그것들을 동시에 하는 것은 아니다!). 이런 종류의 마음챙김은 우리가 더 깊은 차원에서 잠재력을 변화시킬 수 있는 가능성을 빼앗아 간다. 그것에 대해 켄 홈즈는 이렇게 말했다.

> 단순히 알아차림을 잘한다고 해서 미덕은 아니다. 생생하게 깨어 있는 상태에서 잔인한 일을 즐기는 사람이 있을 수도 있다. 불교의 알아차림의 본질적인 특징은 고귀한 목적에 주의를 기울이고 있는지에 깨어 있는 것이다. 바꿔 말하면, 그것은 우리가 가장 고귀한 윤리적 기준대로 살게 도움을 주고, 부정적인 습관들을 모른 척하지 않도록 이끌어 준다.[15]

마음챙김과 자비

마음챙김이 친화와 진정과 관련된 뇌 회로를 자극하는 듯 보이지만, 마음챙김과 자비는 각각의 고유의 방식에 따라 명시적으로 계발되어야 하는 서로 다른 과정으로 간주되어야 한다. 왜냐하면 우리가 단지 마음챙김을 특정한 방식으로 주의를 기울이는 것으로만 생각하거나, 고통에 관여하는 '구뇌'의 특정 시스템들을 활용하여 내면의 동기와 감정을 만들어 내는 것으로만 생각할 수 있기 때문이다(제4장 참조). 마음챙김과 자비의 두 측면이 모두 어우러져 생성되어야만 우리의 삶은 지속적으로 변화, 변용될 수 있다. 우리가 이 책에서 취하고 있는 접근법도 바로 그것이다. 우리는 마음챙김과 자비가 서로 겹치기도 하지만 뇌에 상당히 다른 영향을 주기도 한다는 것을 최근에 발견하였다.[16]

몇몇 눈에 띄는 예외가 있기는 하지만,[17] 세속적인 마음챙김의 전통은 자비를 명시적으로 함양하지 않고 있고, 그 결과로 생기는 문제들도 연구하지 않고 있다(제6장 참조). 오히려 자비로운 교사가 진행하는 마음챙김 훈련이나, 아니면 자신과 타인을 위해 자비의 느낌을 불러일으키는 자애 훈련을 소개하는 마음챙김 훈련 방식에 자비가 내재되어 있다.

우리는 각자의 명상 훈련과 임상심리학 훈련의 경험을 통해 자비를 지향하는 방향으로 마음챙김 훈련을 구조화하는 것이 참으로 중요하다는 결론에 이르렀다. 초덴의 (대승불교 전통의) 경험을 보면, 우리는 자비를 통해 삶의 기초적인 경험에 닻을 내린다. 즉, 자비를 통해 '내면의 진흙'이라는 분노나 혼란을 견뎌 내고 껴안게 된다. 이것에 대해서는 다음 장에서 살펴볼 것이다. 자비는 고통을 완화하고 그 고통의 원인을 제거하고 싶은 간절한 소망에서 기인한 동기, 즉 우리를 다시 땅으로 내려오게 하는 어떤 것을 포함하고 있다. 자비라는 닻으로 고정되어 있지 않으면 마음챙김 훈련은 '관찰'이나 '호흡-집중'에만 몰두하고 고통에 관여하지 않는 미묘한 회피 방법이 될 수 있다. 실제로 많은 사람이 복잡한 감정적인 어려움을 극복하고 심리적인 고통을 해결하려고 마음챙김 명상을 하지만,[18] 자비로운 방향성 없이 그 문제들을 다루는 일은 거의 불가능하다. 오랫동안 불교수행자였던 정신과의사 에델 멕스Edel Maex는 다음과 같이 말했다.

저녁에 명상을 하려고 앉았는데 갑자기 내가 저질렀던 어리석은 짓들과 실수들이 떠오를 수 있다. 낮에는 너무 바빠서 잊고 있었던 일들이 저녁이 되어 명상을 하려고 앉자마자 우후죽순처럼 생각난다. 그런데 피할 구멍이 없다. 자신의 어리석음을 너그러움 없이 지켜보는 일은 매우 잔인한 일이다. 우리에게는 수용적이고 개방적인 태도로 그 일을 견딜 수 있게 해 주는 친절이 필요하다. 자신을 판단하는 짓은 그만두어야 한다. 자신의 사고와 감정에 대해 비난을 하는 짓도 그만두어야 한다. 자비로운 자세를 갖지 못하면 인지적으로 자각하는 것도 불가능할 것이다(P. 171).[19]

다음에서 짧게 살펴보겠지만, 이 중요한 진술은 인간을 괴롭히고 파괴할 수 있는 수치심이라는 감정에 관심을 갖게 한다. 따라서 마음챙김 훈련을 왜 하는가에 대한 자비로운 동기를 명료하게 계발할 필요가 있다. 보리심은 타인을 돕기 위해 자신의 마음을 자비로운 태도로 전심을 다해 이해하려는 서원에서 일어난다.

마음챙김과 위협 시스템

어떤 사람들은 마음챙김과 자비와 이것들에 수반되는 깊은 연결감에 큰 저항과 (심지어) 두려움을 느낀다. 그 원인은 복잡하다. 우리 중 대다수는 타인과의 관계에서 비롯된, 어쩌면 초기 어린 시절까지 거슬러 올라가야 하는 감정적 상처를 몸과 마음에 갖고 있다. 문제는 처리되지 않은 그 고통스러운 감정을 담고 있는 항아리의 뚜껑을 마음챙김 명상이 열기 시작한다는 것이다(257-259쪽 초덴의 경험 참조). 위협 시스템을 누그러뜨릴 수 있는 부드러운 감정을 경험하거나 인내할 수 있는 능력이 거의 없다면(제3장 참조) 거기에는 자비롭고 따뜻하며 수용적인 방식으로 새로이 떠오르는 내면의 경험을 견뎌 내는 능력도 없을 것이다. 자기비난과 자기혐오의 세계에서 살고 있다면 마음챙김은 다루기 까다로운 무언가가 될 수 있다.[20] 그럴 경우, 자비의 원들을 발달시키는 것이 도움이 된다(제4장 참조). 이 방법은 마음챙김이 불러낸

것을 해결하고 변화시킬 수 있는 역량을 구축하게 해 준다. 그러므로 사람들이 (위협감, 상실감과 같이) 해결되지 않은 과거의 감정에 휘말려서 너무 압도되었을 때, 마음챙김 훈련이 어떻게 약화되는지를 이해할 수 있다. 그 이유는 진정/친화 시스템이 위협감과 상실감에 접근하지 못하기 때문이거나, 그 시스템 자체가 고통스런 느낌들과 결부되어 있기 때문이다.

마음챙김과 수치심

우리는 마음챙김 명상이 자신을 위협하는 매우 강렬한 영역으로 우리를 데려간다는 사실을 반드시 알아야 한다. 그곳은 나 자신, 인간성, 그리고 타인과의 관계로부터 우리를 분리시키는 두려움의 뿌리가 있는 곳이다. 우리는 우리 자신의 마음과 친숙해질 때부터 등장하는 큰 괴물을 수치심이라고 부른다. 앞의 제2장에서 논의하였던 정체성과 분리된 자기감각의 중요성을 기억해 보라. 뇌가 만들어 낸 어떠한 분리된 자기감각도 수치심보다 더 많은 문제를 일으키지 않는다. 수치심은 우리가 느끼고 싶지 않고, 만나고 싶지 않은 분리된 자기이다. 수치심은 무언가가 옳지 않거나 우리가 크게 잘못되었다는 느낌으로 다가온다. 우리 마음속에서 벌어지고 있는 일들을 사람들이 알면 우리를 아주 싫어할 것이라고, 어쩌면 멀리할 것이라고 느낀다. 바로 그런 이유 때문에 우리는 수치심에 대해 터놓고 이야기하기가 어렵다.

우리는 자신의 환상, 비밀스런 욕망, 그리고 성욕을 수치스러워할 수 있다. 우리의 감정의 강렬함이나 파괴력, 비겁함을 수치스러워하기도 한다. 신체의 형태나 크기, 기능에도 수치심을 느끼고, 그 수치심은 점차적으로 혐오의 근원이 되고 존엄성을 잃게 하는 원인이 되기도 한다. 우리는 과거의 사건을 수치스러워하기도 하고, 학대나 따돌림의 기억과 환영받지 못했던 느낌에 시달리기도 한다. 어찌하든 우리는 그것을 부끄럽게 여길 수 있다. 그것은 미묘한 것일 수도 있고, 심각한 것일 수도 있지만 어떤 수준에서 받아들여지지 않음에 대한 감각은 우리 모두에게 큰 영향을 미치기도 한다. 특히 서구사회에서는 더욱 그렇다. 때때로 우리 자신이 수치스러워하는 것을 아무 판단 없이 고요히 앉아 관찰하는 것은 상당한 도움이 된다. 너무 깊이 들어가지 말고 그냥 건드리기만 하면 된다. 올라오는 생각들은 어떤 것들인가? 수치심에서 비롯된 비난의 목소리는 어떠한가? 그것의 질감과 목소리의 어조와 감정은 어떠한가? 어떻게 그것이 당신을 휘어잡고 정신을 못 차리게 하는가? 그 목소리는 당신이 계속 귀기울이도록 어떻게 설득하는가? 당신은 그 목소리에게 '너는 내가 잘되기를 진심으로 바라니? 너는 나의 성장과 발전에 기쁨을 느끼니?'라고 물어본 적이 있는가? 보통 수치심의 목소리는 그렇게 해 본 적이 없을 것이다. 그 목소리는 오로지 비난하는 것에만 관심이 있기 때문이다.

문제는 수치심이 타인에게 우리를 숨기는 것은 물론이고, 우리 자신을 외면하게 만든다는 것이다. 수치심은 감정 회피를 조장하는 중요한 원인들 중 하나이다. 우리는 스스로가 끔찍하다고 여기는 어떤 것을 보고 싶어 하지 않는다. 마음챙김 명상은 그 모든 것을 담은 그릇의 뚜껑을 여는 것과 같다. 명상을 하고 있을 때, 수치심은 우리에게 '사실 너는 그렇게 사랑스러운 사람은 아니야.' '사람들이 네 속을 알거나 네 머릿속을 들여다보게 되면 아마 널 싫어할 거야.' '넌 쓰레기야.' '넌 스스로를 자비로운 사람이라고 말해 놓고 제인에게 얼마나 불친절하게 했니? 한 번 생각해 봐!'라고 잔소리를 한다. 그 생각들은 분명한 언어로 나타나지 않을 수 있다. 오히려 그것들은 검은 구름처럼 머릿속을 떠다니거나 느닷없이 퍼지는 느낌이나 감각으로 드러날지 모른다. 물론 수치심 뒤에는 차단된 진정/친화 시스템이 있다. 그 뒤에는 연결되고 싶은 열망을 비롯해 소중하고, 필요하고, 사랑하고, 사랑받는, 사랑스러운 사람이 되고 싶은 열망이 있다. 수치심은 누군가 '하지만 넌 그렇지 않아'라면서 당신을 가리키는 손가락이다.

흥미롭게도 우리는 어떤 사람들은 자신이 친절함과 친밀함을 필요로 한다는 것을 느꼈을 때, 이상해 하고, 당황스러워하고, 수치스러워한다는 것을 발견했다. 때때로 마음챙김 상태가 통제 불가능과 공허감을 불러일으키기 때문에 그들은 눈물을 흘리기도 한다. 그래서 그들은 그것을 외면해 버리는 것이다. 어떤 때에는 그 느낌들이 슬픔을 몰고 와 그들을 압도해 버리고, 초기 어린 시절의 기억들을 다시 펼쳐 놓아 겁을 먹기도 한다.[21] 그렇다면 마음챙김 훈련만으로 수치심을 참아 내거나 해결할 수 있을까? 친절하고, 돌보고, 연결되었다는 느낌이 있어야 수치심은 치유된다. 그 친절과 돌봄과 연결에 대한 감정을 일깨우는 것은 바로 자비로운 마음이다.

마음챙김과 수용

조금 더 어려운 영역일 수 있다. 마음챙김 과정은 현재 이 순간을 판단하지 않고 수용하는 것이다. 그것은 지금 일어난 일을 '그대로 받아들이는' 과정이다.[22] 우리는 내면에서 일어나고 있는 일을 '받아들이려고' 노력한다. 그렇지만 한편 그것은 잠재 의식의 선호/판단 시스템의 또 다른 전략일 수도 있다. 우리는 '좋아, 지금부터 다른 것을 시도해 보자. 지금 일어나는 그 힘든 느낌을 그대로 인정해 보자. 그것을 그대로 두고 내 몸 어디에서 느껴지는지 알아차려 보자.'라고 말할지도 모른다. 그러나 우리는 분노와 근심, 슬픔, 의심 등으로 얽혀 있는 그 느낌들이 얼마나 복잡하게 뭉뚱그려져 있는지 모른다(제3장 참조). 그렇게 다른 것을 시도해 보자는 마음속에는 비밀스런 소망이 하나 있다. 수치심과 상실과 열망과 같은 까다로운 감정들을 '수용'해 버리면 그것들이 사라져 버려서 다시 평화가 찾아올 것이라는 소망이 있다. 우리는 사랑스러운 존재가 될 것이고, 그런 다음 '진정한' 마음챙김을 훈련할 수 있다. 그러나 자비로운 안아 주기holding가 없다면, 수용은 힘들어질 것이다. 수치심은 수용을 못하게 하는 큰 장애물이다. 왜냐하면 우리가 변화를 원하고 있기 때문이고, 또 받아들여지고, 사랑받고, 연결된 느낌을 느낄 수 있는 방법을 찾고 있기 때문이다. 그런데 진짜 문제, 즉 진정/친화 시스템의 손상과 타인에게 사랑받고 연결되고 싶은 깊은 열망을 다루지 않았기 때문에 괜찮지 않다는 느낌과 받아들여지지 않는다는 느낌은 여전히 그 자리에 있게 한다.[23]

마음챙김과 외로움

자비로운 힘을 길러 내지 못하는 마음챙김 명상은 세상 속에서 외로움과 고립감을 느끼는, 압도당하거나 겁먹거나 수치스러워하는 자기를 어찌 하지 못한다. 특히 마음챙김이 '난 그것을 혼자 할 수 있어.'라는 생각을 굳히는 것에 사용되는 경우에 그럴 것이다. 장기간 명상 리트릿을 가는 사람들이 가끔씩 그런 이야기를 한다고 초덴은 말한다. 그 말에 감춰져 있는 의미는 명상 방석에 앉아 자신과 관련된 모든 것을 '돌파'할 수 있다는 것이다. 어쩌면 그것은 내면의 고통들을 홀로 직면해 개인적인 영웅이 되려고 노력하는 것과 같다. 그러나 다른 것이 필요한 경우가 자주 생기고, 많은 경우에는 홀로 앉아 자기 '문제'를 스스로 다룬다고 해서 문제가 풀리지는 않는다. 대부분의 경우, 표면에 떠오르는 것은 진정/친화 시스템의 깊은 상처와 자신이 감정적으로 관계, 연결, 그리고 사랑을 절실히 필요로 한다는 것에 대한 자각이다(124-138쪽 참조). 어떤 사람은 명상적 지향성을 엄격히 고수함으로써 '돌파'(실재와 의식의 본성을 꿰뚫어 보기 시작하는 것)를 할 수 있는 반면에, 어떤 사람들은 그렇지 않다. 슬프게도 어떤 사람에게 그것은 너무도 고통스러운 일이어서 수행에 실패하고 혼란에 빠져 어쩌면 정신과치료를 받아야 할지도 모른다.

그래서 다른 무언가가 필요하다. 연결성을 만들어 내고, 수치심과 단절을 치유하는, 타인을 향해 가슴을 열게 하는 마음챙김 자비가 필요하다. 이것이 바로 자비의 힘이 도움이 되는 지점이다. 자비는 내면의 우리 자신에게 가 닿는 것만큼 타인에게 도움의 손길을 내미는 것이기도 하다. 즉, 자비는 혼자 하는 일이 아니다. 수천 년 동안 사람들은 공동체와 사원에서 명상을 해 왔는

데, 경험이 많은 수련자들만이 오랜 시간 동굴이나 오지에서 혼자 명상하는 것을 선택했다. 마찬가지로 서구 과학에 따르면, 우리가 혼자서 마음을 수련해서 변화와 성장을 꾀하는 것 만큼이나 변화와 성장을 할 수 있는 통로는 바로 관계라고 알려 준다.[24]

불교에는 붓다(역사상의 붓다로 상징되는 깨달음에 이를 내면의 잠재성)와 불법(가르침과 수행)과 승가sangha(영적 수행자들의 공동체)라는 세 귀의처(또는 의지처)가 있음을 기억해야 한다. 어쩌면 승가는 서구에서 가장 관심이 많이 필요한 곳일지도 모른다. 그곳은 사람들이 깨달음을 향해 분투하는 곳이므로 우리는 나눔과 지지라는 가치로 가득찬 자비 공동체를 건설할 수 있는 방법에 대해 관심을 더 기울일 필요가 있다.

마음을 통제하는 수단으로서의 마음챙김

서구에서 불고 있는 마음챙김 명상에 대한 커다란 관심에도 불구하고, 사람들은 대부분 명상에 대한 오해를 기본적으로 가지고 있고, 그것이 문제가 되고 있다.[25] 사실 마음챙김 명상이란 마음과 친숙해져서 더 잘 알게 되는 것이고, 그것의 방식은 열린 주의와 관찰이다. 이 점은 아무리 강조해도 지나치지 않다. 초덴의 티베트 스승들 중 한 명은 많은 사람이 앉아서 나는 명상을 하고 있다라고 생각하지만 그 생각은 방해가 될 뿐이고, 경험이 일어나는 것을 막아 결국 교묘한 통제의 한 형태가 된다고 설명하였다. 명상이 매우 주관적인 훈련이라는 것을 감안할 때, 누군가 궤도를 벗어났을 때 그것을 알아차리기란 쉽지 않다. 목공 견습생이 무언가 하고 있을 때 그것을 옆에서 스승이 지켜본다면, 스승은 견습생이 하고 있는 일이 무엇인지 정확히 알 것이다. 그런데 주관적인 내면 작업인 명상은 그렇게 하기가 어렵다.

마음챙김과 회피

통제와 밀접한 관련을 갖는 문제는 회피이다. 최근 많은 증거에서 정신 건강의 어려움과 불행이 감정적인 회피와 관련이 있음을 알려 주고 있다. 사람들은 감정이나 환상이나 기억이 자각의 영역으로 들어올 때 신체를 압도하는 느낌을 촉발하기 때문에 그것들을 회피하거나 억압한다.[26] 사실 온갖 이유로 현재 이 순간의 경험이 너무 고통스럽고 혼란스러워서 우리는 이곳을 벗어나고 싶어 한다. 이곳에 너무 오래 머물면 무언가 폭발하거나 무너질지 모르고 또 감정적 붕괴를 경험할지도 모르기 때문이다. 초기에는 이런 느낌이 없을지도 모른다. 명상 수련을 시작하고 나서 끊임없이 되풀이되는 마음속의 이야기들로부터 한 걸음 물러나 그것들의 방황을 지켜보면 비로소 우리는 생각에 휘말릴 필요가 없음을 직접적으로 경험하고, 거기서 즐거움과 해방감을 느낄 것이다.

하지만 그것은 훈련 초기에 일어나는 행복한 시간일 수 있다. 초덴의 마음챙김 훈련 경험을 보면, 마음챙김 훈련은 미묘하게 어떤 생각과 느낌은 허용하지만 다른 것은 거절하는 사고 통제의 과정에 빠져드는 위험에 처하게 되는데, 이때가 바로 더 깊은 수준의 감정적 저항을 만나기 시작하는 시기이다. 그것은 통제감을 계속 갖고 싶어서 정돈된 책상을 끊임없이 다시 정리하는 것과 같다. 명상은 그런 사고 관리 과정에 의해 순식간에 장악될 수 있다. 즉, 명상 중에 어떤 것은 허용되지만 어떤 것들은 허용되지 않을 수 있다. 사람들이 '8주 동안 마음챙김 훈련을 하고 있는데, 여전히 불안하고 짜증이 난다.'라고 말할 때 당신은 그것을 알 수 있다. 그들의 말 속에는 애초에 마음챙김을 괴로운 감정을 제거하는 방법으로 이해했다는 암시가 들어 있다. 마음챙김은 괴로운 감정들과 온전히 함께 머물면서 그것들을 자비로 품고, 견뎌 내고, 수용하는 것인데도 말이다. 행동치료의 과정도 정확히 똑같다. 예를 들어, 당신이 광장공포증 환자를 거리로 데리고 나간다고 하자. 그 과정에서 당신은 그가 불안감을 더 온전히 경험하고 견뎌 내서 극복하는 것을 배울 수 있도록 돕는다. 그 결과 그 환자는 거리로 나가는 것을 덜 무서워하게 된다. 광장공포증 환자의 사례에서 회피는 명백히 드러나지만, 마음챙김 수련자의 회피는 훨씬 더 감지하기 힘들 수 있다.

초덴의 마음챙김 스승인 롭 네언에 따르면,[27] 억압과 회피는 잠재의식적으로 일어나는 과정이기 때문에 우리가 의식의 차원에서 알아차리기도 전에 이미 동일시와 회피의 태도를 취하고 있을지도 모른다. 마치 잠재의식의 문을 지키고 있는 시커먼 문지기가 '이것'은 들어갈 수 있지만 '저것'은 들어갈 수 없다고 말하는 것과 같다. 그러고 나서 훨씬 더 작은 목소리로 '그렇게 하는 것이 당연한 거야.'라고 말하는 것처럼 말이다.

마음챙김 지도자 초덴은 그것을 명상을 하면서 만날 수 있는 아주 현실적인 딜레마라고 생각한다. 그것은 자동적으로 몸속에 저장된 감정적인 고통과 비애와 외상을 억압하는 과정을 돕는다. 경험하고 싶은 것과 경험하고 싶지 않은 것을 구분하는 우리의 선호 시스템이 마음챙김 훈련에 서서히 침투해 장악하면 우리는 처리되지 않은 모든 고통스런 경험을 미묘하게 억누르면서 수년간 그 뚜껑을 닫는 데 시간을 보낼 수 있다. 그리고 그 침투 과정은 마치 아무도 보지 못하는 곳에서 무대 인형들을 다루는 조종자의 손처럼 의식의 경계선 바로 아래에 존재하는 보이지 않는 잠재의식 층에서 생길 수 있다. 이것은 마음챙김과 치료 영역에서 작업하는 사람들이 인정한 사실이다.[28]

어떤 사람들의 경우, 명상 훈련이 다른 방향으로 진행되기도 한다. 명상 훈련은 깊이 묻어 둔 아픔과 감정적 기억과 상처를 꽁꽁 숨기는 대신에 갑작스러운 방식으로 그것을 열어 젖힐 수도 있으며, 때로는 어떤 균열이 감정적인 기억들을 묻어 놓은 방 안에서 생길 수도 있다. 그런 일이 생길 때, 우리의 본능은 바로 '거기에 가고 싶지 않아. 그것을 느끼고 싶진 않아… 이거 너무 하군. 마음챙김을 하면 기분이 더 좋아질 줄 알았는데!'라고 느낄 것이다. 우리는 그 느낌이 끔찍이도 두려울 것이라는 것을 안다. 사람들은 당연히 그 느낌을 멀리하고 싶을 것이다. 훈련의 기본 지침은 경험하는 것을 있는 그대로 느끼도록 허락하면서 일어나는 모든 것에 대한 순수한 주의를 훈련하는 것이지만, 어쩌면 우리는 그렇게 하는 대신에 질겁하는 자신을 발견할지도 모른다. '오, 아니야. 이걸 하려고 내가 신청한 건 아닌데. 난 이 프로그램이 사고 과정을 다스려서 산만한 생각들의 먹이가 안 되는 법을 가르쳐 주는 건 줄 알았어. 이걸 하면 기분이 더 좋아질 줄 알았는데. 이것을 기대한 것은 아닌데…' 하고 생각하는 자신을 발견할지도 모른다.

우리가 현존을 훈련하는 동안, 위로 올라온 뿌리 깊은 저항들은 '이건 싫은데. 난 느끼고 싶지 않아. 이건 아니야.'라고 명령한다. 그 순간 그것은 마치 위협 시스템이라는 인형 조종자가 인형 뒤에서 얼굴을 쑥 내밀고 '이것은 너무 위험해. 자, 이제 게임은 끝이야!' 하고 소리치는 것과 같다. 그런 방식으로 선호, 감시 및 위협 시스템은 우리가 어렸을 때 그리고 지금하고 있는 것처럼 반응하는 것이 적절했을지도 모르는 과거에 수립된 원칙을 강압적으로 지시하지만, 그 원칙이 지금 이 상황에서는 완전히 부적절할 수도 있다. 힘들고 고통스러운 감정을 견뎌 낼 수 있는 정서적 환경을 제공해 줄 수 있는 것이 바로 자비심이기 때문에 자비로운 역량이 길러지지 않았을 경우에 뿌리 깊은 저항이 시작될 가능성은 훨씬 높다.

고요한 마음과 혼란스런 마음에 대한 마음챙김

'고요한 마음'에 가까이 다가가는 것이 우리가 찾고 있는 희귀한 황금이라고 생각하기 때문에 우리는 그것을 기준으로 삼아 훈련을 점검할지도 모른다. 명상 중에 생각과 감정의 흐름을 판단하지 않은 채 그대로 알아차리는 것이 우리가 해야 할 일인데도 사람들은 '형편없는' 명상과 비교해서 자신이 '괜찮은' 명상을 했다고 말할 때, 고요한 마음을 추구하는 그들의 미묘한 과정을 우리는 감지할 수 있다. 누군가는 '이번 훈련은 엉망이었습니다. 마음이 안

돌아다니는 곳이 없더군요.' 하고 말할지도 모른다. 또 다른 누군가는 '오늘 제 마음은 중심이 매우 잘 잡혀 있었어요. 훈련이 잘되고 있는 것 같아요.'라고 말할지도 모른다. 우리가 발견한 것은 그런 방식으로 훈련을 점검하면서 '이것은 좋고, 저것은 나쁘다'고 판단하는 위협 및 추동 시스템이 마음챙김 훈련을 서서히 훼손할 수 있다는 것이다. 우리는 자신이 뇌의 그 시스템들의 영향 아래에 있음을 인지하지 못할 수도 있지만, 결과적으로 그 시스템들은 진정/친화 시스템이 주관하는 존재의 개방성으로부터 우리를 멀어지게 만들 수도 있다.

여기서 핵심은 그것은 괜찮은 훈련이라거나 훈련의 결과로 '고요한 마음'이 되었다라는 것을 기준으로 마음챙김 훈련을 점검하면 자동적으로 모든 것을 망쳐 버릴 위험이 있는 다른 쪽 극단의 경험에 저항이 생긴다는 것이다. 그것은 바다의 고요함과 산들바람의 부드러움에 감탄하면서 항구 근처만 배회하던 뱃사공이 배가 뒤집혀 익사하는 것이 무서워 더 깊은 바다로 나가지 못하는 것과 같다. 이는 학대나 무시, 거부, 커다란 상실을 겪어 본 사람들에게는 당연한 것이다. 그러한 경험과 함께 지금 여기에 현존하는 것은 매우 힘든 일이기 때문이다. 그리고 그 경험들을 자비로운 방식으로 품지 못할 경우 또는 오로지 혼자서 그것을 해내려고 하는 경우에는 특히 그렇다. 그러나 깊은 바다는 풍랑이 거세고 위험한 곳이기는 하지만 한편으로 고요하고 아름다운 곳이기도 한다. 거센 풍랑을 헤치고 안전하게 항해할 수 있는 우리의 능력은 우리가 탐험해서 알아내는 범위를 어마어마하게 확장시킬 수 있다.

그런 방식으로 마음챙김 훈련은 익숙함과 이해와 통찰보다 고요함과 평정을 추구하는 하나의 방법이 될 수 있다. 항구 옆의 고요한 바다를 좋아하는 우리의 뱃사공은 망망대해로 나가 그곳에서 항해하는 법을 배울 필요가 있다. 자비와 마음챙김을 통합할 때 생기는 중요한 딜레마가 바로 그것이다. 자비는 우리를 요동치는 망망대해에서 떠다닐 수 있게 해 주는 반면에 마음챙김은 그 바다를 능숙하게 항해할 수 있게 해 준다.

마음챙김과 관계

궁극적으로 '돌봄'이 없는 마음챙김을 하면 우리는 깊숙한 곳에 억눌려 있는 저항감이나 모든 일이 어떠해야 한다는 기대의 담벼락으로 치닫게 된다. 거기다 마음속에서 계속 진행되는 어떤 일들 때문에 겁을 먹은 우리는 그것들을 숨기려고 한다. 알다시피 그것은 단절된 자신의 일부분이 의식적인 알아차림 속으로 떠오를 경우에 무슨 일이 벌어질지 모른다는 수치심이나 두려움 때문이다. 이것은 아주 심각한 문제이다. 숨겨 버리면 우리는 (까다롭고) 진화된 뇌처럼 모든 인간이 공통적으로 가지고 있는 근본적인 문제를 이해하지 못할 수 있고, 또한 고통스러운 내면의 상처를 치료하지 못할 수도 있기 때문이다.

타인을 믿고 도움을 요청해야 할 때는 정확히 바로 지금이다. 우리는 어린 시절부터 삶의 경험을 공동으로 창조하는 매우 사회적인 동물이다. 자기자비self-compassion의 선구자인 크리스틴 네프는 자신의 저서에서 자신이 겪은 성적인 어려움을 진솔하게 털어놓았다. 네프는 이유를 알지 못한 채 어린애처럼 울곤 했다.[29] 그녀가 그런 자신의 사정을 남편에게 털어놓자 남편도 수용과 사랑으로 함께함으로써 그 문제는 무난히 해결되었다.

홀로 작업하는 것을 통해서만 성장과 통찰과 변화가 생긴다고 믿는 것은 잘못된 믿음이다. 수도원은 결코 그렇게 만들어지지 않으며, 늘 공동체를 기반으로 세워진다. 서구의 심리치료에서는 변화와 성장 과정에서 관계가 얼마나 중요한지를 여실히 보여 준다. 성찰하고, 공감하고, 감정을 조절하는 내적 능력이 인간관계 속에서 발달할 때에야 비로소 우리는 의존에서 자립의 위치로 이동한다. 불교 전통에서 도움과 지지는 오랜 훈련을 버티게 해 줄 영적인 친구나 스승에게서 주로 생긴다. 서구에서는 두려워하는 일을 극복할 수 있도록 적극적으로 들어 주고, 반영해 주고, 도와주는 사람에게서 생긴다. 이러한 지지는 어쩌면 집단적인 배경에서 생길지도 모른다. 실제로 많은 마음챙김 교사는 함께 존재하는 것과 함께 나누는 것, 그리고 다른 사람이 겪는 과정을 목격하는 것이 마음챙김 집단 내에서 통찰과 치유가 발생하는 데 중요한 역할을 한다고 인정한다. 길버트와 그의 동료들이 자비와 마음챙김과 관련해서 요즘 하고 있는 연구에서 나눔은 성장과 치유를 촉진하는 가장 중요한 요소로 여러 번 등장한다.

치유를 촉진하는 모든 나눔의 토대는 무엇을 느끼든 그 모든 경험이 인간의 공통된 마음, 공통된 인간성에 속한다는 것을 알아차리는 것이다. 우리가 겪고 있는 경험은 많은 다른 사람들도 그와 비슷한 경험을 겪고 있다는 점에서 우리는 혼자가 아니다. 바로 그 자비로운 지혜 때문에 우리는 수치심에서 벗어날 수 있다. 여기서 중요한 것은 관계이다. 그와 비슷한 말을 하는 자기 개발서들도 도움이 되기는 하지만 상호 연결과 지지를 기반으로 하는 진정한 인간관계를 구축해 주지는 못한다. 그와 같은 개발서들은 우리가 다른 사람들과 지지적이고 격려하는 관계를 맺을 수 있도록 용기를 북돋아 줄 수는 있다. 우리가 목표로 삼아야 할 이상적인 사람은 동굴에서 홀로 명상하는 불교의 은둔자가 아니다. 타인과의 관계 속에서 더 사려 깊고 자비로운 사람이 되는 것이 우리 시대에 더 적합할 것이다.

핵심포인트

- 마음챙김은 의도를 가지고 판단 없이 현재의 순간에 주의를 기울이는 기술이다.
- 그러나 마음챙김이 기술만은 아니다. 마음챙김은 존재의 방식이기도 하고, 우리가 삶에 대해 가지는 방향성이기도 하다. 마음챙김의 중요한 부분은 생활 속에서 전적으로 현존하는 것을 기억하는 것이다.
- 주의가 집중된 대상은 다양한 뇌의 시스템들과 감정들을 자극한다.
- 우리의 마음이 항상 하던 대로 현재의 이 순간에서 벗어나는 것은 우리의 잘못이 아니다. 그것은 '신뇌'의 기능과 관련이 있으며, 마음이 삶의 경험 속에서 어떻게 발달하는지와 관련이 있다.
- 역사적으로 마음챙김은 늘 윤리적 가치에 기반을 두어 왔고, 지혜의 실체와 관계가 있다. 그리고 그것은 기술로서만 분리되지 않는다.
- 자비를 추구하는 지향성 안에서 마음챙김 훈련의 구조를 짜는 것이 중요하다. 비애나 수치심, 자기비난, 자기혐오와 같이 해결되지 않은 문제들이 표면에 떠오르기 시작할 때, 자비는 우리가 그 느낌들을 친절함과 이해로 견뎌 낼 수 있도록 도와준다.
- 자비 훈련은 감정을 회피하거나 억누르는 경향성을 '마음챙김으로' 작업하기 위한 환경을 제공해 준다. 마음챙김 자비를 통해 우리는 진정/친화 시스템에 난 상처들을 치유하고 연결감을 갖게 된다.

미주

1   Gethin, R. (2011) On some definitions of mindfulness. *Contemporary Buddhism*, 12, 263–279. DOI: 10.1080/14639947.2011.564843. In 2010 the journal *Emotion* (vol. 10, part 1) published a special edition on mindfulness with many excellent papers discussing the problems of defining mindfulness, the methods of measuring mindfulness and differences in training. This is an excellent resource for those who want to go into this area more deeply.

2   Kabat-Zinn, J. (2005) *Coming to Our Senses: Healing Ourselves and the World*

through Mindfulness. New York: Piatkus, p. 108.

3 Siegel, R.D. (2010) *The Mindfulness Solution: Everyday Practices for Everyday Problems.* New York: Guilford, p. 27.

4 Nairn, R. (1998) *Diamond Mind.* London: Kairon Press, p. 30.

5 Kabat-Zinn *Coming to Our Senses* (see note 2).

6 Brewer, J.A., Worhunsky, P.D., Gray, J.R., Tang, Y., Weber, J. and Kober, H. (2011) Meditation experience is associated with differences in default mode network activity and connectivity, *Proceedings of the National Academy of Sciences*, 108(50), 20254-20259. www.pnas.org/cgi/doi/10.1073/pnas.1112029108.

7 Siegel, D. (2010) *Mindsight: Transform Your Brain with the New Science of Kindness.* London: Oneworld. See also Germer, C.K. and Siegel, R.D. (2012) *Wisdom and Compassion in Psychotherapy: Deepening Mindfulness in Clinical Practice.* New York: Guilford.

8 Four foundations of mindfulness (see www.dhagpo-kagyu.org/anglais/science-esprit/chemin/medit/etat_esprit/mindfullness2.htm for a fuller description).

9 Holmes, K. (2010) An introduction to Buddhist mindfulness. Unpublished paper, Samye Ling Tibetan Centre, Scotland.

10 Maex, E. (2011) The Buddhist roots of mindfulness training: A practitioner's view. *Contemporary Buddhism*, 12, 165-175. DOI: 10.1080/14639947.2011.564835. There are many excellent papers in this issue. Also Feldman, C. and Kuyken, W. (2011) Compassion in the landscape of suffering. *Contemporary Buddhism*, 12, 143-155. DOI: 10.1080/14639947.2011.564831 makes similar points in relation to mindfulness and compassion.

11 Hofmann, S.G., Sawyer, A.T., Witt, A.A. and Oh, D. (2010) The effect of mindfulness-based therapy on anxiety and depression: A meta-analytic review. *Clinical Psychological Review*, 78, 169-183. DOI: 10.1037/a0018555. See also Davis, D.M. and Hayes, A.A. (2011) What are the benefits of mindfulness? A practice review of psychotherapy-related research. *Psychotherapy*, 48, 198-208.

DOI: 10.1037/a0022062–this is an excellent summary of key issues and findings. Grossman, P. (2010) Mindfulness for psychologists: Paying kind attention to the perceptible. *Mindfulness* (published online Spring; Springer). DOI: 10.1007/ s12671-010-0012-7.

12 Lutz, A., Brefczynski-Lewis, J., Johnstone, T. and Davidson, R.J. (2008) Regulation of the neural circuitry of emotion by compassion meditation: Effects of meditative expertise. *Public Library of Science*, 3, 1–5.

13 Williams, M., Teasdale, J., Segal, Z. and Kabat-Zinn, J. (2007) *The Mindful Way Through Depression: Freeing Yourself From Chronic Unhappiness*. New York: Guilford. These authors have done considerable research on mindfulness and depression but this self-help book is the most accessible. For those interested in the research on processes in mindfulness and change see Kuyken, W., Watkins, E., Holden, E., White, K., Taylor, R.S., Byford, S., Evans, A., Radford, S., Teasdale, J.D. and Dalgleish, T. (2010) How does mindfulness-based cognitive therapy work? *Behaviour Research and Therapy, 48, 1105–1112*.

14 Gethin, On some definitions of mindfulness (see note 1).

15 Holmes, An introduction to Buddhist mindfulness (see note 9).

16 Brewer et al., Meditation experience is associated with differences in default mode network activity and connectivity (see note 6).

17 Neff, K. (2011) *Self-Compassion: Stop Beating Yourself Up and Leave Insecurity Behind*. New York: William Morrow. Germer, C. (2009) *The Mindful Path to Self-Compassion: Freeing Yourself from Destructive Thoughts and Emotions*. New York: Guilford.

18 Recent research on mindfulness for depression suggests that one of the mediators of the benefits might be via the development of self-compassion; see Kuyken et al., 2011. Professor Kuyken, one of the leading authorities on research into mindfulness and depression, believes that keeping to the straightforward mindfulness focus without specific compassion training is important to this work, but we think that specific compassion focusing is

necessary, especially when helping people with fears of compassion. However, we could be wrong and so these are fascinating debates which require much more research.

19 Maex, The Buddhist roots of mindfulness training (see note 10).

20 Watson, G., Batchelor, S. and Claxton, G. (1999) *The Psychology of Awakening: Buddhism, Science and Our Day-to-Day Lives. London. Routledge.*

21 Many psychotherapists recognise that some people are very frightened of feelings of warmth, closeness and affi liation; they block out feelings of kindness for all kinds of reasons. We have just started doing research on this and have found that fear of compassion is linked with problems with mindfulness: see Gilbert, P., McEwan, K., Gibbons, L., Chotai, S., Duarte, J. and Matos, M. (in press) Fears of compassion and happiness in relation to alexithymia, mindfulness and self-criticism. *Psychology and Psychotherapy; Gilbert, P., McEwan, K., Matos, M. and Rivis, A.* (2011) Fears of compassion: Development of three self-report measures. *Psychology and Psychotherapy, 84,* 239-255. DOI: 10.1348/147608310X526511.

22 The concept of acceptance is tricky and has a long history. You can find an excellent review of the issues in Williams, J.C. and Lynn, S.J. (2010) Acceptance: An historical and conceptual review, *Imagination, Cognition and Personality, 30, 5-56. DOI: 10.2190/IC.30.1.c.*

23 The point here is that at a moment-by-moment level, awareness is free of the constructs that move through it which are built by genes and social conditioning. A good analogy is the sky and clouds. The sky is like awareness that is inherently free and open, and the clouds are like our social conditioning and genetic make-up. The true meaning of acceptance is to make space for the clouds and not fight them as this places us in alignment with the sky, which is the deeper truth.

24 Cacioppo, J.T. and Patrick, W. (2008) *Loneliness: Human Nature and the Need for Social Connection.* New York: Norton.

25 Kabat-Zinn, *Coming to Our Senses (see note 2)*.

26 Hayes, S.C., Strosahl, K.D. and Wilson, K.G. (2004) *Acceptance and Commitment Therapy: An Experiential Approach to Behavior Change*. New York: Guilford. *See also Germer and Siegel Wisdom and Compassion in Psychotherapy*.

27 Nairn, *Diamond Mind (see note 4)*.

28 Watson et al., *The Psychology of Awakening (see note 20)*.

29 Neff, *Self-Compassion (see note 17)*.

제**6**장
진흙에서 피는 연꽃

마음챙김은 고난과 역경 속에 있는 사람들에게 큰 혜택을 주는 것으로 밝혀졌다.[1] 하지만 대승불교 전통에서 마음챙김은 깨어 있는 마음의 하인이고, 자비는 마음을 변용시키는 핵심 동인으로 여긴다. 자비로운 동기는 마음을 재정비하고 지속적으로 변화시키는 동력이지만, 마음챙김은 우리 자신과 타인에게 좋지 않은 일을 할 때 그것을 일깨워 주는 역할을 한다.[2]

자비로운 동기에는 여러 층이 있다. 가장 소박한 것으로는 우리 자신과 타인에게 친절하고 도움을 주는 사람이 되고 싶은 바람이다. 그러나 더 깊은 층은 지혜와 연결된다. 그것은 삶의 흐름 속에서 인생의 고단함을 이해하고, 그 고단함을 '정면으로 마주함'으로 인해 떠오르게 된다. 영원한 것은 하나도 없다. 모든 생명은 태어나 번성하고 소멸해 죽는데, 때로는 고통스럽게 죽기까지 한다. 우리의 몸은 손상 당하고, 부상 당하기 쉽고, 수많은 질병에 취약하다. 우리의 뇌는 잔인함과 포악함에 쉽게 물들 수 있다. 이 모두가 우리가 살아 있음으로 인해 생기는 것이다. 달라이 라마는 "존재가 가지는 고통의 본질을 꿰뚫지 못하면 우리는 삶에 더 많이 집착하게 됩니다. 만약 생명의 보잘것 없음이라는 본질에 대해 통찰하는 능력을 키운다면 우리는 집착을 극복할 수 있을 것입니다."라고 말했다.[3]

앞서 이야기한 것처럼(제2장 참조), 사회 속에서 성장하는 우리는 미래에 어떤 사람으로 성장할지에 대한 선택권이 제한되어 있다. 이럴 때 흔히 드는 사례로, 우리가 어린 아기였을 때 마약 조직원에 납치되어 그들의 손에서 자랐다면 우리의 정체성과 가치관과 뇌 회로와 유전자 등의 발현은 지금과 완전히 딴판이었을 것이다. 이런 종류의 책을 집필할 가능성도 거의 없었을 것이다. 아마 책을 집필하는 일에는 관심조차 없었을 것이다. 감정 조절에 자주 실패하는 폭력배가 됐을 가능성이 높고, 어쩌면 벌써 이 세상 사람이 아니었을 수도 있다. 우리의 뇌 가소성은 매우 높아서 생활 터전인 사회적 환경에 따라 다양한 뇌가 만들어지고, 그 결과 완전히 다른 자기들이 탄생할 것이다.

이런 통찰로 우리는 주의력을 잃은 채 멋진 차나 패스트푸드, 섹스, 마약, 록큰롤에 몰두할 수도 있고, 절망의 구렁텅이에 빠질 수도 있다. 하지만 제1장에서 살펴봤던 '붓다의 중도Middle Way of the Buddha'를 추구하는 우리는 다른 종류의 삶을 일굴 수 있다. 무관심하게 방관하는 삶이 아니라 어떤 식으로든 고통을 해결하려는 동기가 충만한 삶을 일굴 것이다. 그렇게 하려면 잠깐 뒤로 물러서서 실재하는 삶의 모양새를 관찰해야 한다. 우리는 한편으로는 진화와 다른 한편으로는 성장 환경에 의해 형성된 마음과 뇌의 지배를 받고 있다는 것을 알아차려야 한다.

또한 그렇게 통찰을 하면 우리는 삶의 고통과 힘겨움을 개인적인 것으로 받아들이지 않고, 창피하게 생각하지도 않으면서 그것들을 잘 다룰 수 있게 된다. 현재의 자신의 모습이 자신의 탓이 아님을 알아차리게 되고, 또 자신이 끼쳤을지도 모르는 피해에 대해서는 철저히 책임지고 나서 미래에 되고 싶은 사람의 특성들을 닦는 과정을 걸어갈 때 우리의 수치심은 치유되기 시작할 것이다. 예를 들어, 예쁜 집과 정원을 갖고 싶다면 당신은 돌무더기 정원을 그대로 방치해 놓지는 않을 것이다. 그것들을 치워 내고 비옥한 흙을 가져와서 아름답게 꾸밀 것이다.

이런 방식으로 우리는 이전의 보살들이 지나간 발자취를 좇고자 열망한다. 보살들은 자신의 자비로 가슴을 일깨운 보리심을 얻은 후, 살아 있는 모든 존재를 고통과 고통의 원인에서 해방시키는 일이라면 무슨 일에나 관심을 가졌다. 현대적인 언어로 말하자면, 그들은 먼저 삶의 흐름을 파악하고 싶었을 것이다. 우리를 형성해 온 어떤 상황에 놓인 우리 자신을 어떻게 발견할 뿐인지, 우리 모두는 사회적으로 어떻게 구성됐는지, 이 생명이 얼마나 일시적이고 영원하지 않은지 알고 싶을 것이다. 이것은 지혜를 이루는 바탕이다.

마음챙김 훈련에 자비라는 동기가 있고, 그 뿌리가 지혜에 닿아 있으면 가고자 하는 길과 하고 있는 훈련에는 힘과 깊이가 있을 것이다. 사실 보살의 서원은 한걸음 더 나아가 망상의 잠에서 깨어나 다른 사람들까지 깨우고자 하는 소망을 담고 있다(151쪽 참조). 불교 용어는 그것을 '깨달음'이라고 말하지만, 이 용어는 우리를 자칫 잘못된 길로 인도할 수 있다. 초덴의 스승들 중 한 명인 라마 예셰 린포체Lama Yeshe Rinpoche는 그것을 '자기해방', 즉 자기를 제한하는 마음의 개념들로부터 자유로워지고, 마음의 진정한 본성인 무한한 알아차림을 인식하는 것이라고 더 정확히 설명하였다. 그것은 평생동안 먼지로 가득찬 비좁은 방 안에서 방문이 열려 있는 것도 모른 채 갇혀서 단지 그 문을 열고 나오면 된다는 것을 모르는 것과 같은 상황이다. 그런데 그 알아차림에 이르기까지는 너무 오랜 세월이 걸릴지도 모른다!

이 책에서 우리가 집중하는 점은 우리가 갇혀 있다는 것과 그것이 우리의 잘못이 아니라는 것, 그리고 갇힌 곳의 문을 발견하고자 하는 발걸음을 서서히 떼서 '마음을 제한하는 고리들'로부터 해방될 수 있다는 것이다. 이때 매우 중요한 것은 우리가 모든 생명체와 연결되어 있다는 것을 인식하는 것이다. 즉, 우리가 서로 연결되어 있고 생명의 흐름의 일부분임을 아는 것이다. 그런 방식으로 지혜와 자비의 힘을 내면에서 일깨움으로써 우리는 수치심과 자기 비난과 감정적 회피의 감옥에서 점차적으로 벗어나기 시작한다.

삶의 갈등과 힘겨움을 이런 방향으로 접근하면 크나큰 변용의 가능성이 보인다. 보살은 원형적인 영웅적 서사를 따르는 영적 전사이다. 보살은 그 시대를 지배하는 패러다임에서 기꺼이 벗어날 수 있는 전사이고, 어떤 일이 펼쳐질지도 모르는 상황에서도 삶의 고통에 가슴을 열고 존재의 비밀의 방문을 열 준비가 된 전사이다. 그 삶은 내어 줌surrender의 삶으로, 다른 이들이 따를 수 있는 길을 찾기 위해 우리 시대를 대표하는 고통과 역경을 극복하는 모범이 되는 삶이다.

친절한 동기를 가지고 마음챙김에 접근할 때, 그것은 변용의 과정이 된다. 그 과정은 또 다른 수준으로 격상하는 비전으로 활기를 띠게 된다. 그것은 서로에 대한 깊은 연결감과 친화감으로 활기와 생동감이 가득한 과정이 된다.

자비의 약화에 대한 이해

이러한 모든 것이 좋고 훌륭하게 보이지만 현실에서 그 과정은 그리 단순하지 않다. 앞에서 마음챙김의 토대가 어떻게 무너지는지 살펴봤던 것처럼, 지금부터는 자비의 기반이 어떻게 약화되는지 알아보고자 한다. 자비의 약화는 대부분 자비의 토대인 감정 시스템들의 문제에서 발생한다. 그리고 자비 그 자체와 그것의 효력에 대한 잘못된 이해로부터 비롯된다.

자비는 우리가 민감함과 열린 가슴으로 고통에 관여하면서(내부 원의 속성들, 164쪽 참조), 동시에 고통을 진정시키고 경감시킬 수 있는 친절, 친밀감, 연결감, 그리고 온화함을 만들어 내기를 요구한다(외부 원의 기술들, 164쪽 참조). 그러나 대부분의 사람에게 고통에 직면하는 것은 너무 힘들고 압도되는 느낌을 줄 수 있다. 또한 자비의 느낌을 만드는 일도 쉬운 일이 아닐 수 있다. 우리 모두가 행복을 원하고 고통을 싫어하는 것에 대해서는 쉽게 인정하겠지만, 문제는 그 이면에 흐르는 심리가 그렇게 단순하지 않다는 점이다. 그 심리를 이해하면 당신은 자신에게 닥칠 문제들을 이해하고, 해결의 실마리를 찾을 수도 있을 것이다. 이러한 내용은 다음 장에서 보다 자세하게 다룰 것이다.

진정/친화 시스템의 미작동

일부 사람들이 자비에 대해서 힘겨워 하는 이유 중 하나는 진정/친화 시스템이 제대로 작동하지 않기 때문이다. 거기에는 여러 원인이 있겠지만 그 원인 중 하나는 생물학적인 것이다. 예를 들어, 사이코패스는 고통에 대해 감정적인 반응을 하지 않는 것처럼 보이고, 보살핌의 동기도 없는 것처럼 보인다. 또 극심한 스트레스나 우울증 상태에 있는 사람들은 진정 시스템에 거의 접근하지 못하거나 느끼지 못할 것이다. 또 다른 경우, 어떤 사람들은 다른 사람과 관계를 잘 맺지 못하기 때문에 스스로를 진정시키는 데에도 어려움을 겪는다. 이러한 사람들은 어떤 이유로든 고립되고, 대화를 나누거나 이해와 위로를 받을 수 있는 관계를 맺지 못한다. 계속 강조하고 있지만 친화와 연결감은 자비의 토대가 되는 정서 시스템들을 활성화하는 데 매우 중요한 요소이다. 우리는 사람들을 '머릿속의 복잡함을 혼자 힘으로 정리'할 수 있는 단절된 사회적 존재로 보지 않는다.[4]

자비의 본질에 대한 오해

　　한편 이러한 잠재적인 정서적 이슈와 더불어 자비는 오해 받기 쉬운 개념이다. 자비에 대한 오해가 있으면 내면에 저항감이 생겨서 스스로는 물론 타인과도 자비로운 관계를 맺지 못하게 된다. 남자들은 특히 그렇다! 누군가에게, 특히 남자들에게 '자비'라는 말을 꺼내면 그들은 자비가 '솜털 같은 것'이라도 되는 양 당황한 표정을 짓는다. 자비란 좋은 것이기는 하지만 전혀 '강하지' 않은 어떤 것 혹은 위기의 순간에나 필요한 것으로 생각한다. 보스턴 대학교에서 근무하고 있고『자기자비에 이르는 마음챙김의 길The mindful path to self-compassion』을 집필한 우리의 동료 크리스토퍼 거머Christopher Germer 박사는 자비에 관해 매우 흥미로운 것을 발견하였다. 마음챙김 리트릿과 수업을 운영할 때, 참가자의 성비는 남녀 50 대 50이었는데, 자비 리트릿에서는 여자가 90% 정도가 되었고, 남자는 겨우 10% 정도였다. 서구에서는 남성들이 자비를 잘못 이해하고 있고 진지한 것으로 받아들이지 않는 문제가 있다.

　　이 책의 공동 저자인 길버트도 동료 심리치료사의 저항을 경험한 적이 있었는데, 그 치료사는 자비의 근본적인 의미를 오해하고 있었다. 그는 자비란 환자를 '상냥하게' 대하는 것으로만 알고 있었다. 자비는 괜찮은 것이고, 당연히 모든 치료사도 자비로워야 하지만, 치료의 진정한 목적은 (의식적인 과정과 무의식적인 과정, 핵심 신념, 학대 기억과 같은) 환자의 고통, 분노, 불안, 그리고 우울 등을 다루는 것이라고 심리치료사들은 말한다. 물론 우리도 거기에 동의한다. 그렇지만 좀더 명료하게 말하자면 그것은 자비가 하는 일이다. 실제로 자비가 없다면 그 과정은 몹시 고통스럽고 외로운 여정이 될 것이다. 이런 측면에서 일부 심리치료사들은 자비의 여러 심리와 복합성을 꿰뚫어 보지 못하고 있는 것이다(제4장 참조).

자비에 대한 두려움과 저항

지금부터는 자비에 대한 두려움과 저항을 설명할 것이다. 이러한 두려움과 저항으로 우리는 마음챙김과 자비로운 마음을 계발하는 초기 단계에서 이탈할 가능성이 있기 때문이다. 하지만 그 두려움과 저항감이 어떻게 발생하고, 그러한 것들이 인간 조건의 한 부분이라는 것을 알수록 그것들을 개인적인 것으로 여겨서 우리 자신을 비난할 가능성은 더욱더 줄어든다. 그렇게 되면 우리가 그것들을 다루는 일은 훨씬 쉬워질 것이다.

실제로 어떤 사람들의 경우에는 자신과 타인에게 자비로워지는 노력이 좋은 감정이 아니라 힘든 감정을 자극하기도 한다. 연구 조사에 따르면, 어떤 사람들은 자비의 가치를 알고 있음에도 불구하고 자비로워지는 것에 대해 큰 두려움을 가진다.[5] 제라드 폴리Gerard Pauley와 수잔 맥퍼슨Susan Mcpherson은 우울증을 앓는 집단을 통해 자기자비의 의미와 가치에 대해 연구하였다.[6] 그들이 발견한 것은 우울증을 앓는 사람들이 자기자비를 잠재적으로 자신에게 도움을 주는 것으로 보고 있지만, 자신의 병의 영향 때문에 그런 마음을 갖기에 매우 어려운 것으로 보고 있다는 것이다. 폴리와 맥퍼슨은 '흥미로운 것은 많은 참가자가 우울하거나 불안할 때, 자기자비를 갖기 어렵다고 느꼈을 뿐 아니라, 자기자비와 정확히 반대되는 것을 경험했다.'고 말했다(213-215쪽 참조).' 참가자들은 수치심과 자기비난을 경험했던 것이다.

길버트의 연구 팀은 여러 해에 걸쳐 자비에 대한 다양한 두려움을 연구하였다.[5] 물론 어떤 치료사이든 학대나 따돌림을 당하거나 보살핌을 받지 못하는 환경, 즉 외상을 유발하는 환경에서 성장할 경우에 '연결감'을 자극하는 어떤 것이 문제가 될 수 있다는 것은 매우 자연스러운 일이라고 말할 것이다. 그럼에도 불구하고, 우리는 자비에 대한 세 가지 유형의 두려움을 발견하였다. 첫째, 타인에게 자비로워지는 것에 대한 두려움, 둘째, 타인의 자비를 받는 것에 대한 두려움, 셋째, 자신에게 자비로워지는 것에 대한 두려움이 그것이다.[5] 자비에 대한 두려움의 측정은, 먼저 일련의 진술문을 제시한 다음, 사람들이 그 내용에 얼마나 동의하는지 평가하는 방식으로 진행되었다.

- 타인에게 자비로워지는 것에 대한 두려움의 경우, 우리는 다음의 문장을 제시했다. '내가 너무 자비로우면 사람들은 나를 이용할 것이다.' '내가 너무 자비로우면 사람들은 내게 너무 많이 의존할 것이다.' '나는 다른 사람들의 고통을 견뎌 내지 못할 것이다.'
- 타인의 자비를 받는 것에 대한 두려움의 경우, 우리는 다음의 문장을 제시했다. '내가 타인의 친절이 필요할 때, 그들이 내게 친절하지 않을까 봐 두렵다.' '내게 무언가를 원하는 경우에만 사람들이 내게 친절하고 자비로울까 봐 두렵다.' '누군가가 내게 친절하고 호의적이라고 느껴지면 나는 상대방에게 담을 쌓는다.'
- 자신에게 자비로워지는 것에 대한 두려움의 경우, 우리는 다음의 문장을 제시했다. '내게 자비로워지면 내가 되고 싶지 않은 사람이 될 것 같아 두렵다.' '내가 스스로에게 자비로워지면 질수록 나약한 사람이 될 것 같아 두렵다.' '스스로에게 자비를 느끼기 시작하면 상실/슬픔이 몰려들까 봐 두렵다.' '나는 스스로를 친절이나 용서를 받을 만한 가치가 없는 사람이라고 느낀다.'

이 연구 결과에 따르면, 먼저 자비에 대한 한 가지 유형의 두려움이 있으면 다른 종류도 있을 가능성이 높았다. 두 번째로 타인의 자비를 받는 것을 두려워하는 사람들은 자기 자신에게 자비를 베푸는 것을 어려워하였다. 그렇다면 주변 사람들의 사랑과 자비를 받는 것을 힘들어 하고, 또 스스로에게 사랑과 자비를 주는 것을 전혀 못하는 사람들이 사는 세상은 어떤 세상일까? 수치심이 심해서 자신을 싫어하고 혐오하기까지 한다면(89-90쪽 참조) 날마다 머릿속에서 무슨 일이 일어날지 생각해 보자. 진정/친화 시스템은 거의 자극되지 않는 반면에 위협 시스템은 매우 자주 자극될 것이다. 진정/친화 시스템을 자극하지 못한다면, 정작 그것이 필요할 때 뇌 속에서 어떻게 작동할까? 반복해서 나온 연구 결과는 그 시스템의 작동을 도와줄 다른 뇌의 시스템들을 자극해야 한다는 것이었다.

자비로부터 우리 자신을 차단시키면 진정/친화 시스템은 작동을 멈출 것이고, 우리는 유사시에 그 시스템의 도움을 받지 못할 것이다. 사실 우리의 연구 결과에 따르면, 자비에 대한 두려움은 우울과 불안과 스트레스에 대해 우리를 더욱 취약하게 만든다. 게다가 그 두려움이 있는 사람들은 자기를 비판하는 성향도 강하다. 그 이유는 당신도 알 것이다. 그들은 실수했을 때 자신을 달래고 진정시킬 방법을 전혀 모르기 때문에 실수를 허용할 수 없고, 대신에 겁을 먹거나 분노에 차서 자기를 비난하기 시작한다.[7] 어떻게 보면 그들은 칼날 위에 서 있는 사람처럼 일상을 산다.

행복에 대한 두려움

긍정적인 감정을 조금만 느껴도 불안을 느끼거나, 심지어 행복을 두려워하는 사람들이 있다. 이는 쾌락을 둘러싼 청교도적인 금기 때문일 수도 있는데, 그것은 두려움과 죄의식에서 파생된다. 요즘 많은 책은 주로 행복에 관해 이야기하면서도 우리 대부분이 행복을 두려워한다는 사실은 거들떠보지 않는다. 다시 한번 말하지만 길버트에게 가장 훌륭한 교사는 환자들인데, 길버트는 환자들이 말하는 행복에 대한 두려움들을 질문으로 바꿔서 그 두려움이 얼마나 흔한 것인지, 그리고 우울증 같은 상태와 어떻게 연관되어 있는지를 연구하였다.[5] 우리는 사람들에게 다음과 같은 질문을 하면서 얼마나 동의하는지 물어보았다. '나는 너무 행복해지는 것이 두렵다.' '나는 기분이 좋아지

면 무언가 잘못될 것 같아서 걱정이 된다.' '나는 행복해질 자격이 없다.'

그 연구를 마쳤을 때, 우리는 행복에 대한 두려움이 우울, 불안, 스트레스와 매우 깊은 관련이 있다는 사실을 발견하고서 깜짝 놀랐다. 우울증에 취약한 사람들은 행복해지는 것에 대해서도 두려움을 느꼈다. 그들은 자신에게 행복을 느끼도록 허용하는 것을 어려워하였고, 행복감을 느낄 때에는 불안해졌다. 길버트의 환자들 중 한 명은 다음과 같이 말했다. "모든 것이 편안하고 행복하다는 생각이 들면 저는 갑자기 남편이나 애들이 죽으면 어떻게 하지 하는 생각이 떠올라요. 아니면, 이러다 모든 게 잘못 돌아가면 어떻게 하지라는 생각도 떠오르고요. 우울할 때에는 전혀 그렇게 생각하지 않으면서 말이에요." 그녀에게 행복은 삶의 취약성을 상기시켰다.

행복해질 자격이 없다는 느낌은 부모가 질환을 앓는 가정에서 매우 흔하다. 카렌의 어머니는 이혼을 했고, 건강이 좋지 않아서 집 밖을 거의 나가지 못했다. 카렌은 십대 시절을 이렇게 회상하였다. "외출을 해서 한 번도 편하게 즐겨 본 적이 없어요. 엄마가 괜찮은지 걱정이 됐고, 엄마를 집에 홀로 두고 저만 혼자 즐겁게 있는 것도 죄책감을 들게 했죠."

마음챙김 자비를 키우면 우리는 수치심과 비난 없이 그 생각들을 그대로 인정하게 된다. 그 생각들은 삶은 힘들었고, 행복은 실로 짧았던 자신의 사회적 배경과 관련된 것으로 이해하게 된다. 이들과 마찬가지로 우리는 과거의 프로그래밍된 모습으로 살고 있다. 긍정적인 감정을 느낄 수 있는 능력이 차단될 경우 사람들은 우울한 상태를 계속 경험할 것이고, 그 결과 긍정적인 감정 시스템들이 멈출 것이라는 사실은 그리 놀라운 일이 아니다.

감정적 기억

사람들이 자비로워지려고 시도할 때 두려움과 불편한 경험을 만나게 되는 이유 중 하나는 감정적인 기억을 촉발하는 감정을 건드리기 때문이다. 어떻게 그것이 가능할까? 일차원적으로 생각해 보면 그것은 매우 간단하다. 예컨대, 어린 시절에 검은색 개에게 물린 경험이 있다고 해 보자. 세월이 흐른 뒤당신이 집으로 돌아오는데 갑자기 눈앞에 검은색 개가 나타난다. 그때 당신은 몸에 새겨진 기억 때문에 불안에 휩싸일 것이다. 어떤 생각도 떠오르지 않은 채 개를 본 순간 몸의 기억이 불안 시스템을 활성화시키는 것이다. 그런식으로 과거에 유의미한 것들에 대해 생리적으로 반응한다는 것을 우리는 안다. 그러나 흥미롭게도 좋은 감정이 나쁜 감정으로 변할 수도 있다. 다음을 상상해 보자. 치즈 케이크를 좋아하는 당신은 그것만 보면 기대감으로 마음이 따뜻해지면서 달콤한 맛을 볼 상상을 하게 된다. 그런데 어느 날 치즈케이크를 먹고 배탈이 난다. 자, 그럼 다시 치즈케이크 향을 맡았을 때 따뜻한 느낌을 가질 수 있을까? 아마 느껴지지 않을 것이다. 그 대신에 메스꺼움과 두려움이 느껴질 것이다. 당신은 치즈케이크를 맛있게 먹고 싶은데도 당신의 몸은 배탈이 났던 것을 기억하고 있을 것이다. 그 메스꺼움과 두려움에 조건화가 되어 버렸기 때문에 그 느낌들을 갖지 않을 수 없다. 그리고 그 메스꺼운 느낌들은 의식하고 있는 기대와 생각들을 압도할 것이다. 바로 그것이 핵심이다. 세월이 흘러 불쾌한 느낌이 약해져서 예전처럼 치즈케이크를 좋아하게 될지도 모르지만 지금 당장은 아니다. 그리고 지금 그 불쾌한 느낌을 회피한다면 치즈케이크를 다시 좋아할 일은 생기지 않을 것이다.

어떤 감정들은 다른 감정들과 서로 엮여 조건화되어 있을 수 있다. 긍정적인 감정이 부정적인 감정을 일으키는 촉발제가 될 수 있다는 말이다. 다른 사례를 하나 더 들자면, 샐리의 어머니는 광장공포증을 앓았다. 자주 우울감에 빠지고 변덕을 수시로 부렸다. 어린 시절, 외출을 무척 하고 싶어 했던 샐리는 어느 크리스마스 때 산타클로스를 만나기로 되어 있어서 무척 흥분했던 기억이 있다. 그런데 그 흥분은 안 좋은 느낌으로 끝났다. 집을 나서려는 순간에 어머니가 공황 발작을 일으켜서 바닥에 주저앉아 울음을 터트리는 것이었다. 그날 샐리는 외출을 할 수 없었다. 설상가상으로 집에 있던 아버지의 화는 점점 치밀어서 그날의 집안 분위기는 완전히 '험악하게 변했다'. 샐리는 어떤 일 때문에 자신이 흥분하면 그날처럼 나쁜 일이 일어난다고 말했다. 그래서 그녀는 좋은 일이 생겨도 너무 좋아하지 않으려고 노력한다. 그 이면에 그녀의 감정적 기억에는 좋은 일이 나쁜 일로 변하거나, 아니면 안 좋은 일이 생길지도 모른다는 느낌이 있기 때문이다. 사실 샐리는 크리스마스처럼 신나는 시기가 돌아오면 마음이 불편해진다는 것을 알아차렸다. 어린 시절의 불편했던 느낌이 샐리의 감정적 기억에 뿌리내리고 있었던 것이다. 거기에 분노나 슬픔처럼 서로 다른 종류의 감정도 엮일 수 있다.

친화감과 감정적 기억

우리는 그 감정적 기억을 친화감과 애착의 관점에서 생각해 볼 수 있다. 우리는 (애초부터 부모와) 사랑하는 관계와 애착을 형성해 그것들을 통해 진정되고 안정되도록 생물학적으로 만들어졌다.[8] 그러나 그 시스템이 활성화되었는데 사랑과 지지를 해 주어야 할 사람들이 없다면, 혹은 설상가상으로 그들이 해를 가하거나 위협을 하면 어떤 일이 벌어질까? 물론 어느 관계에서나 상시로 갈등, 말다툼, 의견 충돌이 생긴다. 그러므로 지금 하려는 이야기는 일상적으로 일어나는 일에 관한 것이 아니다. '사람들에게 가까이 가면 상처받을 거야.'라는 생각이 몸의 기억으로 암호화되는 때에는 여러 형태의 방치가 정기적으로 또는 지속적으로 또는 강렬하게 진행됐을 때이다. 타인과 가까워지고 싶고, 사랑받고 싶은 감정들이 자연스럽게 생길 때마다 우리의 기억은 과거에 무슨 일이 있었는지, 그리고 그때 얼마나 불편했는지를 상기시킨다. 앞의 치즈케이크 사례에서처럼, 갖고 싶고 즐기고 싶었던 평범한 일들이 무척이나 불쾌하고 회피하고 싶은 것이 되어 버린 것이다. 우리는 그것을 감정적 조건화라고 부른다. 감정적 조건화는 진정/친화 시스템이 닫히는 이유를 이해하는 데 매우 중요한 요소이다. 친밀감과 친화감처럼 긍정적인 감정들은 위협이나 상처를 받았던 경험에 의해 오염될 수 있고, 이제 이런 오염된 감정은 당신이 진정/친화 시스템을 자극할 때 나타난다.

정서적으로 혼란스럽거나, 가학적이거나, 비판적이거나, 애정이 결여된 환경에서 성장한 사람들의 진정/친화 시스템의 차단은 훨씬 더 까다롭고 복잡하다. 그렇게 차단되는 일은 우리가 생각하는 것보다 더 흔한 일일지도 모른다. 어떤 사람들은 부모가 물질적으로는 확실히 챙겨 주면서 잘 보살펴 주었지만, 신체적인 애정을 표현해 준 적이 거의 없다고 말하거나 자신이 다른 사람들에게 기쁨의 존재가 되어 본 적이 없다고 말한다. 어쩌면 그들의 부모는 일하느라 너무 바빠서 피곤했거나 아니면 단순히 사랑의 감정을 나누는 것이 불편했을지도 모른다. 혹은 애정을 얻으려면 경쟁을 해야 한다고 생각하거나 관심을 끌기 위해서라면 어떻게든 성공해야 한다고 느낄지도 모른다. 슬프게도 경쟁 사회에서는 그렇게 느끼는 일이 더욱 일반화되고 있다. 특히 (가학적이고, 경쟁적이고, 애정이 부재한) 환경에서 자란 사람들은 자기비판적인 경향이 있는데, 그 부분적인 이유는 자신을 너무 몰아붙이기 때문이다. 또한 그들은 필사적으로 성공하려고 하거나 (가치 있는 사람이 되기 위해) 완벽에 가까워지려고 하여 실수나 실패를 겁낸다. 그들은 자신의 '나쁜 점까지 모두' 수용한다는 개념을 두려워한다. 친화감과 자기자비의 느낌도 마찬가지로 어려워한다. 때로는 그 느낌들을 경멸하고, 사람들을 믿지 않으면서 어느 정도 거리를 둘지도 모른다. 여기서의 쟁점은 자비에 대해 부정적으로 생각하는 것이 아니라 자비의 실제 경험이 문제를 야기할 수 있다는 점이다.

진정/친화 시스템은 상처를 받으면 '차단'될 수 있다는 점에서 전자책과 비슷하다. 문제는 우리가 자비 훈련을 해서 그 시스템을 다시 활성화시켰을 때 그 시스템이 차단되었던 원래의 위치에서 개방될 수 있다는 것이다. 그러므로 만약에 생애 초기의 애착을 위협적이고 고통스럽게 경험하였다면 진정/

친화 시스템에 다시 접속하기 시작할 때, 우리는 긍정적인 감정보다 부정적인 감정을 가질 가능성이 더 많다. 이것은 매우 비극적이지만 불시에 큰 충격을 받지 않으려면, 그리고 자기를 비난하는 일을 하지 않으려면 반드시 이해해야 할 부분이다. 그 이해를 통해 우리는 진정/친화 시스템을 오염시켰던 것들을 제거하기 위해, 또 자비에 대한 두려움을 자비로 대하기 위해 상황을 어떻게 창의적으로 다루고 싶은지 한걸음 물러나 생각할 수 있다.

　　명상과 심리치료를 하는 현장에서 사람들이 자비를 훈련하면서 감정적으로 고통스러운 것들을 때로는 수치스럽고, 때로는 너무 외로운 것들과 직면하기 시작할 때, 자비에 대한 두려움이나 부정적인 감정에 휩싸이는 것을 흔하게 볼 수 있다. 그러므로 자비를 통해 사람들은 자신의 이야기와 고통을 더 강렬하게 경험할 수 있으며, 때로 감정에 압도되고 슬픔에 잠기는 자신을 발견하기도 한다.

혼합 감정과 친화감

　　서로 다른 감정들이 섞이게 되면 또 다른 문제가 발생한다. 예를 들어, 잭의 아버지는 잭에게 자주 화를 내는데 그렇게 화를 내고 난 후에는 잭에게 방으로 들어가라고 명령한다. 시간이 좀 흐른 뒤, 화가 누그러지고 후회가 찾아오면 잭의 아버지는 잭에게 가서 사과를 하고 용서를 구한다. 일주일이 지난 후에 똑같은 일이 반복된다. 이럴 경우, 서로 다른 감정들이 섞일 가능성이 있는데, 그것에 대해 한 번 생각해 보자. 먼저 잭은 아버지의 화를 돋우기보다는 아버지의 사랑을 받고 싶었을 것이다. 그래서 지금 잭에게는 서로 지지해 주고 사랑해 주는 관계에 관한 실망이 있다. 두 번째로, 잭은 아버지를 매우 무서워할 것이다. 아버지가 신체적으로 공격적일 경우, 잭의 위협 시스템이 발동해서 특히 그럴 것이다. 세 번째로 아버지가 잭에게 방으로 들어가라고 명령했을 때, 방에 들어간 잭은 고통을 느끼지 않으려고 침대에 숨거나, 울거나, 아예 모든 신경을 '꺼 버렸을' 것이다. 그래서 현재의 잭은 엄청난 위협이 닥쳐서 위로와 애정이 필요할 때임에도, 위로와 단절된 채 구석진 곳에서 홀로 외로움을 느낀다. 네 번째로 화가 난 아버지가 잭에게 야단을 쳤기 때문에 그때부터 잭은 자신을 '나쁜 아이' 또는 '사랑스럽지 않은 아이'라고, 아니면 '실망스러운 아이'로 느낄지도 모른다.

지금 우리 앞에 있는 상황은 '두려움'과 '외로움'과 '사랑스럽지 않음'이 서로 섞일 수 있는 상황이다. 이 감정들의 혼합은 세상 어디를 가든 잭을 따라다닐 것이고, 잭은 그것들을 다루는 데 애를 먹을 것이다. 예를 들어, 성인이 되었는데도 비난하는 소리를 들으면 잭은 몸의 감정적인 기억이 되살아나 공포감을 느낄 뿐만 아니라 외로움과 사랑 혹은 수용 받지 못한 느낌에 사로잡힐 것이다. 그것은 잭 안에 있는 깊은 슬픔을 촉발해 성인인데도 다시는 느끼고 싶지 않을 정도로 압도적인 감정을 느끼게 할지도 모른다. 어렸을 때 그것을 차단하는 일을 너무도 잘 배운 잭은 이제 불안이나 분노 뒤에 감춰진 슬픔과 외로움을 잘 알아차리지 못할 수도 있다.

불공평하고 공격적이었던 아버지를 떠올리면 잭은 어린 시절에 자신이 감당해야 했던 것들에 대해 화가 치밀어 오를지도 모른다. 그래서 지금의 잭은 화와 불안과 깊은 슬픔과 사랑받지 못했다는 느낌이 뒤섞여 있는 혼합물을 다뤄야 할 것이다. 그러나 그런 감정의 혼합물은 다루기가 쉽지 않을 것이다. 거기다가 아버지가 사과를 하러 방에 들어왔던 것을 잭이 상기하게 되면 문제는 더욱 복잡해질 것이다. 그러나 지금의 문제는 아버지를 용서하고 싶고, 그에게서 사랑 받고 싶은 잭이 자신을 때린 아버지에 대한 분노와 격분을 제대로 만나지 못하는 것일 수도 있다. 사실 잭은 자신의 몸에서 분노를 느끼면 동시에 그 분노에 대한 죄의식이나 슬픔, 두려움도 느낄 수 있다. 궁극적으로 당신이 친밀감과 사랑을 느끼고 싶을 경우, 당신이 필연적으로 해야 할 일은 자신의 분노를 다루는 일일 것이다!

우리 자신이 여러 감정 그리고 몸의 기억과 관련된 다양한 형태의 자기를 가진 복합적인 존재임을 아는 것은 매우 유용하다. 우리 중 누구도 하나만의 자기를 가지고 있는 것이 아니므로 때로는 자신 안의 다양한 '자기'(화난 자기, 불안한 자기, 슬픈 자기 등)에게 귀를 기울일 필요가 있다(제2장 참조). 자비로운 자기를 존재의 중심으로 삼는 법을 배울 때 보겠지만, 자비로운 자기 덕분에 우리는 힘든 감정적인 경험들과 우리 안의 다소 복잡하게 얽혀 있는 각양각색의 '자기들'을 다룰 힘을 갖게 된다. 이처럼 감정이 융합되어 있는 것을 알면 거품처럼 일렁이는 감정들의 이상한 혼합 때문에 덜 혼란스러울 것이다. 그리고 마음챙김과 자비 훈련을 할 때 서로 다른 성질의 감정들에 대해서도 더 많이 열려 있을 수 있을 것이다.

친화감과 분노

겉으로 자주 드러나지는 않지만 자비를 차단하는 것은 격렬한 분노이다. 분노는 감정적 기억 속에 묻혀 있을 수 있으며, 사람들은 분노를 두려워하거나 수치스러워하거나 그것에 대해 죄책감을 느낄 수 있다. 앞서 이야기한 것처럼, 사랑하고 사랑받고 싶은 당신은 자신의 분노를 인정하고 싶지 않을 것이다. 그렇지 않은 경우라면 자학적이다. 문제는 우리 인간이 태어날 때부터 서로 관계를 맺고 연결되도록 진화했다는 것이다. 계속 말하지만 우리는 무척 사회적인 존재이며, 우리의 뇌는 타인과의 상호작용을 통해서 계속 함께 만들어진다. 어떤 아이들은 사회적인 관계와 애정을 경험하지 못할 경우에 위협 시스템이 활성화되면서 두려움과 분노/격노를 경험할 것이다. 물론 그 감정들은 아이들이 감당하기에 너무 무섭고 힘든 것이기 때문에 당연히 억압될 것이다. 그러나 자신의 분노를 인정하지 않는 한 자비는 분노와 관련된 해결되지 않은 죄책감을 통해 차단될 것이다.[9)]

특히 어린 시절에 형성된 분노를 두려워할 가능성은 매우 높다. 왜냐하면 그런 감정들을 억눌러야 한다고 배웠기 때문이다. 그래서 그 감정들과의 연결을 시도할 때 그 감정들이 폭발해 끔찍한 상황이 펼쳐질지도 모른다는 두려움과 무서움이 생길 수 있다. 우리는 자신의 악마와 같은 부분에 자신이 통째로 넘어가 버릴 것 같은 두려움을 느낄 수 있다. 〈지킬 박사와 하이드 씨〉 〈헐크〉를 보면 그것을 잘 알 수 있다. 어떤 사람들은 자신의 분노를 통해 공포 영화의 극본을 쓸 환상의 근원을 발견해 큰돈을 벌기도 하지만, 또 다른 사람들은 자신의 분노에 대해 공포심을 가진다. 그것은 분노를 자신의 일부로 보는 법을 배운 적이 없었기 때문이고, 또는 분노 밑에 깔려 있는 사랑에 대한 깊은 갈망을 본 적이 없기 때문이다.

우울증 상태에 있는 제프의 사례를 예로 들어 보자. 제프는 자신의 감정에 대해 이렇게 말했다. "아내를 사랑하지만 때로는 아내를 떠나고 싶을 때가 있어요. 그 느낌은 어쩌면 아내가 싫어 그저 아내를 떠나 저의 길을 가거나 아니면 다른 사람을 만나야 한다는 느낌인 것 같아요. 하지만 그것은 무척 싫고 무서운 느낌들이에요. 사실 제 마음속 깊은 곳에서는 제가 아주 무례한 사람이라고 생각하고 있어요. 그렇게 늘 분노가 있는데 당신은 어떻게 제게 자비에 대해 말할 수 있는지 모르겠습니다." 제프는 타인에게 자비로움을 느낄 때에만 자신에게도 자비로울 수 있는데, 대부분의 경우에 자신은 그렇지 못하다고 말하는 것이다. 그러나 그 느낌의 근원을 이해하면 그 느낌이 위협 시스템의 일부분임을 알게 되고, 또 우리가 다루기 까다로운 뇌를 가지고 있으며, 다른 사람들도 비슷한 갈등을 가지고 있음을 이해함으로써 제프는 자신의 분노를 자비로움으로 포용할 수 있었다. 그것은 행동을 위한 처방이 아니라 사려 깊고 활기찬 사람이 되는 것을 배우기 위한 처방이다. 그 덕분에 제프가 느꼈던 느낌은 완화되었고, 제프도 자신의 분노를 덜 두려워하게 되었다. 제프는 그 분노 밑에 오랜 세월 동안 묵혀 왔던 거절과 상처의 느낌이 있음을 알게 되었다. 다른 한편으로는 마음이 자신의 분노에 지배 당하도록 두지 않으면서 진정으로 자비로운 측면에 점점 더 주의를 기울이기 시작했다.

현재의 감정들은 다루기가 매우 어려운 딜레마와 갈등일 수 있어서 어떤 사람들은 전문가의 도움이 필요할지도 모른다.[9] 그러나 그렇다는 것을 미리 알면 적어도 우리는 그 감정들을 건설적인 방향으로 다룰 수 있을 것이다.

급속하게 변화하는 문화에서 친화감과 속도 늦추기

어떤 문화에서는 자비의 가치와 훈련이 번성할 것이고, 어떤 문화에서는 움츠러들 것이다.[10] 정치와 경제 시스템들은 자비를 부추기기도 하고, 억제하기도 한다. 특히 경쟁에서 유리한 자리를 차지하려는 욕구가 삶의 속도를 지속적으로 높일 때 그렇다.[11] 이전에 언급했던 것처럼, 그것의 좋은 사례로 영국의 국민건강보험이 있다. 요즘 예산은 줄이고 성과는 높임으로써 적은 비용으로 더 많은 일을 해야 한다는 생각이 일반화되고 있다. 물론 효율성은 좋은 것이지만, 여러 연구 결과에 따르면 슬프게도 서두르고 시간을 재촉하는 환경이 사실은 자비를 약화시키고 궁극적으로는 효율성까지 감소시킨다.[12] 임상가들은 환자들을 위한 시간을 많이 낼 수 없어서 슬퍼하고 스트레스를 받는다. 물론 우리는 이보다 더 잘할 수 있다. 심각한 문제를 다루기 위해서 천천히 그리고 사려 깊고 자비롭게 집중할 수 있는 기회가 있다면 많은 도움이 될 것이다. 그런 기회를 가지려면 우리는 '충분한 시간이 확보된 건강 관리 서비스'란 무엇인지에 대해 재검토해야 한다. 이것이 '자비로운 마음 재단Compassionate Mind Foundation'이 다른 국제 단체들과 함께 '자비로운 리더십'이란 어떤 모습인지를 연구하기 시작한 이유 중 하나이다(www.compassionatemind.co.uk 참조). 우리가 더 좋은 서비스를 개발하고, 더 나은 직업적인 생활을 할 수 있도록 도움을 주는 것은 목표 지향적이고 결과 중심적인 리더십이 아니라 자비로운 리더십이다(www.stanford.edu/group/ccare/cgi-bin/wordpress/).

우리 자신과 타인의 안녕에 대해 심사숙고하면서 사려 깊게 집중하는 자비의 능력은 학교에서도, 가정에서도 점점 약화되고 있다. 진정/친화 시스템의 가치가 주목을 받지 못하게 되자 그 여파로 자비의 성장도 둔화하고 있다. 지금 가진 것에 만족하고 '아무것도 하지 않은' 채 평화 속에서 머무는 것을 배우는 일은 장려되지 않고 있다. 어린아이들은 감각을 음미하는 법을 배우지 못하고 있다. 오히려 우리가 배우는 것은 '혼자서 잘하는 법' '더 많은 시험에 통과하는 법' '더 높은 점수를 얻는 법' '등수가 떨어지는 것을 막는 법' 등이다. 날마다 우리가 배우는 것은 '아무것도 하지 않고서 지금의 명성에 안주하면 다른 사람들이 따라잡을 것이니' 그렇게 해서는 안 된다는 것이다. 우리는 항상 무언가를 분주히 해야 한다. 혁신하고 성취해야 한다. 그런데 실제로 그렇게 하는 것이 우리의 신체와 정서적 건강에 좋지 않다는 연구 결과가 있다. 우리의 균형은 심각하게 깨질 것이다.[13]

전통적인 문화에서는 단순히 존재하고 연결되어 있는 것에 상당한 가치를 둔다. 초덴은 인도를 여행하다가 다채로운 가족의 모습에 큰 충격을 받은 적이 있었다. 그 가족들은 기차역 바닥에 앉아서 몇 시간이고 오지 않는 기차를 기다리고 있었다. 소그룹으로 무리를 지어 앉은 그들은 그 안에서 서로 접촉하고, 안전함을 느끼면서 수다를 떨고 있었다. 그들은 자신의 처지에 만족해했다. 그에 반해, 서양에서 온 여행자들은 기차가 늦으면 이곳저곳을 돌아다니고 끊임없이 시계를 보면서 스트레스를 받았다. 그와 비슷한 이야기로, 어떤 리트릿을 진행할 때 초덴이 진정/친화 시스템의 특성을 '만족, 안전, 그리고 연결'로 설명하자 참가자들 중 한 명이 '그것이 뭔데요?' 하고 질문을 했다고 한다. 마치 초덴이 이상한 나라의 말을 하고 있는 것처럼 말이다.

회피의 심리학

붓다가 맨 처음 말한 것처럼, 우리는 실재에 대한 알아차림과 우리 내면 및 주변의 고통의 원인에 대한 알아차림 없이 몽유병 환자들처럼 살고 있다. 어떤 것이 우리를 멈추게 할 때까지 늘 이런저런 일에 마음을 뺏기고 살아간다. 집 여섯 채와 자동차 열두 대와 자전거 세 대와 롤러스케이트 한 켤레를 가지고 있다고 하더라도 암과 상실과 고통과 쇠락과 죽음은 언제든지 찾아올 수 있다!

지금까지 우리는 개인적 · 문화적 차원에서 자비에 대한 두려움과 저항을 살펴봤다. 정도에 상관없이 회피가 우리의 일부분임을 이해하기만 하면 우리는 그 회피를 사려 깊게 대하면서 자비로운 방식으로 다룰 수 있다. 자비를 통해 우리는 지구상에 실재하는 삶을 직시하게 될 것이고, 서로 다른 사회적 배경에서 형성된 자기와 감정과 생활방식에 대해 공감하게 될 것이다. 자비는 그것들을 회피하는 것이 아니라 있는 그대로 마주하고 책임지도록 우리의 마음을 열어 준다.

그런데 우리가 회피하지 않고 완전히 정반대로 세상을 자비로 구하고자 하는 동기를 가진다면 무슨 일이 벌어질까? 우리는 곤경에 빠지게 될까? 실제로 그럴 수도 있다. 관세음보살의 이야기를 보면 답을 알 수 있을 것이다.

관세음보살의 이야기

우리는 자비의 잠재적인 장벽들을 서구적인 시각으로 살펴보았다. 하지만 자비가 훼손될 수 있는 것과 관련해서 불교에서도 중요한 지혜가 있다. 그것은 자비로운 느낌을 두려워하고 회피하는 것과는 정반대의 문제이다. 즉, 동기 부여가 너무 과하게 된 상태를 말한다. 티베트 불교 전통에서 자비의 원형은 보살, 관세음보살인데, 그는 각양각색의 모습으로 드러난다. 그 각각의 모습은 특별한 의미를 상징한다.[14] 그중 하나는 천 개의 팔과 손을 가지고 있고, 그 손에는 모든 존재를 자비롭게 보는 천 개의 눈이 달려 있는 모습이다. 관세음보살의 탄생 신화에 따르면, 무한한 광명의 붓다인 아미타불Amitabha은 혼란과 고통 속에 살고 있는 존재들을 해방시켜 줄 자비로운 활동이 세상에 필요하다는 것을 깨달았다. 그래서 아미타불은 백색광선을 이마에서 방사해 기적적으로 관세음보살을 탄생시켰다. 관세음보살은 아미타불 앞에 무릎을 꿇고 절을 하면서 모든 존재를 위해 쉼없이 일하겠다고 맹세했고, 모든 존재가 고통에서 자유로워질 때까지 해탈의 평화에 안주하지 않겠다고 약속하였다. 그 약속들을 깨면 자신은 산산이 부서질 것이라는 엄청난 서원을 하였다!

살아 있는 존재들을 돕는 일을 시작하자마자 관세음보살은 너무도 많은 사람이 큰 혼란과 고통 속에 있는 것에 큰 충격을 받아서 눈물을 흘렸다. 여기서 자비를 베풀고자 하는 동기에 불을 붙이는 데 슬픔이 얼마나 중요한지를 우리는 다시 한번 볼 수 있다(제1장 참조). 관세음보살의 그 큰 슬픔에서 타라Tara가 탄생했는데, 그녀는 사람들이 두려움과 장애를 극복하게 도와주고, 그녀의 이름을 말하는 사람들의 가슴에 용기를 심어 주는 민첩하고, 용맹하고, 자비로운 여성 보살이었다. 관세음보살은 이제 자신의 영웅적인 탐구 여정을 도와줄 동료를 가지게 된 것이다. 관세음보살과 타라는 무수히 많은 영겁의 세월 동안 살아 있는 존재들이 고통에서 해방되고, 눈을 떠서 자신의 내면의 지혜와 자비라는 무한한 진리를 볼 수 있도록 도움을 주었다.

어느 날, 관세음보살은 우주의 가장 높은 산인 메루Meru의 정상에 올라가 존재계의 다른 영역들을 내려다보면서 그때까지 했던 일이 얼마나 진전되었는지를 확인해 보기로 하였다. 실망스럽게도 영겁의 세월 동안 들였던 그 모든 수고에도 불구하고 살아 있는 존재들은 여전히 불행과 고통 속에 빠져 있었다. 갑자기 모든 열정과 열의가 사라져 버리고 절망감과 허탈감을 느낀 관세음보살은 보살의 임무를 내려놓고 평화로운 열반 상태로 들어가기로 결정하였다. 그러자 관세음보살은 갑자기 수천 조각으로 산산이 부서져 버렸다. 아미타불에게 했던 맹세를 깨뜨렸기 때문이었다. 숭고한 관세음보살의 부서진 조각들은 메루산 아래의 평원에 뿌려졌고, 그 때문에 아미타불은 명상적인 평정 상태를 지속할 수 없었다. 천상의 거주지에서 아래를 내려다본 아미타불은 자신의 창조물이 산산조각이 나 매우 고통스러워하는 것을 쳐다봤다. 그러고는 깨달은 마음의 힘을 써서 산산조각이 난 관세음보살을 천개의 팔과 눈을 가진 보살로 다시 창조해 냈다. 이전보다 훨씬 강력해진 관세음보살은 아미타불의 현존 안에서 살아 있는 존재들을 고통으로부터 해방시키겠다고, 그리고 그 일을 끝낼 때까지 열반의 평화로움 속에서 쉬지 않겠다고 다시 한번 맹세하였다.

이 신화의 흥미로운 점은 어마어마한 삶의 고통을 보고 슬픔을 느껴서 가슴이 열리고, 자비가 탄생하는 과정을 그리고 있다는 것이다. 하지만 처음에 가슴에서 올라오는 것은 높은 곳에 올라 위대한 목적을 달성하고자 하는 우리 자신과 모든 존재를 고통에서 자유롭게 하고자 하는 고결한 이상일 수 있다. 그렇지만 노력하고 기대했던 만큼 결과가 나오지 않았다는 것을 알아차렸을 때 우리는 실망한다. 사실 고통의 바다에 맞설 만한 것은 거의 없어 보인다. 찻숟가락으로 바닷물을 비우는 일처럼 보인다. 그것을 깨달은 순간 우리는 높디높은 곳에서 바닥으로 굴러 떨어지면서 실망감과 패배감을 느끼고, 그때부터 하강의 과정이 시작된다. 그렇게 무너지고 하강하는 과정에서 우리 안의 어떤 것이 건드려져 재통합의 과정을 촉발한다. 절망과 혼란 속에서 훨씬 더 강하고 진정한 것이 생겨난다. 궁극적으로 우리가 잃은 것은 하나도 없게 되는데, 그것은 우리의 경험과 여정은 새로운 것이 탄생하는 호된 시련의 장이 되기 때문이다.

처음에는 자비에 대한 비전이 추동 시스템의 영향력 하에 있고, 또한 우리 자신이 실천을 해서 결과물을 만들어 내려는 데 초점이 맞추어져 있었다. 일이 되게 하기 위해서는 그러한 시스템이 필요하기 때문에 적어도 초기에는 그러한 접근법은 잘못된 것이 아니다. 그러나 어느 지점에 가면 목표 지향적이고, 결과 중심적인 접근법은 벽에 부딪힐 것이다. 관세음보살이 수많은 세월 동안 열심히 수고했지만 세상에는 여전히 너무 많은 고통이 있어서 목적을 달성하지 못했다고 절망했던 것처럼, 우리도 삶 속에서 그와 비슷한 일을 겪을지도 모른다. 치료사이거나 영적 교사인 우리는 정신적인 고통을 줄이고 '세상을 변화시키려는' 높은 이상으로 고취될 수도 있고, 또 자격을 갖추거나 '방식'을 배우고자 하는 우리의 노력은 이러한 소명에 의해 추동될지도 모른다. 그러나 어느 지점에 가면 우리는 의심과 피로감을 느끼기 시작하면서 또 다른 비극적인 일을 정면으로 보지 못하게 된다. 올해 좀 나아졌던 환자는 다음해에도 똑같은 우울증으로 다시 찾아온다. 세상을 바꾸고 구원할 수 있을 것이라는 희망은 차츰 사라지고, 우리는 냉소적으로 변할 것이다. 더이상 그 일을 해 볼 엄두가 나지 않고 우리의 이상은 추락하게 된다. 우리는 이직과 같이 완전히 다른 종류의 일을 시도해 볼지도 모른다. 눈 덮인 히말라야에서 열리는 명상 리트릿에 참가해 관세음보살처럼 세상의 걱정을 잊어버리고 고요히 수련할지도 모른다!

그러나 그 신화의 의미는 절망감을 견뎌 내고 새로운 출발을 하는 것이다. 그때서야 더 진정한 무엇이 나오기 시작할 것이다. 어쩌면 우리는 타인을 돌보기 전에 자신을 보살피고 자기자비를 먼저 훈련해야 한다는 것을 깨달을지도 모른다. 또한 우리는 마음속에 큰 목적을 갖는 것보다는 매 순간 일어나는 고통에 관여하고 이해하는 것이 더 중요한 것임을 깨달을 수도 있다. 무엇보다 가장 중요한 것은 자비의 두 요소이다(제4장 참조). 첫 번째는 생명의 흐름 속에서 고통의 본질을 명확히 보는 것(자비의 원에서 내부의 속성 원)이고, 두 번째는 고통을 줄이려는 열망과 온화하고 애정 어린 감정들을 불러일으키는 친절한 접근법에 초점을 맞추는 것(외부의 자비로운 기술들의 원)이다. 마티유 리카르가 말하였듯이, 단순히 고통에 공감적으로 머무르면서 그것에 연결되어 있는 것은 견디기 힘든 일일 수 있다. 중요한 것은 친절하고 애정어린 마음의 초점이다. 관세음보살 이야기의 요점은 우리가 추동 시스템에 갇혀서 너무 목표 지향적이 되고, 고통이 만연한 황량한 현실에 너무 빠져 있으면 자비가 약화될 수 있다는 것이다.

자비는 신성한 영역으로 상승하는 것인가

사람들은 자비를 이상하게 오해하고 있는데, 그것은 자비의 특징과 관련이 있다. 제4장에서 말했던 것처럼, '자비'라는 말이 일상적으로 어떻게 사용되는지 탐구한 자비연구가들은 일반적으로 자비가 동감, 친절, 온화함, 부드러움, 관대함과 관련이 있음을 발견하였다. 언뜻 보기에 크게 이상해 보이지 않는다. 왜냐하면 우리는 대부분 그 특징을 도덕적이고 선한 것으로 생각하기 때문이다. 그렇지 않은가? 그런데 불행히도 '맞아, 그런데…'라고 말할 수도 있다. 잠깐 동안 모든 것을 멈추고 마음속으로 자비로운 존재를 그리면 누가 떠오르는가? 주로 예수나 마리아, 플로렌스 나이팅게일, 간디, 달라이 라마가 떠오를 것이다. 보통 우리는 그들을 얼굴에 미소를 지은 채 고요히, 그리고 평화롭고 부드럽게 움직이는 사람들로, 또 불안도 화도 모르는 단정한 사람들로 알고 있다. 그들은 천사나 신처럼 가난하거나 아픈 이들에게 다가가 돕는다. 그들의 가슴은 온화함과 자애로 가득차 있다. 우리는 마음속으로 그런 특징을 가진 전형적인 사람들(또는 신)을 그려 볼 수 있다. 그러나 자비는 당연히 그런 특성들을 포함하고 있지만(연구 결과에 따르면, 그 특징들은 대부분의 사람에게 자비를 연상시키는 특징이라고 한다), 솔직히 말하면 우리는 그 특징들과 그 특징을 가진 사람들에게 무척이나 쉽게 거리감을 느낀다. 그들은 마치 다른 세계에 살고 있는 사람들처럼 보인다. 그들에게 다가가고는 싶지만 그들처럼 되는 일은 상상조차 못할 일이다. 그들이 하찮은 우리보다 너무 위대해 보이고 훌륭해 보이기 때문이다.

실제로 우리가 열망해야 하는 것과 열망할 수 있는 것(그리고 심지어 우리가 진실한 사람들이라면 열망하고 싶은 것) 사이에는 큰 차이가 있다. 만약 조심하지 않으면 자비는 '할 수 있는 것'이나 '하고 싶은 것'이라기보다는 '해야 하는 것'에 더 가까울 수 있다. 게다가 우리는 '더 높은 존재들'처럼 되어야 한다고 생각하면서 부끄러움을 느낄지도 모른다. 좀 더 사려 깊고, 친절하며, 덜 짜증내고, 덜 이기적인 사람이 되어야 할 텐데 하고 생각할지도 모른다. 그것은 고무적인 일일 수 있지만(165-166쪽 참조), 수치심을 느끼고 싶지 않기 때문에 이런 것들을 마음 한구석에 묻어 버리고 잊어버릴 수 있음을 명심해야 한다. 어쨌든 누가 항상 도덕군자로 살고 싶겠는가? 연구 결과에 따르면, 우리 자신과 너무 차이가 나는 이미지와 역할 모델을 만들면 우리는 그들처럼 되는 것을 추구하기보다는 그들에 대해 생각하지 않으려고 하고, 그 결과 자비로운 노력은 모두 묻히거나 잊힐 수 있다.

내면의 독을 '정화'하는 자비

자비를 삶의 혼란스럽고 어려운 부분에 휘말리지 않는 신성한 영역으로 상승하는 것이라고 생각한다면 우리는 자비에 대해 심각하게 오해하고 있는 것이다. 중요한 것은 자비가 고통을 초월해 상승한 상태가 아니라는 것이다. 오히려 자비는 고통의 자갈밭 속으로 들어가는 것에 관한 것이다. 무엇보다 우리는 불안이나 분노, 쾌락의 욕구를 없애기 위해서가 아니라 그 감정들을 자비로운 공간으로 수용한 뒤 그것들을 다룰 수 있는 지혜를 키우기 위해서 자비를 계발하려고 한다. 그때 우리는 회피가 아니라 관여의 중요성을 계속해서 보게 된다. 사실 불교는 분노와 질투와 성적 욕망과 같은 감정들을 '마음의 독'이라고 말하기 때문에 이 지점에서 늘 도움이 되는 것은 아니다. 그러나 어떤 독은 제거가 필요한 몸속의 독소와 같아서 오염되었음을 알려 주기도 한다. 만약에 살모넬라균 때문에 몸이 아프면 우리는 그 독성 물질을 몸에서 씻어 내고 싶어 한다. 그러나 마음에 대해서 씻어 낸다는 비유는 적절하지 않다. 왜냐하면 생소한 독성이나 박테리아는 쉽게 제거할 수 있지만 뇌가 만들어진 방식을 제거할 수는 없기 때문이다. 게다가 그 과정에 대해 오염된 것 또는 중독된 것으로 생각하는 것은 혐오감을 불러일으킬 수 있다. 그것은 의도치 않게 자기를 비난하는 생각에 기름을 부어서 자기를 공격하는 방향으로 흐를 수 있다.[15]

그것이 불가능하다는 단순한 사실 때문에 마음을 '청소'하려는 시도는 우리를 잘못된 길로 인도할 수 있다. 더 쉽게 이야기하자면, 다음과 같은 생각들인 것이다. '자비로운 사람이라면 분노와 상처를 안겨 준 사람을 용서해야 한다.' '자비로운 사람이라면 늘 다른 사람을 먼저 생각해야 한다.' '자비로운 사람이라면 복수심이나 앙심을 품지 말아야 한다.' '자비로운 사람이라면 숙취가 생길 정도로 과하게 술을 마시지 말아야 한다.' '우리는 자비로운 사람이 되기 위해서 이러한 느낌과 욕망을 가지거나 행동해서는 안 된다.'

우리는 수많은 '해야 한다'가 생각을 잠식하는 것을 알아차려야 한다. 이 책의 실습 편에 가면 알겠지만, 마음챙김과 자비는 무언가를 제거하는 것이 아니라 단지 우리 마음을 있는 그대로 이해하고 다루는 것이다. 분노와 복수심, 성적 욕망, 불안, 머릿속의 잡동사니를 모두 제거하려고 하면 마음속에서는 그것을 잘하고 있는지 계속 점검하고 있을 것이고, 그것은 곧 마음챙김 훈련을 망치게 할 것이다. 한편, 우리는 인간을 어떤 식으로 이해하고, 관계를 맺을 수 있을까? 부정적인 자기 자신과 씨름하다가 자기 마음을 이해하게 되면 다른 사람의 마음도 더 잘 알 수 있게 될까? 크리스마스 때 장난감이 부서져서 슬픈 아이에게 자비를 느끼는 것은 우리가 그와 똑같은 경험을 해서 그 슬픔을 기억하기 때문일까? 우리 자신의 슬픔과 접촉하면 그 아이의 슬픔과도 접촉할 수 있기 때문일까? 자비로운 인간이 되는 것은 접촉하여 머무를 수 있는 우리의 능력이 아닐까?

우리 자신의 분노와 질투에 대한 통찰을 활용해 타인의 분노와 질투를 진심으로 공감하고 이해하는 것에 대해 생각해 보자. 이런 감정을 없애려고 하거나 억제하려고 한다면 당신은 그와 비슷한 것들을 느끼는 사람들에게 잘 공감하지 못할 것이다. 실제로 어떤 감정은 그것이 얼마나 힘들고 불쾌한 것이었는지 쉽게 잊어버릴 수 있다. 수술을 기다리면서 그와 똑같은 경험을 했던 길버트는 그때 무서워 벌벌 떨면서 자신의 몸이 얼마나 크게 불안해 했는지 잊어버렸다는 사실을 떠올렸다. 그 경험 덕분에 그는 비슷한 일을 겪는 자신의 환자들에게 공감할 수 있었다.

중요한 것은 다루기 힘든 감정들을 없애려고 하지 않고 그것들을 다루는 다양한 방법을 터득하는 것이다. 문제는 고통의 원인이 마음이 아니라 마음에서 생기는 것들에 대한 우리의 반응이라는 것이다. 사실 불교에서 보는 정화의 진정한 의미는 부정적인 것들을 제거하거나 씻어 내는 것이 아니라 부정적인 감정들에 내재된 순수성을 보는 것이고, 부정적인 감정들에 대한 우리의 반응에 갇히지 않는 것이다. 그렇게 함으로써 우리는 감정에게 그 자체로 일어나고, 드러나고, 벗어나는/사라지는 자유를 주는 것이다

자비의 실제 이야기-하강

앞서 살펴보았듯이, 자비가 더 높은 상태로 상승하는 것과 관련이 되면 우리는 이내 밑으로 떨어질 수 있다. 솔직히 말하면, 우리는 누군가 자신을 좋아해 주기를 바라거나 좋은 사람이 되고 싶어서, 또는 완전하게 이해받고 싶어서 다른 사람을 돕는다. 그러나 그 도움을 받은 사람이 당신을 속이거나 실망시키면 무슨 일이 벌어지는가? 그때 당신의 자비에는 무슨 일이 일어나는가? 자비로워지는 것이 그런 식의 자부심을 얻고자 하는 일에 별 도움이 되지

않는다는 것을 알면 우리는 실망해서 낙담할 수 있다. 관세음보살의 사례에 서처럼, 우리는 자비를 통해 우리가 원하는 것을 항상 얻지는 못한다. 우리는 정상에 올라온 것과 자부심을 가지고 해낸 일들을 돌아볼 때 그렇게 만족스 럽지 않을 수도 있다.

관세음보살의 이야기가 우리에게 말하고자 하는 것은 '하강하는' 과정이 필요하다는 것이다. 우리는 대개 예측 불가하고, 형편없는 인간성을 없애려 고 하거나 피하고 싶어 하지만, 그곳으로 기꺼이 내려가고자 하는 의지가 필 요하다.

심리치료에서는 그것을 프로이트가 원초아라고 언급했던 것 또는 그림자 로 들어가기라고 부른다. 그것은 누구나 회피하고 싶은 마음의 원초적인 부 분이다. 우리는 자비로운 사람은 인간 조건을 정확히 이해하는 사람이라고 생각한다. 자비로운 사람은 분노의 힘이 어떤 것인지, 너무 두려워서 벌벌 떠 는 것이 어떤 것인지, 절망과 우울에 빠져 자살하고 싶은 심정이 어떤 것인지 를 알고 있다. 지배하고 싶고, 힘을 갖고 싶은 욕망을 알고 있고, 사랑에 빠져 일어나는 기쁨과 성적 욕망과 질투를 알고 있다. 진정한 자비는 마음의 발전 소로 하강을 해서 우리의 존재 안에 머무는 법을 배우는 것을 통해서만 일어 난다. 그곳에서 '내면의 호랑이들'이 자비를 안내하고, 그러면 우리는 그 내 면의 호랑이들을 덜 무서워하게 되고, 그것들 때문에 자신에게 들이댔던 잣 대를 거두게 된다.

그러므로 자비로워지고 싶으면 합리화하거나 압도되거나 회피하지 않으 면서 자비로운 방식으로 하강을 만들어 내는 용기가 필요하다. 느리고 현명하게 단계별로 접근해야 한다. 그것은 깊은 곳으로 직진하지 않고, 얕은 곳에서 시 작해서 점점 더 깊은 곳으로 들어가는 수영을 배우는 것과 같다. 훈련에서는 그것을 우리 자신이 느끼는 실재하는 감정을 허용하는 것이라고 말한다. 우 리가 자주 무시하는 자신의 감정에 주파수를 맞추고 알아차림이라는 렌즈를 개방해 평상시보다 더 많은 것을 받아들이는 것을 의미한다.

그러나 우리는 가끔씩 고통의 바다에 내던져지는 것 같은 때를 만난다. 그 하강의 과정은 사고나 비극이 강타할 때 일어나곤 한다. 그것은 사랑하는 사람의 죽음이나 파산, 질병, 파트너의 외도, 우울증처럼 여러 형태로 찾아온다. 그럴 때에는 삶의 빛이 사라지고 세상의 모든 것이 갑자기 이상하게 돌아가는 것처럼 보인다. 분명한 것은 그것이 매우 고통스럽다는 것이다. 그리고 한 번도 경험해 보지 못한 강렬한 수준의 두려움과 분노와 불안을 동반한다는 것이다. 우리는 그 사건들을 필사적으로 되풀이해 떠올리면서 '만약 ～이었더라면'에 갇혀 있을 수 있다. '만약에 그런 일이 일어나지 않았더라면' '만약에 그것을 하지 않았더라면' '만약에…' '만약에…' 그러다가 과거의 그때로 돌아갈 수 없고 미래의 길도 불확실하다는 것을 알아차리게 된다.

기독교 신비주의 전통에서는 그것을 영혼의 어두운 밤이라고 말한다. 그 과정은 신뢰와 믿음과 희망의 빛이 사라지고, 평범했던 삶이 잿더미로 변하면서 어두운 무지와 의심의 영역으로 떨어지는 것이 특징이다. 십자가의 성 요한St John of the Cross이 쓴 책들 속에서 영혼의 어두운 밤에는 세속적인 삶과 영적인 삶 모두가 무의미해 보이고, 피난할 곳도 전혀 없는 것처럼 보인다. 그것은 매우 무서운 경험이지만, 과거의 영적 사색가들은 용기 하나만 유지할 수 있다면 그 시기는 매우 창조적일 수 있다고 했다. 그 시기는 존재의 핵심에서 중요한 변화와 방향 전환이 이루어지는 시기일 수 있다. 또한 타인에게 손을 내밀어 가까이 다가가는 계기가 될 수도 있다.

하강: 초덴의 개인적 여정

하강의 과정을 설명하는 방법의 일환으로 나(초덴)는 명상 훈련이 어떻게 깨달음을 열망하는 추동 시스템과 연결될 수 있으며, 또한 복잡하고 힘겨운 경험에 닿을 수 있게 하는지를 개인적 경험을 예로 들어 설명하곤 한다. 수년 전 스코틀랜드에서 하는 3년 3개월간의 전통 티베트 불교 리트릿에 갔을 때 내게 위기가 닥쳤다. 그 리트릿은 대부분의 시간을 혼자 하는 고립된 명상과 고대 경전 암송, 불교의 탄트릭 전통에서 비롯된 강력한 수행들을 포함하고 있었다. 시간이 흐른 후 그 경험을 되돌아보면서 나는 이렇게 썼다.

우리는 고대 동양의 영적인 지혜가 서구로 전파되었을 때, 그 접점에서 일하는 선구자들처럼 느껴졌다. 날마다 새벽 4시에 일어나 엄격히 짜인 하루의 명상 일정들을 소화했으며, 밤 10시까지 공부했다. 하루 일정은 매일 똑같았다. 그러다가 6개월간 말과 외출을 금지하는 기간이 있었다. 그 기간 동안 우리는 도가니 속에 푹 잠겨서 새로운 탄생의 과정을 거치는 것 같은 매우 강력한 명상 수행을 했다. 내면의 세계가 완전히 씻겨져 정화되는 느낌이었다. 어떤 시점에서는 '이거 정말 놀랍군. 내가 지금까지 찾았던 것이 바로 이것이야!'라는 생각을 했던 것이 기억난다. 그 생각의 뒷자락에는 각성과 깨달음으로 눈부신 상승을 하는 것 같은 느낌이 자리하고 있었다. 그래 바로 이것이야! 또 어느 시점에 가니 재앙이 밀어닥친 것 같은 느낌이었다. 판도라 상자의 뚜껑이 벗겨진 것처럼 할 수 있는 일이 아무것도 없었다. 늘 명상하던 자리에 앉아 명상을 시작했을 때, 나도 모르게 몸이 벽에 가서 부딪히더니 어린 시절의 이미지들이 떠오르면서 그때의 고통과 분노가 물밀듯이 쏟아지기 시작했다. 내 존재의 또 다른 영역으로 불시착한 것 같은 느낌이었다. 완전히 큰 문제에 봉착했구나 하는 느낌이 들었다. 여러 이미지와 감정이 격렬히 치밀어 올라 집채만 한 분노와 슬픔 사이를 오락가락했다. 그때부터 리트릿 속에서의 나의 일상은 완전히 깨져 버렸다. 명상 회기를 지속할 수가 없었다. 깨달음에 대한 환상은 박살났고, 갑자기 치솟는 감정의 급류 속에서 그냥 앉아 있을 뿐이었다. 내가 할 수 있는 일은 자리에 그대로 앉아 그 과정이 지나가기를 기다리는 것뿐이었다. 그것은 나의 의도와는 무관하게 그 자리를 다른 것들이 차지하는 것 같은 느낌이었다. 그런 식으로 7개월이 지나갔다. 너무도 끔찍했던 시간이었다! 그래도 다행인 것은 그 과정에 대한 직관적인 이해가 있는 스승과 어려운 통과의례를 나름대로 거치고 있었던 도반들의 도움을 받을 수 있었다는 것이다. 그러던 어느 날 꿈을 꾸었는데, 꿈속에서 나는 관 속에 누워 있었고 산채로 곧 묻힐 예정이었다. 지위가 높은 라마승들이 아직 닫히지 않은 관 주변에 서서 종교의례로 축성을 하고 있었다. 그 의례가 끝나면 나는 묻힐 예정이었다. 내가 할 수 있는 일은 그곳에 누워 있는 것 외에는 아무것도 할 수 없는 것처럼 느껴졌다. 나는 체념을 한 것 같았다. 선택의 여지없이 그 과정을 통과해야 하지만 그것이 여정의 끝은 아니라는 느낌도 있었다. 그것은 새로운 단계를 준비하는 한 단계의 죽음과 같았다.

그 모든 경험을 한 이후의 여정에서 내가 집중한 것은 그 경험들을 하면서 내가 이해하게 된 것들과 그 일들이 다른 사람들에게도 일어날 수 있다는 것, 그리고 우리가 그들을 도울 수 있다는 것이었다. 길버트도 자신이 20대 초반에 겪었던 우울증이 사람들의 우울한 마음의 본질을 연구하고 이해하는 근원이 되었다고 말한다.[16]

나의 경험을 이렇게 나누는 이유는 그 경험이 내 삶의 전반에 중요한 영향을 미쳤고, 또 그 경험을 통해 마음과 우리가 겪을 수도 있는 일들에 대한 이해가 깊어졌기 때문이다. 내가 수행이라는 삶의 길에 온전히 뛰어들었기 때문에 그것은 혹독하고 강렬한 경험이었다. 그렇다고 사려 깊은 자비의 길에서 무언가를 얻으려면 모두가 그와 비슷한 과정을 겪어야 한다는 것은 결코 아니다! 사실 내가 그 과정을 겪으면서 배웠던 것은 대부분의 사람에게는 부드럽고 점진적인 길이 더 적합하다는 것이었다.

하강과 자비의 등장: 새로운 삶의 시작

제1부의 끝자락에서 우리는 관세음보살 이야기로 돌아가 중요한 이미지 하나를 남기고자 한다. 관세음보살과 관련된 여러 상징 중 하나는 연꽃이다. 연꽃은 아름다운 연못의 진흙 속에서 피어난다. 신화에 따르면, 자비의 씨앗은 연못 진흙 바닥에서 성장을 멈춘 채 숨어 있다. 어쩌면 아무런 관심을 받지 못하고서 오랜 세월 동안 그렇게 있었을지도 모른다. 자비의 씨앗은 우리 자신과 타인의 삶을 변용시키고, 세상에 큰 영향을 미칠 수 있는 우리의 역량을 의미한다. 진흙은 분노와 질투와 욕망과 자존심처럼 날마다 우리를 괴롭히는 우리의 어두운 면이자 불편하고 골칫거리인 욕망과 감정을 상징한다. 뿐만 아니라 우리를 제한하고 지배하고 있는 이기적이고 신경질적인 경향성을 상징한다. 그 감정들을 빨리 없애고 싶겠지만, 그것들은 진화된 뇌의 일부분이기 때문에 그렇게 쉽게 제거되지 않는다. 연못은 깊은 정신 세계를 의미하고, 연못의 표면은 무의식적인 경험과 의식적인 삶의 경계를 의미한다.

신화에 따르면, 진흙 속에 묻혀 있는 씨앗을 자극해서 발아하게 하는 것은 자비로운 동기의 힘이다. 즉, 우리 자신과 타인의 고통을 향해 가슴을 열고 그 고통에 관여하겠다는 바람이다. 씨앗을 싹트게 하기 위해 우리는 기꺼이 그 지점까지 가야 한다. 사실 우리의 마음속에는 서로 다른 사회적 조건들과 동기들에 의해 싹틀 다양한 씨앗이 있다. 우리는 선택에 따라 폭력의 씨앗을 키울 수도 있고, 민족 간의 혐오감을 키울 수도 있다. 우리가 알았던 것보다 뇌가 주변의 영향을 훨씬 더 잘 받고, 또 내면의 어떤 것에 먹이를 줄지 선택권이 우리에게 있다는 사실에 눈을 뜨는 순간, 그것은 인간으로서의 우리의 책임이다. 하지만 자비로운 자기에게 먹이를 주는 것을 선택할 때, 우리는 파괴적인 감정뿐 아니라 우리의 삶을 전환시키는 여정을 걷기 시작할 것이다.

처음에 우리가 알게 되는 것은 아마 우리가 고통 받고 있다는 것과 다른 이들도 고통 받고 있다는 사실뿐일지도 모른다. 그러나 그 고통을 피하지 않고 관여하는 것을 선택하자마자 내면에서 무언가가 건드려져서 자라기 시작한다. 그 신화에 따르면, 연꽃의 싹, 즉 자비의 싹이 피어나기 시작하고, 우리가 마음챙김과 자비를 계속 실천하면 그 씨앗은 더욱 자라 연못의 표면을 뚫고 나온다. 비록 진흙에서 싹이 움텄지만 그 싹은 성장을 거듭해서 연못의 표면을 뚫고 나오며, 그때부터 연꽃은 전혀 진흙을 묻히지 않게 된다. 그것은 사랑과 자비로 세상을 향해 활짝 열린 마음을 상징한다.

　이 신화의 핵심은 진흙이 없으면 연꽃도 없다는 것이다. 연꽃이 성장할 때 영양분을 제공해 주는 거름이 진흙이기 때문이다. 고통이 없으면 자비로움도 없다. 그것을 알면 우리는 자신의 어두운 부분을 수치스러워하거나 회피하지 않으면서 변용의 밑거름으로 보게 될 것이다. 그것들을 제거해야 하는 부분(혹은 제거할 수 있는 부분)으로가 아니라 우리의 힘의 근원으로 인정하게 된다. 그런 방식으로 우리는 자신의 어둡고 힘든 부분에 의지해 자비가 깨어날 수 있다는 것을 알게 된다.

　티베트 불교의 전통에서는 진흙을 금의 질료라고 말한다. 이른바 '부정적인' 감정들인 분노, 불안, 욕심, 그리고 질투와 같은 감정들은 그 자체 내에 지혜의 에너지를 담고 있다. 우리가 그 에너지와 연결되면 그 감정들을 변용시킬 수 있는 가능성을 갖게 된다. 예를 들어, 분노는 부정적인 이미지들을 지속적으로 떠올리도록 몰아가고, 심지어 뛰쳐나가서 분노를 조장한 사람을 한 대 쳐 버리게 한다. 그러나 그 분노를 똑바로 보고 알아차림으로써 그것을 견뎌 낼 수 있고, 동시에 행동이나 투사로 넘어가지 않도록 저항하면 그 감정 안에서 우리에게 명료한 마음과 에너지를 제공해 줄 힘과 생명력이 생긴다. 이런 측면에서 분노의 지혜를 '거울과 같은 지혜mirror-like wisdom'라고 한다. 분노의 지혜는 내면에서 일어나는 것을 자기중심적으로 보지 않게 하고, 성찰할 수 있게 하는 선명함과 명료함을 가지고 있기 때문이다. 그것은 밤하늘에

치는 선명한 번개와 같다. 마찬가지로 욕망의 경우에도 욕심 많고 동일시를 잘하는 구뇌의 충동을 담아 내고 이해하면 욕망의 에너지는 자유로워질 것이고, 그것의 본성이 식별하는 지혜임을 드러낼 것이다. 그 덕분에 우리는 하나에서 다른 하나를 지성적으로 식별할 수 있게 된다.

여기서 중요한 것은 우리의 태도이다. 만약에 우리가 깨어 있지 못한 채 행동으로 나아가 분노나 갈망하는 충동을 촉발시킨다면 그것들은 진흙이 될 것이다. 그러나 그 감정들을 똑바로 보고 그것들 내부의 '금'을 알아본다면 그것들은 변용의 힘을 갖게 되어 자비라는 연꽃을 피워 낼 거름이 될 것이다.

결국 자비는 우리 존재의 깊숙한 곳에서 발생한다. 날마다 쌓이는 일상의 진흙이 휘저어질 때 자비는 생긴다. 그렇게 진흙이 휘저어짐으로써 동기가 부여되고, 우리 자신과 타인의 고통에 관여하겠다는 서약을 하게 된다. 하강해서 진흙 속에 들어가는 것도 중요하지만 자비의 핵심 요소는 친절과 친밀감과 고통을 완화하겠다는 진정한 열망임을 명심해야 한다. 이러한 열망은 우리 모두가 하나임을 느끼는 것에서, 살아 있는 모든 것이 서로 연결되어 있다는 것을 인정하는 것에서 일어난다.

자비와 생명의 흐름

진흙 속 연꽃의 이야기에는 또 다른 측면이 있다. 우리(인간과 모든 살아 있는 존재들)는 한때 별의 중심부에 있었을지도 모르는 원자와 분자로 만들어졌다. 우리는 우주의 티끌이라고 할 수 있다. DNA가 원자와 분자의 특별한 조합을 통해 만들어지고, 그 DNA에서 우리의 몸이 먼저 생긴 다음에 뇌와 심리작용을 하는 마음이 생겨난다. 이 지구라는 행성에 존재하는 느끼고, 생각하고, 행동할 수 있는 능력이 모두 진화 과정과 생명의 흐름의 일부분이라는 것에 대해 한 번 생각해 보자. 우리가 아는 한 5억 년 전에는 이른바 자비를 경험할 수 있는 생명체는 존재하지 않았다. 분노와 성적 욕망과 두려움을 느끼는 생명체는 있었을지도 모르지만, 돌봄의 느낌을 가진 존재는 없었을 것이다. 그러나 생존의 몸부림 속에서 진화의 진흙은 돌보는 능력을 생성했고, 그것이 자비의 씨앗의 시초가 된 것이다. 우리는 그 순간에 우주가 탄생했다고 주장할 수 있다. 물리적·화학적 법칙과 생물학 진화의 법칙 때문에 자비와 자기인식의 경험은 앞으로 전개될 인간 의식의 잠재력이었다. 우주가 탄생한 시점에 자비는 생명의 잠재력을 담은 씨앗이었다. 자기를 인식하고 지식을 추구하는 인간의 마음은 우주에서 그렇게 진화한 최초의 마음일 것이다. 그것이 사실이라면 우리는 우리의 마음을 현명하고 자비롭게 사용해야 할 책임을 어깨에 짊어지게 된다.

다시 자비의 두 심리에 관한 우리의 핵심 주제로 돌아가서 자비는 진흙에 초점을 맞추는 것일 뿐만 아니라 세상을 향해 열려 있는 연꽃을 키우는 것에 관한 것이다. 다른 말로 하면, 우리가 다루고 있는 것은 제4장에서 언급했던 자비의 두 심리, 즉 고통에 가슴을 열어 관여하는 것(자비의 내부 원 속성들)과 그 고통을 완화시킬 수 있는 긍정적인 정서 시스템과 연결하는 것(자비의 외부 원 기술들)이다.

핵심포인트

- 마음챙김과 자비는 성장과 변용의 과정에서 중요하다. 마음챙김은 자비로 깨어 있는 가슴을 따르는 하인이며, 마음을 재조직하고 지속적인 변화의 움직임을 유도하는 것은 자비로운 동기의 힘이다.
- 자비는 단지 친절함에 관한 것, 더 나쁘게는 '좋음niceness'에 관한 것이라고 자주 오해를 받는다. 사람들은 자비를 나약함이나 방종으로 잘못 생각하기도 한다.
- 자비심이 차단되는 이유는 진정/친화 시스템이 닫혀 있어 친화감과 같은 감정을 경험할 수 없기 때문에, 또 연결감의 부족으로 자비를 개발하는 데 필요한 통찰을 하지 못하기 때문이다.
- 자비에 대한 두려움과 저항을 이해함으로써 우리는 그것들을 알아채서 휘말리지 않을 힘을 갖게 된다.
- 처음에 자비는 추동 시스템과 연결되어 목표지향적일 수 있다. 그것은 시작 초기에 유용하지만 (관세음보살이 발견했던 것처럼) 그런 접근법에는 한계가 있다.
- 자비는 실재에서 벗어나 위로 상승하는 것이 아니라 고통의 '진흙' 속으로 하강하는 것이다.
- '진흙'과 같은 경험에 기꺼이 가슴을 연 다음(자비의 첫 번째 심리), 우리는 연꽃의 성장에 주의를 기울여야 한다(자비의 두 번째 심리).

미주

1 Hofmann, S.G., Sawyer, A.T., Witt, A.A. and Oh, D. (2010) The effect of mindfulness-based therapy on anxiety and depression: A meta-analytic review. *Clinical Psychological Review, 78,* 169–183. DOI: 10.1037/a0018555. See also Davis, D.M. and Hayes, A.A. (2011) *What are the benefits of mindfulness?* A practice review of psychotherapy-related research. *Psychotherapy, 48,* 198–208. DOI: 10.1037/a0022062–*this is an excellent summary of key issues and findings.* Grossman, P. (2011) Mindfulness for psychologists: Paying kind attention to the

perceptible. *Mindfulness (published online Spring; Springer)*. DOI: 10.1007/
s12671-010-0012-7. See also Hofmann, S.F., Grossman, P. and Hinton, D.E.
(2011) Loving-kindness and compassion meditation: Potential for psychological
interventions. *Clinical Psychology Review, 31, 1126-1132*. DOI: 10.1016/
j.cpr.2011.07.003. This is a very helpful paper that looks at the links between
mindfulness, compassion and loving-kindness.

2 For a fascinating discussion of the links between mindfulness and compassion
training in relationship to Western psychology, see the Dalai Lama and Paul
Ekman's (2008) *A Conversation with the Dalai Lama and Paul Ekman. New
York: New York Times Books.*

3 The Dalai Lama (2001) *An Open Heart: Practising Compassion in Everyday Life.
London: Hodder & Stoughton, p. 85.*

4 Cacioppo, J.T. and Patrick, W. (2008) *Loneliness: Human Nature and the Need
for Social Connection. New York: Norton.*

5 Gilbert, P., McEwan, K., Matos, M. and Rivis, A. (2011) Fears of compassion:
Development of three self-report measures. *Psychology and Psychotherapy,
84, 239-255*. We have pursued this research and looked at compassion in
relationship to mindfulness and alexithymia as well. Gilbert, P., McEwan, K.,
Gibbons, L., Chotai, S., Duarte, J. and Matos, M. (in press) Fears of compassion
and happiness in relation to alexithymia, mindfulness and self-criticism.
Psychology and Psychotherapy. Some people respond to compassion as if it is a
threat, see: Rockliff, H., Karl, A., McEwan, K., Gilbert, J., Matos, M. and Gilbert,
P. (2011) Effects of intranasal oxytocin on compassion-focused imagery.
Emotion, 11, 1388-1396. DOI: 10.1037/a0023861.

6 Pauley, G. and McPherson, S. (2010) The experience and meaning of
compassion and self-compassion for individuals with depression or anxiety.
Psychology and Psychotherapy, 83, 129-143.

7 Gilbert, P. and Irons, C. (2005) Focused therapies and compassionate mind
training for shame and self-attacking. In Gilbert, P. (ed.) *Compassion:*

Conceptualisations, Research and Use in Psychotherapy (pp. 263-325). London: Routledge. See also Gilbert, P. (2010) *Compassion-focused therapy*, CBT Distinctive Features Series. London: Routledge.

8 Affectionate relationships are crucial to so many aspects of our minds and the data is very clear on this. There are two excellent books: Cozolino, L. (2007) *The Neuroscience of Human Relationships: Attachment and the Developing Social Brain*. New York: Norton; and Cozolino, L. (2008) *The Healthy Aging Brain: Sustaining Attachment, Attaining Wisdom*. New York: Norton. If you want more information about how important affiliative behaviour is and how it has driven human evolution, look at Dunbar, R.I.M. (2010) The social role of touch in humans and primates: Behavioral function and neurobiological mechanisms. *Neuroscience and Biobehavioral Reviews*, 34, 260-268. DOI: 10.1016/j.neubiorev.2008.07.001.

9 One of the best-known books on body memory and its link to mental-health problems is Rothschild, B. (2000) *The Body Remembers: The Psychophysiology of Trauma and Trauma Treatment*. New York: Norton. However, many people who work with trauma now recognise the importance of how our automatic bodily reactions can arise; see Van der Hart, O., Steele, K. and Nijenhuis, E. (2006) *The Haunted Self: Structural Dissociation and Treatment of Chronic Traumatization*. New York: W.W. Norton.

10 Gilmore, D.D. (1990) *Manhood in the Making: Cultural Concepts of Masculinity*. New Haven, Conn.: Yale University Press-this is a wonderful book for capturing how identities get shaped by their social environments. Pinker, S. (2011) *The Better Angels of Our Nature: Why Violence Has Declined*. New York: Allen Lane.

11 Sachs, J (2011) *The Price of Civilization. Economics and Ethics after the Fall*. London: Bodley.

12 Ballatt, J. and Campling, P. (2011) *Intelligent Kindness: Reforming the Culture of Healthcare*. London: Royal College of Psychiatry Publications. An excellent

argument for kindness and proper NHS organisation.

13 Gerhardt, S. (2010) *The Selfish Society: How We All Forgot to Love One Another and Made Money Instead.* London: Simon & Schuster. See also Twenge, J. (2010) *The Narcissism Epidemic: Living in the Age of Entitlement.* London: Free Press.

14 Vessantara (1993) *Meeting the Buddhas: A Guide to Buddhas, Bodhisattvas and Tantric Deities.* New York: Windhorse Publications.

15 In fact the emotion of disgust and its link to 'getting rid of and purification' is now understood to be linked to some of our psychology of moral feelings and in very complex and important ways. This is too big a topic to take up here but interested readers can explore this for themselves–seeing once again how our evolved minds can shape us in ways that are sometimes surprising–and it directs us to great caution in how we feel and think about moral issues. Oaten, M., Stevenson, R.J. and Case, T.I. (2009) Disgust as a disease–avoidance mechanism. *Psychological Bulletin*, 135, 303–321. DOI: 10.1037/a0014823. Russell, P.S. and Giner-Sorolla, R. (2011) Social justifications for moral emotions: When reasons for disgust are less elaborated than for anger. *Emotion*, 11, 637–646. DOI: 10.1037/a0022600. A very fascinating book, exploring the whole nature of morality and suffering, is Shweder, R.A., Much, N.C., Mahapatra, M. and Park, L. (1997) The 'big three' of morality (autonomy, community and divinity) and the 'big three' explanations of suffering. In A.M. Brandt and P. Rozin (eds), *Morality and Health* (pp. 119–169). New York: Routledge.

16 Gilbert, P. (2009) *Overcoming Depression: A Self–Guide Using Cognitive Behavioural Techniques*, third edition. New York: Basic Books. Paul is also working on a specific compassionate mind approach to depression.

제**2**부

훈련

도입: 자비로운 동기

우리는 이전 장에서 동기가 자비를 일으키는 데 얼마나 중요한지를 살펴보았다. 이 부분은 고대 관세음보살 신화에서 언급되었다. 즉, 하강하여 우리경험의 '진흙'과 만나고자 하는 의지를 가질 때, 비로소 타인의 투쟁과 고통에마음을 여는 토대가 된다. 구루들(옛 스승들)은 이것이 심오한 뭔가를 창조하는 것, 즉 자비의 탄생이라고 여기고, 이러한 통찰을 진흙 속에서 성장한 연꽃이라는 용어로 표현하였다.

훈련에는 이러한 자비 동기가 염원을 담은 기도 내용으로 공식화되어 있다. '내가 내면에 잠재된 지혜와 자비를 불러일으키기를, 그리고 이러한 총명한 알아차림을 세상으로 가져와 고통으로부터 자유로운 존재가 되도록 돕고적극적으로 행동하기를.' 이것은 수천 년 동안 대승불교 전통의 특징을 이어온 보살의 기도이다. 기도의 형태가 중요한 것이 아니다. 중요한 것은 그 이면에 있는 의도이다. 또 하나 중요한 것은 이러한 의도가 말해 주는 지혜이다.

이제 현대 신경과학과 심리학은 동양의 전통적인 지혜를 상당히 제공하는분야로, 만약 오늘날 석가모니가 살아 있다면 그는 아마도 자신이 이해한 바를 다른 방식으로 표현했을지도 모른다. 한편으로, 이러한 지혜는 삶의 흐름속에서 우리가 설계하지 않은 복잡하고 까다로운 뇌와 우리를 휩쓸고 지나가는 감정에 얼마나 사로잡혀 있는지를 이해하는 것이다. 그러나 다른 한편의지혜는 우리가 매 순간 우리의 경험을 선택하고 만들 수 있는 능력이 있기 때문에 나타나는 생각과 감정이 견고하고 고정된 것이 아니라는 것을 깨닫는것이다.

진화 모델의 관점에서 동기는 우리의 마음을 특별한 방식으로 구성하며,자비로운 마음의 핵심 자질 중 하나이기 때문에 중요하다(제4장 참조). 동기는 각기 다른 사회적 정신화를 활성화시킨다. 만약 우리가 경쟁하는 것에만 초점을 맞춘다면 동기는 이익과 성과 중심의 사고와 행동을 이끌 것이다. 반면, 우리가 자비로 동기화된다면 동기는 돌봄과 반응 민감성의 사고와 행동으로 유도할 것이다. 이러한 이유로 정확하고 진심어린 동기를 형성하는 것이 중요하지만, 각자가 자신만의 방식으로 자비를 동기화하는 것 역시 중요하다. 이러한 자질들은 우리 내부에 잠재되어 있는 능력이지만, 이를 일으키기 위해서는 적극적으로 그 자질들에 초점을 맞출 필요가 있다. 다음에 제시된 내용은 동기를 보여 주는 좋은 예이다.

생각해 보기: 나의 동기는 무엇인가요?

이 훈련 과정에 참여하는 나의 동기는 무엇인가요?

어떻게 하면 내가 살아 온 삶의 방식을 변화시킬 수 있을까요?

어떻게 하면 가까운 사람과 세상 사람들에게 도움이 될 수 있을까요?

나의 개인적인 염원을 진심어린 의도를 담아 어떻게 표현할 수 있을까요?

훈련 장Chapter의 개요

우리는 명확한 동기를 가지고 마음챙김 훈련을 시작할 수 있고, 어떻게 주의를 집중하는가에 대해 바로 작업할 수 있다. 이것은 자비 훈련을 위한 안정적인 토대를 만들어 준다(제7장 참조). 우리는 마음챙김 훈련을 통해 매 순간 마음에서 일어나는 것에 어떻게 반응하고 받아들여야 할지를 배우는 것에 익숙해진다(제8장 참조). 이것은 첫 번째 자비의 심리학을 가능하게 한다. 즉, 우리의 감정 세계와 타인의 감정 세계에 무엇이 존재하는가에 대해 진심으로 관심을 가지는 것을 의미한다. 그런 다음, 우리는 긍정적 동기 시스템을 개발하는 과정으로 주의를 이동하여 두 번째 자비의 심리학 과정, 즉 고통의 완화와 예방을 작업할 수 있다. 우리는 이 시점에서 자비의 흐름과 자비로운 이미지 작업을 시작한다(제9장 참조). 이 훈련은 자비로운 자기를 깨우고, 이러한 자비로운 자기로 투쟁하고 있는 우리의 부분 자기들(분노, 불안, 자기비난의 부분 자기)에게 집중하는 것이다(제10장 참조). 그런 다음, 자비의 원을 확장하여 낯선 사람이나 적과 같이 자연스러운 관심 대상이 아닌 사람을 포함하고, 자비로운 마음의 개방을 제한하는 집착하는 마음을 직접적으로 다룬다. 여기서 우리는 사무량심과 '취하고 보내는taking and sending 훈련'을 살펴볼 것이다(제11장 참조).

제**7**장
마음챙김 훈련

불안정한 마음 인식하기

마음챙김은 비판단적인 방식으로 마음의 활동을 관찰하고자 하는 의도이다. 즉, 일어나는 무엇이든 그것에 반응하지 않고 한걸음 물러서서 알아차림 하는 것이다.[1] 마음챙김을 위한 시작점은 지금 당장 마음에서 무엇이 일어나고 있는지를 단순히 지켜보는 것이다.

간단한 훈련으로 시작해 보자!

 훈련 1: 불안정한 마음 인식하기[2]

자리에 편안하게 앉아서 등을 바로 세웁니다. 초보자들은 등받이 의자를 사용해도 좋습니다. 몸이 푹 들어가는 고급스럽고 안락한 의자는 잠이 들 수 있기 때문에 권하지 않습니다.

편안하게 앉았다면 가능한 한 눈을 뜨고 이완합니다. 그리고 당신이 지금 이 자리에 존재하고 있음을 경험해 봅니다. 앉은 자리와 바닥에서 휴식하고 있는 신체의 압력을 느껴 봅니다. 점점 당신 주변의 공간을 자각할 수 있게 되고, 옆집에서 퍼져 나오는 음식 냄새 혹은 살갗을 스치고 지나가는 산들바람처럼 주변 광경, 소리, 다른 감각적 자극을 얼마나 자연스럽게 자각하게 되는지 지켜봅니다.

이 훈련은 아주 단순합니다. 단지 스스로 존재하도록 허락하고, 당신이 앉아서 아무것도 하지 않을 때 일어나는 무엇이든 경험하십시오. 앉아서 아무 것도 하지 않는다고 결심하십시오. 지금 이 순간에 마음이 쉴 수 있도록 하고, 당신이 존재하고 있는 그곳을 알아차림 하십시오.

당신이 지금 이 순간의 감각senses에 무엇이 일어나고 있는지를 알아차리는 것 외에는 아무것도 하지 않겠다고 결심했더라도, 놀랍게도 바로 무언가에 대해 생각하고 있다는 사실을 알게 될 것입니다. 당신이 '생각'하고 있다는 것을 자각했을 때, 그저 주의를 '여기'로 가져와서 아무것도 하지 않은 채 지켜보십시오. 또다시 당신이 인식하기도 전에 여러 가지 생각, 걱정, 백일몽, 혹은 반추에 빠져들 수도 있습니다. 그래서 다시 한번 생각에 빠져 있음을 인식할 때, 친절하고 부드럽게 주의를 지금 여기로 가져오시기만 하면 됩니다.

훈련 후 실습해 보기

다음과 같은 방식으로 생각해 보자. 나는 자리에 앉아 이완했고, 그 순간에 무슨 일이 일어나고 있는지를 알아차릴 수 있었다. 나는 느긋해지기로 마음먹었고, 아무것도 하지 않았다. 이처럼 '아무것도 하지 않는 것doing nothing'은 생각을 쫓아가지 않는 것 혹은 상상 속에서 헤매지 않는 것을 포함한다. 하지만 이러한 결심에도 불구하고 거의 즉시 생각을 따라가는 나 자신을 발견했고, 아무것도 하지 않고 그저 관찰하리라는 결심에도 불구하고 생각은 저절로 시작되기도 하였다.

이것은 나에게 무엇을 말해 주는가? 내 마음 안에는 지속적으로 활성화되는 강력한 습관이 있는데, 이 습관은 어떤 선택된 주제에 주의를 기울이지 못할 때마다 자동적으로 현재 순간에서 생각으로 끌어당긴다. 이러한 습관은 강력하고, 의식적인 의사결정 처리 과정을 중단시킬 정도의 힘을 가지고 있다. 이것이 불안정한 마음이다.

불안정한 마음이 무엇을 뜻하는지 명확하게 알 수 있을 때까지 이 훈련을 몇 차례 해 보자. 불안정한 마음은 절대 가만히 머물러 있지 않고, 항상 매우 분주하게 움직이고, 현재 순간에 머물러 있는 것이 어렵다.

이 훈련이 보여 주는 것은 우리가 신체를 쉬게 하고 한 공간에 머무르도록 할 수는 있지만, 마음은 우리가 원하는 때에도 좀처럼 따라 주지 않는다는 것이다. 마음은 바로 생각으로 옮겨 가고, 한 가지 생각에서 다른 생각으로, 한 가지 감정에 사로잡혔다가 다른 감정으로 이리저리 방황한다. 여러 측면에서 이것은 우리의 '신뇌'가 점차 똑똑해진 결과이다. 우리는 사고하고, 상상하고, 계획하고, 반추하고, 후회하는 뇌를 가지고 있다.

만약 생각과 감정이 즐겁고 조화롭다면 그렇게 문제가 되지 않지만, 종종 그렇지 않은 경우가 있다. 대부분의 사람은 '나는 게을러.' 혹은 '뭔가 문제가 있어.'와 같이, 마음 한구석에 부정적이고 혼란스런 감정적 주제들이 쌓여 있다. 따라서 우리의 주의를 끄는 무언가에 관여하지 않으면 마음 뒷편에 있던 정보들이 자동적으로 전경으로 떠올라서 부정적이거나 불안한 사고에 대한 주제들이 드러난다. 때때로 이러한 주제들은 일상에서 우리를 화나게 하는 사건들에 의해서 강력히 활성화되기도 한다. 이러한 경우에 가외적인 에너지가 들어가서, 우리가 원하지 않을 때조차 고통스럽거나 불안한 주제를 곱씹고 있는 자신을 발견하게 된다. 이러한 일이 일어났을 때, 우리는 일상에서 마음의 문제를 발견한다. 이는 아주 익숙해서 다루기 힘들고, 생각하고 싶지 않을 때조차도 문제의 방향으로 따라가므로 의도와 상관없이 고통을 일으킨다.

　　제3장에서 세 개의 원 모델(정서 조절 시스템)을 학습했을 때, 우리의 마음이 대개 위협과 추동에 초점이 맞춰진 감정에 종속되어 있음을 보았다. 우리는 우리를 위협하는 것들은 회피하고, 생존을 위해 필요한 것과 편안함을 주는 것들을 얻고자 애쓴다. 따라서 우리의 마음이 가만히 있지 못하고 분주하게 움직이는 것은 우리의 잘못이 아니다. 우리는 위험에 주의를 기울이고, 필요로 하거나 원하는 것에 민감하도록 고안된 진화에 의해서 프로그램되어 왔지, 평화롭게 나무 아래에 앉아 있는 석가모니처럼 진화한 것은 아니다. 만약 우리가 이와 같이 진화했다면 우리 종(種)은 수천 년 전에 멸종했을 것이다! 여기서 우리의 질문의 목적은 탓하거나 '이렇게 해서는 안 돼. 나는 내 마음을 더 잘 통제해야 해.'라고 생각하는 것이 아니라 무슨 일이 일어나고 있는지 그저 바라보자는 것이다. 이 부분은 아주 중요하다. 왜냐하면 내적 요구에 대한 처리 과정이 자기비난, 심지어 자기공격 경향성에 의해서 아주 빠르게 과소평가될 수 있기 때문이다.

　　불안정한 마음과 그로 인한 결과에 대해 더욱 깊이 숙고해 보면 우리에게는 우리의 내적 세계에 대한 통제권이 없다는 것을 알게 된다. 이는 잠시 멈추고 숙고해야 할 부분이다. 우리가 행동하는 많은 것은 통제 지향적인 것이다. 우리는 삶의 많은 부분이 계획될 수 있고, 컴퓨터 버튼 하나로 조작되고 변화될 수 있는 문화 속에서 살고 있다. 하지만 우리는 내적 세계를 쉽게 통제하지 못한다. 이는 조금 전에 훈련했던 '불안정한 마음'을 연습할 때 명확해진다. 우리는 마음이 얼마나 우리의 바람대로 따라오지 않는지를 관찰하였다. 마음은 마음대로 떠돌아다니면서 그저 자신의 일을 할 뿐이다.

　　우리는 다음과 같이 말할 수 있다. '마음이 내키는 대로 하면 되지, 왜 굳이 훈련을 해야 할까?' 이는 소비 지향적인 현대 사회에 존재하는 근본적인 메시지이다. '법의 테두리 내에서 벗어나지 않는다면 마음이 원하는 대로 하도록 내버려 두라.' 하지만 앞서 배웠듯이, 우리의 마음을 '자유롭게 내버려 둔다면' 위협과 추동의 뿌리 깊은 습관을 그대로 따르는 경향이 나타날 것이다.

우리는 고통스러운 주제들을 반복해서 곱씹고, 비난하고, 공격하고, 행동을 판단하고, 논쟁하고, 원하고, 갈망하고, 얻고 싶은 것들에 대해 끊임없이 공상하곤 한다. 이 안에 자유가 있는가?

주의 작업으로 시작하기

점점 더 명확해지는 것은 주의가 향하는 곳과 마음이 머무는 것이 감정과 신체에 특정한 방식으로 영향을 미친다는 사실이다. 그것은 무성한 잡초와 가시덤불로 가득한 자연 그대로의 정원일 수도 있고, 혹은 정성 들여 가꾸어야 하는 허브 정원일 수도 있다. 선택은 우리의 몫이다. 롭 네언은 이러한 과정을 '주의에는 에너지가 따라간다'라고 언급하였다.[2] 우리가 주의를 두는 곳에 에너지를 주고, 우리가 에너지를 주는 그곳에서 계발이 이루어진다는 것이다. 이러한 원리는 마음챙김 훈련의 핵심이다. 비록 내면의 감정 세계에서 발생하는 것들을 통제할 수는 없지만, 그곳에 주의를 기울이는 것은 경험이 일어나는 방식에 큰 영향을 미친다. 가령, 화나는 생각은 저절로 떠오를 수 있다. 하지만 만약 우리가 화나는 생각에 주의를 기울이고 에너지를 준다면 화는 우리의 마음속에서 큰 문제가 될 것이다. 반면에, 우리가 화나는 생각을 알아차리고 내버려 둔다면 그것은 힘을 잃고 빠르게 소멸할 것이다. 다음의 훈련을 통해 '주의에 에너지가 따라간다'는 원리를 살펴볼 수 있다.

 훈련 2: 주의 작업하기

편안하게 앉아 오른쪽 발에 집중해 보세요. 발가락에서부터 발꿈치, 그리고 발 전체의 감각을 살펴보세요. 10초 정도 그곳에 머물러 보세요. 이제 주의를 왼쪽 발로 가져갑니다. 다시 발가락에서부터 발꿈치, 그리고 발 전체의 감각을 살펴보세요. 10초 정도 머물러 봅니다. 이번에는 오른쪽 손에 집중해 봅니다. 손가락에서 느껴지는 감각을 알아차려 보세요. 10초 정도 그곳에 머물러 보세요. 다음으로 왼쪽 손으로 주의를 가져가 10초 정도 머물러 봅니다. 마지막으로 입술과 입 주변의 감각에 주의를 둡니다.

무엇을 알아차렸나요? 왼쪽 발에 주의를 두었을 때, 손가락이나 입술은 의식하지 않았고, 다시 주의를 손가락으로 가져왔을 때 발에 대한 자각이 사라지는 것에 대해 생각해 보세요. 당신이 주의를 둔 신체 부분은 자각의 영역 안에서 확장됩니다. 당신의 주의는 마치 줌 렌즈 혹은 확대경, 어떤 것은 밝게 비추지만 다른 것들은 어둠 속에 남겨 두는 환한 조명과 같습니다. 당신의 주의는 고정되어 있지 않고 의도적으로 움직일 수 있으며, 실제로 그렇게 했을 때 다른 감각이 당신의 의식에서 들어왔다가 나가는 것을 알아차려 보세요.

이것을 감정과 기분 측면에서 살펴보겠습니다. 자리에 앉아 이 책을 읽는 것을 잠시 중단하고, 당신이 웃고 있던 때, 아마도 누군가 당신에게 농담을 했을 때 혹은 파티에 갔을 때를 떠올려 보세요. 그 기억에 잠시 머물러 친구와 함께 웃고 있는 자신을 알아차려 보세요. 이제 당신의 신체에서 (아마도 살짝 미소를 짓기 시작할 수도 있습니다) 무슨 일이 일어나고 있는지를 알아차려 보세요. 당신이 떠올리고 있는 그것과 전경으로 끌려간 당신의 주의는 강력한 방식으로 당신에게 영향을 미치고 있습니다.

당신이 어떻게 행복한 생각, 이미지, 기억을 떠올리고 주의를 두는지, 그리고 그것이 어떻게 당신에게 특정한 기분을 느끼게 하는지에 대해서 살펴보았습니다. 이번에는 주의를 바꾸어 불안하거나 약간의 불행함을 느꼈던 어떤 일에 대해서 떠올려 보세요. 생각이 전경에 떠오를 수 있도록 당신의 주의를 허락하세요. 이러한 것들을 줌 렌즈로 확대하고, 전경으로 가져왔을 때 기분과 신체 감각에 어떤 일이 일어나는지를 알아차림해 보세요. 지금 당신은 아마도 웃고 싶지 않을 것입니다. 핵심은 당신이 이러한 기억이나 생각을 주의 영역으로 가져왔을 때, 이전 순간에 경험했던 좋은 기분은 사라진다는 것입니다. 이는 우리의 내적 기억 시스템 내에 주의를 두는 것이 우리의 기분과 감각에 강력하게 영향을 미친다는 것을 보여 줍니다. 일단 주의가 신체에 미치는 강력한 영향력을 진정으로 이해한다면 이러한 주의, 스포트라이트 혹은 확대경을 조절하는 것을 배우는 가치는 분명해질 것입니다. 그리고 때때로 주의를 자신 및 타인에 대한 자비로운 이미지와 같이 더 유용한 쪽으로 이동하는 것이 도움이 됩니다.

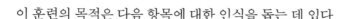

이 훈련의 목적은 다음 항목에 대한 인식을 돕는 데 있다.

- 주의는 고정된 것이 아니며, 이동 가능하고, 의도적으로 움직일 수 있지만, 다른 한편으로는 위협이나 추동 시스템에 의해서 비의도적으로 움직일 수도 있다.
- 주의는 마치 확대경처럼 어떤 것은 우리 마음 안에서 더욱 확대시키고, 다른 생각과 기분을 차단한다.
- 주의는 아주 강력한 생리적 영향을 미친다. 행복한 기억을 떠올리는 것은 유쾌한 기분과 감각을 일으킬 수 있지만, 반면에 불행한 어떤 것을 곱씹는 것은 불쾌한 기분과 감각을 일으킬 수 있다.

일단 주의가 우리가 인식하기도 전에 얼마나 빨리 감정에 의해 지배되는지를 주목하기 시작하면 주의를 전경에 떠오른 생각, 이미지 혹은 불안이나 부정적 반추의 바다에서 방황하게 내버려두기보다는 우리에게 도움이 되는 방식으로 이동시킬 수 있도록 마음을 훈련하는 방법을 배울 수 있다. 우리는 단순히 주의를 집중하면 된다. 사실 이것은 간단하지만 쉬운 일이 아니다. 왜냐하면 쉽게 흩어지는 주의 경향성은 아주 뿌리 깊기 때문이다. 따라서 지속적인 마음훈련 프로그램에 참여할 필요가 있다.

주목해야 할 것은 마음챙김 훈련이 불행한 감정을 피하거나 항상 행복한 경험에만 주의를 기울이는 것이 아니라는 점이다. 마음챙김 훈련은 불편한 감정들을 감내하고, 수용하고, 작업하는 방법을 배우는 것에 관한 것이다. 이러한 감정들은 경험의 일부분으로, 우리가 귀를 기울이고 주의를 둔다면 종종 우리에게 중요한 메시지를 주기도 한다. 하지만 우리가 어떤 유용하지 않은 감정과 반추에 사로잡혀 있다는 사실을 인식하여 그것들이 엮은 줄거리에 사로잡히는 것이 아니라 단순히 관찰하는 쪽으로 주의를 이동하는 것을 배운다면 이것 역시 유용하다.

속도를 늦추고 안정하기

주의가 어디로 향하는지 알아차리고, 그 방향을 바꾸는 방법을 배우기 위해서 속도를 늦추는 것은 유용하다. 이것은 아주 중요하다. 현대의 삶은 많은 부분에서 갈등이 앞다투어 빠른 속도로 발생하므로 우리에게 마치 여러 공을 동시에 저글링하는 멀티태스킹을 요구한다. 이러한 상황은 종종 불가피하다. 하지만 가끔은 멈출 수 있을 때, 일상 속에서 여유를 가지고 서두르지 말고 천천히 내면을 들여다보면서 우리가 감정적으로 어떻게 느끼고 있는지를 확인하며, 스스로를 차분히 가라앉히는 간단한 방법을 찾는 것이 유용하다. 우리의 마음을 안정시키는 데 중요한 도움을 주는 것은 호흡이다. 호흡은 우리가 인식하든 인식하지 않든 항상 일어나고 있으며, 어느 때나 우리가 신체에 다시 연결되고 속도를 늦출 수 있도록 해 준다. 호흡을 조금 깊게 하고, 호흡을 조절하는 법을 배움으로써 부교감 신경계를 자극할 수 있다. 부교감 신경계는 신체가 이완되고, 마음이 안정되도록 돕는다. 앞서 언급한 바와 같이, 부교감 신경계는 진정 시스템을 작동시키지만, 교감 신경계는 위협/추동 시스템의 활성화와 관련이 있다.[3]

아주 불안하거나 통제를 많이 하는 사람들은 신체적 느낌을 차단하고 싶어 하기 때문에 이 훈련에서 약간의 불안이 유발되는 것을 발견할 수 있다. 따라서 이러한 모든 훈련을 할 때에는 당신의 속도에 맞춰 진행하고, 만약 당신이 투쟁하고 있다면 다음 훈련으로 이동할 수 있다. 훈련하는 것을 스스로에게 강요하지 마라.

훈련 3: 호흡의 리듬을 진정시키기

자리에 편안하게 앉아 두 발은 어깨 넓이로 벌려 바닥에 가지런히 둡니다. 허리를 바로 세워 줍니다. 고개가 숙여지면서 졸린 상태가 되기보다는 이완되면서도 깨어 있는 상태가 되어야 하기 때문에 지금 당신의 자세는 편안하면서도 똑바르게 해야 합니다. 부드럽게 눈을 감거나 혹은 시선을 떨어뜨려서 특정한 부분에 초점을 두지 않고 바닥을 바라봅니다. 마치 당신이 좋아하는 누군가와 함께 있는 것처럼, 친밀함의 표현인 부드러운 표정을 지어 봅니다. 턱을 살짝 아래로 내려서 얼굴 근육을 이완하고, 입꼬리를 살짝 올려서 옅은 미소를 짓습니다.

이제 당신의 호흡에 주의를 기울여 봅니다. 공기가 코를 통해 들어오고, 횡경막까지 내려간 후 잠시 머물렀다가 다시 코를 통해 나가는 것을 느껴 봅니다. 당신의 호흡이 들어오고 나갈 때, 횡경막이 어떻게 부드럽게 움직이는지를 알아차려 보세요. 호흡의 리듬을 진정시키기 위해서 평소 호흡보다 조금 더 느리게, 살짝 더 깊이 호흡해야 합니다. 3~5초 동안 숨을 들이마시고, 잠시 멈추었다가 다시 3~5초 동안 숨을 내쉬어 봅니다. 당신에게 가장 편안하고, 느긋함을 주는 부드러운 리듬의 호흡 패턴을 발견하기 전까지는 조금 더 빠르게 혹은 조금 더 느리게 호흡할 수도 있습니다. 느리고 편안한 호흡 리듬이 핵심입니다. 1분 동안 5~6회의 호흡이 이상적이지만, 이것이 당신에게 편안한 경우에만 해당됩니다(www.coherence.com 참조).

또한 내쉬는 호흡과 일정한 리듬으로 코를 통해 나가는 공기에 집중해 봅니다. 들숨과 날숨이 비슷한지 살펴보되, 서두르지 마세요. 당신이 호흡 리듬을 개발하는 동안, 각 날숨과 함께 느려지는 내면의 기분을 알아차려 봅니다. 마치 당신이 진정되고 이완되는 신체 리듬과 연결되어 있는 것처럼, 호흡에 따라 신체가 어떻게 반응하는지를 알아차려 봅니다. 이것이 당신의 친근한 표정과 어떻게 연결되어 있는지를 알아차려 봅니다. 앉아 있는 동안에 얼마나 더 묵직해지고, 더욱 단단해지고, 신체와 함께 고요한 상태가 되는지를 알아차려 봅니다.

아마도 마음속에 생각들이 불쑥 나타날 수도 있습니다. 이것은 아주 당연하고 자연스러운 현상입니다. 걱정하지 마세요. 생각들을 없애려고 하거나 마음을 비우려고 애쓰지 마세요. 당신은 호흡의 리듬에 주의를 두는 것 외에는 아무 것도 하지 않아도 됩니

다. 마음속에서 떠오르는 생각들에 관여하지 마세요. 억압하려고 하거나 관여하려고 애
쓰지 말고 자유롭게 내버려 두세요.

　　마음이 방황하는 것은 아주 자연스러운 것입니다. 그저 마음속에서 일어나는 것들을
알아차리면서, 부드럽게 주의를 신체와 호흡, 즉 코를 통해 들어오고 나가는 공기의 흐
름의 감각을 자각하는 쪽으로 보냅니다.—당신의 신체가 느려지는 것을 느껴 보세요. 호
흡을 조절하고 깊이 하는 것이 당신을 긴장하게 하거나 약간의 공황 상태에 빠지게 한
다면 정좌 훈련의 그라운딩 부분에 초점을 맞추세요(훈련 6).

　　친근한 얼굴 표정, 부드러운 미소를 짓고 있는지 다시 한번 확인해 봅니다. 그런 다음
진정 호흡의 리듬을 지속하세요. 느긋함에 맞추어 평소보다 조금 깊게 호흡하면서 몇
분 동안 이 과정에 머물러 봅니다. 이제 준비가 되면 눈을 뜨고, 추가적인 훈련을 할 계
획이 없다면 몸을 풀고 움직여 봅니다.

　　호흡의 리듬을 진정시키는 훈련의 핵심은 신체에 더욱 단단하게 뿌리를 내
리는 것이다. 곧 이것을 알게 될 것이다. 하지만 이번 단계에서 중요한 것은
이 훈련의 목적이 단지 이완이 아니라, 자리에 앉아 있을 때 신체와 더욱 긴
밀하고 연결된 느낌을 갖는 것이다. 이는 신체를 안정시키고, 내면의 고요함
과 평온함의 지점을 찾는 방법이다. 태극권에서 움직임과 동작을 하는 데 있
어 안정적인 기반을 찾는 것과 마찬가지로 호흡은 신체와 연결되어 있다. 호
흡의 리듬을 진정시키는 훈련도 이와 유사하다. 가령, 두 발과 뒤꿈치를 모두
붙이고 있을 때 누군가가 한쪽에서 밀면 당신은 아마도 넘어질 것이다. 하지
만 만약 발을 살짝 벌리고 있었다면 몸의 중심이 잘 잡혀서, 바닥에 뿌리내린
기분을 느끼게 될 것이다. 그때 누군가가 밀면 당신은 넘어지지 않을 것이다.
단단한 토대를 가지고 있기 때문이다. 호흡의 리듬이 신체와 연결되었을 때
의 경험은 안정감, 내적 고요함, 평온함, 준비된preparedness 상태를 찾은 것과
같다. 다이빙을 준비하는 하이 다이빙 선수가 먼저 침착하고, 내적 고요와 평
온함의 상태를 찾은 다음에 다이빙을 하는 것과 같다. 제4장과 제6장에서 살

퍼본 것처럼, 자비는 고통으로 향하는 것이지 고통을 피하는 것이 아니다. 이처럼 호흡의 리듬을 진정시키는 것은 우리를 신체와 연결시키고, 고통과 불편함에 관여할 수 있도록 준비시킨다.

이 훈련에서 주된 통찰은 우리가 그것에 관여하지 않아도 사고와 감정이 일어날 수 있고, 의식을 통해 이동시킬 수 있다는 사실에 익숙해지는 것이다. 이는 많은 사람에게 흔치 않은 경험이다. 왜냐하면 사고, 감정 혹은 마음의 상태가 우리 안에서 일어나자마자 그 순간에 존재하는 것처럼 그 사고와 감정을 동일시하기 때문이다. 우리가 여기서 개발하고자 하는 기술은 마음 안에서 일어나는 것들을 통제하는 것이 아니라(지금까지 마음 안의 작용은 통제할 수 없다는 사실을 깨달았다), 일어나는 사고 및 감정에 관계하는 방식을 변화시키는 것이다. 이것이 바로 마음챙김 훈련의 핵심이며, 자비 훈련을 위한 기초이기도 하다.

일반적으로 사람들이 명상이나 마음챙김에 대해 들었을 때, 마음을 비우고 텅 빈 상태를 만드는 것, 아무 생각도 하지 않으며 '더없는 행복을 경험'하는 것이라고 생각한다. 이러한 것은 오해이다. 명상이나 마음챙김은 생각이 자유롭게 나타났다, 사라졌다 하도록 허락하고, 그러한 생각에 관여하지 않아도 된다는 사실을 깨닫는 좀더 미묘한 과정이다. 매 순간 우리는 함양해야 할 것과 그렇지 않은 것을 선택할 수 있음을 깨닫는다. 그래서 내면의 안정된 지점을 만드는 것이다. 비극적이게도 대부분의 사람은 자신에게 이러한 선택권이 있다는 사실을 인식하지 못하고 있고, 그들의 삶에 도움이 되지 않고 불행을 가져오는 습관적인 사고, 말, 행동 패턴의 노예가 되고 있다. 하지만 이러한 선택에 대해 짧게라도 경험하는 것은 삶을 위한 완전히 다른 가능성이 우리에게 열리기 시작하면서 마음에 대한 근본적인 재교육을 시작할 수 있다.

마음은 마치 여러 가지 일을 하면서 분주하게 다른 층으로 돌아다니는 많은 모습이 있는 다층 건물의 형태와 같다. 하지만 마음은 우리가 손에 횃불을 가지고 있다는 사실을 제외하고는 모든 것이 어둠 속에 가려져 있다. 따라서 마음챙김의 시작은 우리가 손에 횃불을 잡고 있으며, 무엇이든 비추면 환하게 만들 수 있다는 것을 인식하는 것이다. 어쩌면 우리는 어떤 집에 살지 선택의 여지가 없을지도 모르며, 직장에서 바쁘게 돌아가는 일을 통제하는 것이 불가능할지도 모른다. 하지만 우리가 빛을 비추는 것은 확실히 통제할 수 있다.

이 훈련을 통해 자비의 역할은 우리가 올바르게 행동해야만 한다고 기대하는 것이 아니라, 스스로에게 관대해지는 것을 배우는 것이다. 대부분의 시간 동안 우리의 주의가 위협과 추동 감정에 의해 사로잡히게 되는 것은 당연한 현상이며, 그렇게 되도록 얽혀 있기 때문이라는 사실을 깨닫는 것이 중요하다. 이것은 인내심과 심지어 유머 감각을 일으키므로 하룻밤에 완벽하게 할 필요가 없는 오랜 훈련 과정임을 인식해야 한다. 자비로운 태도를 갖고 마음챙김 훈련을 시도하는 것은 훈련이 수월해지고, 걱정, 판단, 목표 지향적인 것이 줄어들도록 도와준다.

감각에 개방하기

일단 우리 스스로 주의가 향하는 곳을 정할 수 있다는 것을 깨닫고 어느 정도 느긋해지면, 다음 단계는 우리의 의식이 주변의 모든 것에 개방될 수 있음을 알아차리는 것이다. 불안이나 분노와 같은 위협 기반 감정들이 우리의 주의를 붙잡을 때, 의식의 장은 좁아지고 환경에 대해 마음이 닫힌다는 사실을 쉽게 발견할 수 있다. 종종 이러한 위협 기반 감정들은 내적인 갇힘과 긴장 상태를 야기한다.

우리가 이러한 과정을 알아차리게 되면 놀라운 것들 중 하나는 일상에서 우리가 얼마나 많은 것을 놓치고 있는지, 즉 얼마나 많은 감각 정보를 지나치고 있는지를 알게 된다는 것이다. 우리는 오직 현재 순간에만 존재할 수 있지만 좀처럼 지금 이 순간에 접촉하지 못한다는 것은 삶의 황당한 모순이다. 그럼에도 불구하고 우리 스스로 지금 이 순간에 사는 것을 허락한다면 존재함(살아 있음)에 대한 풍부한 경험이 눈앞에 열릴 수 있고, 지금까지 알아차리지 못했던 많은 것을 충분히 만끽하고 환영하는 것을 배울 수 있다. 하지만 우리는 현존하지 않고, 이완되지 않고, 행복하지 않은 상태에 익숙하기 때문에 현존하는 자신의 모습으로 산다는 것이 다소 이상하게 느껴질 수도 있다. 따라서 의식적인 훈련이 필요하다.

다음의 훈련을 통해 시작해 보자.

 훈련 4: 마음챙김하며 사과 먹기

사과를 먹는다고 생각해 봅시다. 어떻게 마음챙김하며 사과를 먹을 수 있을까요? 먼저, 사과를 자세히 살펴보면서 색깔과 감촉을 알아차려 보세요. 손으로 사과를 잡고 사과 껍질의 질감을 느껴 보세요. 서두르지 마세요. 잠시 동안 그저 사과를 관찰해 봅니다. 마음이 사과에서 벗어나 방황하고 있다면 (십중팔구 그렇게 될 것입니다) 부드럽게 주의를 다시 사과로 가져오면 됩니다. 이 훈련에서 당신은 사과를 판단하지 않습니다. 그저 사과의 속성을 살펴보면 됩니다. 그런 다음 과도로 껍질을 깎고, 자릅니다. 한 번 더. 칼로 자른 사과가 어떤지 알아차려 봅니다. 껍질 바로 안의 색깔과 질감을 알아차려 보세요. 잠시 동안 자세히 관찰해 봅니다.

그 다음에는 사과를 한 입 베어 먹어 보세요. 이제 맛과 입 안에서 사과가 어떻게 느껴지는지에 집중해 보세요. 천천히 사과를 씹어 보고, 입 안에서 느껴지는 감각, 사과즙이 침샘을 어떻게 자극하고, 입 안의 침이 어떻게 느껴지는지를 알아차려 보세요. 그 맛을 음미해 보세요. 사과를 씹을 때, 사과가 어떻게 흐물흐물해지는지를 알아차려 보세요. 사과를 삼킬 때, 그 감각에 주의를 기울여 보세요.

이런 방법으로 눈으로 관찰하고, 만지고, 느끼고, 냄새 맡고, 질감과 맛을 살펴보세요. 사과를 떨어뜨려 보면 어떤 소리가 나는지 들을 수도 있습니다—하지만 오늘 꼭 그렇게 할 필요는 없습니다!

훈련 후 실습해 보기

사과를 먹는 활동을 하는 순간에 완전히 몰두하는 것은 어떤 느낌이었는가? 다른 것에 대해 생각하거나 TV를 보면서 사과를 먹을 때와는 어떻게 달랐는가?

이 훈련에서 밝혀진 것은 우리가 스스로를 현존할 수 있도록 허락할 때, 우리의 감각, 즉 만지고, 듣고, 보고, 맛보는 감각과 다시 연결된다는 것이다. 우리가 현재 순간에 마음을 열고 주변의 모든 것에 주의를 기울이면 삶에 대한 경험이 개방되고 충만해질 것이다. 우리는 발아래 땅을 느끼고, 태양과 구름이 머리 위에서 춤추듯 변화하는 것을 인식하고, 길을 따라 피어 있는 장미 덤불에서 나는 냄새도 알아차리고, 우리 주변의 산 절벽에서 멀리 떨어진 갈매기 소리도 듣는다. 우리는 사고의 세상에 꽉 갇혀 있지 않다. 구뇌와 신뇌 사이의 고리에 빠져 있지 않다(제2장 참조). 위협과 추동 시스템은 우리를 현재-순간 경험의 즉시성으로부터 고립시키는 사고와 감정에 가두는 경향이 있다. 이것이 그들의 일이기 때문이다. 하지만 만약 이러한 일이 항상 일어난다면 우리는 결국 삶의 생생함과 활력을 놓치게 될 것이다. 하지만 우리가 감각에 접촉할 때, 사과를 한 입 베어 무는 것을 음미하도록 허락할 때, 주어진 환경 그리고 이 순간을 함께 공유하고 있는 사람이나 동물과 연결감을 가지고 살아가는 우리 자신을 발견하게 된다. 이것이야말로 존 카밧 진이 마음챙김에 관한 자신의 최근 저서를 『감각 알아차리기Coming to our senses』[4]라고 부르는 이유이다.

발생한 것에 마음을 여는 과정을 허락하는 것은 지금까지 우리가 소개한 기술들을 훈련하는 것이다. 속도는 늦추고, 주의가 어디 있는지 주시하고, 현재 무슨 일이 일어나고 있는지를 음미하는 것이다. 이것은 우리가 진정 시스템에 접근하도록 만들며, 발아래에 있지만 우리가 좀처럼 인식하지 않는 땅처럼 언제나 그 자리에 있는 것이다.

단일-초점 주의와 개방-장 알아차림

마음챙김 훈련을 할 때 항상 동시에 발생하는 두 가지 과정이 있다. 첫 번째 수준에서는 우리가 무언가를 하고 있을 때, 무엇인가 하고 있음을 자각하는 것을 배운다. 이는 우리의 주의가 다른 활동으로 산만하게 흩어질 때, 그것을 알아차리고 지금 하고 있는 것으로 부드럽게 되돌아오는 것을 포함한다. 이것을 단일-초점 주의라고 하며, 우리는 호흡 리듬 진정시키기 훈련을 통해 이것에 대해 어느 정도 알고 있다. 맨 처음 마음챙김 훈련을 시작할 때, 우리는 가진 에너지의 대부분을 이러한 방향(호흡 리듬 진정시키기)으로 향하도록 한다. 왜냐하면 우리의 마음은 터무니없고 엉뚱한 생각 곳곳으로 이끌려가기 쉽기 때문이다.

하지만 주시하고 주의를 재전환하는 훈련과 더불어 또 다른 과정이 있다. 그것은 개방-장 알아차림이다. 개방-장 알아차림은 우리가 지금 실제로 하고 있는 것에 주의를 기울이더라도, 우리가 움직이고 있는 더 큰 배경이 되는 환경을 자각하는 것을 말한다. 우리는 이것을 마음챙김하며 사과 먹기라는 이전 훈련에서 다루었다. 한 가지 좋은 예는 고급 샴페인이 든 잔의 쟁반을 들고 칵테일 파티장을 가로질러 걸어가는 것이다. 여기서 두 가지 일이 일어날 수 있다. 샴페인이 든 잔을 손님들에게 쏟지 않으려면 쟁반을 잡고 있는 것에 몹시 주의를 기울여야 하고, 북적거리는 곳에서 담소를 나누는 사람들과 부딪히지 않기 위해서는 그 공간과 주위의 사람들에게 적극적으로 주의를 기울여야 한다. 만약 쟁반을 나르는 것에만 주의를 둔다면, 우리는 곧 누군가와 부딪혀서 샴페인을 쏟을 것이다. 반대로 쟁반이 아닌 주변 사람들에게만 주의를 둔다면 샴페인 잔이 미끄러져서 떨어질 것이다. 따라서 두 가지 유형의 자각이 필요하다— 주변에서 무슨 일이 일어나고 있는지 배경에 대한 자각과 함께 우리가 현재 하고 있는 것에 부드럽게 주의를 두는 것이다.

개방-장 알아차림은 우리가 어떻게 환경과 관련되어 있는지에 대한 자각으로, 다시 말해 칵테일 파티에서 담소를 나누는 사람들과 관련해서 우리 자신을 어떻게 둘 것이며, 이러한 환경에서 어떻게 반응할 것인지를 알아차리는 것이다—이 경우라면 사람들과 부딪히지 않도록 조심스럽게 이동하는 것이다. 이 지점에서 자비가 나타난다. 자비는 개방-장 알아차림을 통해서 나타나는데, 연결의 장이자 우리 주변에서 일어나고 있는 것들과의 관계의 장이다. 이는 우리가 거품 속에 살지 않는다는 자각이다. 만약 우리가 거품 속에 살기를 고집한다면, 누군가의 뺨을 치고, 그들의 아름다운 드레스에 샴페인을 쏟고, 결국 칵테일 웨이터라는 직무에서 해고 당할 수 있다. 따라서 개방-장 알아차림은 단일-초점 주의와 함께 발생한다. 개방-장 알아차림과 단일-초점 주의 이 둘은 모두 존재해야 한다. 우리의 마음은 강아지와 같아서 다루고 있는 문제에 머무르기 위해서는 지속적인 훈련이 필요하기 때문에 처음에는 단일-초점 주의가 우선시된다. 하지만 다른 처리 과정을 망각해서는 안 된다. 자비는 시작부터 항상 그 자리에 있어야 하므로 결코 자비를 망각해서는 안 된다.

신체에 그라운딩하기

마음의 격렬한 움직임을 안정화시키기 위해서는 현재 순간에 머무르도록 해 주는 닻과 버팀목을 가지는 것이 도움이 된다. 그래서 우리 여정의 다음 단계는 신체에 우리의 자각을 그라운딩하는 법을 배우는 것이다. 우리는 오랜 시간 동안 머릿속을 가득 채운 경쟁이라는 주제에 이끌려서 마음이 신체에 거주하고 있는데, 그러한 신체가 항상 존재한다는 단순한 사실을 간과해 왔다. 이러한 이유로 신체는 마음챙김 훈련에 있어 강력한 동맹이다. 왜냐하면 신체는 항상 현재에 남아 있지만, 마음은 몇 초 안에 현재에서 떠날 수 있기 때문이다. 따라서 마음챙김 훈련의 큰 부분은 단순히 마음을 신체가 있는 곳으로 되돌리고, 신체에 대한 알아차림 속에서 주의가 휴식하는 것을 배우는 것이다.

신체에 그라운딩하는 과정은 정좌 훈련의 핵심 요소이다. 우리는 이것을 더 자세히 살펴볼 것이다. 지금은 바디스캔 훈련을 살펴보겠다. 바디스캔은 지난 훈련에서 계속 이어지는 것으로, 이후 정좌 훈련을 위한 신체의 알아차림과 그라운딩의 기초를 확립하기 위한 것이다.

바디스캔

바디스캔은 주의를 발바닥에서부터 머리끝까지, 그런 다음 다시 발 아래로 스캔하면서 신체의 여러 부분에 걸쳐 계속해서 이동하는 훈련이다.[5] 우리는 이 훈련을 할 때에도 마음챙김하며 사과 먹기 훈련을 했을 때와 똑같이 신체에 대해 호기심과 주의를 가져온다. 부드럽게 신체 여러 부분을 탐색하면서 나타나고 사라지는 풍부한 감각의 질감을 자각하게 된다. 이러한 훈련을 통해 이미 발달시켜 온 기술들을 확장할 수 있다. 우리는 속도를 늦추고, 주의가 어디에 있는지를 주시하고, 주의를 다시 바디스캔으로 되돌리고, 일어나는 다양한 감각을 경험하고, 열려 있는 신체로 주의를 이동한다.

우리는 신체가 얼마나 복잡한 에너지와 감각의 장인지를 알아차린다. 바디스캔 훈련은 특정한 신체, 살갗의 감각, 장기와 뼈의 감각을 포함한 신체 내부의 느낌, 그리고 신체를 통과하는 호흡의 움직임에 대한 섬세한 자각을 포함한다. 아마도 불편한 느낌, 강렬한 감정 혹은 미묘한 찰나의 감각을 알아차릴지도 모른다. 또한 여러 신체 부분과 관련 있는 감정적 반응, 생각이나 이야기를 알아차리게 될지도 모른다. 신체는 우리의 개인적 역사를 기억하고 있고, 신체와 우리의 관계는 복잡해질 수 있다.

　　우리는 주의를 집중할 수 있는 다양한 방법과 자각의 여러 특성을 알아차리기 시작할 수도 있다. 우리의 주의가 얼마나 유연해질 수 있는가를 발견할 것이다. 어느 순간, 엄지발가락과 같은 신체의 작은 부위에 세심한 주의를 기울이고 있다. 두 다리, 발목에서 엉덩이 부위와 같이 우리 신체의 넓은 부분에 주의를 기울이고 있다. 마음의 눈(왼쪽 팔이 어떻게 생겼는지 생각하는 것)으로 신체의 정신적 이미지를 떠올리고 있거나 혹은 순수한 감각 그 자체를 그저 경험하고 있다면 그 경험의 차이를 알기 시작할 것이다.

　　이 훈련을 통해서 마음의 습관에 대해 대부분 알아차리기를 시작할 것이다. 우리는 자주 주의가 산만해지는 자신을 발견하겠지만, 그것을 인정하고 훈련을 반복해서 하는 것으로 되돌릴 수 있다. 우리는 마음이 많은 시간 동안 현재에 머무르기를 원치 않고, 심지어 잠에 빠지는 것을 알아차리게 될 것이다. 졸림은 사람들이 이 훈련을 시작할 때 매우 흔한 현상이다. 아마도 아주 피곤했을 수 있는데, 이는 잠시 동안 모든 활동을 멈추었을 때 실제로 알아차릴 수 있다. 또한 처음에는 이렇게 누운 자세로 깨어 있는 훈련을 하는 것이 낯설게 느껴질 수도 있다.

 훈련 5: 자비로운 주의를 통한 바디스캔

　　침대 혹은 방바닥과 같이 눕기에 편안한 장소를 찾습니다. 당신의 의도는 친절함과 깨어 있음을 함양하기 위한 것이지, 잠이 들기 위한 것이 아님을 기억하세요. 만약 잠이 든다면 피곤하거나 휴식이 필요한 것일 수 있습니다. 그러므로 당신의 신체에 그리고 신체가 무엇을 필요로 하는지에 집중하세요. 당신이 피곤함과 투쟁하고 있을 때에는 이 훈련을 하지 않도록 합니다. 만약 원한다면 바르게 앉아서 훈련해도 좋습니다. 이 훈련을 하는 동안에 방해받지 않도록 하고, 충분히 따뜻할 수 있도록 하세요. 필요하다면 담요를 덮으세요.

　　눈을 감고 호흡에 따라 횡경막이 올라가고 내려가는 것에 잠시 동안 집중해 봅니다.

그리고 신체를 통과하는 호흡의 움직임에 의식을 둡니다. 날숨이 몸에서 빠져나갈 때마다 이완되고 놓아 버리는 감각을 느껴 보세요. 그런 다음, 당신의 몸을 하나의 전체로 인식하는 데 잠시 머물러 보세요. 피부의 윤곽, 신체의 무게감, 그리고 그 무게에 따른 중력의 감각에 머물면 됩니다. 신체가 머무르고 있는 표면과 접촉하고 있는 지점들을 알아차려 보세요. 이제 스스로에게 친절함을 일깨우는 의미로 손을 가슴에 올려 봅니다. 세 번 정도 깊고 편안한 숨을 쉰 다음 팔을 가지런히 내려 둡니다.

당신의 주의가 친절하고 따뜻한 빛으로 가득차 있다고 상상해 보세요. 그런 다음 주의를 엄지발가락으로 옮기고, 거기서 찾을 수 있는 감각을 살펴보세요. 무언가 일어나도록 애쓰지 않아도 됩니다. 그저 당신이 느끼고 있는 것을 느끼면 됩니다. 당신의 주의는 점점 다른 발가락, 발바닥 전체, 그리고 발의 다른 부분들로 확장됩니다. 그저 그 자체로서 감각을 느끼고, 그 주변이 부드러워지는 것을 느껴 보세요. 발에게 감사함을 전해 봅니다. 발은 우리를 위해 열심히 일하지만 우리는 발에게 무관심합니다. 그런 다음 발바닥으로 숨이 들어오고, 숨을 내쉴 때 발바닥 주변의 공간으로 숨이 나간다고 상상해 보세요.

따뜻한 빛으로 가득찬 주의가 발목, 종아리, 무릎, 그리고 허벅지로, 점점 신체의 위쪽으로 주의를 옮겨 보면서 당신이 접하게 되는 감각들을 경험해 보세요. 당신의 주의는 항상 부드럽고, 각 신체 부위에 대해 감사와 존중으로 가득차 있음을 기억하세요. 이제 부드러운 빛을 가진 주의를 엉덩이로 가져가 보고, 그 부위에 긴장감이 있는지를 알아차려 보세요. 또한 알아차림으로 인해 그 부위가 부드러워지는지를 살펴보세요. 이제 그 부위로 숨이 들어오고, 숨을 내쉴 때 그 부위 주변으로 빠져나간다고 상상해 보세요. 신체 아래의 부분을 전체적으로 알아차리면서 숨을 들이마시고, 이곳의 신체 부위를 통해 이완된다고 상상하면서 숨을 내쉽니다.

당신의 마음이 다른 생각, 몽상 혹은 계획하는 일로 흘러가는 것을 주목하세요. 이런 일들은 흔히 일어나므로 그저 이를 알아차리고, 판단하지 않고, 잘못하고 있다는 느낌 없이 신체에 대한 감각으로 되돌아가면 됩니다. 이러한 현상은 마음의 작용입니다. 그런 다음, 점차적으로 부드러운 주의를 복부, 등 아래 부분에서 위쪽 부분으로, 어깨, 흉곽, 가슴으로 이동시켜 보세요. 때때로 잠시 멈추어서 신체 일부분에 대한 감사와 부드러움을 일으키고, 신체가 당신을 위해 무엇을 하며, 당신은 그것을 얼마나 당연시했는지에 대해 알아차려 보세요.

이제 척추로 친절한 의식을 가져오세요. 척추는 부드럽게 휘어져 있고, 두개골과 만나는 어떤 지점이 있습니다. 신체의 견고한 뼈대를 느껴 보세요. 다음으로 주의를 팔 아래 손, 손가락, 손톱으로 가져가 봅니다. 손바닥에서 따뜻함과 에너지를 알아차려 보세요. 이완 상태에서 손이 어떻게 느껴지는지를 알아차려 보세요. 그런 다음, 다시 몸통을 통해 호흡이 들어오고 그 주변을 통해 호흡이 빠져나간다고 상상해 보세요.

이마, 눈, 턱과 입 주변의 모든 근육을 이완시키면서 부드러운 빛의 의식을 점차 머리, 목, 목구멍, 그리고 얼굴로 가져오세요. 당신의 얼굴이 방 안의 온도를 얼마나 민감하게 느끼는지를 알아차려 보세요.

이제 주의를 머리 뒤쪽에서 발로 훑으며 내려오되, 이번에는 더욱 빠르게 움직이고, 그런 다음 주의를 호흡으로 가져옵니다. 전체로서 신체 호흡의 움직임에 주의를 기울여 보세요. 마치 몸 전체가 호흡하고 있고, 따뜻한 빛의 자각 속에 있는 것처럼 느껴 보세요. 훈련을 마치려고 할 때, 친절함의 표현으로 손을 가슴에 올려놓고 천천히 몸을 움직이기 시작하면서 몸을 한쪽으로 돌려 천천히 자리에서 일어납니다. 이것은 몸을 다시 움직이고 경직된 것을 감소시키는 데 도움이 됩니다. 너무 빨리 일상의 의식으로 돌아가려고 애쓰지 마세요.

신체 자각과 자비

이 훈련(훈련 5)은 우리가 경험한 것을 의식에 붙잡아 두는 방법을 배우는 것이기 때문에 마음챙김 자비 훈련의 기초가 된다. 한 수준에서 바디스캔은 신체를 통해 주의를 점진적으로 이동시키는 것과 관련이 있고, 집중된 주의에서 일어나고 사라지는 감각들을 알아차리는 것이다—이것이 마음챙김의 핵심 요소이다. 하지만 또 다른 수준에서 이 훈련은 우리가 불편하거나 고통스럽게 느끼는 것에서 달아나는 것이 아니라, 따뜻하고 포용하는 방식으로 어려운 감정과 함께 현재에 머무를 수 있는 능력의 계발을 돕기 위해 만들어진 것이다. 이것이 자비의 핵심 요소이다. 이것은 자비로운 역량, 즉 내면의 감정 세계를 친절함으로 채우는 능력을 계발하는 데 중요하다. 이는 우리가 감정의 소용돌이를 '지탱할 수 없고', 담을 수 없다고 느껴서 결국 남 탓을 하거나 혹은 알코올이나 마약 같이 감정을 완화하는 외부 자원을 찾고자 하는 것과 대조된다.

자비로운 역량을 계발하는 데 도움이 되는 것은 진정/친화 시스템으로 접근하기 위한 지점으로서 의식을 신체에 뿌리내리는 것이다. 위협과 추동에 초점을 맞춘 감정은 우리의 주의를 위협 탐지나 원하는 것을 추구하는 것이 중심이 되는 지점으로 끌어들인다. 이것은 우리와 신체를 분리시킬 수 있다. 신체는 흔히 정신적 이미지로 경험되며, 매력적으로 보이는 잡지 속의 우상과 비교되는 형편없는 자기이미지는 종종 자기혐오감을 동반한다. 그러나 바디스캔은 우리가 이미지에서 한 걸음 떨어져 우리의 신체를 안에서부터 경험할 수 있도록 해 준다. 우리는 신체의 느낌, 감각, 에너지의 내적 흐름에 대한 자각을 계발하는 방법을 배운다.

마음챙김은 내적 흐름에서 세세한 감각과 감정에 관심 어린 주의를 기울이고, 마음이 방황하면 이를 알아차리고 부드럽게 되돌아오는 것이다. 자비는 내적 세계에 대한 감각적 의식에 채널을 맞추고, 부드러움으로 내적 경험의 불편함을 만나는 것을 배우는 것이다. 마음챙김으로 감각의 흐름을 향해 움직이고, 자비로 내적 경험의 세세한 것들에 부드럽게 개입하고 이완하여 친절하게 알아차림을 유지한다. 이러한 방식으로 신체와 관계를 맺으면 걱정하고, 자주 움직이기보다는 의식을 개방하고, 현재 순간의 경험에서 휴식을 허용하기 때문에 진정/친화 시스템에 닻을 내리게 된다.

신체는 감정 시스템과의 연결을 놓칠 때마다 우리에게 즉각적으로 신호를 전달한다. 즉, 신체의 어떤 부분이 수축된다. 의식적인 자각이 급속히 일어나고, 우리는 신체를 정신적인 이미지로서 거리를 두고 객관적인 방식으로 경험하기 시작한다. 이것은 위협과 추동 감정이 우리의 주의 통제를 장악하고 있다는 신호이다. 이렇듯 신체는 우리의 친구이다. 해야 할 일을 잠시 멈추고, 호흡에 집중하여 신체에서 어떠한 느낌이 일어나는지에 주의를 되돌리면 몸을 알아차리게 된다.

예를 들어, 슈퍼마켓에서 물건을 구매하고 있는데 기분을 상하게 한 누군가를 보았다고 상상해 보자. 즉시 울화가 치밀고, 그 사람이 한 일을 생각하면 마음속에서 하나의 이야기가 시작된다. 만약 우리 스스로를 그 이야기에 빠져들도록 한다면 아마도 어깨 주변이 긴장되고, 입은 굳게 다물어지고, 심지어 어느 순간에는 구운 콩이 담긴 캔을 집어 그 사람에게 던지고 싶다고 느낄 수도 있다! 그러는 동안 그 이야기는 머릿속에서 되풀이되는 음반처럼 제자리에서 빙글빙글 돌면서 탄력을 받게 된다. 이것은 하나의 시나리오이다. 이와는 달리 신체에 알아차림을 두는 것을 배우게 되면 분노의 첫 물결이 일어나고, 기억이 줄거리에 불을 붙이자마자 주의를 신체로 가져와 어디에서 긴장과 수축되는 느낌이 있는지 어깨와 턱에 있는 감각에 조준하게 된다. 우리는 감각에 주의를 기울일 수 있고(마음챙김), 그런 다음 그 감각들을 부드럽고 친절하게 느낄 수 있다(자비). 마음챙김과 자비는 우리가 쫓았던 줄거리를 중단시키고 감정을 신체에 뿌리내리도록 한다.

우리는 이처럼 반응하는 방식의 신체를 지지의 자원으로 의지하는 것을 배움으로써 자신의 감정 경험에 머무를 수 있고, 감정을 외부로 투사하여 캔을 복도를 향해 던질 필요가 없다는 것을 깨닫게 된다. 이는 분노의 감정을 억압한다는 것을 의미하지 않는다. 오히려 분노의 감정과 관계 맺는 방법을 새롭게 창조하는 것이다.

정좌 훈련

이제 매일 정좌 훈련을 할 시점에 와 있다. 정좌 훈련을 하는 이유는 평소 규칙적인 마음챙김 훈련을 제공하기 위함이다. 이것은 삶으로부터 철수하는 것이 아니라, 삶에 보다 충실하게 참여할 수 있는 능력을 키우는 방법이다. 마음을 다룬다는 것은 쉬운 일이 아니며, 뿌리 깊은 습관을 변화시키는 데에는 시간과 지속적인 노력이 필요하다. 따라서 마음챙김을 일상에 접목하는 것은 유용한데, 실제로 이 훈련을 하는 이유는 더 마음을 챙기고 자비로운 삶으로 안내할 것이기 때문이다. 또한 매일 정좌 훈련(적어도 15~20분)에 시간을 할애하는 것이 중요하다. 정좌 훈련은 우리의 배터리를 재충전하는 일상의 연료 보충과 같다.

자세

정좌 훈련을 할 때 가장 먼저 고려해야 할 것은 자세이다. 자세는 우리의 의도와 마음의 상태를 반영한다. 만약 우리가 올바른 자세를 개발한다면 마음을 안정시키기가 조금 더 쉬워진다는 것을 알게 될 것이다. 또한 장기간 명상 자세를 유지하는 신체에서 안정감과 편안함을 느낄 것이다. 우리는 의자 혹은 바닥에 앉아서 하는 정좌 훈련을 선택할 수 있다. 만약 당신이 의자를 선택했다면 비교적 허리를 곧게 세우고 발바닥은 바닥에 평평하게 내려놓을 수 있는 의자를 사용하라. 등받이에서 등을 조금 떼고는 스스로 허리를 곧게 세워 앉도록 하라. 약간의 도움을 얻기 위해 작은 쿠션을 등에 받치는 것이 유용할 수 있다.

만약 당신이 바닥에 앉는 것을 선택했다면 엉덩이를 바닥에서 떨어뜨릴 수 있는 명상 방석 혹은 벤치가 유용할 것이다. 만약 방석을 사용한다면 방석의

앞쪽 끝부분에 앉도록 하라. 무릎을 엉덩이보다 높지 않게 바닥 가까이에 두는 것이 중요하다. 그렇게 하면 허벅지는 바닥을 향해 아래쪽으로 기울어진다. 이러한 자세는 당신의 등을 지탱하고, 허리의 잘록한 부분을 유지시킬 수 있도록 해 줄 것이다. 이 자세는 한쪽 뒤꿈치를 몸쪽으로 당기고 다른 뒤꿈치는 그 앞에 내려놓아 두 다리가 교차되는 자세 혹은 방석이나 스툴을 사용하여 발바닥의 뒷면이 보이도록 무릎을 꿇는 자세를 포함한다.

편안하면서도 잠이 들지 않을 만큼 깨어 있고, 각성된 마음 상태를 유지할 수 있는 자세를 찾는 것이 중요하다. 따라서 다음—척추를 바로 세워 곧은 상태이지만 경직되지 않은 자세—을 참고하여 자세를 찾아보라. 척추의 곡선과 등 아래쪽의 아치 모양을 인식하라. 머리는 턱을 살짝 당겨 척추 가장 위쪽에 부드럽게 놓아둔다. 어깨의 긴장을 푼다. 시선은 약 45도 각도로, 낮고 부드럽게 바라보거나 혹은 부드럽게 눈을 감는다. 머리, 목, 어깨가 일직선으로 나란히 놓여 있게 한다. 가슴은 안으로 꺼지지 않도록 부드럽게 펴 준다. 황금색 실이 당신의 정수리를 약간 위로 잡아당기는 상상을 해 보라. 두 손은 안쪽으로 동그랗게 모아 양 무릎 위에 놓는다. 혀는 위쪽 앞니 바로 뒤쪽에 놓는 것이 도움이 된다.

정좌 훈련의 핵심 요소들

우리가 훈련을 위해 자리에 앉아 있을 때, 우리의 마음이 계속해서 분주한 일상의 활동들에 관여하고 있음을 발견하게 된다. 일단 편안한 자세가 몸에 배면 마음챙김 훈련을 위해 약 5분간 호흡 리듬 진정시키기 훈련(훈련 3)을 하는 것이 마음을 충분히 진정시키는 데 도움이 된다. 이 단계는 일상의 활동 중에 잠시 멈추어서 휴식할 수 있는 공간을 제공한다. 즉, 조금 전에 만났던 사람과의 이야기나 자기 마음속에서 일어난 말을 깨끗이 치워 준다.

그런 다음, 그라운딩 단계를 통해 우리의 의식을 보다 충만하게 신체로 가져올 수 있다. 앞서 훈련한 바디스캔을 통해 스스로 이번 단계로 나아갈 수 있을 것이다. 앞서 살펴본 것처럼, 우리는 바쁘게 돌아가는 일상 속에서 주의를 머리가 이끄는 위협과 추동 시스템의 활성화를 통해 체화된 감각을 상실할 수 있다. 우리의 의식을 신체에 뿌리내리는 것은 우리가 누구인지, 즉 생기 없는 몸에 달린 바쁜 머리가 아니라 체화된 존재라는 사실을 총체적으로 인식하는 것이다.

일단 우리의 의식을 신체에 그라운딩하면 무엇인가를 해야 한다는 생각을 흘려보내고 그저 휴식할 수 있다. 이 시점에서는 명상을 시도하겠다는 생각을 내려놓는 것이 유용하다. 왜냐하면 이러한 시도가 마음속에 투쟁하는 감각을 불어넣기 때문이다. 이 단계에서 좋은 은유로는 자갈을 들고 있는 손을 펼친 다음 자갈을 그 손바닥 위에 그냥 내버려두는 것이다. 자갈을 단단히 쥐거나 땅에 던지지 않고 단지 자갈을 그곳에 내버려두는 것이다. 이와 비슷하게 신체로부터 일어나는 정신과 감정 경험이 신체 안에 머무르기를 허락하는 것이다— 그저 그곳에 앉아서 아무것도 하지 않는 것이다. 휴식 단계를 통해 마음도 고요해진 물처럼 휴식하는 본연의 경향성이 있다는 사실을 알게 되고, 생각에 지속적으로 관여하는 것이 얼마나 마음을 방해하는지를 이해하게 된다.

휴식하기는 존재being 모드로 들어가는 한 가지 방식이다. 일반적으로 우리 삶의 대부분은 행위doing 모드에 고정되어 있어 신체로 하는 어떤 행동을 멈추더라도 마음은 결코 멈추지 않는 것처럼 보인다. 그라운딩과 휴식하기를 통해 지금 당장의 경험에 무엇이 존재하든 그저 함께 존재하는 것을 배울 수 있다. 이것은 마치 속력(기어)을 낮추는 것을 배우는 것과 같다. 현대 생활에서 만성적인 고통은 매시간 최고속으로 기어를 작동하는 것이며, 기어를 낮추는 능력을 상실한 것과 같다. 즉, 그 순간에 존재하는 능력을 상실하고 있는 것이다. 달리 말하면, 진정 시스템에 접근하는 능력을 상실해 왔으며 영속적으로 위협 추동의 과잉활성화 모드에 고정되어 있는 것이다.

휴식하기는 심도 있는 정좌 훈련으로, 때때로 선택 없는 알아차림choiceless awareness으로 표현된다. 우리는 이러한 경험을 잠깐 하지만, 주의 산만이 가지는 힘이 크기 때문에 주의는 생각에 의해 아주 빠르게 휩쓸려 간다. 이때가 바로 마음챙김의 도움이 필요한 때이다. 마음챙김은 우리가 생각에 빠져 있을 때 주의를 되돌리는 기준이 되고, 주의를 현재 순간에 머무를 수 있도록 하는 닻이 된다. 이때 대개 여러 감각 중 한 가지 감각을 지지원으로 사용하는데, 이 경우에는 호흡을 사용할 것이다.

우리가 마음챙김의 지지원에 대해 작업할 때 중요한 것은 지지원(호흡)에 집중하고 있을 때 휴식의 질을 유지하는 것이다. 호흡을 꽉 움켜잡지 않되, 호흡에 부드럽게 주의를 접촉한다. 또한 우리는 신체와 연결된 상태로 존재한다. 이것은 호흡에 단단히 집중하며 생각을 없애려는 '하향' 처리 과정이 아니다. 마음에 긴장을 불어넣어 감정적 삶을 억제하는 통제의 형태이다. 그보다는 마음이 방황할 때에도 여전히 신체에 그라운딩을 유지한 채 호흡과 부드럽게 연결하는 '상향' 처리 과정이다. 따라서 이러한 호흡은 항상 그곳에 존재하며, 언제 어느 때이든 그곳으로 되돌아갈 수 있다는 사실을 알지만, 의식은 주로 신체에 근거한다. 이러한 방식으로 속도를 낮추고, 그라운딩하고, 휴식하는 초기 단계들이 정좌 훈련의 기초가 되며, 우리가 호흡과 함께 작업할 때에도 그대로 유지된다.

맨 처음에 정좌 훈련을 단계적으로 구분하는 것이 유용할 수 있지만, 이러한 단계들이 뚜렷이 구분되는 것은 아니다. 이것은 연속적인 하나의 흐름이다. 마치 운전을 배우는 것과 같다. 시동 걸기, 핸드 브레이크를 풀기, 발을 클러치판에 올리고 기어를 바꾸기와 같이, 각각의 단계를 마치 분명한 별개의 것처럼 배운다. 하지만 일단 우리가 무엇을 해야 하는지를 알게 되면 단계들을 생각하지 않고도 차에 타서 운전을 한다. 마음챙김도 비슷하다—단계들을 구분하는 이유는 그 단계들에 익숙해지고, 그런 다음에는 그 단계를 체화하는 당신만의 방식을 발견하기 위해서이다.

정좌 훈련을 소개하기 전에 유념해야 할 몇 가지 유용한 팁이 있다. 이 팁들은 이 책의 훈련 부분에서 연습해 볼 모든 훈련과 관련된다.

모든 것이 편안할 때 시작하라

수영, 피아노 연주 혹은 운전과 같은 것을 배우고 싶다는 생각이 들면 나의 상황이 편안할 때 시작하는 것이 가장 좋다. 폭풍이 몰아치는 물속에 빠졌을 때 수영하는 법을 배우는 것은 좋은 생각이 아니다. 오히려 따뜻한 수영장의 얕은 곳에서 시작하는 것이 좋다. 비슷하게 당신이 비교적 진정되고 안정적이라고 느낄 때가 이러한 훈련을 하기에 가장 좋으며, 이런 방식으로 상황이 좋지 않을 때 일어나는 마음과 관계하기 위한 역량을 키울 수 있다.

훈련할 시간이 없다

우리의 삶은 너무나 바쁘기 때문에 훈련하는 데 시간을 내기가 쉽지 않다. 이는 아주 흔하다. 만약 당신이 공식적인 훈련을 하기 위한 시간을 낼 수 없다면, 기차를 타고 갈 때 혹은 버스를 기다릴 때와 같이 자연스럽게 생기는 여유 시간을 찾도록 한다. 또한 더 이상 시간을 조절할 수 없다면 짧은 훈련과 함께 하루를 시작하는 것을 추천한다. 만약 잘 진행되지 않고, 연습할 시간을 찾기가 어렵다고 해도 자책할 필요가 없다는 것도 항상 기억하라. 그것은 단지 다시 시도할 기회인 것이다.

훈련은 인내심이 필요하다

훈련을 한다는 것은 익숙해지는 연습과 같다—이는 단계별 방식으로 진행된다. 만약 마라톤 훈련을 한다면 첫날에는 짧은 거리를, 다음날에는 조금 더

긴 거리를 달리는 것이 좋다. 우리는 스스로가 하루만에 26마일을 달릴 것이라고 기대하지 않는다! 마음챙김 훈련도 비슷한다—마음챙김 훈련은 우리가 이미 가지고 있지만, 규칙적인 훈련으로 필요한 근육을 키우는 것과 같다. 때로는 사람들이 이러한 훈련을 시도할 수도 있지만, 즉각적인 효과가 없다고 느끼면 실망한다. 하지만 인생은 이와 같지 않다—모든 것은 시간이 걸리기 마련이다. 따라서 우리는 인내심을 가지고 꾸준히 훈련하는 것을 스스로 상기시키는 것이 중요하다. 그러면 그 유익함은 점차 모습을 드러내기 시작할 것이다.

 훈련 6: 마음챙김 정좌 훈련

호흡 리듬을 진정시키기

자세를 안정시키면서 시작하세요. 자세는 훈련을 위한 토대container와 같은 것입니다. 그런 다음, 몇 분간 호흡의 리듬에 집중해 보세요. 당신의 호흡이 약간 깊어지고 부드러워지면서 의식이 호흡의 움직임에 따라 부드럽게 흐를 수 있도록 하세요. 호흡으로 인해 당신이 진정되고 신체 내부로 온전히 들어갈 수 있습니다. 이제 내쉬는 호흡에 집중하면서 호흡이 빠져나갈 때 신체가 어떻게 이완되는지, 중력의 중심이 당신의 머리에서 신체로 어떻게 떨어지기 시작하는지를 알아차려 보세요(281-284쪽 참조).

그라운딩

이제 당신의 호흡이 정상적인 리듬으로 돌아가도록 하고, 주의를 신체 내부로 가져와 온전히 느껴 보세요. 당신의 신체가 바닥 혹은 땅과 닿는 곳의 접촉, 압력을 알아차리고, 주의를 신체에서 느껴지는 감각으로 부드럽게 가져갑니다. 이완되고 개방된 마음으로 훈련하면서 감각들이 그 자체로 당신에게 존재할 수 있도록 허락하세요. 아마도 신체 온도가 따뜻한지, 차가운지, 혹은 보통인지를 알아차릴 수 있습니다. 어쩌면 오른쪽 어깨에 미세한 통증이 있거나 혹은 어느 한쪽 무릎에서 긴장감이 느껴질 수도 있습니다. 혹은 당신이 지금 느끼고 있는 감정과 관련해서 배가 당길 수도 있습니다.

어떤 사람들은 신체를 체계적으로 살피는 것이 가장 도움이 될 수 있습니다. 만약 이런 경우라면 발에서부터 점차 신체를 따라 위로 올라가고, 현재 어떤 감각이 존재하든 알아차리면서 머리까지 올라오면 다시 발로 되돌아갑니다. 다른 사람들은 무작위로 접근하는 것이 더 도움이 된다고 느낄 수 있는데, 이런 경우라면 그저 자리에 앉아 감각들이 떠오를 때마다 당신의 주의를 그 감각으로 보내도록 합니다. 감각이 존재하는 것을 알아차리고, 또 다른 감각이 나타나 당신의 주의를 끌 때까지 그 주변을 이완시켜 봅니다. 이 단계에서는 분석하거나 조사하는 것이 아니라, 그저 감각의 존재를 인식하고 그 주변을 이완하는 것입니다. 이렇게 하는 것이 어떻게 매 순간 당신의 주의를 이끄는지 알아차려 보세요.

신체를 살피거나 혹은 주의가 특정한 감각으로 갈 수 있도록 허락하면, 당신의 신체를 전체로서 의식할 수 있게 되며, 또한 당신 주위의 공간을 인식하게 됩니다. 이것은 마치 몸 전체를 당신의 의식 안에 두는 것과 같습니다.

휴식하기

이제 무언가를 하고자 하는 생각을 흘려보내고 그저 그곳에 머물러 보세요—명상을 하고자 하는 시도를 흘려보내세요. 눈을 뜬 채 이완 상태에서 감각을 통해 일어나는 것이 무엇이든 경험하도록 허락하세요. 하지만 어떠한 것도 보거나 들으려고 하지 마세요. 그저 당신이 있는 그곳에 존재하고, 떠오르는 모든 것에 접촉하세요. 예를 들면, 당신은 방을 인식할 수 있게 될 것입니다. (방 안에 있는) 대상들은 그것을 보고자 하는 의도 없이도 (우리 눈에) 보입니다. 소리의 경우에도 마찬가지입니다. 소리는 어떤 특별한 방식으로 듣지 않아도 존재하기 때문에 당신은 소리를 듣습니다. 이런 방법으로 잠시 동안 이완할 수 있는지 살펴보세요. 마음이 산만해서 곧 일어날지도 모를 생각에 관여한다는 사실을 알아차리면 다음 단계로 나아가세요. 즉, 주의를 현재에 머무를 수 있도록 해 주는 지지원으로 호흡을 이용해 보세요.

호흡 지지원

자연스러운 호흡 리듬에 주의를 기울이세요. 신체에서 가장 쉽게 찾을 수 있는 곳이라면 어디든지 알아차려 봅니다. 그곳은 호흡이 들어오고 나가는 콧구멍이 될 수도 있고, 오르락내리락하는 복부가 될 수도 있습니다. 혹은 호흡이 신체를 통해 빠져나가는 감각이나 당신의 몸 전체가 호흡하는 느낌이 될 수도 있습니다. 당신의 주의를 어디에 두는가는 중요한 것이 아닙니다. 중요한 것은 생각과 감정을 차단하는 것이 아니라, 생각과 감정이 일어나고 사라질 수 있도록 허락하는 가벼운 접촉을 하는 것입니다.

따라서 훈련은 간단합니다. 숨을 들이쉬면서 호흡이 들어오는 것을 자각하고, 숨을 내쉬면서 호흡이 나가는 것을 자각하는 것입니다. 이런 방식으로 호흡은 닻과 같이 주의를 신체에 머무르게 하여 주의를 현재에 잡아둡니다. 주의가 생각으로 흩어지는 것을 발견했을 때, 단순히 이를 알아차리고 주의를 호흡으로 되돌리면 됩니다. 여기서는 성공이나 실패라고 느끼지 않고, 그저 알아차리고 되돌아가는 것만이 존재합니다.

훈련을 마치려고 할 때 잠시 동안 어떤 것에도 특별히 주의를 기울이지 않은 채 휴식하고, 명상을 하려는 생각을 흘려보내세요. 스스로에게 이렇게 말할 수도 있습니다. '아무것도 할 일이 없어.' '어디도 갈 곳이 없고, 성취해야 하는 것도 없어.' 그런 다음 스트레칭을 하고 천천히 자리에서 일어나세요. 정좌 훈련 회기에서의 자각을 이후 순간에도 가져갈 수 있는지 살펴보세요.

조금, 그리고 자주

매일 규칙적으로 훈련하는 것은 마음챙김과 방황하는 마음의 원리에 익숙해지도록 돕지만, 마음챙김을 일상의 매 순간으로 가져오는 것이 더욱 유용하다. 중요한 것은 마음챙김 상태가 되는 것을 기억하는 것이다. 매 순간 당신의 마음이 어디에 있는지, 어떤 생각과 감정, 감각을 경험하고 있는지를 알아차리는 것이다. 사실 조금씩 자주하는 것이 특히 유용하다는 근거가 점점 늘어나고 있다. 따라서 당신은 버스 정류장에 서서, 기차를 타고 가면서, 카페에 앉아서도 훈련할 수 있다. 이런 훈련을 돕기 위해서 손등에 알파벳 'M'을 그리거나, 주머니에 조약돌을 넣고 다니는 것이 기억 단서로 작용할 수 있다. 그러니 일상에서 마음챙김 순간을 가능한 많이 만드는 연습을 하라.

결론

정좌 훈련은 뒤따르는 자비 훈련을 위한 기초를 제공한다. 이러한 훈련들이 효과적이기 위해서는 마음챙김 훈련에서 경험할 수 있는 안정성을 키울 필요가 있다. 우리 자신과 타인의 고통에 관여하기 전에 현재 순간에 그라운딩하는 느낌이 유용하다.

우리는 마음챙김 정좌 훈련을 통해 자비로운 역량 계발을 위한 토대를 마련하고 있다. 특히, 진정/친화 시스템에 접근하는 방법을 배우고 있는 것이다. 우리의 주의가 위협과 추동 중심 감정에 의해 사로잡히는 때를 알아차리고, 진정 시스템의 영역으로 되돌아오는 것을 배우고 있다. 하지만 익히 알고 있듯이, 이러한 정서 시스템은 기본 모드가 아니기 때문에 훈련과 단계적인 연습이 필요하다. 이것이 마음챙김을 훈련하는 이유이다.

핵심포인트

- 시작하기 전에 동기를 명확히 하기
- 불안정한 마음을 의식/자각하기 시작
- 호흡의 중요성을 인식하기
- 능숙하게 주의를 안내하는 것을 배움
- 속도를 늦추고 우리 신체의 안정된 기반을 개발하는 것을 배움
- 의식이 우리 주변의 모든 것에 대해 개방될 수 있음을 알아차림
- 의식을 신체 내부에 그라운딩하는 것을 배움
- 정좌 명상: 호흡 진정시키기, 그라운딩, 휴식하기와 마음챙김 지지원의 단계를 따름

미주

1   See Chapter 5, note 1 (page 327).

2   Nairn, R. (1998) *Diamond Mind*. Cape Town: Kairon Press. Rob was one of Choden's teachers and therefore some of what is presented here is derived from his teachings and work. See also Mindfulness Based Living Course (2011) by Mindfulness Association Ltd. www.mindfulnessassociation.net.

3   Farhi, D. (1996) *The Breathing Book: Good Health and Vitality through Essential Breath Work*. New York: Holt. A new, excellent book with a guided-practice CD for training in breathing is Richard Brown and Patricia Gerburg (2012). *The Healing Power of the Breath*. Bostham Shambhala.

4   Kabat-Zinn, J. (2005) *Coming to Our Senses: Healing Ourselves and the World through Mindfulness*. New York: Piatkus.

5   There are now many CDs to purchase and also YouTube demonstrations of body-scan mindfulness. Examples by Jon Kabat-Zinn, Ron Siegel and Mark Williams can be recommended.

제8장
수용 작업하기

습관적 반응들

우리는 마음챙김 훈련을 할 때 종종 강렬한 혹은 불편한 감정을 경험할 수 있다. 제5장과 제6장에서 언급하였듯이, 마음챙김과 자비 훈련은 처리되지 않은 감정을 표면 위의 공간으로 끌어올리게할 수 있다. 이런 방식으로 마음을 작업하기 시작하면 불편함을 더 경험할지도 모른다. 이러한 현상은 아주 일반적이지만, 처음에는 당황스러울 수 있다. 사실 우리가 마음 안에서 무슨 일이 일어나고 있는지를 더 자세히 살피게 되면 그 곳에서 일어나는 일들을 대부분 더 잘 인식할 수 있게 된다. 이러한 인식의 증가는 실제로 모든 것이 나아지고 있다는 신호이다. 마음챙김 훈련의 더유용한 은유로는 어두운 방의 스위치를 하나씩 올려 점차 빛이 방 안에 퍼져무엇이 있는지를 드러나도록 하는 것이다. 이제 우리는 그 방 안에서 유용하고 흥미로운 많은 것을 볼 수 있겠지만, 먼지가 쌓여 있는 온갖 종류의 쓰레기 더미도 볼 수 있을 것이다.

우리가 보기 시작하는 또 다른 것은 마음이 편협한 반응 패턴을 따르며, 이것이 어떻게 우리를 걸려들게 하고 제한하는지에 관한 것이다. 우리는 좋아하는 감정과 경험이 있고, 싫어하고, 무시하고, '벗어나고 싶은' 경험이 있다. 우리가 원하는 행복과 어떻게 연결되며, 원하는 것을 가지지 못하는 혹은 원치 않는 것을 갖게 되는 불행과 어떻게 연결되는지를 이해하기 시작한다. 이것은 제1장에서 살펴본 석가모니 사성제의 핵심이다.

이것은 특히 우리의 내적 세계에 해당한다. 우리는 종종 마음 안에서 무엇이 일어나는지 강한 흥미를 가지지만, 일어나는 것을 통제할 수 없기 때문에 거주하기에 위협적인 공간으로 느낀다. 우리는 어떻게 느끼고 싶은지에 대한 강한 선호가 있으므로 불편한 감정이나 마음 상태가 일어날 때 즉각적인 반응과 저항이 있을 수 있다. 우리는 평화롭게 명상을 하며 다음과 같은 생각을 할 것이다. '오늘은 멋진 하루가 될 거야. 기분이 좋고 활력이 넘칠 거야.' 그런 다음, 갑자기 불안한 기분이 나타나면서 우리를 궁지로 몰아넣고 우리의 평화를 위협하는 성가신 이야기를 만들어 낸다. 그리고 나서 생각한다. '이런, 오늘 하루를 망칠 거야. 오늘 하루 동안 평화로운 기분을 유지하려면 무엇을 할 수 있을까?' 우리는 이런 불안한 기분에 저항하며 그 불안감을 없애기 위해 할 수 있는 것은 무엇이든지 하려는 우리 자신을 발견한다. 이런 방식으로 위협 시스템은 지속적으로 우리가 원하지 않는 경험을 감시한다. 하지만 기분과 감정을 쉽게 없애는 것이 불가능하기 때문에 위협 시스템은 갈등과 스트레스를 불러일으키며, 원치 않는 마음의 상태를 제거하려는 시도는 대개 역효과를 낳는다.

이는 외부 세계와는 다른 규칙이 내적 세계에 적용되기 때문이다. 만약 우리가 싫어하는 누군가를 보게 되었다면 그를 피할 수 있는 방법을 찾겠지만, 만약 원치 않는 감정을 느낀다면 그 감정에서 벗어나는 것은 쉽지 않다. 왜냐하면 감정은 우리 내부에 있고, 우리의 일부이기 때문에 결국 감정을 억압하거나 다른 사람 혹은 상황에 감정을 투사하게 된다. 가령, 화가 나거나 짜증이 날 때, 이러한 감정들을 몰아낼 방법을 찾거나 혹은 이러한 기분을 떠넘길 대상으로 가까운 주변 사람을 겨냥한다. 하지만 대개의 경우에 이는 불길에 화염병을 던지는 것과 같다. 더욱 강하게 타오르거나 다른 장소로 번지기 시작한다. 그리고 우리가 원치 않는 것을 없애려고 하는 것임에도 불구하고, 그것을 밀어내려는 행동 자체가 몸과 마음에 긴장감을 가져다줄 수 있다.

익숙해짐과 계발

티베트 불교 전통에서 '명상'은 두 가지 의미가 있다. 익숙해짐과 계발이 그것이다. 우리는 먼저 그곳에 무엇이 있는지에 익숙해지고, 그런 다음 유익하고 유용한 것을 계발한다. 이번 장에서 익숙해짐을 통해 좋아하고, 싫어하고, 통제하는 우리의 뿌리 깊은 경향성을 자각하게 되고, 이러한 반응들이 무의식적으로 조건화된 경향성에 의해서 어떻게 일어나는지를 이해하게 될 것이다. 그런 다음 이러한 습관들이 내적 및 외적 세계에 어떻게 반응하도록 만들며, 또한 우리를 어떻게 차단시킬 수 있는지를 살펴보고자 한다. 첫 번째 단계에서는 마음 안에서 실제로 무엇이 일어나는지를 자각하는 것이 중요하다. 우리를 몰아가는 강력한 습관을 우리가 얼마나 자각하지 않았는지 놀라게 될 것이다. 익숙해짐의 과정에서 마음챙김은 우리가 작업하는 핵심 기술이다. 왜냐하면 마음챙김은 더욱더 습관을 자각하게 하므로 습관의 힘에 우리가 사로잡히지 않도록 하는 역할을 한다.

우리는 일정 수준의 안정성을 계발할 때, 지혜롭고 자비로운 분별심—하나의 습관이 우리를 어떻게 도우며, 또 다른 습관이 어떻게 돕지 않는지—에 따라 선택할 수 있다. 이것은 티베트 전통 불교에서 '명상'의 두 번째 의미이다. 그것은 유익한 습관을 분명히 계발하고 해로운 습관에는 먹이를 주지 않는 것이다. 석가모니가 그의 가르침을 이야기할 때, 다음과 같이 말했다. '해로운 것에게는 먹이를 주지 마라.' '유익한 것을 계발하고 마음을 다스리라.' 마음챙김 훈련을 통해 마음 안에서 무엇이 일어나고 있는지 더욱더 익숙해지면 현명하고 자비로운 자기의 출현을 가져올 경향성과 습관을 분명히 계발할 수 있다. 우리는 이번 장에서 익숙해짐의 과정을 좀더 자세히 살펴볼 것이다. 이를 기반으로 다음 장에서는 자비로운 훈련에 더욱 초점을 맞춘 계발 단계로 나아갈 것이다.

반복하면, 마음챙김 훈련을 할 때 우리는 선호와 반응성의 패턴을 의식할 수 있다. 우리 각각은 내면이 독특하며, 아주 특별한 선호 패턴, 즉 무엇을 경험하는 것을 좋아하는지, 무엇은 경험하고 싶지 않은지, 무엇에 관심이 있는지를 가지고 있다. 마음챙김 훈련을 할 때 이러한 패턴을 알아차리고, 의식을 이러한 패턴으로 가져오면 된다. 선호의 패턴을 중단하거나 막으려고 애쓰지 않아도 된다. 우리의 에너지가 흘러가는 정신적 틀에 대한 자각에 익숙해지게 되고, 그런 다음 자신의 독특한 선호 패턴을 받아들이는 법을 배우게 된다. 따라서 방 안의 스위치를 올림으로써 무슨 일이 일어나는지 살펴보고, 그것을 수용하는 것이 첫 번째 과정이다. 이것이 이번 장의 핵심 주제이다.

의도, 주의, 수용

이 시점에서 우리가 이해하고 있는 마음챙김을 재정의하는 것이 유용하다. 이러한 재정의는 우리가 마음에 더욱 집중하여 작업할 때, 마음의 처리 과정을 보다 더 분명하게 할 것이다. 마음챙김 훈련에는 항상 세 가지 측면이 있다. 의도, 주의, 수용이 그것이다. 먼저, 마음챙김 상태가 되기 위한 의도를 가질 필요가 있으며, 생각 속에서 길을 잃지 않아야 한다. 그런 다음, 산만해질 때를 알아차리고 현재 순간에 하고 있는 어떤 것으로 되돌아오는 주의 훈련을 한다. 이것은 지난 장에서 주로 초점을 맞추었던 것이다. 따라서 매 순간 우리의 주의는 방황하며, 의식을 놓치는 때가 있고, 그럴 때마다 마음챙김 상태가 되기 위해 노력하고 있음을 기억하라. 주의는 우리를 깨우는 기억이나 회상의 매개체가 된다. 그 다음은 꿈 혹은 우리가 몰두하고 있는 정신적 비디오에서 깨어나는 것과 같이 주의가 어디에 있는지를 알아차리는 순간이 뒤따른다. 그 다음에 주의를 마음챙김, 아마도 설거지를 하거나 호흡을 관찰하는 쪽으로 되돌린다.

마지막 요소인 수용은 아주 중요하다. 우리가 자각을 놓치고 방황할 때마다 이러한 현상이 일어나는 것에 대해 수용해야 한다. 산만함에 대한 수용이 있어야 한다. 만약 수용이 없다면 우리의 내적 세계는 냉혹하고 판단적이 될 것이며, 마음챙김의 이름으로 괴로운 시간을 보내게 될 것이다. 심지어 마음챙김을 위한 조건을 갖추기보다는 마음챙김 상태가 되어야 한다고 스스로에게 강요할지도 모른다. 만약 계속해서 방황하며 변덕스러운 마음을 수용하지 않으면 그것에 반응하게 되어 산만한 생각과 자각을 놓치는 것과 같은 또 다른 흐름으로 진행될 것이다.

따라서 이러한 의도, 주의, 수용 각각의 요소가 제자리에서 함께 작동해야 한다. 우리는 마음챙김 상태가 되고자 한다. 그러다 마음챙김 상태를 놓치고 생각 속으로 빠지기도 한다. 우리는 이를 알아차리고 무슨 일이 일어나고 있는지 수용하고, 그런 다음 주의를 다시 마음챙김 지지원(호흡)으로 가져와야 한다. 하지만 잠시 동안 호흡으로 돌아왔다가, 또 다시 생각에 빠지게 된다. 의도는 우리가 무엇을 하고자 했는지를 기억하게 해 주고, 주의를 되돌리며, 수용은 앞의 실수들을 잊고 새로운 마음으로 시작하여 반응적 생각들이 다음 순간으로 넘어가지 않게 한다.

여기서 중요하게 살펴봐야 할 것은 수용이 자비 훈련의 시작점이라는 것이다. 수용은 우리가 완벽한 존재가 아니라는 것을 인식하고, 불완전함을 포용할 수 있는 공간을 만드는 마음의 자질이다. 만일 수용 없이 판단과 자기비난의 태도를 가지거나 혹은 혐오가 뒷문을 통해 슬금슬금 들어오면 우리의 모든 노력을 약화시킬 수 있다. 또한 일어나는 것이 무엇이든 비판하지 않고 개방하는 자질을 훈련하지 않으면 우리의 훈련이 위협에 초점을 둔 감정인 불안과 분노에 사로잡히는 것을 발견하게 될 것이다. 잘못할까 봐 두렵고 혹은 제대로 하지 않으면 분노한다. 또한 훈련을 제대로 하고, 잘한다는 느낌이 들면 추동에 지향된 감정에 사로잡히게 된다. 결과적으로 수용은 현재 순간에 뿌리내리게 하고, 위협과 추동의 기본 모드의 힘 아래에 침식되어 미끄러지는 것을 방지해 준다. 단순히 무엇이 일어나든 괜찮은 상태, 즉 무언가 일어날 때 판단 없이 무엇이 일어나고 있음을 아는 것은 이 모든 것을 통해 우리의 노력이 진정 시스템에 뿌리내리도록 한다. 이것은 마음챙김 훈련이 이후에 뒤따르는 자비 훈련을 위한 적절한 기초를 제공한다.

경험 수용

이제 수용의 과정을 좀더 자세히 살펴보고자 한다. 수용의 과정은 마음챙김 훈련의 중요한 부분이며, 마음챙김 훈련에 뒤따르는 자비 훈련의 토대가 된다. 우리는 마음이 끊임없이 산만해지는 것에 반응하는 대신에 이러한 사실을 받아들인다. 마음이 존재하는 방식 그대로 있도록 허락하며, 이러한 마음의 실제와 투쟁하지 않는다. 우리는 주의가 마음챙김 지지원(호흡)에 오랫동안 머물지 않고 생각으로 흩어진다는 사실을 수용한다. 또한 주의는 흩어지는 경향성이 아주 강하므로 대부분의 시간 동안 마음챙김 상태가 될 수 없다는 사실을 받아들인다. 이것이 하는 일은 매 순간 우리의 내면 세계에서 실제로 일어나고 있는 것에 저항하기보다는 일치시키는 것이다.

수용에 관한 학술 문헌에서는 이를 경험 수용이라고 설명한다.[1] 경험 수용이란 수용의 주된 목적은 경험의 원인이 무엇이고, 경험 이면의 사람이 어떠한지보다는 매 순간의 경험에 있다는 것을 의미한다. 화나는 상황을 예로 들면, 무엇이 화를 유발시켰는지 혹은 화가 난 사람의 성향보다는 화가 나는 실제적인 감정에 초점을 맞추는 것이다. 이것은 심리학자 차울라Chawla와 오스타핀Ostafin이 '고통스러운 사고 및 감정과 같은 사적 경험에 접촉을 유지하는 것을 기꺼이 하지 않으려는 것'이라고 기술한 경험 회피와 대조된다.[2] 또한 이렇게 기꺼이 경험하지 않으려고 하는 것은 부인이나 해리를 보이는 사람들의 경우에서처럼 자발적 통제에서 벗어난 상태일 수 있다. 여기서는 자발적으로 기꺼이 경험하지 않으려고 하는 것이 아니라 오히려 마음이 너무 혼란스럽고 위협에 집중되어 자동적으로 스위치를 꺼서 조정하는 것이다.[3] 이처럼 기꺼이 경험하고자 하는 마음은 우리를 의식으로부터 가로막는 방어를 녹이기 위해 점차적으로 인식하고 선택하는 단계적인 처리 과정이다. 제5장에서 언급했듯이, 감정 회피는 마음챙김이 약화될 수 있는 주요한 방식 가운데 하나이다. 따라서 경험 수용을 분명하게 이해하는 것은 올바른 방향으로 훈련을 이어 나가는 데 아주 중요하다.

우리가 어떤 것을 변화시키기 전에 현재 무엇을 하고 있는지를 명확히 해야 한다. 이것이 수용의 본질적인 의미이다. 만약 벽지를 긁어내고 다시 칠하고 싶다면 현재 벽지 상태를 면밀히 조사할 필요가 있다. 그렇게 했을 때 어디에 노력을 기울여야 하며, 어떤 영역을 긁어내고 청소할 것인지를 명확히 할 수 있다. 마찬가지로 만약 우리가 현실적인 방식으로 작업하고 싶다면 실제로 무슨 일이 일어나고 있는지를 받아들일 필요가 있다. 그렇게 해야 다음에 무엇을 할 것인지 지적으로 평가할 수 있다. 만약 우리가 내적인 경험에 반응하거나, 일어나고 있는 경험에 저항한다면 이것은 단지 그 문제를 혼란스럽게 할 뿐이다.

이 점은 중요하며 숙고할 필요가 있다. 만약 우리가 고통의 반응에 사로잡히게 된다면 그것은 우리가 경험하는 모든 것이 되어 고통 자체와 관련 맺기를 어렵게 할 것이다. 수용의 과정은 우리의 경험을 둘러싼 공간에 마음을 열어 고통과 우리의 반응성이 모두 존재할 수 있도록 허용하는 것이다. 이것은 선글라스를 착용하고 벽 앞에 서 있는다면 어떠한 흠집이나 균열도 볼 수 없는 것과 같다. 따라서 우리에게 필요한 것은 선글라스를 벗고 세심한 주의를 기울이는 것이다. 이것이 마음챙김 훈련의 맥락에서 수용의 의미이다.

　유감스럽게도 영어 단어 '수용_{acceptance}'은 그 과정이 무엇인지 오해할 수 있는 특정한 함축적 의미를 지니고 있다. 윌리엄_{William}과 린_{Lynn}이 언급한 바와 같이, '어원상 어근은 라틴어로 acceptare, 고대 프랑스어로 accepter, 14세기에 초서_{Chaucer}와 위클리프_{Wycliffe}가 사용한 중세 영어로 accept이다. 수용한다는 것은 기꺼이 혹은 동의를 얻고서 받아들이는 것, 제거하기보다는 취하는 것이다.[4] 지금 우리가 의미하는 수용은 이러한 맥락의 수용이 아니다. 수용은 부정적인 마음의 상태를 억압하거나 받아들이는 것을 의미하지 않는다. 단지 무슨 일이 일어나고 있는지를 명확하게 살펴보는 것을 의미한다. 또한 우리가 일단 무언가를 수용하면 그것을 좋은 것으로 받아들인다는 것을 의미하지 않는다. 이것은 체념의 상태가 아니다. 반대로 효과적인 변화를 향한 첫 단계이다. 또한 수용은 우리가 현재 일어나고 있는 일을 좋아해야 한다는 것을 의미하지 않는다. 다만, 무슨 일이 일어나고 있는지에 대해 스스로를 속이지 않는다는 것을 의미한다. 예를 들어, 우리는 저조한 기분 혹은 우울증을 겪고 있을지도 모른다. 이러한 상태를 수용한다는 것은 실제로 일어나고 있는 일에 직면하는 것이다. 즉, 우울한 상태를 부인하지 않고, 부정하지 않고, 좋아하지 않고, 그것에 빠져들지 않고, 항상 우울하다고 체념하지 않는 것이다. 수용은 창피하다고 감추기보다는 도움을 추구하는 것과 같이, 현재 무슨 일이 일어나고 있는지를 명확하게 관찰하여 다음에 무엇을 해야 할지를 아는 것이다. 현재 일어나고 있는 것에 대한 반응과 저항은 이미 우리에게 고통을 주고 있는 정점에서 또 다른 수준의 혼란과 고통을 가중시킨다. 반응과 저항은 불에 연료를 추가하는 것과 같다.

주된 문제는 무슨 일이 일어났는가가 아니라 일어난 일에 어떻게 반응하는 가이다. 우리는 아주 고통스러운 일이지만 암에 걸릴 수 있는데, 이를 받아들 이기를 거부하는 것은 더욱 견디기 어렵거나 도움이 되는 치료를 찾는 것을 어렵게 한다. 우리는 어쩌면 배우자를 잃고 고통스러울 수 있다. 하지만 이러 한 일이 일어났다는 사실을 인정하기를 거부하거나 다른 결과를 상상하기 위 해서 끊임없이 과거를 되풀이하는 것은 결과적으로 그 상황을 깨어 있는 악 몽으로 만들게 된다. 아마도 우리는 저조한 기분과 불안을 경험할지 모른다. 하지만 우리가 스스로를 보고 싶지 않아서 이러한 기분을 받아들이기를 거부 한다면 상황을 더욱 악화시키게 된다. 어떤 면에서 자기비난은 스스로를 공 격하는 이유가 되기 때문에 수용의 부족과도 관련이 있다. 따라서 문제 그 자 체에 고통이 있을 뿐만 아니라 문제의 비수용이 고통이 될 수 있으며, 대개는 후자가 훨씬 더 고통스러울 수 있다.

소위 화살의 경전이라고 불리는 유명한 경전에 석가모니의 가르침이 있 다.[5] 이 경전에 따르면, 지혜롭고 현명한 사람일지라도 아프고, 실수를 저지 르고, 여러 가지 불행을 겪는 것과 같이 인생에서 피할 수 없는 고통인 첫 번 째 화살을 맞는다. 하지만 대부분의 사람은 첫 번째 화살보다 더욱 고통스러 운 두 번째 화살을 맞는다. 왜냐하면 두 번째 화살은 첫 번째 상처에 아주 근 접한 것으로, 비수용, 저항, 그리고 투쟁의 화살이며, 첫 번째 화살로 인한 상 처를 기꺼이 마주하거나 느끼고자 하는 의지가 없는 것이기 때문이다.

마음챙김 훈련에서 수용 혹은 무저항은 마음속 소용돌이에서 스스로를 벗 어나게 해 줄 수 있기 때문에 중요하다. 마음챙김은 거듭되는 반응과 투쟁으 로 인한 방해 없이 현재 순간의 생생함으로 돌아갈 수 있도록 한다. 따라서 수용은 우리의 삶과 마음에 접근하는 현실적인 방식이다. 이것은 우리 앞에 놓인 현상을 비록 그 사실들이 이해하기 어려운 것일지라도 명확하게 바라보 고자 하는 의지이다. 그것은 카펫 아래로 물건을 집어넣거나 밀어넣는 것이 라기보다는 어렵고 고통스러운 일에 다가가 그것을 받아들이고 작업하려는 의도이다. 수용은 우리가 어디에 있고 싶은가에서가 아니라 우리가 있는 그 곳에서부터 시작할 수 있도록 해 준다. 그리고 수용은 진정한 변화가 일어날 수 있는 장을 제공한다.

하지만 고통의 경감도 자비의 핵심으로서 기억해야 할 중요한 부분이다. 만약 당신의 손이 불에 탄다면 손을 고통의 근원에서 제거하는 것은 당연하다. 우리는 우울해지는 것을 수용할 수 있다. 우울해지는 것에 대해 스스로를 비난할 필요가 없고, 우울과 투쟁하거나 혹은 증오할 필요도 없지만 그렇다고 해서 치료를 받으려고 노력하지 않는다는 것을 의미하지는 않는다!

자비의 두 가지 심리작용

우리는 수용 작업에서 제4장에서 설명한 자비의 원으로 돌아갈 수 있다. 자비의 원은 수용 과정의 열쇠를 쥐고 있다. 이번 장에서 논의한 것처럼, 자비에 대해서 두 가지 구분된 심리작용을 다루고 있다. 하나는 고통스러운 경험에 마음을 열고, 관여하고, 느끼는 것이다. 반면에, 우리는 내면의 긍정적 정서 시스템의 자원을 가지고 이러한 고통에 머무르고, 부드러워지고, 고통을 경감시킬 필요가 있다. 원 내부의 속성은 우리가 걱정하거나 회피하는 대상을 향해 주의를 기울이고, 고통과 접촉하며, 고통을 인내하고 이해하도록 요청한다. 외부에 있는 원은 내면의 강인함과 위엄의 자원을 계발하고, 우리의 선천적인 지혜와 연결하며, 온화함과 친절함을 위한 우리의 능력을 계발하는 기술과 관련이 있다.

마음챙김과 수용 훈련은 각각의 심리작용 안에서 기초적인 역할을 한다. 관여의 심리작용에서 보면 마음챙김과 수용은 개입 과정을 촉진하기 때문에 일어나는 것을 외면하지 않고 지켜볼 수 있다. 고통 경감의 심리작용에서 보면 마음챙김은 우리가 유용한 것으로 주의를 돌리고, 자애loving kindness에 주의를 기울이도록 돕는다.[6] 수용은 불편한 경험들을 외면하거나 그것과 투쟁하지 않도록 하기 때문에 개입을 돕는다. 하지만 수용은 고통을 경감시키는 데에도 아주 중요하다. 왜냐하면 수용은 우리 모두가 사회적 존재로서 연결감을 통해 자비와 친절함의 힘을 느낄 수 있다는 사실을 받아들이도록 돕기 때문이다. 어떤 사람들은 그들 안에 있는 고통스러운 것들을 감내하고 수용하는 방법을 배우지만, 사랑과 친절함에 대한 자신의 욕구를 받아들이는 것에는 덜 익숙하다. 그들은 슬픔, 어쩌면 과거와의 단절을 인식하는 것과 같이 그들을 자극할 수 있는 어떤 것들 때문에 사랑과 친절함과 같은 기분을 내면에서 수용하기가 아주 어렵다는 것을 발견할 수 있다. 비록 그들이 다른 사람에게 진정한 자비심을 느끼더라도, 심연에서는 자신에 대한 자비심을 수용하고 경험하는 것이 차단된다는 것을 알고 있다. 따라서 고통을 수용하는 방법을 배우는 것뿐만 아니라 마음을 열고, 치유의 과정으로서 자애를 허락하고 수용해야 한다.[7] 제6장에서 언급한 바와 같이, 긍정적인 감정 수용하기, 특히 소속감에 대한 감정을 받아들이는 것은 부정적이고 불편한 감정을 수용하는 것만큼이나 중요할 수 있다.

어떻게 수용을 훈련할 것인가

이제 자비의 자질을 자세히 살펴보면서 어떻게 수용을 훈련할 것인지를 살펴보자. 이것은 우리가 제4장에서 살펴본 자비 원의 일부분이다. 우리는 그 과정을 보여 주기 위해 불안을 예로 들어 설명할 것이다.

동기

동기는 항상 시작점이다. 만약 우리가 스스로에 대해 작업하고, 우리가 겪고 있는 것을 받아들이기 위해 동기화되지 않는다면 다른 단계에서 투쟁하게 될 것이다. 결국 우리는 이 동기라는 지점에 계속해서 돌아오게 된다. 이러한 맥락에서 동기는 어떤 것에 반응하는 경직된 방어 방법에서 기꺼이 벗어나 실제로 느끼는 것을 마주하고자 하는 것을 의미한다. 예를 들어, 명상을 하면서 평화로움을 느끼고 있는데, 우리의 내적 세계에 반갑지 않은 노크 소리가 들리고 불안감과 위협이 우리의 평화로움을 방해한다면 이때 동기는 기대하지 않았고 반갑지 않은 것을 향해 기꺼이 주의를 돌리는 것을 의미한다. 동기는 무엇이 일어나고 있는지를 직면하고자 하는 의지를 계발하고, 회피하려는 경향에서 빠져나오도록 한다. 이러한 동기는 경험을 차단하거나 부인하는 것은 오히려 마음속에 갈등을 만들어 내고, 우리의 경험을 더 심각하게 만든다는 지혜에 기반한다.

민감성

우리는 부인하는 것에서 한 발짝 벗어날 때 무슨 일이 일어나고 있는지를 인식할 수 있다. 이것은 경험의 장에서 실제로 무슨 일이 일어나고 있는지를 알아차리고 주의를 기울이는 것을 의미한다. 예를 들어, 불안이 일어날 때 우리는 그것을 인식하고 이름을 붙인다. 우리는 그 불안이 신체 어디에서 느껴지는지를 알아차린다. 그렇게 함으로써 감정은 그 힘을 잃게 된다. 인식하는 간단한 행위는 우리가 저항하고 싫어하는 것을 어느 정도 완화시킨다.

우리는 때때로 화를 낼까 봐 불안해 하는 혹은 두려움에 대해서 염려하는 자신을 발견할 수 있다. 이는 위협 시스템을 활성화시키는 데 영향을 미치고, 우리가 그것을 인식하기 전까지 악순환에 사로잡히기가 쉽다. 우리가 해야 할 일은 피드백 고리를 깨고 그것에서 한 발짝 물러나는 것이다. 위협 시스템에 자동적으로 반응하는 대신 그저 무슨 일이 일어나고 있는지 인식하기만 한다면 가능한 일이다.

동감

그곳에 무엇이 있는지를 알아차릴 때 비로소 우리는 그것과 접촉하게 된다. 우리는 불안감과 '관련된' 사고와 감정을 알아차린다. 마치 과학자가 현미경으로 들여다보듯이 관여하지 않은 채 초연하게 한 발짝 물러나서 관찰한다. 우리는 경험하는 것을 따라갈 수 있도록 우리 자신을 허용한다. 이것은 여러 가지 측면에서 처음의 두 단계에서 시작된다. 일단 우리가 기꺼이 어떤 것들에 직면하고자 하고, 무슨 일이 일어나고 있는지에 주의를 둔다면 동감이 자연스럽게 일어날 수 있다. 마음의 문을 닫고 외로움과 불안감이 존재하지 않는 척하면서 그 감정들을 차단하는 대신에 마음의 문을 열고 그 감정들이 우리와 접촉할 수 있도록 하는 것이다. 동감은 음식과 쉼터를 찾고 있는 거지에게 문을 열 준비가 되어 있는 것과 같으며, 그의 부스스한 상태에 주의를 기울이고, 그의 인간성과 고통을 충분히 이해하는 것이지 그것들을 차단하는 것이 아니다. 어떤 경우에 우리의 마음은 동감에 얽매이지 않고 감정적으로 뭉클해지는 것을 느끼지 못할 수도 있다. 이런 경우에 우리는 더욱더 자애와 연민의 근원, 즉 다음 장에서 살펴볼 바깥 원의 기술과 관련된 것을 작업할 필요가 있다. 또한 우리 스스로가 어떤 것에 의해 뭉클해지기 위해서는 그것을 견디는 방법을 배워야 한다. 만약 우리가 문 앞에 있는 거지의 모습을 견딜 수 없다면 면전에서 문을 닫고 싶을 것이고, 그렇게 되면 거지에 대한 동정심을 느낄 기회가 많지 않게 된다. 이것이 우리를 다음 단계(감내)로 이끈다.

감내

수용 훈련의 핵심은 허용하기이다. 여기서 허용하기는 감내를 의미한다. 비록 우리가 감정의 존재를 인식하고, 여전히 감정을 느끼더라도 그 감정을 경험하고 싶지 않을 수 있다. 거지에게 문을 열고 그가 누구인지를 알아보겠지만, 그를 안으로 들여보내지는 않을 것이다(라틴어로 수용은 '받아들임'을 의미한다). 따라서 이 단계에서는 저항을 더욱 직접적으로 다룬다. 우리는 감정에 휩쓸리는 것을 허용할 수 없다고 생각하거나 감당할 수 없다고 느끼기 때문에 저항을 통해 일어나는 감정을 막으려고 한다. 만약 거지를 들여보냈을 때, 그가 집을 차지하거나 뭔가를 할까 봐 두려울 수 있다. 감내는 두려운 것에 곧장 뛰어들어야 한다는 것을 의미하는 것이 아니라 점차적인 허용을 훈련하는 것이다. 우리는 조금 마음을 열고, 그런 다음 조금 더 마음을 연다. 하지만 우리가 보았듯이, 감정을 막으려고 애쓰는 것은 이미 존재하고 있는 갈등과 고통에 또 다른 층을 덧붙이는 것과 같다. 그곳에는 고군분투하고 있는 감정만 있는 것이 아니라 감정 경험을 저항하는 것도 있다. 이것은 불에 연료를 더하는 것과 같다.

대신, 허용을 통해 우리 자신에게 이렇게 말할 수 있다. '좋아. 지금 불안하구나. 그러면 불안을 밀어내려고 애쓰기보다는 마음을 열고 다루어 봐야겠어.' 우리가 이런 방식으로 어떤 것에 마음을 열 때, 그것은 작업이 가능해지고 진정한 변화가 가능해진다. 우리가 경험하고 있는 것에 마음을 여는 것은 깊은 곳으로 뛰어내리거나, 감정 속에서 뒹굴거나, 어떤 행동을 취하는 것을 의미하지 않는다. 단지 우리의 감정을 의식 속에서 부드럽게 잡고 있고, 그 주변을 부드럽게 하고, 판단을 내세우지 않음으로써 우리가 느끼고 있는 기분에 공간을 주는 것을 의미한다. 그렇게 함으로써 더욱 충만하게 경험하고 있는 것에 마음을 열 수 있고, 이것이 우리를 더욱 완전하게 현재로 이끈다. 우리는 느끼는 것을 판단하거나 조작하는 대신, 단순히 그러한 경험 앞에서 개방된 존재를 유지할 수 있다.

분명히 경험을 감내하고 허용할 수 있으려면 그러한 경험들을 견딜 수 있어야 한다. 만약 불안감이 너무 강하다면 그 불안을 안고 있을 내적 자원이 없기 때문에 이 단계에서 작업을 할 수 없을지도 모른다. 이러한 이유로 지난 장에서 살펴본 마음챙김 훈련은 내면의 안정감을 만들어 지금 겪고 있는 것을 견딜 수 있다고 생각하는 데 아주 중요하다. 특히, 그라운딩 단계에서 배운 신체에 대한 습관적인 생각을 내려놓고 신체를 느끼는 방식을 기억한다면 우리가 겪고 있는 것들을 감내하는 것이 훨씬 쉽다는 것을 알게 될 것이다. 더욱이 다음에 이어질 자비에 관한 장은 이러한 안정감을 기반으로 한다. 이 안정감은 우리 안에 자비로운 자질을 닻 내리는 마음챙김으로부터 오며, 결국 우리는 고통을 견디고 관여할 수 있는 자신감이 생긴다.

공감

불편한 감정이 의식의 장으로 들어올 수 있게 허락한 다음에는 주의를 끄는 우리의 다른 부분을 이해하려고 노력하는 것이 필요하다. 불안의 경우, 그것은 무엇을 필요로 하는지, 우리에게 줄 수 있는 어떤 지혜를 가지고 있는지, 진정시키기 위해서는 무엇을 필요로 하는지에 부드럽게 주의를 집중하고 연결하는 것을 의미한다. 우리는 제4장에서 공감을 다른 인간 존재의 기분, 동기, 의도를 이해하고 감정적으로 인정하는 능력이라고 정의했다. 하지만 먼저 우리 자신의 다양한 부분에 대해서도 공감할 필요가 있다(제2장 참조). 공감이 일어나는 것은 이전의 특성들이 활성화되는 것에 달려 있다─부인하는 것에서 벗어나(동기), 존재를 인식하고(민감성), 경험에 의해 감정적으로 동요될 수 있도록 스스로를 허락하며(동감), 감정이 펼쳐져서 그들이 존재하는 방식으로 머무를 수 있도록 허락한다(감내).

공감의 중요한 측면은 세부적인 경험에 호기심을 가지고 그것을 배우고, 지혜롭게 이해할 수 있도록 하는 것이다. 우리가 경험하고 있는 것이 무엇인지 추측하고 그 추측에 자동적으로 반응하는 것이 아니라 우리 내면에서 무슨 일이 일어나고 있는지 기꺼이 물어볼 필요가 있다. 우리는 종종 복잡한 감정적 기억과 신체적으로 경험된 것에 대한 이해 없이(제2장과 제3장 참조) 우리가 경험하고 있는 것을 이해하고 있다고 생각한다. '나는 단지 혼자 있는게 싫어. 그게 다야.' 혹은 '이것은 단지 어린 시절의 오래된 습관일 뿐이야.' 만약 더욱 깊이 숙고한다면 언뜻 이해할 수 있는 것보다 더 많은 경험이 있다는 것을 발견하게 된다. 따라서 우리는 스스로에게 기꺼이 질문해야 한다. '지금 여기서 무슨 일이 일어나고 있는가?' 그리고 우리가 이미 알고 있다는 생각을 내려놓고, 마음을 열고 자세히 관찰해야 한다.

'나의 화난 자기self에게 무슨 일이 일어나고 있는가?' 혹은 '나의 불안한 자기self에게 무슨 일이 일어나고 있는가?'를 질문함으로써, 그리고 우리의 다른 부분들에게도 유사한 방법으로 질문함으로써 다양한 부분의 자기에 대한 공감을 인식하고 계발하는 데 도움이 된다. 이처럼 우리 자신의 다양한 부분을 인식할수록 서로 다른 자기들을 하나의 가족으로 마음챙김하여 수용할 수 있다. 마음챙김 수용은 우리가 과도한-개인화, 과잉-동일시, 혹은 스스로를 비난하지 않는 것을 의미하지만, 그것들이 마음을 통제하도록 허용하는 것은 아니다.

우리는 이러한 특정 맥락 속에서 석가모니의 가르침으로부터 파생되고 제5장에서 간략히 다루었던 마음챙김의 네 가지 토대를 적용함으로써 공감을 훈련한다(그 과정을 나타내기 위해 또다시 불안을 예로 사용할 것이다).

- 신체에 대한 마음챙김: 신체의 어느 부분에서 불안이 느끼는지를 알아차려 보라. 가슴 부위의 수축 혹은 어깨의 긴장, 복부의 통증, 사지의 떨림이 있을 수 있다. 그런 다음 신체에서 경험하고 있는 감각의 종류를 알아차린다. 긴장, 팽팽함, 차가움, 떨림 등이 그것이다. 우리가 이러한 감각들에 저항하고 있는지 아닌지를 알아차려 보라. 친절과 수용으로 그 감각들에 마음을 열 때 무슨 일이 일어나는지 알아차려 보라.
- 감정에 대한 마음챙김: 주로 불쾌한지, 유쾌한지, 혹은 그저 그런지 알아차려 보라. 불안의 경우, 불쾌함을 느낄 수 있다. 이러한 기분을 수용하면서 만나고 있는지를 살펴보라. 그런 다음 감정의 어떤 층이 불안을 만

드는지 알아차려 보라. 겉으로는 공황과 불안한 기분이 있을 수 있지만 보다 더 깊은 층에는 취약함, 상실, 상처, 혹은 분노의 감정이 있을지도 모른다. 그러면 우리는 불안이 하나의 감정이 아니라 여러 기분의 집합체라는 사실을 알아차릴 수 있다. 그런 다음 각각의 이러한 기분들을 친절과 수용으로 맞이하려고 노력하라.

- 생각에 대한 마음챙김: 어떤 생각, 이미지, 이야기, 혹은 신념이 불안감의 주위를 돌고 있는지 알아차려 보라. 불안한 외부적 이유나 불안감에 대한 판단과 같은 온갖 종류의 생각이 있을 수 있다. 불안을 느끼는 것이 나쁘다고 생각할 수도 있고, 혹은 상황을 바꿀 수 있는 방법을 생각하려고 정신적 고리에 갇힐 수도 있다. 우리는 이러한 생각들을 한걸음 떨어져서 바라보려고 노력해야 한다. 그리고 스스로에게 물어야 한다. '이러한 생각들이 사실인가 혹은 편향된 생각인가? 이것들은 영원한 것인가 혹은 매 순간 변화하는 것인가?'

- 태도와 관계에 대한 마음챙김: 우리는 우리의 경험과 어떻게 연결되어 있는지를 알아차린다. 불안을 견고한 실제라고 생각하는가? 불안이 영원하다고 생각하는가? 불안에 얽매여 있어 불안이 우리의 생각, 느낌, 행동을 지배하는가? 우리는 불안을 우리 자신과 동일시하는 것은 아닌가? 이것은 우리를 다음 단계로 데리고 간다.

비판단

일단 우리가 무엇을 경험하고 있는지 자세히 살펴보았다면, 다음 단계는 경험을 무비판의 관점에서 보는 것이다. 이것은 경험의 모든 다양한 요소에 대해 공간을 만드는 것을 의미한다. 이는 존 카밧 진에 따르면,[8] 모든 살아 있는 존재의 고통을 받아들인다는 의미이며, 롭 네언의 가르침에 의하면 그것은 불편하지만 풍부한 가능성이기도 한 우리 자신의 '측은할 만큼 엉망이

된 상태'에 기꺼이 빠지고자 하는 것을 의미한다. 그런 다음, 이러한 비판단적 마음의 관점에서 일어나는 모든 정신 상태 혹은 감정에 대해 질문한다. '이것은 진정한 나의 모습인가? 아니면 나를 통해 스쳐 지나가는 단순한 경험인가?' 불안의 경우, 우리는 질문한다. '지금 이 순간 내가 불안이 되는 것인가?'

어떤 것과 동일시하는 과정은 흥미로운 일이다. 만약 어느 날 갑자기 설사와 구토를 한다면 당신은 자신을 설사와 구토라고 생각하지 않는다. 이러한 것들이 불쾌한 것이긴 하지만, 당신 안에서 진행되고 있는 단지 일시적인 생리적 과정이라는 것을 알고 있다. 그리고 당신은 대체로 설사와 구토가 그들의 과정을 '진행할' 수 있도록 한다(말장난이 아니다). 하지만 우리는 마음의 혼란에 대해서는 그것과 동일시하는 (그리고 아주 도움이 되지 않는) 왜곡 경향성이 있다. 분노나 불안이 특정한 환경 속에서 촉발되었으며, 일시적이라는 인식과는 달리 '나는 불안한 사람이야.' 혹은 '나는 화를 잘 내는 사람이야.'라고 생각한다. 혹은 우리는 공격적이거나 성적 환상을 가지고 있을 수 있는데, 그것을 염려하게 되고 그리고 그런 것을 가져서는 안 된다고 생각한다. 결국 그것들을 까다로운 뇌가 만들어 낸 영상으로 바라보기보다는 그것들과 투쟁하게 된다. 안타깝게도 어떤 개인들은 마음의 내용과 환상에 대한 걱정에 사로잡혀 일반적으로 알고 있는 것보다 훨씬 더 흔한 형태로 나타나는 강박 장애로 고통스러워한다. 실제로 이러한 일들이 너무 많이 일어나기 때문에 심리학자 리 베어Lee Baer는 그것을 '마음의 도깨비들'이라고 부르는 반면,[9] 우리는 '까다로운 뇌'라고 부른다.

여기서 요점은 불안과 같은 마음 상태와 동일시하는 것은 마음이 불안에 단단히 옥죄이게 되면서 마음의 풍경이 닫히고, 우리를 고통스럽게 만든다는 것이다. 이러한 과정의 기저에는 우리의 경험에 대한 미묘한 판단과 반응이 있다—무엇을 경험하고 있는지 살펴보는 것을 그다지 좋지 않다고 느낄 수 있다. 그러나 우리의 경험에 공간을 만듦으로써, 본질적으로는 판단하지 않음으로써 마음은 불안감을 늦출 수 있고, 더 큰 자유로움이 일어날 수 있다.

훈련 7: 경험 수용

1단계: 방향 전환(동기)

보통 호흡 리듬 진정시키기, 그라운딩, 휴식 및 호흡 지지원(훈련 6)의 일반 절차를 따릅니다.[10] 만일 불편한 생각, 감정, 마음의 상태가 지속적으로 마음 안에서 일어나면 그것을 밀어내기보다는 적극적으로 방향을 전환하여 그곳에 주의를 가져가십시오. 다음의 단계에 따라서 연습해 보세요. 앞서 말했듯이 더욱 불편한 감정에 관여하기 전에 쉬운 감정이나 마음의 상태에 작업해야 함을 항상 기억하십시오.

2단계: 인식하고 이름 붙이기(민감성)

감정이나 마음의 상태가 어떠한지 인식하고, 가장 적합한 방법으로 이름을 붙여 보세요. 아마도 '외로움' 혹은 '걱정'이나 '슬픔' 또는 '갈망' '시기심' '자부심' 혹은 '욕망'으로 이름 붙일 수 있을 것입니다. 만약 분명한 이름이 없다면 어떤 방식이든 가장 적절하게 느끼려고 해야 한다는 점을 기억하세요. 마음속으로 부드럽고 친절한 목소리로 2~3번 이름을 붙이고 마음챙김 지지원인 호흡으로 돌아오기를 반복하세요. 때때로 감정이나 불편함이 강한 힘으로 끌어당길 수 있습니다. 그럴 경우, 감정에 의해 주의가 이끌려 가도록 허락하고, 이름을 붙이고, 그런 다음 호흡으로 돌아오면 됩니다. 호흡과 감정 사이를 이완되고, 유연하게 왔다 갔다 하세요.

3단계: 허락하기(감내와 동감)

이제 감정을 적극적으로 환영하고, 그 감정이 현재에 존재할 수 있도록 허락하십시오. 감정을 없애려는 바람을 놓아버립니다. 그것을 위해 공간을 만들어 두세요. 그런 다음, 가볍게 호흡으로 되돌아오면 됩니다. 하지만 만약 그 감정이 지속적으로 당신의 주의를 끈다면 그것을 향해 마음을 움직여서 그 주변을 부드럽게 하고, 그것에 의해 가슴이 감동되는 것을 허용하세요. 친절함의 표시로 손을 가슴 위에 올린 다음 부드럽고 친절한 미소를 지을 수 있습니다. 이제 호흡에 집중된 주의를 감정 그 자체로 가져가서 이것을 마음챙김 훈련의 초점이 되도록 하세요. 하지만 다음 단계에 따라 특정한 방식으로 훈련하세요.

4단계: 세심한 주의 기울이기(공감)

먼저 당신의 주의를 감정이나 불편함이 느껴지는 신체로 가져옵니다. 머리에서 발끝까지 훑으면서 신체의 어느 부위에서 기분이 그 자체로 두드러지게 표현되고 있는지를 알아차리십시오. 그런 다음, 자연스럽게 호흡하면서 부드럽게 신체로 주의를 기울입니다. 그리고 신체 감각이 원래 있던 그 자리에 있을 수 있도록 허락하세요. 당신이 부드럽고 친절하다는 것을 상기하여 호흡할 때 다시 손을 가슴 위에 올려 둘 수 있습니다. 당신이 호흡 리듬 진정시키기를 했을 때와 마찬가지로 호흡의 리드미컬한 움직임이 신체를 진정시킬 수 있도록 허락하세요. 신체의 이 부위에서 당신이 경험하고 있는 감각의 종류를 알아차려 보세요. 조여 오는 감각, 긴장감, 열감, 떨림 등이 그것입니다. 혹시 이러한 감각들에 저항하고 있는 것은 아닌지 알아차려 보세요. 그런 다음, 부드러움과 수용으로 그 감각에 마음을 열었을 때 무슨 일이 일어나는지를 알아차려 보세요.

이제 주의를 경험과 연결된 감정과 느낌으로 가져가 봅니다. 주된 기분이 무엇인지, 유쾌함, 불쾌함 혹은 특별한 느낌이 없는지 알아차리고, 감정의 어떤 층들이 경험을 만드는지 관찰해 보세요. 아마도 당신이 작업하고 있는 감정이 하나가 아니라 미묘한 기분들의 무더기라는 것을 알아차리게 될 것입니다. 각각의 기분을 친절과 수용으로 맞이하려고 노력해 보세요.

다음에는 어떤 생각 혹은 신념이 감정 주변을 맴도는지 알아차려 보세요. 한 발짝 물러서서 이러한 생각들을 지켜보십시오. 그 생각들은 사실인가 혹은 편견인가? 그 생각들은 영원한가 아니면 매 순간 변하는가?

그런 다음 어떻게 당신의 경험과 연결 짓고 있는지를 알아차려 보세요. 당신은 그 감정이 아주 견고하고 사실이라고 여기는가? 그 기분이 영원할 것이라고 여기는가? 그 감정에 매달려 집착하고 있는가?

5단계: 공간 만들기(비판단)

이제 당신의 경험을 향해 마음을 열고, 경험하는 것이면 무엇이든 비판단적인 의식을 가지고 기꺼이 포용해 봅니다. 이 단계에서 당신은 세세한 경험에 대한 주의를 당신의 자각 안에 있는 전체의 경험으로 이동합니다. 다음으로 일어나는 모든 정신적 상태나 감정에 대해서 질문을 던져 보세요. '이것이 진정한 나인가, 아니면 그저 나를 통해

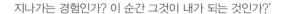

지나가는 경험인가? 이 순간 그것이 내가 되는 것인가?'

　　당신은 이런 방식으로 훈련에서 나타나는 감정이나 어려움은 내가 누구인지를 보여 주는 것이 아니라, 단지 당신을 지나가는 것임을 이해하게 될 것입니다. 감정이나 고통은 일시적인 것입니다.

　　이러한 수용 훈련에 있어 원칙을 이해하고, 단계를 따르는 것이 중요하지만, 자신에게 맞게 훈련을 조정하도록 합니다. 이러한 방식으로 한다면 당신의 성격과 잘 맞는 훈련 방식을 찾게 될 것입니다.

관찰자 계발하기

　이제 우리는 수용 훈련을 통해 점점 더 관찰자 모드로 이동하고 있다. 처음에 우리의 의식은 즉각적으로 생각의 과정에 사로잡힌다. 생각과 감정이 일어나자마자 바로 그 생각과 감정에 빠져 있는 우리 자신을 발견한다. 즉, 우리를 위해 짜여진 드라마에 사로잡힌다. 우리의 삶은 한 가지 생각의 거품에서 다음으로 이어지는 것으로 이루어져 있다. 하지만 체계적인 마음챙김과 수용 훈련을 통해 관찰하는 부분 자기와 관찰 당하는 부분 자기를 구분할 수 있으며, 더욱더 이러한 관찰 모드로 살아가는 것을 배운다. 이것은 의식에서 사고와 감정을 객관적으로 학습하는 것으로, 중대한 변화이다. 그렇다고 우리가 냉담하고 감정에 좌우되지 않는 것을 의미하는 것은 아니다. 우리가 더이상 활력이나 삶의 풍요로움에 연결되어 있지 않다는 것을 의미하지도 않는다. 사실 우리는 더욱더 현존하고 삶과 연결되지만, 우리 자신이 우리의 경험과 다른 관계에 서 있는 것을 발견한다. 이것이 핵심이다.

　특히 다양한 단계의 수용 훈련을 통해 마음에서 일어나는 것이 우리가 누구인가를 규정짓는 것이 아님을 이해하기 시작한다. 우리는 점점 더 마음과 감정 경험이 영원하지 않다는 사실을 인식하기 시작한다. 모든 것은 흘러가고 변한다. 고정된 것은 아무것도 없다. 어느 순간 우리는 이러한 자각을 목격하고 있다는 사실을 알아차린다. 하지만 이러한 자각은 어떤 방식으로든 고정될 수 없다. 그것은 마음으로 개념화될 수 없으며, 그것이 어디에 있는지 정확히 찾을 수 없다. 하지만 하루의 매 순간 우리가 존재하고 있는 가장 핵심에 있다.

관찰자 모드로 살아가는 것을 배우는 것은 특히 자비 훈련과 관련하여 중요하다. 왜냐하면 관찰자 모드는 우리가 한걸음 물러나 지금 현재 일어나고 있는 것에 대한 관점을 가지기 때문이다. 만약 우리가 (사고와 감정의 고리에 갇혀) 고통에 사로잡혀 있다면, 완전히 고통에 잠식되어 있기 때문에 자비가 작용할 수 있는 공간이 거의 없을 것이다. 마음챙김과 수용 훈련은 우리가 한걸음 물러나 현재 일어나고 있는 일에 대해 어느 정도 객관성을 확보할 수 있도록 한다. 이러한 관찰자 모드를 경험하면, 우리가 경험하고 있는 것을 친절과 자비로움으로 관계 맺을 수 있다. 이것은 특히 자비로운 이미지 훈련을 할 때 중요하다. 왜냐하면 다양한 부분 자기로 들어가는 것을 배워서 평범한 자기와의 차이점에 대한 관점을 가지고, 그런 다음 자비와 함께 고통의 근원인 그 부분과 다시 관계하는 방법을 배우기 때문이다.

핵심포인트

- 마음챙김과 수용 훈련을 통해 마음의 내적 풍경에 점차 **익숙**해지고, 자비 훈련을 통해서는 마음과 관계의 조화, 그리고 안녕을 만들어 내는 긍정적 습관들을 **계발**하는 것을 배운다.

- 수용은 매 순간 우리의 경험에 마음을 여는 과정이며, 투쟁하지 않는 것이다—이것이 **경험 수용**이다.

- 이것은 자비의 첫 번째 심리 작용의 일부이다. 우리가 느끼는 감정에 저항하거나 달아나는 것과 반대로, 점차 민감해지고 개방되는 것이다. 수용 역시 고통을 감소시키기 위한 것으로, 기술의 바깥 원과 관련 있다는 사실을 기억하라. 이것은 다음 장에서 살펴볼 것이다.

- 우리는 자비의 자질(내부의 원)을 작업함으로써 수용을 훈련한다. 동기, 민감성, 동감, 감내, 공감, 그리고 비판단이 그것이다.

- 마음챙김 수용 훈련을 통해 의식에 대한 관찰자 모드로 살아 갈 수 있고, 현재 경험하는 것은 매 순간 변화하므로 우리가 누구인가를 규정하는 것이 아님을 이해한다.

미주

1 Hayes, S.C., Strosahl, K.D. and Wilson, K.G. (2004) *Acceptance and Commitment Therapy: An Experiential Approach to Behavior Change*. New York: Guilford. Williams, J. C. and Lynn, S.J. (2010) Acceptance: An historical and conceptual review. *Imagination, Cognition and Personality*, 30, 5056. DOI: 10.2190/IC. 30.1.c. This is a full and excellent summary of the concept of acceptance in Buddhism and also in other schools of thought.

2 Chawla, N. and Ostafin, B. (2007) Experiential avoidance as a functional dimensional approach to psychopathology: An empirical review. *Journal of Clinical Psychology*, 63, 9, 871–890 (p. 871).

3 It is important that we don't see 'willingness' as simply a choice because

sometimes we really have such a struggle with our tricky brains, and things that are causing this trouble are outside awareness–so we can't be willing or unwilling because we are not aware of the problem. In fact we now know quite a lot about these processes, which are sometimes called 'dissociative' (see Dell, P.F. and O'Neil, J.A. [2010] *Dissociation and the Dissociative Disorders: DSM–V and Beyond.* London: Routledge). *Often we are not quite sure why we feel what we feel and being dissociated from the causes of our suffering is more common than has been recognised in the past (see Carter, R. [2008] Multiplicity: the New Science of Personality, Identity and the Self. London: Little Brown).*

4   Williams and Lynn, Acceptance, p. 3 (see note 1).

5   Sallatha Sutta, The Arrow; translated from the Pali by Thanissaro Bhikkhu: http://buddhasutra.com/files/sallatha_sutta.htm.

6   Hofmann, S.F., Grossman, P. and Hinton, D.E. (2011) Loving-kindness and compassion meditation: Potential for psychological interventions. *Clinical Psychology Review, 31,* 1126–1132. DOI: 10.1016/j.cpr.2011.07.003. This is a very helpful paper that looks at the links between mindfulness, compassion and loving-kindness.

7   Ibid.

8   Kabat–Zinn, J. (2005) *Coming to Our Senses: Healing Ourselves and the World through Mindfulness.* New York: Piatkus.

9   Baer, L. (2001) The Imp of the Mind: Exploring the Silent Epidemic of Obsessional Bad Thoughts. New York: Plume Press. This is an excellent book for people who are troubled by the kinds of thoughts and feelings that are coming into their minds.

10 Kabat–Zinn *Coming to Our Senses (see note 8).*

제**9**장
자비로운 역량 구축하기

우 리는 이 책에서 자비의 서로 다른 두 가지 심리작용에 대해
개관하였다. 첫 번째 심리작용은 고통을 향해 다가가고 마음
을 여는 과정과 관계가 있다. 마음챙김은 내면의 경험에 접촉하게 해 주기 때
문에 자비 훈련의 기초로서 중요하다. 수용의 과정도 우리가 내면에서 일어
나는 것에 저항하고 투쟁하는 경향성에서 벗어날 수 있게 해 주고, 실제로 일
어난 것에 대해 분명하고 솔직하게 다가가도록 해 주기 때문에 매우 중요하다.
우리의 내면은 때때로 강렬하고 복잡하며, 갈등으로 가득 차 있어서 내면에
서 어떠한 일이 일어나는지 느껴 보는 것은 간단한 문제가 아니다. 마음챙김
과 수용은 이러한 과정에서 중요한 단계이다. 하지만 이것만으로는 충분하
지 않다.

따라서 우리는 내적 자원 또한 계발할 필요가 있다. 내적 자원은 내면에 일
어나고 있는 것을 견딜 수 있도록 해 주어 그것이 아주 강렬해지거나 압도적

이지 않도록 해 준다. 여기서 중요한 것은 고통스러운 경험에 막 바로 뛰어들 거나 우리를 준비되지 않은 삶의 고통으로 내던지는 것이 아니라는 것이다. 그보다 먼저 우리의 자원을 구축할 필요가 있다. 가령, 등산 전에 우리는 근육과 신체를 단련하기 위한 등급별 훈련에 착수할 필요가 있다. 자비로움을 훈련하는 것도 이와 마찬가지이다. 이것이 자비의 두 번째 심리작용이다. 자비는 우리의 내적 경험의 다른 부분들에 대해 효과적으로 반응할 수 있도록 내면의 역량을 구축하는 것과 관련되어 있고, 이를 기반으로 타인의 경험과도 능숙하게 관계 맺을 수 있다. 이러한 능력은 우리에게 내재되어 있는 다양한 자질로 구성되어 있지만, 지속적이고 일관된 방식으로 계발될 필요가 있다. 이러한 측면에서 자비는 긍정 정서 시스템의 능동적인 활성화와 친절, 강인함 및 용기와 같은 자질 훈련을 포함한다. 이러한 자질들은 차례로 진정/친화 시스템을 어느 정도 자극시키며(124-142쪽 참조), 마음챙김 상태(타인으로부터 받은 친절함과 공감적 확인의 경험을 인식, 받아들임, 수용)가 되도록 하고, 자기친절을 계발하도록 한다.[1] 만약 우리가 이러한 감정들을 두려워하거나 차단한다면, 불쾌한 경험을 지탱해 줄 수 있는 진정/친화 시스템 없이 그것과 투쟁하도록 내버려 둠으로써 중대한 문제를 야기할 것이다. 지난 장에서 주로 자비의 첫 번째 심리작용에 중점을 두었다면, 이번 장에서는 두 번째 심리작용(자비로운 역량 구축하기)에 초점을 맞추고자 한다. 이러한 역량을 구축하기 위해서는 자비가 어떻게 흘러가는지(이동하는지)를 이해할 필요가 있다.

자비의 흐름

자비는 세 가지 서로 다른 방식으로 표현될 수 있다. 우선, 우리는 타인이 우리에게 보내는 자비를 경험할 수 있고, 우리가 다른 사람의 자비를 받는 것에 개방적인지 그 정도를 인식할 수 있다. 종종 우리의 마음은 혐오적인 위협에 주의를 기울이며, 타인의 친절을 무시하거나 당연한 것으로 받아들이는 자신을 발견할 수 있다. 당신은 이전에 인용하였던, 어느 날 쇼핑을 갔는데 아홉 명의 점원은 아주 친절하고 도움을 주었지만 한 명의 점원이 퉁명스럽고 무례하게 행동했던 사례를 기억하는가? 당신은 그날 밤 집으로 돌아가서 어떤 것부터 이야기를 할 것인가? 십중팔구 친절한 사람들에 대해서는 언급하지 않고, 무례했던 사람에 초점을 맞춰 이야기할 것이다. 비슷한 방식으로 우리의 마음은 친절하고 우호적인 일상의 행동들을 무시하는 방식을 가지고 있다. 하지만 당신이 의도적인 노력으로 주의의 균형을 맞추어서 좋은 선물을 살 수 있도록 도와주었던 점원들의 웃는 얼굴과 행복함을 다시 당신의 마음으로 가져온다면, 무슨 일이 일어날지 상상해 보자. 만일 당신이 위협 시스템을 작동하도록 내버려두는 대신에 이러한 방법을 정기적으로 사용한다면 당신의 신체와 감정에서는 어떤 일이 일어날지 상상해 보라.

둘째, 자비는 우리 자신으로부터 타인에게로 흘러가기도 한다. 우리가 타인의 고통에 마음을 열고, 그들이 행복과 번영 안에서 잘되고, 기쁨을 찾기를 바랄 때 타인에게 자비를 느낄 수 있다. 이러한 것들은 우리 내면에서 일어나는 감정이며 외부로 향한다. 셋째, 우리 스스로에 대해서 느낄 수 있는 자비가 있다. 이것은 우리가 스스로에게 진심어린 소망을 가질 때 경험할 수 있으며, 까다로운 뇌와 삶의 이야기를 다룰 수 있을 뿐만 아니라 행복과 연결감을 경험할 수 있다.

각각의 경우, 자비의 속성인 '내부 원inner circle'은 중요하다. 예를 들어, 우리가 타인으로부터 자비를 경험할 때, 그들이 우리를 돕고자 하는 동기가 있고, 우리의 욕구에 관심을 가지고 있으며, 철수하기보다는 감정적으로 개입하고자 하는 것을 느낀다. 또한 그들이 우리의 고통을 다룰 수 있고, 우리가 겪고 있는 것에 공감하며 이해할 수 있고, 그들이 비난하거나 냉혹하지 않다고 느낀다. 유사하게 우리가 타인에게 자비를 느낄 때, 정도의 차이는 있지만 타인을 향해서도 동일한 속성을 담고 있다. 돕는 데 동기화되고, 그들의 고통에 관심을 기울이고, 우리가 할 수 있는 선에서 고통을 줄여 주고자 노력한다. 이 것은 우리 자신을 위한 자비를 계발할 때에도 똑같이 적용된다. 중요한 것은 자비를 일으키는 긍정정서 시스템을 활성화시키기 위해서 이러한 감정의 흐름이 다양한 방향으로 흘러가도록 허락하는 것에 주의를 집중하는 것이다.

자비의 흐름은 다음과 같이 요약할 수 있다.

- 당신에게로 흘러가는 자비: 타인의 친절에 우리의 마음을 개방하는 데 집중한다. 이는 마음을 열고 타인의 친절에 반응하는 우리의 뇌 영역을 자극한다. 우리는 감사와 고마움을 경험할 수 있다. 이것이 이 장의 핵심 주제이다.
- 내면의 자비로운 자기 계발: 우리가 자비로운 자기감각을 만드는 것에 집중하는 것은 마치 배우가 그들의 역할에 몰입하려고 노력하는 모습과 같다. 이것은 다음 장의 핵심 주제로 살펴볼 것이다.
- 당신에게서 타인에게로 흘러가는 자비: 우리의 마음이 타인에 대한 자비로움으로 가득할 때, 우리의 신체에서 일어나는 그 느낌에 집중한다. 이것은 제11장의 핵심 주제가 될 것이다.
- 자기 자신을 위한 자비: 이것은 자기 자신의 자비로움에 초점을 맞춘 감정, 사고 및 경험을 계발하는 것과 관계가 있다. 삶은 때때로 아주 힘겹다. 따라서 자기에게서 자비로움을 일으키는 방법을 배우는 것은 고된 삶을 살아가는 데 아주 유용하며, 특히 불편한 감정을 다루는 데 도움이 된다.

우리는 자비의 흐름을 시작하기 위해서 일련의 심상 훈련과 같은 간단한 방식에서부터 출발할 수 있다. 이 훈련은 불안과 우울을 경험하는 사람들에게 작업하는 것이 아주 유용하다고 검증되어 왔다.[2] 첫 번째 훈련은 (338-339쪽 참조) 특별한 공간 안에서 안전감과 환영 받는 느낌을 심상화하는 것으로 시작한다. 안전함은 제3장에서 살펴본 세 가지 원 시스템의 일부분이기 때문에 중요하다. 안전감이 일어나는 장소에서 머무는 것을 배우는 것은 자비 작업을 위한 훌륭한 시작점이 된다.

두 번째 훈련에서는(340쪽 참조) 자비로운 마음의 자질이 물든 색채로부터 자비를 받는 것에 초점을 맞출 것이다. 여기서 자비로운 색채의 의도는 우리를 치유하고, 고통스러운 감정 패턴으로 '날카로워진 내부'를 부드럽게 하기 위한 것이다. 이 방법은 많은 사람에게 다른 존재로부터 자비를 받는 심상을 하기 전에 유용한 첫 번째 단계이다. 사람들은 자신이 자비를 받을 만한 가치가 없다고 생각하거나, 타인의 자비가 그들을 두렵게 만들거나 큰 슬픔과 갈망을 야기하기 때문에 타인으로부터 자비를 받는 것에 저항할 수도 있다(제6장 참조). 당신은 아마도 세 번째 훈련으로 곧장 가기를 원할 수 있다(345-348쪽 참조). 세 번째 훈련은 모든 자비로운 자질(속성과 기술)의 상징인 자비로운 이미지로부터 자비를 받는 것을 상상하는 것이다. 무엇이 당신에게 잘 맞는지 살펴보자.

심상 작업

우리는 지난 장에서 마음 훈련이 두 가지 중요한 단계로 구성되어 있음을 알았다. 친숙함과 계발이 그것이다. 지금까지 우리는 마음과 친밀해지는 것과 자비 안에서 훈련하기 위해 발판으로 작용할 어느 정도의 안정감을 확립하는 것에 초점을 맞추었다. 이제 우리는 계발의 과정에 집중할 것이다. 이 책의 이전 장들에서 중요한 주제는 진화였다. 진화가 우리에게 복잡하고 다양한 성향과 잠재력을 담는 뇌를 부여했지만, 우리는 또한 숙고와 상상을 위한 신뇌의 역량을 계발하는 데 어떤 경향성을 선택할 능력을 가지고 있다. 우리는 우리가 되고자 하는 종류의 사람을 선택할 수 있다.

이러한 관점에서 중요한 도구는 자비로운 이미지 작업이다. 자비 이미지는 자비 원(제4장 참조)에 포함된 자비 기술들 가운데 하나이다. 이 훈련은 마음 안에서 특별한 이미지와 감각을 생성하는 데 집중하도록 되어 있다. 이러한 훈련들은 우리가 진정/친화 시스템으로 들어가 선천적인 자비로운 특성 자질을 계발하는 것을 돕도록 구성되어 있다.

이미지는 아주 강력하다.[3] 우리는 상상하는 것이 신체와 마음에 강한 영향을 미친다는 사실을 알고 있다. 가령, 허기질 때 음식을 본다면 침과 위산을 자극할 것이다. 하지만 돈이 없어 단지 음식을 먹는 것을 상상해야 한다면 음식을 형상화하는 바로 그 순간에도 동일하게 침과 위산을 자극할 것이다. 이미지가 어떻게 신체적 과정에 영향을 미칠 수 있는가에 대한 또 다른 예시는 누군가에 대해 성적인 상상을 할 때, 신체적으로도 매료된다는 것이다. 이러한 관점에서 보면 관심 있는 사람이 우리 앞에 서 있을 때 우리의 신체가 반응하듯이, 신체도 심상화에 대해 유사하게 반응할 것이다.

마찬가지로 우리가 화가 나서 누군가와 논쟁하고 있는 모습을 상상한다면 마치 실제 논쟁처럼 뇌와 신체 과정에 영향을 미칠 것이다. 만약 우리가 누군가를 뇌 스캔 기계에 집어넣고 그들이 논쟁했던 것을 재경험하도록 요청한다면 분노와 관련된 뇌 영역이 점화할 것이다. 같은 방식으로 만약 우리가 걱정하는 것들 혹은 두려운 어떤 일이 일어날 것이라고 상상하는 것은 불안 시스템을 자극할 것이다. 반대로 만약 우리가 고대하는 무언가, 예를 들면 햇살 가득한 화려한 휴일을 상상하는 것에 주의를 기울이면 흥분에 들뜬 기분을 경험하게 될 것이다. 이러한 예는 이미지가 특정한 감정과 생각을 자극시킴으로써 얼마나 강력하게 뇌와 신체에 영향을 미치는지 알 수 있도록 한다.

자비로운 이미지도 이와 같은 방식으로 작용할 수 있다. 만일 우리의 마음을 친절과 돌봄에 집중한다면 이것이 감정에 영향을 미치고 신체와 정신 과정을 특정한 방식으로 자극할 것이다. 사실 우리는 연구를 통해 우리가 돌봄을 주거나 받는 느낌에 집중하면 정서적 안녕감에 다양한 이점이 있다는 사실을 알 수 있다. 연구에서는 우리가 친절함과 서로를 그리고 스스로를 지지하는 것에 주의를 기울일수록 더 행복하고 건강해지는 경향이 있음을 보여준다.[4]

뚜렷하지 않은 심상

어떤 사람들은 분명하고 지속적인 그림을 마음속에 만들 수 없기 때문에 상상하기가 불가능하다고 생각한다. 하지만 이것은 이미지 훈련 대부분에 대한 오해이다. 당신에게 이렇게 질문한다고 가정해 보자. '자가용은 무엇인가요?' 아마 단편화된 이미지가 떠오를 것이다. 그러나 만약 '오늘 아침에 무엇을 먹었나요?'라고 질문한다면 당신은 기억을 바탕으로 몇 가지의 이미지가 생각날 것이다. 만약 '어떤 여름 휴가를 좋아하나요?'라고 묻는다면 당신이 좋아하는 것을 기반으로—더운 혹은 추운 나라, 특별한 활동하기 혹은 수영장에서 휴식하기—순간의 이미지가 연쇄적으로 떠오를 것이다. 이러한 순간적이고 어렴풋한 인상을 우리는 이미지라고 한다. 이러한 인상은 아주 단편적이고 일시적이다. 사실 분명한 시각적 이미지를 경험하지 않고, 단순한 인상을 받을 수도 있다. 하지만 누군가가 묻는, 아침으로 무엇을 먹었는지 혹은 가장 좋아하는 휴일이 언제인지와 같이 세부적인 정보를 제공하는 데 충분할 수 있다. 따라서 분명하고 뚜렷하며 생생한 즉석 사진을 만들려고 애쓰지 마라. 단지 순간적인 인상과 이미지 조각이 나타나더라도 괜찮다. 심상 작업의 핵심은 우리가 만들어 내려는 바로 그 감정이다. 느껴지는 감각을 연결하는 것이 분명한 시각적 이미지를 가지는 것보다 더 중요하다.

안정된 공간

앞서 언급한 바와 같이, 첫 번째 단계는 내면에 안정되고 지지적인 감각을 만들고, 자비 훈련을 시작할 수 있도록 올바른 조건을 준비하는 것이다. 우리가 깊은 내면과 작업할 때, 지지적이고 힘이 되는 느낌을 주는 환경에 있다고 상상하는 것이 도움이 된다. 예를 들면, 배우자와 함께 정착하려고 할 때, 우리는 따뜻하고 안전해서 가족을 부양하기에 최적의 조건을 가지는 안락한 집을 찾고자 하는 것처럼, 우리가 내면의 자비로운 자기를 깨우는 것을 추구할 때 그렇게 하기 위한 최적의 조건을 찾는 것이 유용하다.

우리는 이 훈련에서 안정감과 고요함을 제공하는 어떤 장소를 상상할 수 있다. 이 장소는 당신이 좋아하는 곳이면 어디든 가능하다. 과거에 가 본 적이 있는 실제 장소일 수도 있고, 혹은 집이나 정원과 같이 당신에게 익숙한 어떤 곳일 수도 있다. 또한 상상에만 존재하는, 영화에서 봤거나 혹은 책에서 읽은 어떤 장소일 수도 있으며, 당신이 새롭게 만들어 낼 수도 있다. 바깥의 자연이나 안전한 집의 내부일 수도 있으며, 낮이거나 밤, 여름이거나 겨울일 수도 있다. 안정감과 환영받는다는 느낌을 줄 수 있는 것이면 된다. 우리가 만들고자 하는 이러한 감정적 분위기는 기쁨의 일부분이다.

안정safeness 그리고 안전safety

안정과 안전을 명확히 구분하는 것은 중요하다(133쪽 참조). 예를 들어, 길버트의 클라이언트 중 한 사람은 자신의 안전 공간으로 아무도 모르는 땅속 깊은 창고를 상상했다. 사실 이것은 안 좋은 것들이 못 들어오게 하는 것과 관련이 있는 안전 공간이었다. 이러한 종류의 장소가 가지는 문제점은 비록 이 장소에서 안도감을 느낄 수 있지만 즐거움과 자유는 거의 없다는 것이다. 이 장소는 위협을 피하려는 위협 시스템 의해서 만들어진 이미지이다. 물론

이 장소는 어떻게 그 지하 창고에서 빠져 나올 것이며, 어떻게 자신감을 만들고 키울 것인가 하는 것 때문에 우리나 덫과 같은 것이 될 수도 있다. 경우에 따라서는 사람들이 안전한 공간을 창조하기 시작하고, 그런 다음 점차적으로 더 개방적인 태도로 작업에 착수하기도 한다.

우리가 의미하는 안정은 완벽히 편안함을 느끼고, 탐색이 자유롭고 개방감을 느끼는 어떤 장소(구속이나 얽매임의 장소가 아닌)이다. 때때로 사람들은 이불 속에 있거나 침대에 안전하게 파묻혀 있는 모습을 상상하는 것을 좋아하는 것이 사실이지만, 여기서 중요한 것은 우리에게 즐거운─숨기 위함이 아닌 자유의 공간─장소여야 한다는 것이다. 따라서 안정 공간에 대한 이미지 작업의 중요한 점은 무언가가 들어오지 못하도록 막는 것보다는 자유를 느끼는 것이다.

침입

때때로 사람들은 이미지 작업을 할 때, '침입'에 대한 문제를 경험한다. 가령, 안정 공간에 대한 이미지를 만들기 시작하고, 원하지 않는 어떤 것의 방해─아마도 당신이 안정 공간을 만들고 있는 중에 비행기가 스쳐지나가면서 폭탄을 투여하는 초대 받지 않은 이미지가 나타난다─를 받는다. 침입은 상당히 보편적이다. 여기서 마음챙김이 유용하다. 왜냐하면 그 침입에 반응하지 않으면서 단지 알아차리고, 그런 다음 주의를 안정 공간을 시각화하는 과정으로 다시 가져오면 되기 때문이다. 얼마나 많은 침입을 경험하는지가 중요한 것이 아니라 그것을 알아차리고, 바로 주의를 과제로 되돌리는 것이 요령이다.

훈련 8: 안정 공간 만들기

편안하게 앉거나 누울 수 있고, 누구에게도 방해받지 않을 장소를 찾아보세요. 그런 다음 호흡 리듬 진정시키기, 그라운딩, 휴식 및 지지 호흡(훈련 6, 300–302쪽 참조)의 마음챙김 단계로 이어 갑니다. 만일 시간이 충분하지 않다면 그저 호흡 리듬 진정시키기(훈련 3, 281–282쪽 참조)와 친절한 표정에 주의를 기울여 봅니다. 그러다가 마음이 편안해지면 마음속에 어떤 장소에 대한 이미지를 불러옵니다. 그 장소는 안정감과 고요함을 느낄 수 있는 곳입니다. 어떤 장소를 정하기까지 시간이 필요할 수 있으며 혹은 장소가 획획 바뀔 수도 있습니다. 그래도 괜찮습니다. 억지로 하려고 애쓰지 마시고, 안전한 장소를 상상하려고 시도하는 행동 그 자체가 도움이 된다는 것을 기억하십시오.

안정 공간을 결정하면 주위를 둘러보면서 있는 것을 상상해 봅니다. 무엇을 볼 수 있나요? 주위는 어떤 색감인가요? 다채로움을 인식할 수 있나요? 빛의 질감은 어떠하며, 하루 중 어떤 때인가요? 이제 당신의 주의를 듣는 쪽으로 이동해 보세요. 주위에서 어떠한 소리가 들리나요? 아주 크게 들리나요 혹은 희미하게 들리나요? 새소리와 같이 어떤 동물의 소리가 들리지는 않나요? 이제 당신의 주의를 신체 감각과 느낌으로 가져오세요. 주위의 온도와 피부에 맞닿는 공기의 느낌을 알아차려 보세요. 아마도 당신은 안정 공간에서 맨발로 있을 것입니다. 만약 그렇다면 발바닥 바로 아래에 닿는 땅의 질감을 알아차려 보세요. 당신의 안정 공간에서 어떠한 냄새를 맡을 수 있다면 알아차려 보세요.

감각적 속성에 충분히 주의를 기울였다면 이제는 이 공간과 관련된 느낌의 속성에 주의를 기울여 보세요. 안정 공간이 당신을 환영하고, 당신이 이곳에 머무는 것을 기뻐하는 것을 상상해 보세요. 이곳은 당신의 창작물이며, 당신은 온전히 이 장소에 잘 어울립니다. 만약 근처에 나무가 있다면 나무들도 당신을 환영합니다. 만약 이불 속에 있다면 이불도 당신을 부드럽게 환영합니다. 만약 바닷가에 있다면 해변으로 부드럽게 밀려오는 찰랑이는 파도가 당신을 반깁니다. 이런 방식으로 환영받는, 필요한 존재라는 감각을 만들어 보세요. 이렇게 상상하면서 동시에 환영받는 기분을 음미하며 친절한 미소를 만들어 보세요. 미소를 지으면서 기분이 어떠한지 알아차려 보세요. 이 공간에서 내가 그곳에 존재함과 함께 행복해 하는 것을 상상할 때, 어떤 기분인지 탐색해 보세요. 비록 잠깐 동안의 감각일지라도, 그 장소와 정서적 연결감을 만들어 보세요.

　당신이 원하는 만큼 이 훈련에 오래 머무를 수 있습니다. 훈련을 마치려고 할 때 그 이미지가 점점 희미해지도록 허락하고, 스트레칭을 하며 남은 하루를 계속하기 위한 준비를 하거나 혹은 다음 이미지 연습으로 넘어가세요. 안정 공간은 당신의 창조물이 므로 언제든지 되돌아갈 수 있다는 사실을 기억하세요. 그것은 단지 어떤 것을 상기하는 것입니다. 만약 하루 동안 점점 고통스러워하는 자신을 발견한다면 몇 번의 깊고 부드러운 호흡을 통해 당신이 만든 안정 공간 안에 흠뻑 빠져들 수 있도록 할 수 있습니다. 언제든 다시 돌아가 안정 공간이 주는 환영과 안정감을 다시 한 번 더 경험할 수 있습니다.

자비로운 색채

　우리는 이 훈련에서 안정감과 환영받는 느낌으로 시작하여 외부의 근원으로부터 우리 안으로 흘러들어 오는 자비의 느낌으로 연결한다. 이런 경우, 자비의 근원은 인간이 아닌 색채이지만 그럼에도 불구하고 이 색채는 우리가 이후에 살펴볼 마음의 특정한 자질들—지혜, 강인함, 온화함, 친절—로 가득차 있다.

훈련 9: 자비로운 색채(빛깔)

편안한 자세로 앉아 시작하되 의식은 깨어 있어야 합니다. 그런 다음 호흡 리듬 진정시키기, 그라운딩, 휴식(훈련 6, 300-302쪽 참조)의 마음챙김 단계로 이어 갑니다. 만약 시간이 충분하지 않다면 그저 호흡 리듬 진정시키기(훈련 3, 281-282쪽 참조)에 주의를 기울여 보세요. 마음이 차분해지면 자비와 관련된 색 혹은 따뜻하고 친절한 느낌을 주는 색을 상상해 보세요. 이것은 빛이나 안개 혹은 소용돌이치는 색으로 나타날 수 있습니다. 혹은 단지 찰나의 색감일 수도 있습니다. 하지만 당신 주위를 둘러싼 이 색채를 상상할 수 있는지 살펴보세요. 그런 다음, 당신의 심장 부위로 그 색채가 들어가 신체로 천천히 퍼지는 것을 상상해 보세요. 그 색채가 지혜, 강인함, 온화함, 친절함의 특성으로 가득 차 있다고 생각해 보세요. 이 훈련을 하면서 부드럽고 친절한 표정을 유지하는지 살펴보세요.

이제 당신에게 흐르는 그 색채를 상상하면서 오로지 당신을 돕고, 강인하게 하고, 지지하는 것에 집중해 봅니다. 그 색채가 신체 주변을 흐르면서 당신이 경험하고 있을지 모를 불편함, 통증 혹은 긴장감이 있는 어떤 부분이든 진정시키고 부드럽게 합니다. 만약 방해물과 장벽(특히, 이런 지지와 친절함을 받을 자격이 없다는 느낌과 관련된)이 발생하면 방해, 침입이라는 것을 알아차리고, 자비로운 색으로 주의를 되돌리면 됩니다. 이러한 훈련으로 우리는 뇌의 특정한 영역을 자극하기 위해 노력하고 있다는 사실을 기억하세요. 방해와 침입이 때때로 강력하게 보일지라도 걱정하지 마세요. 그저 미소 지으며, 호흡의 리듬을 진정시키는 훈련으로 돌아가서 할 수 있는 만큼 이 훈련에 머무르세요. 훈련을 마치려고 할 때, 자비로운 색채의 이미지가 점점 희미해지도록 허락하고, 스트레칭을 하며 자비로운 색채가 담고 있는 '감각'에 머무르면서 하루를 시작할 수 있도록 스스로를 지지해 주세요.

자비로운 이미지

　다음 훈련에서 우리는 아주 자비로운 존재로부터 우리 안으로 자비가 흘러들어오는 이미지를 상상할 것이다. 이러한 유형의 시각화 훈련은 여러 영적이고, 종교적 전통에서 사용되고 있다. 수천 년이 넘는 시간 동안 사람들은 신(혹은 다른 정신적 절대자)과 접촉하고 다가가는 방법으로 기도문을 사용해왔고, 이를 통해 신으로부터 충분히 사랑 받고 수용 받는다는 믿음과 확신을 추구한다. 이러한 연습들이 생겨나고 사람들에게 적용되는 이유 중 하나는 이상적인 타인으로부터 온전히 사랑받고 돌봄을 받는 느낌을 상상하는 것이 아주 강력하기 때문이다.

　티베트 불교 전통에서 영적 수련자들은 그들 앞에 있는 관세음보살 Chenrezing의 이미지를 적용하고, 이러한 신을 우주의 모든 현명함과 자비로운 특성을 상징하는 것으로 생각한다. 관세음보살이 존재하고 그들을 보살핀다는 확고한 신념을 한 번 만들고 나면 은총과 축복을 받는 기도문을 만든다. 현실에서 일어나고 있는 것은 그들 내부에 존재하는 우주의 잠재성에 마음을 여는 것이며, 기도와 시각화는 이러한 특성에 접촉하는 한 가지 길이다. 게다가 이상적인 자비로운 타인을 상상하는 과정은 수천 년에 걸쳐 인간 존재에 대한 깊은 공명을 느끼도록 하는 주제이다.[5]

　이 책의 주된 주제 가운데 하나는 다음과 같다. 포유류의 유산은 우리가 중요한 타인으로부터 돌봄을 받고 사랑받는 기분을 느낄 때 긍정적인 방식으로 반응할 수 있도록 우리의 뇌를 연결한다는 것이다. 이 부분에 대한 세부적인 내용은 제2장에서 살펴보았다. 하지만 우리 중 일부는 초기 돌봄 관계에서 원했던 사랑과 관심을 받지 못했거나 어떤 측면에서는 소외감을 느꼈다고 여길 수 있다. 우리는 이 훈련에서 이상적인 자비로운 타인으로부터 사랑과 돌봄을 받는 모습을 상상한다. 마치 배가 고플 때 가장 좋아하는 음식을 상상하듯이, 혹은 섹스를 원할 때 매력적인 성적 파트너를 상상하는 것처럼 이상적인 자비로운 이미지로부터 당신이 원하는 것에 대해 생각하는 바로 그 행동은 당신이 진정으로 필요한 것에 당신의 마음을 맞추는 과정을 시작하는 것이다. 우리의 동료 데보라 리_{Deborah Lee}는 '완벽한 양육자'(우리를 위해 완벽하다. 즉, 우리가 원하는 것을 정확하게 준다는 의미)라는 새로운 용어를 만들었다.[6]

이번 훈련에서 우리는 상상의 힘과 함께 인간의 약점과 한계점을 뛰어넘는, 가능한 한 가장 자비로운 존재를 만드는 작업을 할 것이다. 어떤 사람들은 어떤 현명한 사람과 같이 인간의 모습을 한 존재로 상상하고 싶을 수도 있고, 다른 사람들은 동물이나 혹은 나무, 산과 같은 무생물을 선호할 수도 있으며, 바다가 될 수도 있다. 또 다른 사람들은 빛의 이미지를 상상하고 싶어할 수도 있다. 당신이 선택한 이미지가 무엇이든지 간에 그것은 온전히 당신의 상상과 기분이 좋아지는 것에 달려 있다. 여기서 가장 중요한 점은 자비로운 이미지는 당신에게 집중하는 마음을 담고 있어야 한다는 것이다. 자비의 속성을 상상할 때, 그것은 당신을 돕기 위해 온전히 자비에 의해서 동기화되며, 당신의 요구에 민감하면서 당신의 고통에 정서적으로 조율한다. 그것은 당신이 겪고 있는 어떠한 고통과 어려움도 감내하고 견뎌낼 수 있으며, 이해심 있고 공감적이며 비판단적이다. 구체적인 시각적 이미지를 가질 필요가 없으며, 그러한 이미지를 단순히 생각하는 것만으로도 충분하다. 중요한 것은 자비로운 이상적 타인의 '감각을 느끼는 것'이다.

여기서의 핵심은 자비로운 이미지가 온전히 당신에게 자비롭다는 것이다. 그 존재 안에서 당신은 진정한 내가 될 수 있고, 당신이 아닌 모습을 당신인 척 할 필요도 없다. 당신의 자비로운 이미지는 당신을 부정적으로 평가하거나 비난하지 않는다. 온전히 당신을 이해하고, 수용하고, 사랑한다.

자비로운 이미지의 자질

지혜

당신의 자비로운 이미지는 많은 고통에서 비롯된 지혜로움을 지니고 있다. 이러한 지혜는 삶의 경험에서부터 형성된다. 추상적이거나 경험과 동떨어진 것이 아니다. 지혜는 세상에 대한 삶의 본질과 그러한 삶의 흐름을 따라가는 방법을 이해하는 것이다. 우리는 자신보다 더 거대한 어떤 것에 휩싸여 있고, 여러 유형의 정서, 환상, 어려움으로 발화되는 것을 우리가 선택하지 않은 뇌(분노와 불안과 같은 위협적인 정서를 사이의 고리에 사로잡힌 뇌)를 가지고 있다는 사실을 발견한다. 때때로 우리는 석가모니처럼 모든 것이 무한하고, 얻을 수 없는 것을 잡으려고, 혹은 지속할 수 없는 것을 붙잡고 놓지 않으려고 하기 때문에 삶이 고통으로 가득 차 있다는 것을 알고 있다. 이러한 것들이 우리에게 고통을 준다. 우리는 이전에 여러 사람이 경험하지 않은 것을 우리만 경험하는 감정, 환상, 동기란 없다는 것을 알고 있다. 우리는 이러한 것을 보편적 인간성이라고 부른다. 우리는 모두 같은 배를 타고 있고, 비슷한 방식으로 창조되었다. 본질적으로, 개별적으로 발생하는 것은 아무것도 없다. 만약 당신이 이것을 자비의 원에 연결한다면 당신의 이미지는 섬세함, 연민, 그리고 공감을 가지게 될 것이고, 이는 고통의 본질에 대한 깊은 통찰로 일어난다.

강인함과 자애로운 위엄

당신의 자비로운 이미지는 경험과 이해로부터 오는 내면의 강인함과 확신을 가지고 있다. 이것은 약하고 순종적인 것이 아니라 당신의 괴로움에 압도되지 않는 것이다. 자비로운 이미지는 당신을 진정으로 이해하고 비슷한 어려움을 이미 겪어 보았기 때문에 경험과 지혜라는 확고한 장을 기반으로 하고 있음을 상상할 수 있다.

동기와 전념

당신의 자비로운 이미지는 전적으로 당신의 안녕에 전념하며, 혼란과 고통에 의해 물러나지 않는다. 자비로운 이미지는 냉정하거나 동떨어진 전념이 아니라 온화함 및 친절함과 깊이 어우러진 것이다. 자비로운 이미지는 어떤 방식으로든 강인함과 용기 혹은 고통을 감내하는 능력을 포기하지 않는 친절함이다. 만약 우리가 자비의 원을 생각해 본다면 그것은 비판단적인 방식으로 '당신의 고통에 민감하고, 그것을 경감하기 위한 소망으로' 높게 동기화될 것이다.

이제 어떤 사람들은 이러한 자질을 가진 이상적인 존재를 상상하는 것이 실제가 아니기 때문에 유용하지 않다고 말할지도 모른다. 그러나 이것이 정확한 핵심 포인트이다. 우리의 상상은 아주 강력해서 '실제로' 일어나는 것처럼 정서 시스템을 자극할 수 있다. 또 다른 사람들은 인간의 결점이 없는 이상적인 자비로운 모습을 상상하는 것이 비현실적이라고 말할 수도 있다. 한 가지 측면에서 보면 맞는 말일지도 모른다. 실제가 된다는 가정을 하지 않고, 분명히 실제 관계를 대체하는 것이 아니라는 점을 기억해야 한다. 자비의 이미지는 당신이 창조한 것이고, 당신이 특정한 자비의 자질을 부여한 것이다. 지금 당신이 하고 있는 것은 그러한 방식으로 마음을 작업하여 특정한 뇌 시스템을 활성화시키는 것이다. 당신의 지혜, 위엄과 전념을 활성화시키고, 당신의 자비로운 능력이 성장할수록 스스로와 타인에게 더욱 자비롭게 되는 자신을 발견할 것이다. 이것이 자비 심리작용의 두 번째 의미로 이번 장에서 살펴본 것이다.

우리가 이 훈련과 함께 작업하기 시작할 때, 어떤 것을 알아차리게 되면 내부의 강렬한 감정을 불러일으킬 수 있다. 이는 우리가 오랜 기간 동안 외로움을 느껴 왔다는 사실을 의식하게 하여 결국 슬픔을 느낄 수밖에 없거나 심지어 눈물을 보일 수도 있다. 슬픔은 자연스러운 인간의 정서라는 사실을 기억하면서 그 슬픔이 당신으로부터 멀어지도록 허락하지 않아야 한다. 할 수 있는 한 당신의 슬픔에 최선을 다해서 머무르고 지나갈 수 있도록 하라. 이러한 훈련과 함께 당신만의 최고의 위엄을 가지고 견딜 수 있는 데까지 확장하는 연습을 하라. 그러나 강요할 필요는 없다.

 훈련 10: 자비로운 이미지

편안한 자세로 앉아 시작하되 의식은 깨어 있어야 합니다. 그런 다음 호흡 리듬 진정시키기, 그라운딩, 휴식 및 지지 호흡(훈련 6, 300-302쪽 참조)의 마음챙김 단계로 이어갑니다. 만약 시간이 충분하지 않다면 그저 호흡 리듬 진정시키기(훈련 3, 281-282쪽 참조)와 친절한 미소에 주의를 기울여 보세요. 마음이 차분해지면 당신의 자비로운 이미지가 가지고 있기를 바라는 자질들을 생각해 보세요. 당신의 자비로운 이미지는 어떤 경우에서든 당신을 완전히 수용하고, 당신을 향한 깊은 염려와 애정 그리고 연대감과 소속감을 지녔을 것입니다. 예를 들어, 만약 당신이 자비를 받을 자격이 없다고 느낀다면 사랑받는 것을 느끼기 위해 어떤 이미지가 도움이 될지 생각해 보세요. 만약 당신이 이해받는 기분을 느끼지 못한다고 여긴다면 이해받는다고 느끼려면 어떤 이미지가 필요한지 상상해 보세요. 당신은 당신을 위한 이상적인 자비로운 이미지를 만들고 있습니다. 때때로 우리는 감정과 환상을 숨기거나 억압하려고 노력하는데, 이상적인 자비로운 이미지는 이러한 투쟁 역시 인간의 일부로 이해합니다. 당신은 언제나 당신을 돕고자 하는 이상적인 자비로운 이미지가 자신과 타인에게 점점 자비로워지며 결코 비난하지 않는다고 상상합니다.

이러한 생각을 가지고 마음속에 보이는 이상적이고 자비로운 이미지에 집중해 보세요. 좀더 나이가 든 모습이기를 바라나요? 혹은 젊은 모습이기를 원하나요? 남성 혹은 여성일 수도 있고, 동물, 바다, 빛과 같이 인간의 모습이 아닐 수도 있습니다. 당신의 이상적이고 자비로운 이미지를 떠올렸을 때 마음에서 일어나는 것을 알아차려 보세요. 당신이 이 훈련을 발전시키는 동안, 시간이 지나면서 여러 이미지가 마음속에서 일어나는 것을 발견할 수 있습니다. 당신은 하나의 형태에만 계속 매달려 있지 않아도 됩니다. 언제든지 무슨 일이 일어나고 사라지는지를 당신의 기분과 함께 바라보는 것만으로도 도움이 됩니다. 당신의 자비로운 이미지의 소리는 어떠합니까? 만약 당신과 대화를 나눈다면 그 목소리의 톤은 어떠한가요? 어떤 톤의 목소리가 가장 듣기 좋은가요? 만약 당신의 이미지가 인간의 모습이라면 그 표정은 어떠한가요? 당신을 향해 미소 짓고 있는지 혹은 당신을 염려하고 있는지 알아차려 보세요. 관련된 색채도 있나요? 이러한 생각들을 마음에 담고 당신의 이상적인 자비로운 이미지—모든 점에서 당신에게 적합하고, 당신의 요구에 정확하게 맞는—를 잠시 동안 상상해 봅니다.

때때로 마음의 안정 공간으로 돌아와 그곳에서 당신의 자비로운 이미지를 상상하는 것이 도움이 될 수 있습니다. 자비로운 이미지가 당신을 향해 다가오고 있다고 상상해 봅니다. 자비로운 이미지는 당신을 만나기 위해 다가오고, 당신도 그를 향해 다가갑니다. 그가 당신을 바라보면서 기뻐하는 것을 느낄 수 있습니다. 그가 당신 앞에 서 있거나 혹은 가까이 앉아 있다고 상상해 봅니다. 이상적인 자비 이미지의 존재와 당신이 그와 함께 존재하고 있는 느낌에 집중해 보세요.

이제 우리는 구체적인 자질을 가지고 있는 자비로운 이미지를 떠올려 보고자 합니다. 먼저 이 이미지로부터 당신이 느낄 수 있는 친절함과 온화한 감각에 주의를 기울여 보세요. 당신만의 자비로운 표정을 지어 보고, 이러한 이미지에 동반되는 애정 어린 감정을 상상해 보세요. 이러한 이미지와 함께 온전히 안정감을 느낀다면 어떨지 잠시 동안 머물러 봅니다. 안정감을 느끼지 않아도 괜찮습니다. 중요한 것은 만일 안정감을 느낀다면 어떠할지를 상상해 봅니다. 자비로운 이미지와 함께 안정감을 느낄 수 있다면 어떤 감정이 일어나는지 알아차림 하세요.

이제는 자비로운 이미지의 성숙함, 의연함, 확신에 주의를 기울여 봅니다. 자비로운 이미지는 통증이나 고통에 압도당하지 않습니다. 또한 자비로운 이미지는 당신의 마음을 관통하는 불편함에 의해 물러나지 않으며, 우리가 그러한 불편을 느끼는 까다로운 뇌를 가졌다는 것을 이해합니다. 잠시 동안 이러한 자질을 가진 당신의 이상적이고 자비로운 이미지에 머물러 보세요.

다음으로 당신의 자비로운 이미지가 삶과 경험으로부터 나온 큰 지혜를 가졌다고 상상해 봅니다. 이러한 지혜로부터 나오는 것은 돕고자 하고, 지지하고자 하는 깊은 열망입니다. 희망과 두려움 같이 당신이 삶에서 겪는 투쟁을 진실로 이해하는 것을 가능하게 하는 지혜로움을 상상해 보세요. 자비로운 이미지는 당신에게 지혜를 줄 것입니다. 이상적인 자비로운 이미지와 함께 있으면서 당신을 감싸는 큰 지혜를 잠시 느끼고 머물러 보세요.

이제 당신을 향해 깊은 헌신을 보이는 자비로운 이미지에 주의를 기울여 보세요. 온전히 당신을 지지하는 자비로운 이미지가 자신을 비롯하여 타인과 삶에 대처하는 방식에서 더욱 자비롭게 되는 것을 상상해 보세요. 자비로운 이미지의 수용, 친절, 헌신이 당신을 자유롭게 한다고 상상합니다. 이것이 자비로운 이미지의 유일한 목표이며, 만약 당신이 자비로운 이미지를 진정으로 원하지 않는다면 떠나가도록 해도 괜찮습니다. 만일 이러한 작업이 가치 없다고 여겨진다면 이것은 마음의 일부를 계발하는 것이고, 그저 당신의 마음에서 창조되었다는 것을 상기하도록 합니다. 당신의 자비로운 이미지가 온전히 당신을 돌보고, 그리고 당신의 삶을 돕는 데 헌신하고 있음을 알아차릴 때 어떠한 느낌이 일어나는지 상상하면서 잠시 머물러 봅니다.

이제 당신의 친절하고 자비로운 표정을 유지하면서 호흡의 리듬을 진정시키는 훈련에 몰두해 보세요. 당신이 상상할 수 있는 한 친절하고 온화한 목소리로 당신에게 온전히 전념하면서 다음의 단어들을 말하며 당신의 이상적인 자비 이미지를 상상해 보세요.

- 당신이 (또는 당신의 이름을 속으로 말하세요) 고통에서 벗어나기를 바랍니다.
- 당신이 (또는 당신의 이름을 속으로 말하세요) 행복하기를 바랍니다.
- 당신이 (또는 당신의 이름을 속으로 말하세요) (편안히) 잘 지내기를 바랍니다.
- 당신이 (또는 당신의 이름을 속으로 말하세요) 평온하고 안녕하기를 바랍니다.

당신의 자비로운 이미지가 깊고, 진심어린 친절함으로 당신을 바라보면서 이러한 말을 한다고 상상하며 잠시 머물러 보세요. 진정으로 당신이 고통에서 벗어나 행복해지기를, 잘 지내기를, 평안하기를 기원합니다. 단어에 담긴 의도, 온화함, 그리고 전념과 연결해 보세요. 만약 당신이 원한다면 하나 혹은 두 개의 구절에 집중하거나 당신에게 공명하는 다른 유사한 단어를 만들어도 좋습니다.

이제 준비가 되었으면 자비로운 이미지가 점점 흐려지도록 허락하세요. 여기서 작

> 업한 것은 당신의 상상이라는 것을 기억하세요. 당신은 내면의 자비로운 능력을 불러
> 낼 수 있고, 자비로운 능력과 자비로운 기분의 문을 열 수 있고, 이런 자비가 당신을 도
> 울 수 있습니다. 당신은 이러한 감정들에 언제든지 접근이 가능합니다. 왜냐하면 당신
> 의 일부이고, 당신에게서 나왔기 때문입니다. 당신이 그것들을 알아차리고 집중하는 것
> 을 배웠기 때문에 언제든지 불러낼 수 있습니다.

매일 혹은 짧은 시간이라도 가능한 한 자주 훈련하도록 노력하라. 우리가
해야 할 것은 자비로운 이미지에 주의를 기울이고, 반드시 모든 단계를 거치
지 않더라도 자비로운 이미지를 마음으로 가져오는 것이다. 중요한 것은 그
자비로움의 느낌에 연결하는 것이다. 이것은 우리에게 자비로운 이미지의 존
재감과 도움과 지지를 받는다고 느끼게 해 주기에 충분하다.

이제 어떤 사람들은 다음과 같이 말할 수도 있다. '음, 내가 살인자 혹은 사
이코패스라면 어떻게 자비를 느낄 수 있을까?' 하지만 제4장에서 살펴보았듯
이, 이것은 가장 기본적인 오해이다. 먼저, 당신은 사이코패스가 될 수 있는
뇌를 가지는 것을 선택하지 못한다. 둘째, 그렇다고 자비가 사람들에게 손해
를 끼쳐도 좋다는 의미는 아니다—이런 의미가 절대 아니다. 자비는 '음, 어
디 계속 해 볼까'라고 말하는 것이 아니다. 자비는 당신이 이러한 경향성을
선택하지 않았다는 것을 이해하는 데서 비롯되는 것이다. 자비는 당신이 모
든 생명체와 상호 연결되어 있다는 것을 보게 함으로써 당신 안에 있는 파괴
적인 경향성의 자원을 중단하게 하는 진심어린 열망이다.

행복을 위한 우리의 소망 인식하기

우리가 가식과 수치심 없이 스스로를 있는 그대로 인정하는 것을 기반으로
이상적인 자비로운 이미지로부터 이해, 사랑, 친절을 받는 것에 천천히 마음

을 연다면 우리는 이제 한걸음 더 나아가 행복에 대한 깊은 소망을 인식할 수 있다. 우리는 너무나도 자기비난과 부정적인 자기대화에 얽매여 있어서 이런 간단한 진실을 인식하지 못한다. 그럼에도 불구하고 우리는 모든 다른 생명체와 어떤 것을 공유하고 있다. 모든 존재는 행복을 갈망하고, 고통에서 벗어나기를 바란다. 이러한 점에서 우리는 모두 동등하다. 이것이 우리가 제11장에서 계발할 내용이다.

 훈련 11: 행복해지기 위한 우리의 소망 인식하기

편안한 자세로 앉아 시작하되 의식은 깨어 있어야 합니다. 그런 다음 호흡 리듬 진정시키기, 그라운딩, 휴식 및 지지 호흡(훈련 6, 300-302쪽 참조)의 마음챙김 단계로 이어갑니다. 만약 시간이 충분하지 않다면 그저 호흡 리듬 진정시키기(훈련 3, 281-282쪽 참조)와 친절한 미소에 주의를 기울여 보세요. 마음이 편안해졌으면 스스로에게 다음과 같은 질문을 해 보세요.

- 내가 삶에서 추구하는 것은 무엇인가?
- 만약 내가 무덤에 누워 내 삶을 되돌아본다면 나는 무엇을 소중하게 생각해 왔는가? 나는 무엇을 발견하기를 바라는가?
- 내가 진정으로 가치 있게 생각하는 것은 무엇인가?

특별한 대답을 찾지 않으면서 이러한 질문들을 마음에 던져 보는 것은 유용할 수 있습니다. 마치 아주 깊은 우물에 조약돌을 던지는 것과 같습니다. 그저 질문을 던져 놓고 내버려 두세요. 그런 다음 당신의 마음이 자신만의 언어와 자신만의 시간 안에서 반응하도록 하세요.

만약 이러한 질문에 대한 반응이 피상적이거나 감각적 쾌락과 물질적 부를 축적하는 것과 관련된 것이라면 다시 질문을 던지세요. 진정한 안녕감을 줄 수 있는 내면의 갈망(소망, 바람)을 찾을 수 있는지 살펴보세요. 안녕감은 당신의 깊은 내면에서 일어나는 것이며, 안녕감 자체는 다양한 방식으로 표현될 수 있습니다.

진정한 행복—의미 있는, 전체성, 내적 평화, 충만감—에 대한 이러한 열망을 당신이 어떤 존재인가에 대한 근본적인 측면에서 인정하세요. 당신의 행복에 대한 이러한 관심이 바로 당신이 존재하는 핵심에 놓여 있다는 것을 알아차리고, 당신 안에 실재하고 있음을 인정하세요.

그런 다음, 행복에 대한 열망이 당신 존재의 중요한 부분이라는 확고한 인식을 가지고 다음의 문장을 소리 내어 따라해 보세요.

- 내가 행복하기를…
- 내가 삶 속에서 풍요롭기를…
- 내가 평화, 안녕, 즐거움을 발견하기를…

이러한 훈련은 다양한 전통에서 사용되고 있다. 핵심은 고통이 끝나고, 즐거움에 이르고 싶은 진정한 바람이다. 여기서 알아차려야 할 중요한 것은 때때로 우리가 고통을 증가시키는 방식으로 행동하더라도, 실제로 우리 중 그 누구도 고통을 선택하지 않는다는 것이다. 아무도 아침에 일어나 '오늘 나는 더 많은 고통이 필요해.'라고 생각하지 않는다. 때로는 고통스러울 때, 신이 우리를 사랑해 줄 것이라고 믿거나 결국에는 우리에게 도움이 된다는 것을 알기에 스스로 불편함(운동하러 가는 것과 같은)을 겪기도 한다. 혹은 우리는 삶에 의미를 주는 어떤 것을—자신의 예술품이나 타인을 위한 희생으로 고통을 겪는—아주 열심히 하기 때문에 고통스러울 수도 있다. 하지만 우리가 이런 방식으로 고통을 받는다고 할지라도, 궁극적인 목표는 항상 행복과 평화, 그리고 연결성이다.

만약 당신이 행복을 느낄 만한 자격이 없다고 느낀다면, 이것을 아주 유심히 살펴보고 행복해지는 것에 대한 두려움 그 뒷면에 무엇이 있는지 스스로에게 질문해 보라. 마찬가지로 사랑받고, 보호받을 자격이 없다고 느끼면 그러한 믿음의 이면에는 무엇이 있는지 살펴보라. 때때로 우리 내면의 자비로운 이미지와 접촉하거나 대화하도록 허락함으로써 우리가 어떻게 행복을 차단했는지에 대한 통찰이 일어날 수 있다. 그것은 종종 다가가고 접촉하는 것에 대한 두려움, 그리고 수치심, 거절 당함, 상처받음에서 비롯된다.

핵심포인트

- 마음챙김이 마음 그 자체와 마음이 어떻게 변화하는지에 **친숙해지는** 것인 반면, 자비는 고통에 반응하고 고통을 완화하는 내적 능력을 **계발하는** 것이다. 이것이 자비의 두 번째 심리작용이다.
- 자비는 (타인에서 자기로, 자기에서 타인으로, 자기에서 자기에게로) 감정의 흐름을 포함하는 적극적인 과정이다.
- 자비로운 이미지는 우리 안에 이미 존재하는 긍정적인 정서 시스템으로 이끌고, 이는 곤경과 스트레스에 관여하는 것을 가능하게 한다.
- 안정 공간을 상상하는 것은 진정 시스템을 활성화시키고, 우리의 자비로운 능력을 불러일으키는 조건을 만든다.
- 우리는 자비로운 색채를 활용해서 무생물의 근원으로부터 자비로움을 받는 것을 상상한다. 이것은 시작 단계에 있는 몇몇 사람에게 덜 위협적일 수 있다.
- 자비로운 이미지는 이상적인 자비로운 타인으로 인해 어떤 특질로 가득 채워져 있다. 이러한 것들을 받는 상상을 하는 것이 어떤 느낌인지 살펴본다.
- 자비로운 이미지 작업을 한 다음 단계는 행복하기를 바라는 우리의 바람을 인정하는 것이다.

미주

1   Neff, K. (2011), *Self-Compassion: Stop Beating Yourself up and Leave Insecurity Behind*. New York: Morrow. Kristin Neff has been at the forefront of developing the concept of self-compassion and you can find references to all her work-along with some questionnaires you can fill in to look at your own levels of self-compassion-on her Self-Compassion website: www.self-compassion. org. Other important books that combine mindfulness and self-compassion are Germer, C. (2009) *The Mindful Path to Self-Compassion: Freeing Yourself from Destructive Thoughts and Emotions*. New York: Guilford; and Siegel, D. (2010) *Mindsight: Transform Your Brain with the New Science of Kindness*. New York: Oneworld. In our approach it is important to learn to recognise and accept the affiliative feeling of kindness-to be aware when someone is kind and let it in-and then to work with the blocks to kindness, which are often linked to past emotional memories that are difficult.

2   The Centre for Compassion and Altruism, Research and Education, Stanford University, is developing a Compassion Cultivation Training Program where this kind of exercise is very important.

3   In Buddhist tantric practice imagery is very important because it enables practitioners to connect to their inner capacity for wisdom and compassion that is obscured by their habit patterns shaped by conditioning. Leighton, T.D. (2003) *Faces of Compassion: Classic Bodhisattva Archetypes and Their Modern Expression*. Somerville, Mass.: Wisdom. This was a great find for Paul. See also Vessantara (1993) *Meeting the Buddhas: A Guide to Buddhas, Bodhisattvas and Tantric Deities*. New York: Windhorse Publications. He goes into much detail about how you would build up visualisations and how powerful this is for the practitioner in awakening the inner capacity for wisdom and compassion. Imagery is now used a lot in psychological therapy. An interesting book is Stopa, L. (ed.) (2009) *Imagery and the Threatened Self: Perspectives on Mental Imagery and the Self in Cognitive Therapy*. London: Routledge. A fascinating

book that uses imagery for exploring and developing hypnotic techniques is Frederick, C. and McNeal, S. (1999) *Inner Strengths: Contemporary Psychotherapy and Hypnosis for Ego Strengthening*. Mahwah, NJ: Lawrence Erlbaum Associates.

4   Gilbert, P. (2010) *Compassion-Focused Therapy*, CBT Distinctive Features Series. London: Routledge.

5   See note 3.

6   Lee, D.A. (2005) The perfect nurturer: A model to develop a compassionate mind within the context of cognitive therapy. In P. Gilbert (ed.) *Compassion: Conceptualisations, Research and use in Psychotherapy* (pp. 326-351). London: Brunner-Routledge. A new book on the compassionate mind approach to trauma is Lee, D. and James, S. (2012) *The Compassionate Mind Approach to Recovering from Trauma*. London: Constable & Robinson.

제10장

자비로운 자기

도입

지난 장에서 자비의 두 번째 심리작용, 즉 고통 완화에 대해 살펴보았다. 우리는 자비를 일으키는 긍정정서 시스템을 깨우는 과정을 시작했고, 자비의 물결이 우리에게 흘러 들어오도록 초대했다. 우리는 존재 깊은 곳에서 행복하고 충만하기를 바란다는 결론을 내렸다. 이는 살아 있는 다른 모든 존재와 공유하는 것이다. 이러한 통찰은 우리가 심상으로 스스로 자비로운 사람이 되는 다음 단계를 돕는다. 또한 타인에게로 향하는 자비 흐름의 기초가 된다.

유익한 패턴 계발

제2장과 제3장에서는 우리 안에 있는 다양한 삶의 가능성, 실제로 우리가 될 수 있는 다양한 버전의 복잡한 패턴을 살펴보았다. 우리는 잠재된 수백, 수천 개의 패턴을 가지고 있다. 우리가 되고자 하는 사람의 유형은 임의적이며, 우리가 태어난 환경, 그리고 성장하면서 우리를 형성한 사회적 조건에 영향을 받는다.

하지만 자기정체성이 주위의 환경에 의해 임의적으로 형성되도록 내버려 두지 않고, 우리가 더 마음챙김 상태가 되면 우리는 되고자 하는 방향으로 자신의 유형을 선택하기 시작할 수 있다. 이것은 부처의 핵심적인 가르침에 놓여 있는 명상의 의미로 연결된다. 그 가르침은 마음에서 일어나는 것들에 익숙해지고, 우리를 행복하고 충만한 사람으로 만드는 패턴을 적극적으로 계발하라는 것이다. 가장 중요한 것은 일단 진화와 문화가 우리에게 제공한 다양한 경향성과 가능성에 익숙해지면 우리는 연못의 진흙 아래에 놓여 있는 자비의 씨앗을 일깨우는 패턴을 계발하는 것을 선택할 수 있는 위치에 있게 된다(제6장). 우리는 자비가 우리 삶에 도움이 될 수 있음을 감사히 여기기 때문에 현재 우리가 도착해 있는 단계, 즉 자비로운 자기를 계발하기 위한 위치에 존재하는 것이다. 이것은 분노와 불안을 진정시키는 효과가 있고, 또한 분노와 불안에 기술적으로 직면할 수 있는 용기를 계발하는 데 도움을 준다.

우리는 자비로운 자기를 계발하는 것을 선택함에 있어 그러한 유형의 사람이 되기 위해 적극적으로 훈련해야 한다. 예를 들어, 당신이 훌륭한 음악가가 되고 싶다면 악기를 연주하는 것을 연습해야 한다. 만약 운전을 잘하고 싶다면 운전 연습을 해야 한다. 이러한 측면들은 우리가 그것을 계발하기로 선택을 하기 전까지는 우리 안에 잠재되어 있다. 중요한 것은 우리가 어떤 사람이 되기를 바라는지에 대해 생각해 보는 것이다. 이상하게도 우리는 좀처럼 이 부분에 대해 생각해 보지 않는다. 우리는 특정한 유형의 사람이 되기 위해 의도적으로 어떤 훈련을 할 수 있다는 생각을 하지 않는데, 사실은 가능하다. 단지 그렇게 하기로 결심하고, 그런 다음 훈련을 위해 쏟으면 된다.

진정/친화 시스템과 연결된 자비로운 자기와 반대로 위협 혹은 추동 시스템에서 일어나는 '자기'는 크게 노력하지 않아도 아주 쉽게 불쑥 나타난다. 우리 안에는 다음과 같이 생각하는 화난 자기—'귀찮게 좀 하지 마.'—와 야심 있는 자기—'부와 명성을 얻을 거야.'—가 있다. 물론 이러한 자기들은 추동 시스템에서 나온 것이다. '나는 이걸 꼭 성취할 거야.' 혹은 '오늘 이걸 다해야 해. 해야 할 것이 너무 많아.' 화와 불안은 쉽게 활성화되며, 다음과 같은 생각을 하며 앉아 있는 사람은 없다. '나는 화난 것을 훈련해야 해.' 혹은 '공황 발작을 일으켜야 해.' 우리는 이에 대한 이유를 기본 정서 시스템에 대해 설명한 제3장에서 살펴보았다. 하지만 앞서 지적한 것처럼, 우리 안에 자비의 씨앗이 존재하더라도 그것은 진화된 마음의 진흙 속에 파묻혀 있다. 따라서 심한 좌절, 비극, 스트레스로 가득찬 복잡하고 혼잡한 삶에 뒤덮여 있기 때문에 적극적으로 자비 훈련을 해야 한다.

하지만 기억해야 할 것은 자비로운 사람이 된다는 것이 혼란스러운 삶을 탈출하게 되는 것을 의미하지는 않는다. 아마도 자비로운 사람은 어떻게든 결코 화를 내지 않고, 두려워하지 않고, 의심하지 않고, 혼란스러워 하거나 심지어 성적 욕망에 가득 차 있지 않을 것이라고 생각(확실히 그렇기는 하다)하기 쉽다. 그러나 자비가 이러한 것들을 제거하는 것이 아님을 기억해야 한다. 자비로운 상승과 자비로운 하강 간의 차이를 기억하라(252-262쪽 참조). 따라서 자비는 고통으로 향하며, 고통에 관여하고 작업하며, 현명한 선택을 할 수 있는 능력이자 동시에 고통스러운 감정이 때때로 우리를 더욱 좋아지게 만든다는 사실을 수용하는 것이다.

자비로운 자기 상상하기

지난 장에서 살펴본 것처럼, 시각화는 자비로운 잠재력을 깨우는 강력한 방식이므로 다시 이미지 작업을 하고자 한다.[1] 이전에 언급한 것처럼, 티베트 불교 전통에서 자비의 원형은 이담yidam, 관세음보살으로 상징화된다. 이담은 종종 '신'으로 번역되지만, 우리가 기도를 올릴 어떤 외현적인 신과 같은 인물을 의미하기 때문에 유용한 번역이 아니다. 사실 티베트 문헌에서 이담은 '마음 연결'이다. 우리는 관세음보살을 이미지화함으로써 우리의 마음 안에서 모순된 감정과 혼란의 진흙 아래에 묻혀 있는 자비로운 잠재력과 연결감을 만든다. 상상을 통해 이러한 원형이 우리 바로 앞에 있는 것으로 불러일으킨 뒤, 우리 안에 있는 자비로운 잠재력에 접근할 수 있는 하나의 방식으로 제공함으로써 그 대상에게 기도한다. 여기에 흥미로운 심리작용이 있다. 우리는 맨 처음에 우리 스스로 '자비'를 가지고 있다고 믿지 않았을 것이고, 심지어 스스로에게 이렇게 이야기했을 것이다. '이런, 나는 자비로운 사람이 아니야.' 그 대신 존경하는 타인에게 자비를 투사하는 것을 선호한다. '물론 달라이 라마와 같은 사람들은 자비롭지. 하지만 나는 아니야.' 그렇기 때문에 이러한 심리작용 작업에서 이상적인 자비의 형상에게 기도하고, 그런 다음 이러한 이상적인 형상으로부터 은총, 보호, 사랑을 받도록 한다. 이것은 우리가 지난 장에서 자비로운 이미지를 상상했을 때 도달했던 지점이다. 하지만 다음 단계는 앞에 있는 신, 이상적인 형상이 빛으로 우리 안에 스며들도록 하여 이제 그의 그러한 자질을 취한다. 이것은 우리 안에 이러한 자질들이 있다는 것을 의미한다. 사실은 우리가 관세음보살이다. 이것은 참된 본성이다. 이것은 우리의 선천적인 자비로운 본성을 스스로 확인하고, 이것이 바로 우리 자신이라는 확고한 신념을 계발하는 과정에서 가장 중요한 부분이라고 할 수 있다.

메소드 연기 기술

　우리는 수천 년 동안 존재해 온 이러한 심상 형태로부터 많은 것을 배울 수 있다. 우리 자신의 다양한 형태를 확인하는 데 가장 유용한 한 가지 접근은 메소드 연기 훈련이다. 배우들이 그들의 연기에 확신을 가지려면 그것이 제임스 본드이든, 범죄의 희생자이든, 마약 중독자이든 온전히 그들의 역할로 살아야 한다. 배우들은 그 역할에 들어가기 위해 그 캐릭터가 생각하고, 느끼고, 행동하는 방식에 몰입해야 한다.[2] 메소드 연기는 배우의 목소리와 신체의 기술적인 훈련에 초점을 맞추는 대신, 배우가 자신의 가장 깊은 감정과 접촉하여 그들이 어떤 캐릭터를 연기하든 그 캐릭터의 진술한 감정과 내면의 삶을 풍부하게 하는 통찰력을 사용할 수 있어야 한다. 게다가 메소드 연기자들은 그들이 창조하고자 하는 캐릭터의 역할, 목적, 그리고 목표점을 이해해야 한다.

　이처럼 메소드 연기는 개인의 내적 자원과 연결하는 과정은 자비로운 자기의 감각을 계발하는 데 유용하다. 당신은 깊고 자비로운 속성과 자질을 계발하는 것을 상상할 수 있으며, 심지어 이러한 자질이 당신의 일상에서 표현되도록 훈련할 수 있다. 만약 당신이 특정한 역할 연기를 배우는 배우라면 당신이 맡은 배역의 중요한 요소에 집중하고, 그것을 당신 안에 체화하는 노력을 할 수 있다. 그 배역은 화난, 우울한, 불안하거나 혹은 행복, 즐거움, 당연히 자비로운 캐릭터일 수 있다. 적어도 아주 잠시 동안 당신은—내면에 살고 있는—그러한 캐릭터가 되기 위해 노력한다. 당신은 이러한 캐릭터가 생각하고 세상을 바라보는 방식, 태도, 목소리 어조, 그 캐릭터가 말하는 방식에 주의를 기울일 것이다.

　배우들은 특정한 것을 느꼈던 시간 속의 기억을 사용할 것이며, 그들 마음 속에서 회상하려고 할 것이다. 이러한 기술들은 자비로운 자기를 계발하는 것에 초점을 맞출 때 사용될 수 있다. 당신이 자비로움을 삶으로 혹은 세상으로 얼마나 가져오기를 바라는지에 초점을 맞출 수 있다. 하지만 이러한 훈련에서 중요한 부분은 실제로 당신 안에서 그러한 자질을 느끼고 있는가에 대한 부분이 아니다. 대신 당신이 이러한 자질을 가졌을 때 기분이 어떨까에 대해 상상하려고 노력하라. 당신은 이러한 자질을 가지고 있으며 '그러한 자질 속에서 느끼는' 당신 자신을 상상하라. 덧붙여서 타인에 대한 자비와 친절함을 느꼈을 때를 기억해 보라.

마음챙김은 자비로운 자기의 자질을 '느끼는' 과정에 도움이 될 것이다. 마음챙김은 주의가 심상 과정에 머무를 수 있도록 하고, 주의가 산만해질 때 부드럽게 심상으로 되돌린다. 게다가 정좌 훈련에서 자세는 우리 바로 아래에 있는 광활한 지구에 의해 우리의 신체가 어떻게 유지되고 있는지 알아차림함으로써 강인함과 위엄에 연결될 수 있다. 왜냐하면 우리의 신체가 중력에 의해 지탱되는 것처럼, 우리의 마음도 신체 안에서 유지되기 때문이다. 메서드 연기 기술은 우리가 그러한 자질과 연결될 때, 그 자질이 발휘되도록 돕고, 마음챙김은 우리를 이러한 자질들과 즉각적이고 체화된 방식으로 연결한다.

자비로운 자기의 자질

이제 우리의 초점은 자비로운 자기의 자질을 계발하는 것이다. 이러한 개인적이고 자비와 관련 있는 자질을 기록하기 위해서 가능한 한 가장 자비로운 '당신'이 되었다고 상상해 보라. 당신이 작성한 자질을 살펴보면 아마도 친밀함, 인내, 친절, 개방, 정직이 포함되어 있을 것이다. 이러한 모든 자질은 직관적인 지혜, 즉 자비가 수반하는 깊은 알아차림에 맞추어져 있다. 이러한 자질은 당신이 이 훈련을 할 때 상상할 수 있는 당신만의 독특하고 개인적인 자질의 일부가 될 것이다. 하지만 개인적 자질로 포함시키기에 유용한 것들이 있다. 이는 지난 장에서 자비로운 이미지 작업을 할 때 간단히 언급했다. 이제 자비로운 자기를 상상하는 것과 관련하여 이러한 자질을 더욱 심층적으로 탐색하는 것이 유용할 것이다.

지혜

지혜의 첫 번째 측면은 우리가 생명의 흐름 속에서 일련의 유전자와 수십억 년에 걸쳐 진화한 아주 복잡하고 까다로운 뇌를 가지고 있다는 사실이다. 까다로운 뇌는 우리가 디자인하거나 선택한 것이 아니다. 더욱이 자기에 대한 감각은 우리가 태어난 삶과 어떤 관계를 맺어 왔는가와 연관이 있다. 다시 말하지만 우리는 이러한 것들을 선택하지 않았다. 우리의 마음에 지나가는 어떤 것들, 즉 강렬한 감정, 기분의 변화, 원치 않는 생각이나 이미지, 그리고 고통스러운 기억은 작업하기 어려울 수 있다. 여기서 지혜는 우리가 선택하지 않은 이러한 것들이 고통의 근원이 될 수 있음을 깊이 있는 방식으로 이해하는 것이다. 비난하지 않고, 그저 마음에 있는 것들이 어떻게 존재하고 있는지를 살펴보고, 친절함을 선택하는 것, 이것이 지혜의 핵심이다.

지혜의 두 번째 측면은 불교 전통에서 비롯된다. 지혜는 마음에서 일어나는 것들이 견고하고, 고정되어 있지 않다는 것을 의미한다. 우리의 사고 과정은 현실을 고착시키는 경향이 있고, 모든 것이 유동적이고 변화한다는 사실을 이해하기 어렵게 한다. 그러나 이것은 불멸의 진리이다. 비록 나쁜 일이 일어나더라도 영원한 것은 없다.

지혜의 세 번째 측면은 우리의 경험에 대해 물러서고, 배우고, 숙고하는 신뢰 능력을 기반으로 한다. 앞서 논의한 바와 같이, 우리는 마음에서 무엇이 일어나는지를 더욱 잘 알아차리고, 초점을 맞추어야 할 것과 흘려 보내야 할 것이 무엇인지를 분별할 수 있다. 이런 맥락에서 지혜는 우리가 유용한 습관을 계발하고, 유용하지 않은 습관은 사용하지 않는 것을 선택할 수 있는 소소한 기회의 창을 가지고 있다는 것을 의미한다. 지혜는 자기비난이 도움이 되지 않는다는 사실을 이해하고, 더욱 자비로운 자기가 되도록 선택하게 한다.

지혜의 네 번째 측면은 어떤 것들을 달리 혹은 더 낫게 하는 방법을 삶의 여정에서 배우는 것이다. 지혜는 우리가 배운 것을 사용하는 능력이다. 따라서 지혜는 개선하고 바로잡고자 하는 진정한 바람을 가지고 실수나 상처 입은 것들에 대해 개방적이다. 지혜는 잘못된 길로 가는 것에 대한 통찰을 갖지 않고서는 계발될 수 없다. 즉, 수치심에서 비롯된 고통을 피하지 않고 지켜보는 것을 의미한다. 우리는 부끄럽고 비판적으로 느낄 때, 우리가 마주해야 하는 것을 외면할 수 있다.

위엄과 강인함

우리는 자비로운 자기를 내면의 위엄으로 보기로 했다. 왜냐하면 자비로운 자기는 고통스러운 것을 다룰 수 있는 능력과 지혜를 통해 오기 때문이다. 자비로운 자기는 유약하지 않으며, 내면에 확신과 강인함을 지니고 있다. 경험에서 일어나는 것들을 마주하고 담아내는 것은 우리에게 강인함을 준다. 그리고 우리는 이를 자극하기 위해서 특정한 방식으로 호흡하거나 자신감을 느끼는 데 도움을 주는 자세를 취할 수 있다.

자비로운 동기와 전념

위엄과 강인함의 이러한 지혜를 가지게 되는 것은 자비로운 자기의 심장부에 고통을 덜어 주고자 하는 동기가 있기 때문에 가능하다. 따라서 자비로운 동기에 맞추는 것이 핵심이다. 이것은 책임감을 가지고 문제로부터 도망치지 않되, 생명의 흐름 속에 있는 자신을 발견하고 일어난 다수의 일이 우리의 잘못이 아니며, 우리는 경험을 다루기 위해 한 번에 한 단계씩 밟아 가면서 자신과 타인에게 전념할 수 있다는 사실을 인식하는 것이다. 따라서 전념은 일반적으로 과거의 것들에 초점을 맞추지만, 진정으로 원하는 방식으로 행동 하기 때문에 비난이나 비판은 도움이 되지 않는다. 또한 전념은 수용에 대한 마음챙김 훈련, 다시 말해 경험에 대해 저항하거나 투쟁하는 등 곁길로 빠지 기보다는 있는 그대로 마주하고, 우리가 발견한 것을 기꺼이 작업하고자 하 는 것에서 비롯된다.

온화함과 친절

내면의 지혜로움, 위엄, 강인함, 그리고 전념의 느낌을 계발하고 접촉할수 록 모든 노력의 감정적 어조는 근본적으로 친절이라는 것을 깨닫게 된다. 즉, 고통과 고통의 근원을 덜어 주고, 자신과 타인을 위해 즐거움을 일으키고자 하는 진심어린 바람이다.

대승불교 전통에서 사성제 가운데 하나는 마이트리(maitri, 자, 慈)로, 이것은 친절과 온화함을 가진 우리의 내면과 외부 환경을 향해 감각을 확장시키는 것이다. 온화함은 친근함에 마음을 여는 것과 같다. '멋진' 것에 대한 것이 아 니라 돕고자 하는 진정한 바람이다. 중요한 것은 비록 그 감정이 즉각적으로 일어나지는 않더라도, 고통이 확실히 덜어지기를 바라는 부드러운 동기와 의 도이다. 자비로운 표정을 짓는 것과 온화하고 친절한 목소리로 이야기하는 것을 상상하는 것은 이러한 자질을 불러일으키는 데 도움이 된다.

훈련 12: 자비로운 자기

　　편안한 자세로 앉아 시작하되 의식은 깨어 있어야 합니다. 그런 다음 호흡 리듬 진정 시키기, 그라운딩, 휴식 및 지지 호흡(훈련 6, 300-302쪽 참조)의 마음챙김 단계로 이어 갑니다. 만약 시간이 충분하지 않다면 그저 호흡 리듬 진정시키기에 주의를 기울여 보세요(훈련 3). 호흡 리듬 진정시키기는 안정감과 고요함의 어떤 지점을 찾기 위한 것임을 기억하세요(281-284쪽 참조). 호흡 리듬 진정시키기는 내면의 위엄 및 안전과 함께 안정적인 기반에 뿌리내리고 있다는 느낌을 심어 주기 때문에 특히 자비로운 자기를 작업할 때 중요합니다.

　　당신의 신체가 느긋해지는 것을 알아차려 보세요. 얼굴 근육을 이완시켜 보세요. 이마부터 시작해서 두 뺨, 턱이 아래로 살짝 떨어지게 내버려 두세요. 입은 위쪽으로 올려 온화하고 친절한 미소를 띠도록 하세요. 그런 다음 그 지점에서 아무것도 하지 않고 머물러 보세요. 우리가 이 훈련을 할 때, 마음이 방황할 수 있습니다. 만약 그렇다면 걱정하지 마시고, 그저 지금 하고 있는 훈련으로 부드럽게 다시 돌아오면 됩니다.

　　이제 배우가 역할에 몰입하듯, 당신의 가장 자비로운 이미지를 만들기 위해 상상력을 이용할 것입니다. 때때로 당신이 누군가에게 아주 자비로웠던 때를 떠올리는 것도 도움이 될 수 있습니다. 마음에서 일어나는 것을 회상해 보세요. 친절하고 온화한 느낌, 그리고 상대가 더 나아지고 잘되기를 바라는 진정한 소망을 회상해 보세요. 상대방이 느끼고 있는 고통이 아니라 당신의 자비로운 느낌에 집중하는 것이 중요합니다.

　　다음으로 자비로움을 더욱 충만히 계발하고자 한다면 당신이 원하는 자질에 대해서 잠시 동안 숙고하세요. 당신이 아주 자비로운 사람처럼 느껴지지 않더라도 그것은 중요하지 않습니다. 가장 중요한 것은 아주 자비로운 사람의 자질을 상상하고, 그러한 자질을 가지고 있다면 어떤 느낌일지 상상해 보는 것입니다.

　　이제 우리는 자비의 특정한 자질에 초점을 맞추겠습니다. 당신이 지혜롭다고 상상하는 것에서부터 시작하겠습니다. 우리 모두는 생명의 흐름 속에 있습니다. 생명의 흐름 속에서 많은 복잡한 요소가 우리가 되고자 하는 사람으로 만들어 주었고, 여기서 일어난 많은 일은 우리의 통제 밖에 있습니다. 비난하지 않는 지혜. 대상을 명확하게 바라보고 자비롭기를 선택하는 가치를 확인하세요. 지금 당신에게 이러한 지혜가 존재함을 알아차려 보세요—지혜는 풍부한 자원으로 당신 삶의 경험 안에 존재합니다. 당신이 말할 때, 지혜를 표현한다고 상상하면서 친절한 표정을 유지하고 온화한 목소리 톤을 떠올려 보세요. 다음 몇 분 동안 당신이 현명하고 통찰력 있는 사람, 즉 개방적이고 사려 깊고 숙고하는 사람이라고 상상해 보세요.

다음으로 당신의 지혜로부터 위엄, 강인함과 자신감의 느낌을 얻는다고 상상해 보세요. 당신의 자세 속에서 느껴지는 내적 위엄과 존엄의 감각에 연결하세요. 자세와 호흡 리듬 진정시키기에서 느껴지는 경직됨을 가다듬고, 스스로가 열린 상태가 되도록 허락하세요—몸은 산과 같고, 호흡은 부드러운 산들바람과 같으며, 마음은 열린 하늘과 같습니다. 지구의 광대함이 당신을 지탱하고 지지한다는 사실로부터 강인함을 끌어내세요. 당신이 위엄과 자신감을 품고 있다고 상상할 때, 어떻게 느끼는지 알아차려 보세요. 온화한 표정과 차분한 목소리 톤을 유지하면서 당신이 위엄을 가지고 얼마나 자비롭게 이야기하는지, 세상에서 어떻게 움직이는지, 어떻게 이러한 자신감, 성숙함, 위엄을 표현할 수 있는지를 잠시 동안 생각해 보세요.

이제 이러한 자신감, 위엄 및 지혜를 토대로 돕고자 하고, 힘이 되고자 하는 갈망, 그리고 타인이 고통과 고통의 원인에서 벗어나 행복하고 참되기를 바라는 마음에 집중해 보겠습니다. 온화한 표정을 유지하면서 목소리에 친절을 담아 어떻게 자비롭게 이야기할 것인지를 생각해 보세요. 그런 다음, 긴장된 어떤 부분, 신체적 고통 혹은 그 긴장으로 인한 정서적 반응을 알아차리고, 그 주변을 친절함으로 부드럽게 이완시켜 주세요. 당신의 지혜와 강인함이 그곳에서 있으면서 어떤 것들이 불편하게 느껴질 때 도움을 줄 수 있음을 기억하세요. 그리고 다음 몇 분 동안, 당신이 아주 친절하고 돕고자 하는 마음이 있음을 부드럽고 유쾌하게 상상하세요. 친절과 함께 뒤따르는 고요함과 긍정적이고 유쾌한 기분이 어떠한지 알아차려 보세요. 이것은 불안하거나 좌절의 부산스러운 느낌이 아닙니다. 이러한 감정들이 당신 안에 있다고 상상할 때 어떤 기분인지 알아차려 보세요.

그리고 이제 당신의 지혜, 강인함 및 친절을 토대로 불편한 경험들이 떠오를 때 직면하고 작업할 수 있는 용기를 가지고 있다고 상상해 보세요. 당신은 비난이나 비판하지 않고 불편한 것을 향해 기꺼이 움직이고자 하고, 삶에 대한 책임을 가지고 있습니다. 잠시 동안 당신이 자신의 마음에 아주 몰두하고 있고 책임감을 가진 사람이라고 상상해 보세요.

이제 당신이 스스로를 바깥에서 바라보고 있다고 상상해 보겠습니다. 얼굴 표정, 세상 안에서 당신이 움직이는 방식을 관찰해 보고, 당신의 동기가 사려 깊고, 친절하고, 현명하다는 것을 알아차려 보세요. 당신이 사람들에게 말하는 것을 직접 들어 보고, 목소리에서 자비로운 어조를 알아차려 보세요. 당신과 관련된 다른 사람들을 자비로운 사람으로 여기고, 타인과 연결된 당신 자신을 자비롭게 여기세요. 이제 몇 분 동안, 자신이 이 세상에서 자비로운 사람이라고 여기고, 당신과 연결된 다른 사람들 역시 자비로운 사람이라고 여기면서 즐거운 마음으로 지켜보세요.

느긋해지고 세상에서 이러한 종류의 사람이 된다고 상상하면 할수록 당신 안에 있는 그러한 자질들에 더욱 쉽게 접근할 수 있고, 그러한 자질들이 당신을 통해 더 쉽게 표현될 수 있음을 발견할 것입니다. 그리고 이제 이 훈련을 마무리 짓는 방식으로 상상하려는 노력을 내려놓고, 잠시 동안 어떠한 것에도 주의를 기울이지 않으며 이완하세요.

당신이 이 이미지 훈련을 끝마쳤을 때, 당신은 이 훈련이 도움이 되고, 즐겁고, 심지어는 자비로운 자기로 재미있게 걸어다닐 수 있습니다. 다시 말해서, 당신이 어떻게 걷는지 알아차리고, 어떻게 말하는지 알아차리고, 사람들을 맞이할 때 온화한 표정을 어떻게 사용하는지 알아차리고, 당신과의 접촉이 어떻게 다른 사람들에게 안전감을 주는지를 알아차리는 것입니다. 당신 주변에 친절함을 창조하는 데 위엄과 책임감을 부여하십시오. 당신은 스스로에게 다음과 같은 질문을 던질 수 있습니다. '오늘 하루 어떻게 하면 사람들에게 더 많은 관심을 기울일 수 있을까?' '어떻게 하면 다른 사람들에게 도움이 될까?' '어떻게 하면 다른 사람들의 고통에 더 마음챙김 상태가 될 수 있을까?' 비록 때때로 연기를 하고 있는 것처럼 느끼더라도, 당신 안에 있는 자비로운 자원을 활성화시키고 있다는 사실로 기뻐하십시오. 피아노 연주법을 배우는 것처럼, 때때로 연주는 순조롭게 진행되지 않기 때문에 억지로 인위적으로 한다고 느낄 수도 있지만 훈련이 가능합니다.

자비로운 자기 기억하기

이상적인 것은 매일 자비로운 자기가 되는 훈련을 시도하는 것이다. 그러나 매우 높은 의도를 가진 많은 사람도 곧 잊어버린다. 그렇게 하루하루가 지나가고 어느 순간에 훈련하고 싶다는 것을 기억해 낸다. 그래서 우리는 알람이 필요하다. 한 가지 효과적인 알람은 당신이 자비로운 자기 훈련을 할 때마다 준 보석을 지니고 다니는 것이다. 이것을 주머니에 넣어 두거나 목걸이로 하고 다니라. 당신이 주머니에 손을 넣을 때마다 그것을 느낄 것이고, 그것은 당신이 자비로운 자기와 다시 연결될 수 있는 알람 역할을 할 것이다. 이것은 당신이 기차를 타고 이동할 때, 점심시간 동안에 잠시 쉴 때, 다른 사람과 상호작용할 때에도 할 수 있다.

만약 당신의 삶이 바쁘다면 '이불 속 자비'를 훈련하면서 시작할 수 있다. 아침에 일어났을 때, 몇 분 동안 자비로운 자기가 되는 훈련을 하는 데 시간을 보내도록 노력하라. 침대에 누워 있는 동안에 자비로운 표정으로 오늘 하루 현명하고 자비롭기를 바라는 마음에 집중하라. 당신은 내면에 지혜로운 능력과 강인함을 지니고 있지만, 이것들을 위한 공간을 만들어야 한다. 하루에 단 2분이라도 매일 훈련한다면 효과가 있을 것이다. 하지만 일단 침대에서 벗어나면 이불 속에서 만들었던 자비로운 느낌을 유지하려고 노력하라. 우리는 분명히 당신이 '나는 아주 자비로운 사람이지만, 이불 속에서만 그래요.'라는 지점에 도달하지 않기를 바란다.

또한 당신은 버스 정류장에 서 있을 때나 목욕을 할 때에도 연습할 수 있다. 우리의 마음은 온갖 종류의 것들, 즉 주로 해야 하는 일에 대한 걱정에 머물러 있기 때문에 결국 우리는 따뜻한 욕조에 자주 누워 있으면서 그것을 진정으로 감사하게 생각하지 않는다. 이것을 알아차릴 때마다, 회의에 참석하는 동안에도 당신은 진정soothing 호흡을 사용할 수 있고, 자비로운 자기가 되는 데 집중할 수 있다.

자비 작업하기

자비로운 자기가 되는 것을 상상함으로써 우리의 자비로운 잠재력을 계발하기 시작했고, 다음 단계는 자비 작업을 하는 것이다. 보리심의 불교적 개념은 먼저 우리가 자비롭기를 염원하고, 그런 다음 자비로운 방식으로 행동하는 것이다. 단지 염원하는 것만으로는 충분하지 않기 때문이다(제4장 참조). 게다가 반복해서 말해 왔듯이, 위협 정서와 다른 동기들은 자동적이지만 자비는 훈련으로 발달된다. 따라서 단계적인 계발 과정이 필요하다.

우리는 다음에 이어지는 훈련에서 자비의 두 가지 심리작용을 작업할 것이다. 한편으로 스스로를 자비로운 자질 안에서 확고히 뿌리내리게 하고 자비로운 자기가 되는 것을 상상함으로써 그것들을 활성화시킬 것이다. 동시에 다른 한편으로 우리 혹은 타인의 경험 가운데 고통스러운 측면에 개입할 것이다.

자비로운 자기에 집중하기: 사랑하는 사람을 위한 자비

자비 작업을 진행함에 있어 첫 번째 단계는 우리가 무엇을 작업하는지 알기 위해서 친절함이 어떠한 느낌인지 알아보는 것이다. 이것은 자비의 흐름과 관련이 있다—스스로가 보내는 자비의 물결에서 타인이 보내는 자비의 물결에 이르기까지 익숙해지고, 자비의 흐름을 가지고 있는 스스로에게 친숙해지는 것이다. 대부분의 친밀한 관계는 복합적인 감정을 포함하고, 이것이 아주 일반적이라는 사실을 명심하면서 처음에는 사랑으로 연결된 자비의 대상이나 비교적 복합적인 감정을 일으키지 않는 사랑하는 사람을 선택하는 것이 도움이 된다. 당신은 자녀, 조부모, 배우자, 친한 친구나 애완동물에 초점을 맞출 수 있다. 여기서 의도는 우리 안에서 일어나는 자비, 사랑, 다정함과 같은 긍정적인 감정이 자연스럽고 쉽게 흘러가는 상황에서 어떻게 느껴지는지를 알아차리는 것이다.

중요한 것은 우리가 다른 사람이나 동물의 결점과 결함에도 불구하고 그들을 무조건적으로 받아들일 때 어떤 느낌인지 알아차리는 것이다. 예를 들어, 당신의 자녀가 장애를 가지고 있거나 학업 성적이 우수하지 않다고 해서 사랑하기를 그만두지는 않는다. 사실 우리는 그들을 더 사랑할지도 모른다. 하지만 자신의 결점과 결함에 대해서라면 이것은 종종 완전히 다른 문제가 된다—오히려 막대기를 꺼내 스스로를 때리기 시작할지도 모른다.

 훈련 13: 사랑하는 사람을 위한 자비

편안한 자세로 앉아 시작하되 의식은 깨어 있어야 합니다. 그런 다음 호흡 리듬 진정시키기, 그라운딩, 휴식 및 지지 호흡(훈련 6, 300–302쪽 참조)의 마음챙김 단계로 이어 갑니다. 만약 시간이 충분하지 않다면 그저 호흡 리듬 진정시키기에 주의를 기울여 보세요(훈련 3, 281–282쪽 참조). 이제 당신이 자비로운 자기라고 상상해 보세요. 당신의 자비로운 자기가 지닌 각각의 자질을 떠올리고, 당신 안에 있는 이러한 자질들의 감각을 조금이라도 느껴 보세요. 온화한 표정을 짓고 있고, 따뜻한 목소리를 가졌다고 상상해 봅니다.

이러한 자비로운 마음 상태에 접촉하는 동안, 당신이 좋아하는 누군가를 마음속에 떠올려 보세요—그 대상은 자녀, 친구, 배우자, 부모 혹은 동물일 수도 있습니다. 마음의 눈으로 그 대상을 바라보세요. 이제 당신의 자비로운 느낌을 그 대상에게로 집중시켜 보세요. 마음속으로 그 대상을 부르면서 다음의 구절을 날숨을 내쉬며 천천히 말해 주세요.

• 당신이 (또는 그 대상의 이름을 말하세요) 고통에서 벗어나길 바랍니다.
• 당신이 (또는 그 대상의 이름을 말하세요) 행복해지기를 바랍니다.
• 당신이 (또는 그 대상의 이름을 말하세요) (편안히) 잘 지내기를 바랍니다.
• 당신이 (또는 그 대상의 이름을 말하세요) 평온을 찾기를 바랍니다.

이 구절들을 모두 기억할 수 없다고 걱정하지 마세요. 그저 당신이 공감하는 한 가지에만 집중하세요. 실제 단어나 구가 중요한 것이 아니라 진심어린 소망과 그 느낌의 흐름이 중요합니다.

이 훈련을 향상시키려면 호흡을 내쉴 때 당신의 마음으로부터 따뜻한 황금빛을 내보내 사랑하는 사람을 만지고, 그 혹은 그녀의 고통이 덜어지고, 그들에게 평화와 안녕감을 가져다준다고 상상해 봅니다. 심장 주변의 감각과 신체의 느낌을 알아차려 보세요. 그 대상이 행복해지고 고통에서 벗어나 평화와 행복을 찾는다는 상상을 했을 때 당신 안에 즐거움과 기쁨의 느낌을 알아차려 봅니다. 따라서 그들이 겪고 있을 고통에 너무 많이 집중하기보다는 오히려 당신의 친절, 사랑의 느낌, 그리고 그들의 행복으로 인해 당신이 느끼는 기쁨에 집중해 보세요.

훈련을 마치려고 할 때, 당신이 떠올린 그 대상의 이미지가 서서히 사라지도록 하세요. 잠시 동안 당신 안에 일어났던 감정을 가다듬으면서 이것이 특히 신체에서는 어떻게 느껴졌는지 알아차려 보세요. 이제 잠시 동안 어떠한 것에도 주의를 기울이지 않으면서 이완하고, 그런 다음 스트레칭을 한 후 자리에서 일어나세요.

자비로운 자기에 집중하기: 스스로를 위한 자비

우리가 자신의 느낌과 욕구에 친절하고 공감적으로 관계할 수 없다면 다른 사람들, 특히 낯선 사람이나 적대적인 사람들에게도 자비롭게 대할 이유가 없다. 따라서 스스로에게 자비롭게 대하는 방식을 찾아야 한다.

이제 우리는 자비로운 자기에 집중하는 일련의 훈련을 다양한 방식으로 소개할 것이다. 먼저, 스스로와 관계하는 일반적인 훈련으로 시작해서 우리의 특별한 측면들을 다루는 구체적인 훈련을 소개할 것이다. 여기서 중요한 것은 우리가 일단 자비로운 자기를 발견하고 자비로운 자기로 살아가는 것을 배우면 우리의 다른 부분들도 이러한 자비로운 관점으로 돌아가 관계할 수 있다는 것이다. 우리는 마음챙김 훈련을 통해 사고의 거품 속에 사로잡히기보다는 한걸음 물러나 사고와 감정의 흐름을 지켜보는 관찰자 모드로 살아가는 것을 배운다. 그리고 한걸음 더 나아가 이러한 관찰하는 모드 안에서 존재하는 자비의 자질과 연결된다. 그래서 단순히 중립적이고 냉철한 관찰이 아니다. 온화하고 친절한 자비에 초점을 맞추고, 그런 다음 이러한 자비로운 태도로 분노하는 자기, 불안한 자기 혹은 스스로를 비난하는 자기와 관계하는 것이다.

 훈련 14: 자기를 위한 자비

편안한 자세로 앉아 시작하되 의식은 깨어 있어야 합니다. 그런 다음 호흡 리듬 진정시키기, 그라운딩, 휴식 및 지지 호흡(훈련 6, 300–302쪽 참조)의 마음챙김 단계로 이어갑니다. 만약 시간이 충분하지 않다면 그저 호흡 리듬 진정시키기에 주의를 기울여 보세요(훈련 3, 281–282쪽 참조). 이제 당신이 자비로운 자기라고 상상해 보세요. 당신의 자비로운 자기가 지닌 각각의 자질을 떠올리면서, 그 감각을 느껴 보세요. 온화한 표정을 짓고 있고, 따뜻한 목소리를 가졌다고 상상해 보세요.

이제 마치 바깥에서 당신의 모습을 바라보고 있는 것처럼, 마음의 눈으로 당신의 모습을 떠올려 보세요. 하루를 시작하는 당신의 모습을 비디오로 감상하고 있다고 상상해도 좋습니다. 자비로운 자기의 시선으로 아침에 일어나 집 안을 이리저리 돌아다니고, 그런 다음 하루를 보내는 평범한 자기를 관찰해 보세요. 이런 평범한 자기가 얼마나 자주 힘겨운 감정이나 삶의 환경으로 고통받는지, 그리고 얼마나 자주 스트레스를 받으며 압박감을 느끼는지를 알아차려 보세요. 때때로 돈이나 대인관계에서 반복되는 걱정, 혹은 고통스러운 감정과 투쟁하면서 반추와 걱정에 빠져들기도 합니다. 당신이 지켜보고 있는 그 투쟁하는 사람—평범한 당신—에게 접촉하되, 친절하고 돕고자 하는 의도를 가진 자비로운 자기의 시선으로 내면의 강인함과 지혜를 유지하세요.

온화한 표정과 친절한 어조를 유지하면서 자비로운 자기의 상태에 있는 동안 스스로를 마음의 눈으로 바라보고, 다음의 소망이 스스로에게 향하는 것을 상상하세요.

- 당신이 (또는 당신의 이름을 말하세요. 예를 들면 다음과 같습니다. '당신이 고통에서 벗어나길 바랍니다. 길버트/초덴'. 자비로운 자기가 마음의 눈으로 자기를 바라볼 때 일어나는 그 느낌에 진정으로 집중해 보세요) 고통에서 벗어나기를 바랍니다.
- 당신이 (또는 당신의 이름을 말하세요) 행복해지기를 바랍니다.
- 당신이 (또는 당신의 이름을 말하세요)(편안히) 잘 지내기를 바랍니다.
- 당신이 (또는 당신의 이름을 말하세요) 평온하기를 바랍니다.

또한 대명사 '나는'을 활용하여 '내가 행복해지기를 바랍니다. 내가 고통에서 벗어나기를 바랍니다' 등을 생각하면서 이 훈련을 할 수도 있습니다. 당신은 두 가지 선택 사항 모두를 시도하고, 선호하는 한 가지를 선택할 수도 있습니다.

편안함이 느껴지는 동안, 내쉬는 호흡에 이러한 편안함이 당신에게 향하도록 하세요. 모든 구절을 다 기억하지 못해도 괜찮습니다. 단지 기억할 수 있고, 공감할 수 있는 한 가지에 집중하세요. 스스로를 위해 자비를 일으킬 때, 불편한 감정에서 빠져나올 수 없을 것 같이 느껴지면 자비로운 자기로 돌아와 잠시 휴식을 취하세요. 스스로를 위한 자비로운 느낌에 저항하는 경험은 아주 일반적입니다. 이것은 우리가 정말로 그럴 만한 자격이 없는 것처럼 느끼는 모든 것과 연결되어 있을 수도 있고, 혹은 슬픔이나 친밀감에 대한 갈망을 불러일으키기 때문일 수도 있습니다. 저항이 일어날 때면 단지 그 저항을 알아차리고 마음챙김하며 주의를 다시 훈련으로 가져오세요. 당신은 어쩌면 당신이 저항하고 있다는 사실에 자비로워지려고 할지도 모릅니다. 훈련을 마치려고 할 때, 당신의 평범한 자기가 서서히 사라지도록 하고, 잠시 동안 당신 안에 일어났던 감정을 가다듬으면서 이것이 특히 신체에서는 어떻게 느껴졌는지 알아차려 보세요. 이제 잠시 동안 어떠한 것에도 주의를 기울이지 않으면서 이완하고, 그런 다음 스트레칭을 한 후에 자리에서 일어나세요.

자기자비 휴식

크리스토퍼 거머는 자신의 저서 『자기자비로 향하는 마음챙김의 여정The mindful path to self-compassion』에서 일상생활에서 자비로운 자기에 접촉하고, 이것을 불러일으킬 수 있는 아주 유용한 방식을 제안하였다.[3] 당신이 스트레스, 불안 혹은 기분 저하와 같은 고통을 겪고 있거나 누군가와 논쟁을 벌이고 있다고 가정해 보자. 먼저, 이 사실을 알아차리고 몇 분 동안 마음챙김 호흡이 당신 안에 뿌리내려서 느긋해질 수 있도록 하라. 그런 다음, 당신의 손을 심장으로 가져가 다음과 같이 이야기하라.

- 지금이 고통의 순간이다.
- 고통은 모든 사람의 삶의 한 부분이다.
- 지금 이 순간 내가 나 스스로에게 자비롭기를 바란다.

이러한 문구를 자비로운 어조와 표정으로 천천히 반복하라. 우리는 이런 방식으로 먼저 알아차림하고, (고통으로부터 벗어나기보다는) 고통으로 주의를 돌린다. 다음은 고통스러운 우리의 경험이 인간 조건의 일부임을 이해하는 것이다. 즉, 우리 모두는 인생의 같은 배를 타고 있다. 그런 다음 우리의 자비로운 의도와 느낌에 집중하라. 우리는 불안하거나 스트레스를 받을 때, 하루 중 언제든지 이 빠른 훈련을 할 수 있다.

불안한 자기 작업하기

자비로운 자기 작업에 있어서 가장 중요한 것은 일상에서 격정적인 감정과 사고에 사로잡힌 것으로부터 자비로운 부분 자기를 확인하고, 이동하는 것을 배우도록 규칙적으로 훈련하는 것이다. 우리가 자주 이런 훈련을 할수록 더 익숙해지고 안정될 것이다. 돕고자 하는 갈망, 위엄, 고요함, 자신감과 지혜를 가지고 자비로운 자기의 감각을 계발하는 것은 불안과 같은 고통스러운 감정과 투쟁해야 할 때 매우 유용할 수 있다. 우리는 다음의 훈련을 통해 불안한 자기와 관련하여 역량과 기술을 키울 수 있다.

 훈련 15: 불안한 자기를 위한 자비

편안한 자세로 앉아 시작하되 의식은 깨어 있어야 합니다. 그런 다음 호흡 리듬 진정시키기, 그라운딩, 휴식 및 지지 호흡(훈련 6, 300–302쪽 참조)의 마음챙김 단계로 이어 갑니다. 만약 시간이 충분하지 않다면 그저 호흡 리듬 진정시키기에 주의를 기울여 보세요(훈련 3, 281–282쪽 참조). 이제 자비로운 자기의 각각의 자질을 마음에 새기면서 당신이 자비로운 자기라고 상상해 보세요. 온화한 표정을 짓고 있고, 따뜻한 목소리를 가졌다고 상상해 보세요.

이제 불안함을 느꼈던 상황을 떠올려 보세요. 자비로운 시선으로 당신의 불안한 부분 자기를 보고 있다고 상상해 보세요. 불안한 자기의 이미지를 눈앞에 떠올리거나 혹은 이미지가 떠오르지 않는다면 불안한 자기의 느낌에 연결될 수도 있습니다. 자비로운 자기의 자질에 닻을 내리는 동안, 불안한 자기의 투쟁과 동요에 연결되어 있음을 느껴 보세요. 당신의 강인함이 동요하고 부동하는 불안한 부분 자기를 지지합니다. 당신의 지혜는 이러한 불안이 변할 것이며, 생각이 어떻게 불안에 영향을 미치고(먹이를 주며), 생각이 얼마나 견고하고 사실인 것처럼 느끼게 만드는지를 이해합니다. 그런 다음, 그러한 당신의 일부분을 사랑으로 감싸 안으며 따뜻함을 느낄 수 있도록 하세요. 다음으로 전념의 감각, 즉 스스로를 위해 건설적이고 반추와 자기질책에 빠지지 않는 방식으로 그곳에 존재하기를 바라는 느낌에 연결하세요. 이렇게 투쟁하는 부분 자기에게 그런 기분을 타당화하고 극복하기 위해 어떻게 도와주고 싶은지, 뭐라고 말해 주고 싶은지 상상해 보세요.

온화한 표정과 따뜻한 어조를 유지하면서 자비로운 자기의 상태에 있는 동안 스스로를 마음의 눈으로 바라보고, 다음의 소망들이 불안한 자기에게 향하는 것을 상상하세요.

- 당신이 (당신의 이름을 말하세요) 동요와 불안에서 벗어나기를 바랍니다.
- 당신이 (당신의 이름을 말하세요) 안정과 평화를 찾기를 바랍니다.

실제 단어와 구는 부수적인 것입니다. 중요한 것은 자비로운 자기에서 불안한 자기로 자비가 흐르는 그 느낌에 연결하는 것입니다. 그리고 만약 그 느낌이 쉽게 흐르지 않는다면 친절하고, 전념하고자 하는 등의 당신의 의도에 연결하세요. 훈련을 마치려고 할 때, 당신의 불안한 자기가 서서히 사라지도록 하고, 잠시 동안 당신 안에 일어났던 감정을 가다듬으면서 이것이 특히 신체에서는 어떻게 느껴졌는지 알아차려 보세요. 이제 잠시 동안 어떠한 것에도 주의를 기울이지 않으면서 이완하고, 그런 다음 스트레칭을 한 후에 자리에서 일어나세요.

데니스 터치Dennis Tirch와 심리학자 린 헨더슨Lynne Henderson은 불안한 생각과 행동을 작업하는 것과 같이 여러 상황에서 일어나는 불안을 다루는 데 도움이 되기 위한 다양한 방식으로 자비로운 집중을 사용할 수 있다고 제안하였다.[4] 하지만 중요한 것은 우리는 불안을 누그러뜨리기를 원함에도 불구하고 불안과 싸우거나 불안을 없애려고 애쓰지 않는다는 것이다—중요한 것은 불안이 당연한 것임을 인정하고, 수용하고, 이해하는 것이다. 불안이 유발되는 일상생활에서 당신의 호흡 리듬 진정시키기에 얼마 동안 집중하여 느긋함과 신체에 더욱 뿌리내리게 되는 것을 느끼고, 의식적으로 자비로운 자기라고 여기고, 자비로운 자기의 시선으로 상황을 살펴보라. 먼저, 따분하고 시간이 많이 소요되는 대기 상태(줄서기), 과식으로 불편함을 겪고 있거나 혹은 어려운 모임에 참석하는 것과 같이 중간 정도의 불안을 유발시키는 상황에서 연습할 수 있다. 극심한 스트레스 상황에서 이러한 방식으로 훈련하면 당신은 더욱 고통스러운 상황을 다루는 능력을 키우게 될 것이다.

화난 자기 작업하기

많은 사람에게 분노는 외부와 내부의 자극 모두에 반응하게 하여 우리를 사로잡는 불편한 정서이다. 많은 외부 상황이 우리를 화나게 하는 버튼을 누르게 하기도 하지만, 예상치 못한 감정이 침투하거나 자신의 감정을 견디지 못하기 때문에 화가 난다는 것을 쉽게 알 수 있다. 제3장에서 살펴보았듯이, 위협 시스템으로부터 발생하는 분노는 방어적인 정서로, 우리 내부의 위협과 외부의 삶 및 안전성을 위협하는 것들을 면밀히 모니터링하고 감지한다. 분노는 보통 최전방선이지만(첫 번째 방어선이지만), 때때로 비통함, 슬픔, 혹은 외로움과 같은 감정이 더 깊어지게 만든다. 분노는 마음과 계약을 맺어 이런 깊은 감정들을 차단시키고, 신체에 묻어 버릴 수 있다. 이러한 이유 때문에 화난 자기를 다루는 방식을 발견하는 것은 아주 유용하며, 이것이 쉽지 않음을 기억해야 해야 한다. 심리학자 러셀 콜츠Russell Kolts는 분노에 대한 생각과 행동 작업하기 같이, 자비 집중을 사용하여 화난 당신을 돕기 위한 여러 방법을 소개해 왔다.[5]

 훈련 16: 화난 자기를 위한 자비

편안한 자세로 앉아 시작하되 의식은 깨어 있어야 합니다. 그런 다음 호흡 리듬 진정시키기, 그라운딩, 휴식 및 지지 호흡(훈련 6, 300-302쪽 참조)의 마음챙김 단계로 이어 갑니다. 만약 시간이 충분하지 않다면 그저 호흡 리듬 진정시키기에 주의를 기울여 보세요(훈련 3, 281-282쪽 참조). 이제 자비로운 자기의 각각의 자질을 마음에 새기면서 당신이 자비로운 자기라고 상상해 보세요. 온화한 표정을 짓고 있고, 따뜻한 목소리를 가졌다고 상상해 보세요.

이제 화가 나거나 주로 화를 내는 상황을 떠올려 보세요. 처음에는 단지 가벼운 수준의 화와 좌절감을 유발하는 상황을 상상해 보세요. 알아차리고 한걸음 물러서는 마음챙김 기술을 사용하면서 자비로운 자기의 시선으로 화난 자신을 바라보고, 당신의 마음과 신체에서 고통스러운 분노의 정도를 느껴 보세요. 화가 난 자신의 표정을 보세요. 화가 난 자기는 진정으로 무엇 때문에 화가 났나요? 불안이나 슬픔과 같이 화난 감정이 덮고 있는 다른 감정은 없나요? 만약 그렇다면 자비로운 자기는 그러한 감정 역시 함께 탐색할 수 있습니다. 화난 자기가 평온해지려면 무엇이 진정으로 필요한가요? 판단하지 않으면서 화난 자기를 위해 공감과 감내를 계발해야 합니다. 아마도 당신의 화난 자기는 더 많이 알아 주기를 바라거나 혹은 더 강해지기를 원할 수 있습니다.

자비로운 자비의 자질에 닻을 내리고 머무르는 동안에 화난 자기의 고통과 좌절에 접촉하는 것을 허락하세요. 당신의 지혜는 이러한 분노 폭발이 강렬해질 수 있고, 불과 같이 온 마음을 빼앗기게 만들지만 일시적이며 곧 지나갈 것이라는 사실을 이해합니다. 강인함을 뿌리내리고, 화난 부분에 대해 여유를 두어 그 화가 그저 지나가도록 허락합니다. 온화함과 따뜻함은 두려움, 슬픔 혹은 외로움과 같이 분노가 감추고 있는 더 깊은 감정을 감지합니다. 전념은 당신이 스스로 우뚝 서서 분노 경험을 겪어 낼 수 있는 용기를 키우고, 분노와 적극적으로 연결될 수 있도록 합니다.

온화한 표정과 따뜻한 어조를 유지하면서 자비로운 자기의 상태에 있는 동안 스스로를 마음의 눈으로 바라보고, 다음의 소망들이 화난 자기에게 향하는 것을 상상하세요.

- 당신이 (당신의 이름을 말하세요) 내적 분노와 좌절의 혼란스러운 일렁임에서 벗어나기를 바랍니다.
- 당신이 (당신의 이름을 말하세요) 분노 아래에 놓인 감정들에 접촉할 수 있기를 바랍니다.
- (당신의 이름을 말하세요) 화난 자기가 안정과 평화를 찾기를 바랍니다.

이러한 단어와 구 혹은 유사한 단어를 말할 때, 화난 자기에게로 흐르는 자비를 느

껴 보세요. 그리고 만약 그 느낌이 쉽게 흐르지 않는다면 친절하고 전념하고자 하는 등
의 당신의 의도에 연결하여 유지해 보세요. 당신의 화난 자기의 이미지에 무슨 일이 일
어나는지 알아차려 보세요. 이러한 소망 보내기를 마쳤다면 당신의 화난 자기가 서서히
사라지도록 하고, 잠시 동안 당신 안에 일어났던 감정을 가다듬으면서 이것이 특히 신
체에서는 어떻게 느껴졌는지 알아차려 보세요. 이제 잠시 동안 어떠한 것에도 주의를
기울이지 않으면서 이완하고, 그런 다음 스트레칭을 한 후에 자리에서 일어나세요.

불안과 마찬가지로 여기서도 분노를 누그러뜨리기를 원하면서, 동시에 분
노와 싸우거나 분노를 없애려고 애쓰거나 자신을 비난하지 않는다는 사실을
기억하라. 분노가 당연한 것임을 인정하고, 수용하고, 이해하는 것이지 그것
이 유용하지 않다고 해서 분노를 표출하는 것은 아니다. 불안과 같이, 분노는
일반적인 방어적 정서이기 때문에 분노에 주목하는 것이 아주 중요하다. 우
리는 자비를 사용하여 분노를 주장과 논쟁으로 전환할 수 있다. 분노에 대한
자비는 굴복하게 만드는 것이 아니라 현명하고, 주의를 기울이고, 결단력 있
는 사람으로 만든다.

또한 화난 자기 아래에는 대개 어떤 실망이나 위협이 있음을 기억하라. 예
를 들어, 당신이 실수를 했고, 그것은 비난받았거나 거부 당했던 어떤 기억과
연결된다. 자비로운 자기는 진정한 문제, 보통 수치심, 원치 않음, 거절에 대
한 두려움을 확인하기 위해 분노 아래에 접근한다.

만약 당신이 일상생활에서 화가 나고 좌절해 있다면 하던 일을 멈추고 잠
시 동안 진정 호흡에 집중하면서 느긋해지고, 더욱 그라운딩하고, 의식적으
로 자비로운 자기에게로 이동하고, 상황을 자비로운 시선으로 바라보라. 가
벼운 분노가 일어나는 상황에서 훈련을 시작하고, 이러한 방식은 더욱 고통
스러운 상황에 대처하는 능력을 계발시킬 것이다.

비난하는 자기 작업하기

　냉혹한 자기비난적 사고와 자신에 대한 부정적인 관점이 불행, 불안, 우울 및 다른 정신 건강 문제의 취약성과 관계 있음을 밝히는 연구가 점점 늘고 있다.[6] 자기비난과 자기혐오에 대한 경향성은 두 가지 주된 문제를 낳을 수 있다. 첫째, 대개 자기비난은 실망, 분노와 좌절의 느낌과 관계 있으며, 이러한 것들은 위협을 기반으로 하는 정서이다. 따라서 일상적으로 자기를 비난하는 사람들은 지속적으로 위협 시스템을 자극한다. 둘째, 자기비난은 우리가 스스로에게 자비로워지는 능력을 가로막는다. 우리 스스로에게 자비로워지려고 노력할 때조차, 비난적인 목소리는 그럴 만한 가치가 없다거나 그것을 제대로 해낼 수 없다고 말함으로써 냉혹한 판단을 내리고 방해할 수 있다. 하지만 만약 우리가 스스로의 비난적인 부분과 투쟁한다면 '비난적이라는 것을 비난'함으로써 결국 위협 시스템에 갇히게 될 수 있다. 따라서 우리에게 필요한 것은 진정/친화 시스템으로 옮겨 가서 자비로운 느낌을 자극하는 것이다. 만약 우리 안에 자비로운 자기를 위엄 있게 만든다면 이것은 친절하지만 굳건한 방식으로 자기비난적 자기를 다룰 것이다. 다음과 같은 방법으로 해 볼 수 있다.

 훈련 17: 자기를 비난하는 자기를 위한 자비

　편안한 자세로 앉아 시작하되 의식은 깨어 있어야 합니다. 그런 다음 호흡 리듬 진정시키기, 그라운딩, 휴식 및 지지 호흡(훈련 6, 300-302쪽 참조)의 마음챙김 단계로 이어 갑니다. 만약 시간이 충분하지 않다면 그저 호흡 리듬 진정시키기에 주의를 기울여 보세요(훈련 3, 281-282쪽 참조). 이제 자비로운 자기의 각각의 자질을 마음에 새기면서 당신이 자비로운 자기라고 상상해 보세요. 온화한 표정을 짓고 있고, 따뜻한 목소리를 가졌다고 상상해 보세요.

이제 힘들었던 상황을 떠올려 보세요. 몸이 아프거나, 사별 혹은 사람들과의 관계에서 갈등을 겪고 있을 수도 있으며, 또는 당신에게 아주 중요한 일을 성취하는 데 실패했을 수도 있습니다. 자기비난적인 생각과 느낌의 흐름에 주의를 기울여 보세요.

이제 비난하고 있는 당신의 모습을 바라보고 있다고 상상해 봅니다―그 모습을 떠올리고 그 모습이 어떠한지를 알아차려 봅니다. 그 모습이 당신처럼 보이나요, 혹은 다른 사람처럼 보이나요? 자기비난은 온갖 종류의 다양한 모습으로 나타날 수 있습니다. 당신에게로 향하는 그 정서를 알아차려 보세요. 호기심을 가지고 분노나 실망, 혹은 경멸에 주목해 보세요. 온화한 표정을 유지하면서 온갖 비난적인 생각 이면에는 무엇이 있는지 살펴보세요. 당신의 비평가는 실제로 무엇을 두려워하나요? 그것이 다른 누군가를 떠오르게 하나요? 스스로에게 질문해 보세요. '나의 비평가는 진심으로 최선의 관심을 가지고 있는가? 나의 비평가는 내가 더 잘 지내고, 행복해지고, 평온해지는 모습을 보기를 원하는가? 나의 비평가는 내가 투쟁하고 있을 때 용기를 북돋기 위해 도움을 주는가?' 대답은 '아니오'라고 울려 퍼질 것 같습니다. 다음의 질문은 어떠한가요? '당신은 자기비난이 지배하기를 원하나요?'

이제 당신은 불안한 자기와 화난 자기에 대해 자비를 느꼈던 것처럼, 자기비난 자기에게도 동일하게 할 수 있습니다. 자비로운 자기의 시선으로 바라보는 것은 내면의 위엄에 대한 감각과 당신의 현명함을 이해하는 것입니다. 친절로 자기비난 자기를 담아낼 수 있는지, 그것이 위협이나 과거의 상처로부터 발생한다는 것을 인식하고 있는지를 살펴보세요. 그 이면에 있는 두려움과 접촉하려고 노력해 보세요. 이것은 당신이 얼마나 오랫동안 비난적인 자기로 인해 괴롭힘을 당하고, 그 괴로움을 진정시킬 위엄이 얼마나 부족했는지에 대한 감정을 일으킬 수 있기 때문에 아주 도전적일 수 있습니다. 하지만 당신이 편안함을 느끼는 것보다 더 빨리 혹은 더 깊이 들어가지 않아야 합니다. 이제 부드럽게 당신의 비난하는 자기에게 다음의 질문을 해 보세요.

- 당신이 정말로 원하는 것은 무엇인가요?
- 만약 당신이 원했던 것을 얻는다면 어떤 기분일까요?

이제 에너지의 흐름을 비난하는 자기에게 향하게 하고, 만일 당신의 욕구가 충족되었다면 어떠한 모습일지를 상상해 보세요. 자기비난 부분이 사랑과 관심을 필요로 한다면, 가령 평온함을 느끼기를 바라고, 그것을 받았다면 어디서든, 어떤 방식으로든 떠올리기에 가장 좋은 평온한 감정이라는 형태로 떠올려 보세요. 이러한 에너지의 흐름을 보내면서 다음과 같은 열망을 할 수 있습니다.

• 당신을 화나게 하고, 나에게 비난적인 것으로부터 벗어나기를 바랍니다.

혹은 당신이 더 선호한다면

• 나를 화나게 하고, 스스로를 비난하는 고통에서 벗어나기를 바랍니다.

이러한 단어와 구, 혹은 유사한 단어를 말할 때, 비난하는 자기 부분에게로 흐르는 자비를 상상해 보세요. 그리고 만약 그 느낌이 쉽게 흐르지 않는다면 다음의 의도에 집중해 보세요. 자기비난을 통해 바라보고, 우리가 삶의 흐름을 어떻게 따라잡고 어려운 도전들을 겪는지를 인식하는 지혜, 자기비난적인 마음의 괴로움을 담고 견뎌 내는 강인함, 아래에 있는 욕구를 부드럽게 하고 연결시키는 따뜻함, 자기비난의 소용돌이에 빠지기보다는 이러한 욕구들을 만나도록 해 주는 용기가 그것입니다.

훈련을 끝마치려고 할 때, 자기비난 자기의 이미지가 서서히 사라지도록 하고, 잠시 동안 당신 안에 일어났던 감정을 가다듬으면서 이것이 특히 신체에서는 어떻게 느껴졌는지 알아차려 보세요. 이제 잠시 동안 어떠한 것에도 주의를 기울이지 않으면서 이완하고, 그런 다음 스트레칭을 한 후에 자리에서 일어납니다.

이 훈련은 티베트 불교 수행에서 가져온 것으로, 우리는 마음을 괴롭히는 것에 투쟁하기보다 그것에게 먹이를 준다는 수천 년 전의 생각으로 거슬러 올라간다.[7]

일상에서 당신이 자기비난의 소용돌이에 빠져 있는 것을 발견하였을 때,

잠시 하던 일을 멈추고 얼마 동안 호흡 리듬 진정시키기에 집중하여 느긋해 지면 의식적으로 자비로운 자기가 된다고 여겨 보라. 그런 다음, 자비로운 자 기의 시선으로 당신의 자기비난하는 마음을 살펴보라. 의식적으로 자기비난 자세 그 아래에 있는 욕구들에 연결하고, 앞서 설명한 훈련 방식으로 그러한 욕구들을 충족시키는 것을 상상하라. 만약 우리가 자기비난을 다루고자 노 력하면 자기비난은 부드러워지고, 이것은 결국 우리가 더 온화하고 자비로운 자기가 되는 데 도움이 될 것이다.[8]

자비로운 행동

자비로운 행동은 넓은 범위의 활동과 자비로운 자기의 느낌 및 전념을 쌓는 것을 포함한다. 매일 한 가지의 자비로운 행동을 시도하라. 당신이 보통 잘 하 지 않는 어떤 활동이 좋다. 당신이 이러한 활동을 할 때, 진정으로 그 의도와 그 행동을 함에 있어 자비로운 느낌에 집중하라. 이것은 누군가를 위해 차를 준비하는 것, 동료를 돕는 것, 자녀와 귀중한 시간을 보내는 것, 혹은 이웃을 돕는 것과 같이 자발적인 선행일 수 있다. 타인을 위한 민감성과 자비를 계발 하는 것이 실제로 우리의 기분도 좋아지게 한다는 근거들이 늘어나고 있다.

또한 스스로를 위해 매일 하나의 자비로운 행동을 하려고 노력하고, 자비 가 초콜릿 케이크 한 조각을 더 먹는 것과 같이 쉽거나 방종한 행동이 아니라 는 것을 기억하라. 자비로운 행동은 전자레인지에서 빠르게 조리하기보다는 자신을 위해 건강한 식사를 준비하는 데 시간을 보내는 것 혹은 운동을 하는 데 시간을 내는 것과 같은 것일 수 있다.

핵심포인트

- 이번 장에서 우리는 자비로운 자기를 만들기 위해 어떻게 동기, 목표, 자기감을 활용할지 살펴보았다. 제2장에서 살펴본 바와 같이, 동기와 자기정체성은 우리의 마음을 다양한 방식으로 조직화할 수 있다.
- 우리는 지혜, 강인함, 따뜻함, 전념과 같은 자비로운 자기의 몇 가지 기본 특질을 살펴보았다.
- 우리는 일상생활에서 안내된 이미지를 사용하여 자비로운 자기로 향할 수 있고, 집중할 수 있는 방식들을 살펴보았다.

미주

1 See Chapter 9, notes 1 and 2.

2 Chubbuck, I. (2004) *The Power of the Actor: the Chubbuck Technique*. New York: Gotham Books. There are many books on method acting and some very good YouTube demonstrations that can give you some basic insights. Recent research has also show that we can practise imagining a certain type of self and this can have a huge impact on our confidence and emotions. See, for example, Meevissen, Y.M.C., Peters, M.L. and Alberts, H.J.E.M. (2011) Become more optimistic by imagining a best possible self: Effects of a two week intervention. *Journal of Behavior Therapy and Experimental Psychiatry*, 42, 371–378; and also Peters, M.L., Flink, I.K., Boersma, K. and Linton, S.J. (2010) Manipulating optimism: Can imagining a best possible self be used to increase positive future expectancies? *Journal of Positive Psychology*, 5, 204–211.

3 Germer, C. (2009) *The Mindful Path to Self-Compassion: Freeing Yourself from Destructive Thoughts and Emotions*. New York: Guilford.

4 Tirch, D. (2012) *The Compassionate Mind Approach to Overcoming Anxiety: Using Compassion Focused Therapy*. London: Constable & Robinson. See also

Lynne Henderson (2011) *Improving Social Confidence and Reducing Shyness Using Compassion-Focused Therapy.* London: Constable & Robinson.

5 Kolts, R. (2012) *The Compassionate Mind Approach to Managing Your Anger: Using Compassion-Focused Therapy.* London: Constable & Robinson.

6 Zuroff, D.C., Santor, D. and Mongrain, M. (2005) Dependency, self-criticism, and maladjustment. In J.S. Auerbach, K.N. Levy and C.E. Schaffer (eds) *Relatedness, Self-Definition and Mental Representation: Essays in Honour of Sidney J. Blatt* (pp. 75-90). London: Routledge; Gilbert, P., Clarke, M., Kempel, S., Miles, J.N.V. and Irons, C. (2004) Criticizing and reassuring oneself: An exploration of forms, style and reasons in female students. *British Journal of Clinical Psychology*, 43, 31-50.

7 Allione, T. (2008) *Feeding Your Demons.* New York: Little, Brown. This is a fascinating book drawing on an ancient Buddhist approach to identifying inner 'demons' such as the self-critical mind and then learning to identify what they need and heal them as opposed to just rooting them out.

8 See Chapter 10 of Gilbert, P. (2009) *The Compassionate Mind.* London: Constable & Robinson. Gilbert, P. and Irons, C. (2005) Focused therapies and compassionate mind training for shame and self-attacking. In P. Gilbert (ed.) *Compassion: Conceptualisations, Research and Use in Psychotherapy* (pp. 263-325). London: Routledge.

제11장
자비의 원 확장시키기

이제 우리는 선천적인 자비의 자질과 연결되었고, 스스로를 위한 그리고 가까운 사람들을 위한 자비 작업을 시작하였다. 다음 단계는 자비의 원을 확장시키는 것이다. 우리는 사랑하는 사람들의 투쟁과 갈등에 연결하여, 그들에게 사랑과 자비를 확장할 수 있지만 낯선 사람에게는 상당히 무관심하다고 느껴질 수 있다. 그리고 경쟁자나 적과 같이 싫어하는 사람들이 고통받는 것에는 심지어 행복함을 느낄지도 모른다. 왜냐하면 그들이 고통받는 모습이 우리가 그들보다 우위에 서 있다는 느낌을 주거나 혹은 우리가 느끼는 보복과 복수의 감정을 정당화시키기 때문이다. 우리 뇌의 한 가지 문제는 고통을 가할 때 즐거움을 느끼는데, 특히 우리가 '적'이라고 판단하는 사람에 대해서는 더 그렇다. 수억 달러가 넘는 돈이 정확히 이러한 주제, 즉 나쁜 사람들이 마땅히 벌을 받는 것을 지켜보는 내용의 컴퓨터 게임과 할리우드 영화를 제작하는 데 사용된다. 따라서 우리 여정의 다음 도전은 우리의 즉각적인 관심의 대상에 속하지 않는 사람들이 고통스러울 때, 그 고통에 기쁨을 느끼는 것을 외면하고, 자비롭게 대하는 방법을 찾는 것이다.

타인을 위한 자비를 계발하는 데 대승불교와 진화론적 접근의 핵심에는 두 가지 원칙이 있다. 첫째, 인종, 성별, 문화, 경제적 환경 혹은 종교적 신념 등으로 사람을 구분하고 있음에도 불구하고, 우리는 하나로 연결되어 있다는 사실이다. 따라서 내가 행복해지기를 바라는 것처럼, 모든 사람이 행복해지기를 바라고, 내가 고통에서 벗어나기를 바라는 것처럼 모든 사람이 고통에서 벗어나기를 바란다. 게다가 내가 바라는 것과 같이 모든 사람이 사랑받고, 안전하고, 건강해지기를 바라고, 내가 바라지 않는 것처럼 어느 누구도 두려워하거나 무능하다고 느끼지 않기를 바란다. 어느 누구도 괄시 받고, 병들고, 외롭거나 우울해지기를 원하지 않는다. 사람들 사이의 차이점이 무엇이든지 간에 우리 모두는 본질적으로 같은 것을 추구한다는 사실을 깨닫게 된다. 우리 자신과 타인이 본질적으로 평등하다는 숙고를 통해 우리를 구분 짓는 차이 너머에 인간의 보편성으로 통합된다는 것을 알 수 있다. 이것이 타인에게 동질감을 갖는 토대이며 우리 자신을 타인의 입장에 놓게 한다. 인간의 보편성은 공감의 토대이자 자비로운 마음의 핵심 속성이다.

진화론적 접근은 우리 모두가 유전자에 의해 만들어졌음을 알려 준다. 어느 누구도 여기에 존재하기를 선택하지 않았고, 어느 누구도 우리가 가진 가치와 자아 정체성으로 디자인되기를 선택하지 않았다. 잠시 지난 3,000여 년간 부족과 부족, 집단과 집단, 국가와 국가에서 다른 집단의 사람들을 공격하고, 죽이고, 불구로 만들고, 고문하기 위해 그들의 젊은이들의 열정과 가치를 얼마나 자극해 왔는지 생각해 보자. 인간이 끊임없이 이러한 근본적인 생물학적 드라마를 행동으로 표출하는 것은 매우 비극이다. 따라서 누가 우리의 적이든 간에 그들도 자신의 내부에서 일어나 실행되는 삶이라는 드라마에서 꼭두각시가 되는 것을 선택하지 않았다. 이러한 깊은 지혜는 우리가 한걸음 물러서서 친구와 가족에게 가까웠던 자비의 원 너머의 대상으로 자비의 여정을 시작하도록 해 준다.

여기서 중요한 것은 우리 자신이 진흙 속 삶(복합 동기와 감정이 우리를 안내한다)에 자비롭게 관여하는 것이 다른 사람이 겪는 투쟁에 동질감을 갖게 하는 토대가 된다는 것이다. 기꺼이 고통과 어두운 면으로 방향을 돌려 자비롭게 대하고자하는 것은 다른 사람들과도 이와 같은 방식으로 관계할 수 있는 전제 조건이다. 우리가 진흙을 가지고 있는 것처럼, 다른 사람들 역시 진흙을 가지고 있으며, 자신의 진흙을 이해하고 능숙하게 다룸으로써 타인에게 의미 있는 무언가를 제공할 수 있는 입장에 서게 된다. 우리가 힘들어 하는 우리의 부분들—화나거나 복수심을 가진 자기, 불안한 자기, 비난하는 자기 등—에게 자비롭게 대하기 시작할 때, 얼마나 많은 사람이 비슷한 방식으로 투쟁하고 있는지를 인식할 수 있다. 그들은 불안과 분노의 감정, 그리고 파괴적인 환상과도 투쟁한다. 또한 그들은 기분 저하, 자존감 결여, 자기비난적 사고를 경험한다. 우리가 우리 안에 있는 힘든 경험을 마주함으로서 존재의 심연에서 다른 사람의 기분이 어떠한지를 느낄 수 있다. 자비는 진솔과 진정에서 시작한다.

두 번째 원칙은 우리의 삶이 얼마나 상호적으로 연결되어 있는지, 그리고 타인의 삶과 얼마나 엮여 있는지 알아차리는 것이다(53-57쪽 참조). 우리는 여러 측면에서 얼마나 타인에게 의지하고 있는지 거의 생각하지 않는다. 우리가 일상에서 당연하게 여기는 생산, 판매, 분배에는 다양한 문화적·경제적·종교적 배경을 가진 수많은 사람이 관여되어 있다. 잠시 우리가 먹는 음식이 식탁 위에 어떻게 올라오는지 생각해 보자—얼마나 많은 사람이 음식의 성장, 수확, 분배에 관계했고, 얼마나 많은 생명체를 매일 소비하고 있는가. 마찬가지로 깨끗한 물, 컴퓨터 시스템, 입는 옷(주로 개발도상국에서 저임금으로 제조된 것)과 같이 우리가 당연하게 여기는 많은 것에 얼마나 많은 사람과 과정이 관계되어 있는지, 그리고 우리가 소비하는 엄청난 잡화들에 대해 숙고해 보자. 우리는 우리의 생존과 안녕을 보장하는 관계 망에 엮여 있다.

또한 상호 연결성은 단순히 삶의 물질적인 것들에 대한 상호 의존을 인식하는 것 그 이상이다. 연구 결과, 우리가 태어난 날(심지어 자궁 속)부터 타인과 관계하는 방식이 우리의 유전자 발현, 뇌의 신경 경로, 우리가 되고자 하는 사람의 유형에 영향을 미친다는 사실을 밝혔다. 전두엽은 감정 조절을 통제함으로써 긍정적인 사회적 관계에 관여한다. 이 책에서 여러 번 언급했듯이, 다른 사람들과의 관계의 질은 삶의 질, 가치, 자기감에 주된 영향을 미친다. 이러한 숙고는 타인에 대한 고마움과 감사 계발에 기초가 된다.

사무량심

- 자애(자, maitri): 모든 존재가 행복과 행복의 근원을 가지기를 바라는 마음
- 연민(비, karuna): 모든 존재가 고통과 고통의 근원에서 벗어나기를 바라는 마음
- 동감적 기쁨(희, mudita): 타인의 안녕과 행복에 크게 기뻐하고, 삶의 긍정적인 것들에 감사하는 것
- 평정(사, upeksa): 평정한 마음이 지속되어 좋아하는 것을 움켜잡지 않고, 싫어하는 것을 거부하지 않으며, 흥미 없는 것에 무심해지는 것

불교 전통에서 타인을 포함하여 자비의 원을 확장하는 과정은 사무량심 방식으로 실행된다. 각각의 요소는 서로를 보완하며 균형 잡힌 시스템의 일부가 된다. 자애(자, loving-kindness)는 우리의 내면과 바깥세상을 향한 온화하고 친절한 느낌을 나타낸다. 자애가 고통을 만날 때 연민이 되고, 이것은 제10장 '자비로운 자기'에서 살펴본 것처럼 특별한 자질을 끌어당긴다. 하지만 우리가 고통과 어려움에 너무 집중하게 되면 그 느낌에 압도당할 위험이

있다는 것을 기억하라. 그래서 기쁨(희, joy)이 중요하고, 이것은 우리 삶의 작은 것에 감사하고 음미하는 것에서부터 시작한다. 이러한 기쁨 역시 자비 훈련에 영향을 미친다—자비는 단지 고통을 인식하게 되고, 타인의 고통을 경감시키는 노력만이 아니다. 다른 사람들이 행복해지고 고통에서 벗어날 가능성에도 크게 기뻐하는 것이다.

하지만 평정심이 대단히 중요하다. 평정심은 다른 요소들이 돌아가는 중심축이다. 평정심은 공정한 마음 상태이다. 평정심은 우리가 무슨 일이 일어나고 있는가에 무관심한 것이 아니라, 어떤 것에 의해서도 흔들리지 않는 것을 의미한다. 그것은 결국 우리가 모든 존재를 동등하게 돌보고자 하는 것을 의미한다. 평정심 훈련에서는 사랑하는 사람들을 선호하고, 싫어하는 사람들을 거부하며, 이러한 양 극단에 놓인 사람들을 무시하는 경향성을 다룬다. 그래서 우리는 싫어하는 사람에게 마음을 열고, 평소 무시했던 사람들에게 주의를 기울이는 작업을 한다. 이 작업은 앞서 언급한 첫 번째 원칙, 즉 고통을 피하고 행복을 추구한다는 점에 있어서 모든 존재는 근본적으로 동등하다는 것을 기반으로 한다. 평정심 없이는 사랑과 연민에 한계가 있다. 우리는 스스로와 가까운 주변 사람들에 대해서 생각하는 경향이 있지만, 그 생각이 낯선 사람 혹은 적에게까지 미치지는 않는다. 진화론적 관점에서 우리가 가까운 사람들을 보호하도록 조건화되어 있는 것은 지극히 정상적이다. 우리 안에 내재된 추동들이 우리 종족의 일부 사람들의 생존과 출산을 지향하고 그들이 우리와 유전적으로 연결된 것처럼, 모든 생명체에 관심을 가지는 것은 진화적 특권이 아니다. 하지만 이 책의 전반에서 언급했듯이, 우리는 상상하고 다양한 가능성을 계발할 수 있는 '신뇌'를 가지고 있다. 이것은 석가모니가 수천 년 전에 깨달은 것이지만, 우리가 다루어야 할 필요가 있는 것이며, 이번 장의 초점이 될 것이다.

타인을 위한 자비 훈련

우리는 좋고 싫음이 드러나기 때문에 평정심 훈련부터 시작할 것이다. 이 것은 다른 자질이 뿌리를 내리도록 기반을 열어 주는 것이다. 그렇게 되지 않으면 다른 자질은 불완전하고 제한적인 상태가 될 것이다. 우리는 세 가지 과정을 포함한 훈련을 할 것이다. 염원하기, 녹이기, 평등하기가 그것이다. 이 훈련은 심리학자이면서 불교도인 작가 아우라 글레이저Aura Glaser가 고안한 훈련을 참고하였다.[1] 우리는 이 훈련을 할 때 다양한 부류의 사람들을 작업할 것이다. 가까이 연결되어 있다고 느끼는 사람, 중립적이라고 생각하는 사람, 경쟁자 혹은 적과 같이 불편하게 여겨지는 사람, 그리고 곳곳에 있는 모든 사람이 대상이다. 그러나 이러한 훈련을 실행하려면 실제 사람을 떠올리고 그들이 삶을 어떻게 살아가는지에 대해 생각해 보는 것이 아주 중요하다. 그렇지 않으면 훈련은 개념적이고 추상적인 것에 그치고, 실제적이고 의미 있게 다가오지 않을 것이다.

염원하기

사무량심에 따라 사람들이 행복해지고(자), 고통에서 벗어나(비) 삶에서 기쁨을 찾기를(희) 염원하면서 시작할 수 있다. 염원하는 것은 중요하다. 왜냐하면 염원은 특정한 방식으로 우리의 마음(주의, 느낌, 사고, 행동)을 구성하는 자비의 핵심 자질, 즉 자비로운 동기와 연결되어 있기 때문이다(제4장 참조). 따라서 이것이 우리의 시작점이다.

이제 '친구, 가족, 동료, 그리고 내가 사랑하고 관심을 가지고 있는 모든 사람이 행복해지기를 바랍니다.'라는 생각에 대해 명상하는 것은 쉽다. 그들이 행복하고 웃고 있는 것을 상상할 때, 이것은 당신에게 따뜻한 느낌을 준다.

그들은 사랑과 관심의 원 안에 있기 때문에 이들에게 보내는 자비의 느낌은 자연스럽고 쉽게 흐를 수 있다. '나를 불쾌하게 만든 사람, 내 감정을 상하게 한 동료, 나를 피하는 가족―이들 모두가 행복해지고 고통에서 벗어나기를 바랍니다.'라고 생각하는 것은 매우 까다롭다. 이것이 힘든 이유는 진화가 우리의 뇌를 위협이나 상처 주는 것에 투쟁하거나 피하도록 디자인하였기 때문이다. 우리는 모든 종류의 저항에 부딪힐 수 있다. 사실 우리는 이러한 사람들에게 전혀 자비롭고 싶지 않을지도 모른다. 아우라 글레이저는 다음과 같이 언급하였다.

> … 우리는 진정으로 말하고 싶을 수 있다. '모든 존재가 행복해지기를, 모든 존재가 고통에서 벗어나기를―하지만 진심은 내가 좋아하는 사람들만 그렇게 되고, 내가 싫어하는 사람은 그렇게 되지 않기를' 바란다. 우리는 명상을 하고 있을 때 진심으로 '모든 존재'를 사랑하지만, 실제로 혹은 심지어 상상 속에서 우리를 힘들게 하는 사람들을 만난다.[2]

이것에 대해 마음을 열고 솔직해지는 것은 모든 과정의 일부분이다. 여기서 중요한 것은 분노 혹은 저항의 정도, 혐오나 편견으로부터 도망치지 않고 스스로를 비난하거나 정당화하지 않고 이러한 것들을 인식하게 되는 것이다. 이것이 마음챙김의 중요한 지점이다. 우리는 이러한 반응들이 신체에서 어떻게 느껴지는지에 초점을 맞출 수 있고, 그렇게 되면 이러한 저항과 유지하는 습관을 완전히 이해하게 될 것이다. 우리는 자비로운 척하거나 혹은 스스로에게 '반드시, 당연히 해야만 해.'라고 강요하여 마녀 사냥을 할 필요도 없다. 그렇게 하면 성과는 더욱 적어지기 때문이다. 그 대신 우리는 저항을 친절하게 다루는 것을 배우고 우리의 의도에 연결된 상태가 될 수 있다. '이 순간 나에게 상처를 준 이 사람에게 마음을 열 수 없어. 하지만 언젠가는 오늘보다 더 온전히 마음을 열 수 있으리라 염원한다.' 그리고 자비의 첫 번째 단계는 최악의

적 역시 고통 받지 않기를 바라는 것을 이해하는 것임을 기억하라. 그 적들도 지금의 뇌를 선택하지 않았고, 그들이 지니는 가치를 결정한 것이 아니다.

이 지점에서 우리의 적이 잘되기를 바란다는 것이 무엇을 의미하는지 명확히 할 필요가 있다. 마티유 리카드는 만약 우리가 폭군, 독재자, 해를 가하는 누군가와 직면한다면 그들이 나쁜 행동을 계속하는 데 행복해지기를 바라는 것은 아니라고 지적했다.[3] 그 대신, 자비는 그들을 파괴적이고 해로운 방식으로 행동하게 이끄는 근원이 중단되기를 기원한다. 또한 적을 향한 분노와 혐오를 키우는 것은 우리를 아프게 하고 그런 상황의 근본 원인을 다루지 않는다는 지혜에 기반한다.

녹이기

부처의 핵심 관찰은 우리가 단순히 원하는 것을 따라가고, 원하지 않거나 싫은 것은 피하며, 관심 없는 것은 무시하는 삶을 살아갈수록, 우리의 내적 세계는 '나'를 조이고 궁지로 몰기 시작하여 더욱 고통스럽게 된다는 것이다. 우리 모두는 일상에서 스트레스를 받고 집착하는 느낌과 그것이 악화되기 시작할 때 몸이 단단히 조이는 느낌의 감각을 알고 있다. 하지만 이전 장에서 살펴봤듯이, 이 점에 대해서는 탓할 수 없다. 우리는 이렇게 되도록 진화되어 왔으므로 우리의 잘못이 아니다. 물론 우리는 다른 동물들에게는 없는 의식과 통찰 능력을 제공하는 신뇌를 가진 종이기 때문에 우리에게도 책임이 있다. 그리고 이것은 우리의 진화된, 사회적으로 구성된 마음의 노예가 되지 않는 지혜를 계발하는 것에서부터 나타난다.

따라서 앞서 언급한 다양한 부류의 사람을 떠올리면서 각각을 설명하고 실제의 방법을 다루고자 한다. 한 친구를 떠올리고 우리의 애정과 인정하는 방식을 의식하여, 우리가 그를 좋게 생각할 때 우리의 생각, 느낌, 몸의 감각을 알아차려 본다. 그런 다음 우리의 적수를 생각하여 우리를 자극하는 사람을 떠올리고 우리가 그를 좋아하지 않을 때 우리를 짜증나게 하는 것들에 대해 알아차린다. 그리고 우리는 버스 운전 기사나 카푸치노를 가져다주는 기차역 카페의 종업원 같이 중립적인 사람을 위해서도 같은 작업을 할 수 있다.

이제 의식적으로 우리의 관점을 이동시켜서 사람들이 같은 사람들을 어떻게 바라보고 느끼는지에 대해서 생각해 보자. 우리의 친구는 그녀의 직장에서 누군가에게는 적대적이고 공격적으로 보일 수도 있으며, 증오의 대상이 될 수도 있다. 마찬가지로 우리는 적을 가족의 시선으로 바라보면 그들이 사랑스러울 것이다. 그런 다음 우리는 중립적인 사람들을 그들을 사랑하는 누군가의 관점에서 바라본다. 이를 통해 알 수 있는 것은 우리가 사람을 지각하는 방식이 그들 내부의 본질적인 자질보다 그들이 어떻게 행동하는가와 더 관련이 있을 수 있다는 것이다. 이것은 그들의 문제라기보다는 우리 그리고 우리의 지각과 관련이 있다. 다시 한번 말하지만 우리가 어떤 것을 강요하거나 약간의 자비심을 짜내려는 것은 아니다. 우리가 하는 것은 느끼는 것이 보는 것과 관련된다는 것을 알리는 것이다―이것이 우리와 관련된 문제이다. 이것을 아는 것이 힘이다.

평등하기

우리는 이러한 방식의 숙고를 통해 우리 마음 안에 약간의 공간을 만들어 타인의 행동을 두고 그것이 어떻게 우리 안에서 긍정과 부정 반응을 촉발하는지를 알아차리고, 이러한 모든 것을 완전하게 이해할 수 있다. 우리는 이것이 어떻게 그들의 혹은 우리의 기본적인 인간성을 빼앗아가지 않는지 이해할 수 있다. 여기서 평등하기의 단순한 진리가 나타난다. 우리 모두는 표면 아래에서 똑같은 것을 원하지만, 때때로 서툴게 행동할지도 모른다. 공격적 행동이나 자해와 같은 정신 건강 문제를 가진 사람들과 작업할 때, 그들 역시 마음 깊숙한 곳에서 행복을 원하고, 사랑하고 사랑받고 싶어 한다는 사실을 인

식하는 것이 중요하다. 단지 그들의 위협 시스템이 과잉활성화되어 어떻게
해야 행복해지고 사랑을 주고받을 수 있는지 모르는 것이다. 우리는 타인과
분리되어 있다는 느낌 대신에 표층의 반응성을 통해 바라보기로 선택하였을
때, 그들이 우리의 모습과 얼마나 유사한지 알 수 있다. 우리는 앞서 개관했
던 기본적인 진실들을—내가 행복해지기를 바라는 것처럼 모든 사람이 행복
해지기를 바라고, 내가 고통에서 벗어나기를 바라는 것처럼 모든 사람이 고
통에서 벗어나기를 바란다—인식함으로써 이렇게 할 수 있다. 이것은 사람
들의 부정적인 행동을 용납해야 한다는 것을 의미하지 않는다. 만약 누군가
의 행동이 우리의 권리를 침해한다면 우리는 그들에 대항해서 행동을 취해야
할 필요가 있지만, 여전히 그 사람의 인간성을 존중할 수는 있다. 나아가 우
리는 부정적인 반응을 억제하고 거짓된 자비의 감각으로 부정적인 반응을 얼
버무리고 넘어갈 필요가 없다—부정적인 반응은 전경에 머물러 있을 수 있
다. 하지만 우리가 할 수 있는 것은 스스로가 인간 경험의 핵심에 놓인 고통
스러운 취약점에 접촉하도록 허락하는 것이다. 이것이 자비로운 마음의 탄
생이다—이것은 씨앗이 진흙 아래에서 싹을 틔우게 하고, 자비의 묘목이 성
장하는 이유가 된다.

아우라 글레이저는 이를 적절히 요약하였다.

> 염원은 우리가 계속하여 마음을 확장하도록 허용한다. 녹이기는 우리가 삶
> 의 일부는 받아들이고, 나머지는 거부하는 것에 습관적으로 사로잡히게 만드
> 는 집착과 방어에 대해 부드럽게 한다. 그리고 평등하기는 우리가 인간성과
> 그리고 마음을 공유한다는 진실에 계속적으로 다가가게 한다. 종합하면 평등
> 하기 훈련들은 우리가 우리 자신에게, 삶에, 자비의 마음에 더 가까이 다가갈
> 수 있도록 한다.[4]

이제 염원하기, 녹이기, 평등하기와 관련된 훈련들을 해 보자.

 훈련 18: 자비의 원 확장하기

편안한 자세로 앉아 시작하되 의식은 깨어 있어야 합니다. 그런 다음 호흡 리듬 진정시키기, 그라운딩, 휴식 및 지지 호흡(훈련 6, 300-302쪽 참조)의 마음챙김 단계로 이어 갑니다. 만약 시간이 충분하지 않다면 그저 호흡 리듬 진정시키기에 주의를 기울여 보세요(훈련 3, 281-282쪽 참조). 이제 당신이 자비로운 자기라고 상상해 보세요. 당신의 자비로운 자기가 지닌 각각의 자질—지혜, 강인함, 온화함, 전념—을 떠올려 보고, 이러한 자질이 지금 당신 안에 존재한다고 상상해 보세요. 온화한 표정을 짓고 있고, 따뜻한 목소리를 가졌다고 상상해 보세요.

가까운 사람

이제 사랑하는 사람을 마음속에 데려와서 그 사람이 당신 앞에 앉아 있거나 그들의 일상 업무를 보고 있는 모습을 상상해 보십시오. 이것은 시각적인 이미지가 될 수도 있고 혹은 그들이 존재하고 있다는 감각이 될 수도 있습니다. 그 대상은 당신이 자연스럽게 사랑과 돌봄의 흐름을 느끼는 부모님, 자녀, 배우자 혹은 동물이 될 수도 있습니다. 이제 이 사람(혹은 동물)이 힘든 시기를 보내고 있는 모습을 상상해 보세요. 당신의 부드러움과 돌봄의 마음으로부터 당신이 얼마나 염려하고 있는지를 알아차리고, 여기서 그들의 고통에 닿아 그 고통을 완화시키고 싶은 자연스러운 자비의 움직임이 어떠한지 알아차려 보세요.

자비로운 자기에 머물면서 온화한 표정과 따뜻한 목소리로 다음의 진심어린 바람이 이 사람에게 향한다고 상상해 보세요.

- 당신이 (또는 당신의 이름을 말하세요) 행복해지고 잘 되기를 바랍니다.
- 당신이 (또는 당신의 이름을 말하세요) 고통과 통증에서 벗어나기를 바랍니다.
- 당신이 (또는 당신의 이름을 말하세요) 즐거움과 안녕을 경험하기를 바랍니다.

사랑하는 사람을 향한 자비의 흐름에 연결하고, 그들이 행복해지고 고통에서 벗어나기를 바라는 진심어린 소망에 초점을 맞출 때, 당신의 내면에서 일어나는 느낌에 주의를 기울여 보세요. 만약 그 느낌이 자연스럽게 흐르지 않는다면 친절하고, 지지적이고, 전념하고자 하는 당신의 의도에 머물러 보세요.

이제 관점을 옮겨서 이 사람을 사랑하고 돌보는 것이 얼마나 자연스러울 수 있는지, 하지만 예를 들어 당신이 사랑하는 사람이 직장에서 누군가에게 적대적이고 공격적이며 심지어 혐오스러운 존재로 보일 수도 있다는 사실에 대해 잠시 숙고해 보세요. 그런 다음, 당신이 사랑하는 사람이 다수의 사람에게는 군중의 일부라는 사실을 숙고해 보세요. 특별한 관계 밖에서는 어떠한 느낌이 일어나는지 보세요. 그 느낌들은 그 사람에 대한 본질적인 느낌이 아닙니다.

그리고 이제 당신과 당신이 사랑하는 사람처럼, 그녀를 좋아하지 않는 사람들 그리고 그녀에게 무관심한 사람들도 모두 행복해지기를 바라고, 고통에서 벗어나기를 바란다는 사실을 숙고해 보세요. 이러한 관점에서 그들은 모두 동등합니다. 그리고 사랑하는 사람의 이미지가 서서히 사라지도록 하고, 잠시 동안 당신 안에 일어났던 감정을 가다듬으면서 이것이 특히 신체에서는 어떻게 느껴졌는지 알아차려 보세요.

중립적인 사람

이제 당신이 좋아하거나 좋아하지 않는 어느 쪽도 아닌 사람을 생각하되, 매일 어떤 형태로든 마주하는 사람이어야 합니다. 그 대상은 버스 기사, 출근길의 카페 직원, 같은 반 친구 혹은 매일 아침 전철에서 만나는 누군가일 수도 있습니다. 실제 한 사람을 떠올려 보세요. 당신과 같이 이 사람도 꿈과 희망, 그리고 두려움을 가지고 있습니다. 당신과 같이 이 사람도 삶의 흐름 속에서 자신을 발견하고, 감정, 삶의 환경, 좌절에 맞서 투쟁합니다. 당신과 같이 이 사람도 불안하고 화나는 감정과 스스로를 비난하는 생각에 맞서 투쟁합니다. 그녀는 아마 거절로 상처 받고 사랑에 힘을 받을 것입니다.

이제 이 사람이 직장에서의 갈등 해결, 중독이나 우울, 투쟁, 혹은 외로움과 사랑받지 못함 등 어떤 일로든 고통에 직면해 있다고 상상해 보세요. 그런 다음 당신의 마음에서 이 사람에 대한 부드러움과 염려를 느끼고, 다음의 진심어린 염원을 보내십시오.

- 당신이 행복해지고 잘되기를 바랍니다.
- 당신이 고통과 통증에서 벗어나기를 바랍니다.
- 당신이 즐거움과 안녕을 경험하기를 바랍니다.

이러한 바람을 표현할 때 어떤 기분인지 알아차려 보세요. 아마도 돌봄과 염려의 자연스러운 흐름이 있을 수도 있고, 혹은 이 훈련으로 그저 그런 기분 심지어 짜증을 느낄 수도 있습니다. 만약 당신의 마음이 닫히고, 짜증나거나 저항하고 싶은 마음이라는 것을 알아차리면 그저 이 감정에 호기심을 가지고, 이 감정이 신체 어디에서 느껴지는지 알아차려 보세요. 얼굴, 턱 혹은 어깨가 긴장하고 있지는 않나요? 혹은 신체의 어떤 일부가 긴장하고 수축되어 있지는 않나요? 부드럽고 정직하려고 하세요. 당신이 느끼는 감정을 억압하지 마세요. '발코니에서', 말하자면 관찰자로서 당신의 위협 시스템과 자비 시스템이 어떻게 충돌하는지 보려고 하세요. 그럴 때, 지금 당장 이 사람에게 마음을 열 수 없지만, 언젠가 온전히 마음을 열 수 있기를 바라는 의도를 확인하십시오.

이제 관점을 옮겨서 무관심한 느낌이 드는 이 사람을 어떻게 하면 사랑하고 돌볼 수 있는지에 대해 생각해 보세요. 그 사람이 직장에서 돌아오기를 고대하는 사람들도 있고, 그 사람의 삶에서 소중히 여기는 것들도 있습니다. 이런 방식으로 당신의 무관심 혹은 중립성이 당신에 대한 것이고, 당신이 어떤 것을 바라보는 방식이라는 것을 숙고하십시오. 그 느낌들은 그 사람에 대한 본질적인 느낌이 아닙니다.

이제 당신과 같이 이 사람도 행복해지기를 바라고 있음을 숙고하세요. 그리고 당신과 같이 이 사람도 고통과 통증에서 벗어나기를 바랍니다. 당신과 같이 이 사람도 사랑, 안전, 건강해지기를 바랍니다. 그리고 당신과 같이 이 사람도 경멸 당하고 싶지 않고, 외롭고 싶지 않고, 우울하고 싶지 않습니다. 이 사람의 날카로움이 당신에게 닿도록 합니다. 그리고 이 사람의 이미지가 서서히 사라지도록 한 후, 잠시 동안 당신 안에 일어났던 감정을 가다듬고, 이것이 특히 신체에서는 어떻게 느껴졌는지 알아차려 봅니다.

불편한 사람
이제 당신이 싫어하는 어떤 사람, 그리고 당신에게 어떤 해를 끼칠 수 있는 사람, 적이나 경쟁자, 혹은 일면식은 있지만 함께 시간을 보내거나 관심을 두지 않은 사람을 생각해 봅니다. 구체적인 한 사람을 떠올리고, 지금 당신 앞에 존재한다고 상상해 보십시오. 그 존재의 감각이 주는 느낌에 집중해 보세요. 그 사람이 저질렀던 일에도 불구하고 당신과 같이 그 사람도 삶에 대한 희망과 염원을 지니고 있습니다. 당신과 같이 그 사람도 자신을 이리저리로 끌어당기는 복잡한 뇌와 복잡한 감정의 배열과 함께 삶의 흐름 속에 있는 자신을 발견합니다. 당신과 같이 그 사람도 불안과 분노의 감정, 그리고 자기 비난적 생각에 투쟁합니다.

이제 이 사람이 가정이나 직장에서 갈등 해결, 중독이나 우울에 투쟁, 혹은 외로움과 사랑받지 못함 등 어떤 일로든 고통에 직면해 있다고 상상해 보세요. 당신은 아마도 이 사람이 힘든 이유 중 하나는 내면이 고통스럽기 때문이라고도 여길 수 있습니다. 이 사람은 불안정하고 자신 삶의 모습에 분노할 수도 있습니다. 그런 다음 당신의 마음에서 이 사람에 대한 부드러움과 염려를 느끼고, 다음의 진심어린 염원을 보내십시오.

- 당신이 (그의 이름을 말하세요) 행복해지고 잘되기를 바랍니다.
- 당신이 (그의 이름을 말하세요) 고통과 통증에서 벗어나기를 바랍니다.
- 당신이 (그의 이름을 말하세요) 즐거움과 안녕을 경험하기를 바랍니다.

이러한 바람을 표현할 때 어떤 기분인지 알아차려 보세요. 이 사람을 향해 자연스러운 부드러움과 돌봄의 흐름이 있나요? 혹은 마음이 위축되거나 분개하며, 이 사람이 행복해지고 고통에서 벗어나기를 진정으로 바라지 않고 있나요? 당신이 어떻게 느끼고 있는지 알아차리십시오-느낌이 맞고 틀리다는 것은 없습니다. 호기심을 가지고 신체에서는 어떻게 느끼고 있는지 주의를 기울여 보세요-얼굴, 턱 혹은 어깨의 긴장감 또는 신체의 어떤 부분에서 긴장하고 수축되어 있지는 않나요? 아마도 당신은 자비와는 정반대를 느끼고 있을지도 모르지만 그래도 괜찮습니다. 단지 언젠가는 오늘보다 더 마음을 열 수 있다는 당신의 의도를 확인하십시오.

이제 관점을 옮겨서 사람들이 당신의 적을 아주 다른 입장에서 본다고 생각해 보세요. 비록 당신은 적이 보기 싫을지라도 누군가에게는 아주 사랑스러울 수 있습니다. 그 적이 집에서는 사랑이 많은 부모일 수도 있고, 동물들에게 아주 친절할 수도 있습니다. 이처럼 당신의 느낌과 반응은 그녀와 관련 있는 것보다는 오히려 당신에게 더 해당될 수도 있습니다. 이것은 당신이 그 적의 부정적 행동을 용납해야 한다는 것을 의미하지 않습니다. 만약 이 단계가 너무 어렵다면 염원 단계로 돌아가서 과거 당신의 처음 반응과 그 사람이 잘되기를 염원했던 것을 이해하기를 바라세요.

그리고 이제 다시 한 번 당신과 같이 이 사람도 행복해지기를 바라고 있음을 숙고합니다. 그리고 당신과 같이 이 사람도 고통과 통증에서 벗어나기를 바랍니다. 당신과 같이 이 사람도 사랑, 안전, 건강해지기를 바랍니다. 그리고 당신과 같이 이 사람도 경멸당하고 싶지 않고, 외롭고 싶지 않고, 우울하고 싶지 않습니다. 이 사람의 인간성이 당신에게 닿도록 하세요. 그리고 이 사람의 이미지가 서서히 사라지도록 한 후, 잠시 동안 당신 안에 일어났던 감정을 가다듬고, 이것이 특히 신체에서는 어떻게 느껴졌는지 알아차려 봅니다.

모든 대상에게로 확장하기

이제 지금까지 연습했던 세 가지 유형의 사람을 모두 마음속에 떠올려 보세요—친밀한 사람, 중립적인 사람, 불편한 사람입니다. 그들은 모두 똑같이 행복해지고, 고통에서 벗어나기를 바라는 기본적인 갈망을 공유한다는 사실을 상기시켜 보세요. 그들은 모두 삶의 흐름 속에서 연기자입니다. 이러한 관점에서 그들은 모두 같습니다. 이제 당신이 개인적으로 알고 있는 사람을 생각해 보세요. 친구에서부터 시작해서 출근길의 카페 점원, 조간 신문을 판매하는 사람과 같이 당신과 덜 연결되어 있는 사람으로 옮겨 가세요. 그런 다음 점차적으로 적을 포함하여 불편한 대상들에게로 넓혀 가세요. 당신과 같이 이들도 행복을 원하고, 고통을 원하지 않는다는 사실을 상상하세요. 당신과 같이 이들도 안전과 편안함을 원합니다. 당신과 같이 이들도 사랑받기를 원합니다. 더 개인적인 것으로 만들수록 이것은 더 강력하게 당신을 움직일 것입니다. 이제 서서히 의식을 당신 주변에 살아 있거나 일하는 사람, 이웃에 사는 사람, 같은 도시에 사는 사람, 같은 나라, 대륙에 사는 사람, 그리고 마지막을 모든 생명이 있는 존재로 확장시켜 나가세요. 그리고 이제 모든 존재를 상상하면서 사무량심을 염원하며 마무리지을 수 있습니다.

• 모든 존재가 행복해지고 행복을 불러일으키길 바랍니다.
• 모든 존재가 고통과 고통의 원인에서 벗어나기를 바랍니다.

> • 모든 존재가 고통에 사로잡히지 않고, 큰 기쁨과 안녕을 경험하기를 바랍니다.
> • 모든 존재가 평정 상태에서 머무를 수 있기를 바랍니다.
>
> 모든 방향으로 흘러가고, 점점 더 확장되어 가고 있는 당신의 진정 어린 바람에 집중해 보세요. 그런 다음, 우리의 삶이 여러 면에서 의지하는 수많은 생명체에게 감사함을 전하세요. 이런 방식은 삶을 상호 연결된 망으로 봅니다. 다음으로 시각화한 것이 서서히 사라지도록 한 후, 잠시 동안 당신 안에 일어났던 감정을 가다듬고, 이것이 특히 신체에서는 어떻게 느껴졌는지 알아차려 보세요. 그런 다음 어떤 것에도 주의를 기울이지 않으면서 휴식하고, 스트레칭을 하며 자리에서 일어나세요.

'일상에서' 녹이기와 평등하기

거리를 걷거나 혹은 카페에 앉아 있으면 우리가 얼마나 쉽게 마음을 열고 닫는지 관찰할 수 있는 좋은 시간이 된다. 우리는 타인을 얼마나 빨리 판단하며, 그 판단으로부터 온갖 종류의 감정이 따르는지 알 수 있다. 우리는 타인을 알기도 전에 편을 만들어서 우리의 반응을 촉발하는 데 그리 많은 시간이 걸리지 않는다. 우리는 길에서 아름다운 사람을 봤을 때에는 매력을, 시끄럽게 하는 아이에게는 짜증을 혹은 길가의 더러운 노점상에게는 경멸을 느낀다. 당신이 매력이나 짜증을 느꼈을 때를 알아차리고, 그 감정이 고정된 사고방식으로 굳어 버리기 전에 포착하려고 노력하라. 정직함과 친절함으로 당신이 느끼는 감정을 억압하지 않고 그저 알아차리되 그 감정을 키우지 않는 것이 중요하다.

우리가 일상을 자신만의 세계에 사로잡혀 경험하는 대신, 단 몇 분은 평등하기 훈련에 집중할 수 있다. 이것은 아주 단순하며 직접적이다. 그렇지만 이 훈련은 우리의 눈을 열고 마음에 접촉하는 방식으로 타인을 생각할 수 있다.

당신이 다른 사람을 만났을 때를 생각해 보라. '그 사람도 나와 같이 행복해지기를 원하고, 고통을 원하지 않는다. 나와 같이 길에서 지나친 사람들도 삶의 흐름이라는 드라마 속에 사로잡혀 있다.'

자기집착

우리의 마음을 이런 방식으로 여는 것은 쉽지 않다. 오로지 자기 자신과 가까운 사람에게 관심을 기울이게 되는 것은 세상의 중심에 '나'를 두는 뿌리 깊은 본능에 도전하는 것이다. 우리는 남은 두 개의 훈련에서 자비의 원을 확장시키는 것에 대해 저항감을 경험할 때, 이러한 경향성과 충돌할 수 있다. 이런 이유로 이러한 경향성을 다루는 추가적인 기술이 필요하다. 대승불교의 마음 훈련의 7가지 요소The Seven Points of Mind Training에서는 모든 자비 훈련이 하나로, 즉 자기중심성을 극복하고 타인의 행복에 초점을 맞추는 것으로 모아진다. 이것은 진정한 행복으로 이끄는 성스러운 믿음이라고 한다.

하지만 자기중심성이 무엇을 의미하는지 명확히 하는 것이 중요하다. 자기 중심성은 우리가 자아ego를 가져서는 안 된다는 것을 의미하지 않는다. 사실 강하고 건강한 자아는 이 세상을 효과적으로 살아가는 데 반드시 필요하고, 자비로운 마음 훈련의 길을 떠나는 데 필요하다. 또한 우리가 자신의 행복에 관심을 가져서는 안 된다는 것을 의미하지 않는다. 앞서 살펴보았듯이, 자기자비는 반드시 우리의 안녕과 타인을 위한 자비의 기반 모두를 위해 필요하다.

우리가 여기서 말하는 것은 자기집착의 과정, 즉 우리가 좋아하는 것을 움켜잡고, 싫어하는 것은 밀어내고, 관심 없는 것은 무시하는 습관적인 경향성에 빨려들어간 상태이다. 하지만 이전 장에서 살펴봤듯이, 우리는 필요로 하는 것을 움켜잡고 위협적인 것을 피하도록 진화에 의해 설정되어 있다. 우리의 마음이 이렇게 작동하는 것은 우리의 잘못이 아니다. 여기서의 문제는 자신에 대한 감각과 분노, 불안, 욕망 및 갈망과 같은 정서를 경험하는 것이 잘못되었거나 나쁘지 않다는 것이다. 오히려 여기서의 문제는 이러한 감각과 정서를 한 번 인식하게 되었을 때, 이러한 경향성을 얼마나 강화시키고 있는가에 관한 것이다. 우리는 마음에서 다양한 충동과 정서적 경향성을 경험하는데, 그 어떤 것도 우리의 의도와 잘못은 아니다. 하지만 우리 신뇌의 성향을 고려해 볼 때, 우리는 에너지를 집중할 대상을 선택할 수 있는 능력이 있다. 이것이 이 책의 주된 주제이다. 만약 이러한 경향성이 확인되지 않은 상태로 남아 있으면 마음은 방어로 그 주변을 굳건히 하여 우리의 에너지가 내면으로 집중되고, 모든 것이 '나'와 '내'가 원하거나 원하지 않는 것에 집중된다.

이것은 특히 인생 초기의 정서적 상처와 삶의 고통인 경우가 그러하다. 우리의 마음은 방어 전략으로서의 고통스러운 감정과 경험에 위축될 수 있고, 결국 우리의 안정감과 통제감을 위협하는 감정 표현을 차단할 수 있다. 우리는 이러한 방식으로 방어적이고 고립된 사람이 될 수 있다—우리의 정서를 방어하고 이러한 정서를 유발하는 사람들과 상황에 방어한다. 우리는 우리가 어떻게 느끼는지, 무엇을 하고 싶어 하는지, 함께 시간을 보내고 싶은 사람이 누구인지, 좋아하고 싫어하는 것이 매우 뚜렷하게 나뉘는 점점 더 위축된 세상에 살고 있다는 것을 알게 될 것이다. 이것은 불교에서 이야기하는 둑카duhhka의 깊은 의미이다.

통렌: 보내기와 받기

자기집착의 근원으로 가는 훈련을 통렌tonglen이라고 부른다. 통렌은 '보내기와 받기'라는 의미로 티베트 단어이다. '통Tong'은 '밖으로 내보내다' 또는 '보내다'를 의미하고, '렌len'은 '받다' 혹은 '받아들이다'를 의미한다. 이 훈련은 인도에서 유래되었고, 11세기 인도의 아티샤Atisaha에 의해 티베트로 전해졌다. 이 훈련은 마음 훈련의 7가지 요소의 일부로 구성되었고, 각각의 주된 티베트 불교 혈통 내에서 핵심 명상 훈련이다.[5] 이것은 미국에 사는 티베트 불교 여승 페마 초드론Pema Chödrön의 저서와 가르침으로 서구에서 아주 인기를 얻게 되었다.[6]

통렌의 목적은 우리가 다른 사람의 고통과 통증을 받아들이고, 그런 다음 우리의 기쁨, 안녕, 평화를 그들에게 전하는 것이다. 우리가 고통을 보거나 느낄 때마다 그 고통을 온전히 느끼고, 받아들이고, 변용시킨다는 인식을 가지고 호흡으로 들이마신다. 그런 다음 자애, 이완, 열린 마음을 호흡과 함께 내보낸다. 이것은 많은 사람이 하고 싶어 하는 마지막 작업이기 때문에 그들은 이러한 개념에 뒷걸음질친다. 그들은 타인의 고통은 우리가 그것을 취하지 않더라도 이미 충분히 나쁘다고 생각할 수 있다. 우리의 일반적인 성향은 좋은 것은 붙잡고 싶고, 나쁜 것은 멀리하려고 하지만, 통렌은 이러한 경향성을 뒤집는다―좋은 것을 보내고, 나쁜 것을 환영한다. 이러한 점에 있어서 통렌은 본능에 반대되고 자연스러운 것에 어긋난다.

우리의 즉각적인 본능은 통렌을 해롭다고(우리는 타인의 부정적 성향과 고통을 떠맡는데, 이것은 아마 독이 될 것이다) 볼 수도 있다. 사실 타인, 특히 우리가 좋아하지 않는 사람의 고통을 떠맡을 때 발생하는 일은 우리 자신의 저항감과 혐오감을 상기시킨다. 우리는 문자 그대로 그들의 고통을 실제로 경험하는 것이 아니다. 저항과 혐오와 관련된 거대한 양의 에너지를 인식하고 점점 잃어버린 에너지를 되찾는 것이다. 그렇게 함으로써 우리는 자신과 우리 주변의 삶 사이의 벽을 허물고 있다. 마음을 열고 타인의 고통에 더 반응하는 것이다. 이것이 이 훈련의 진정한 의미이다.

이런 식으로 통렌은 자기집착의 과정에 직접적으로 작용한다. 통렌의 근본적인 원리는 실제로 우리에게 고통을 일으키는 것은 힘든 정서나 성가신 사람들과 삶의 상황이라기보다는 우리가 이러한 것들에 어떻게 반응하는지(우리가 어떻게 이러한 것들을 우리의 마음과 가슴에서 차단하는지)에 관한 것이다. 이에 관해서는 제8장 수용 훈련을 살펴볼 때 이미 다루어 보았다. 하지만 통렌은 더 나아가 이러한 반응에 대해 적극적인 방법으로 훈련한다. 통렌은 우리가 사람이나 정서를 밀어낼 때 우리의 마음이 얼마나 닫히고 위축되는지 더욱 깊이 인식할 수 있게 돕는다—그리고 이것이 우리를 얼마나 고통스럽게 하는지 알아차리도록 돕는다. 마지막으로, 당신이 싫어하는 누군가를 만났을 때 당신이 얼마나 본능적으로 마음을 닫았으며, 심지어 신체에서 긴장감을 느꼈는지 회상해 보라. 통렌으로 우리는 불편한 것에 마음을 닫고 밀어내는 정상적인 패턴을 따라가기보다는 적극적으로 그 불편함과 저항에 마음을 열고 그 불편함을 호흡으로 마시어 자신에게로 가져온다. 그리고 내쉬는 호흡에 바깥으로 친절과 넓은 마음을 퍼트린다. 이런 방법으로 우리는 내적으로 위축되고, 차단하고, 삶의 흐름으로부터 단절된 마음의 경향성에 직접적으로 작업한다.

이러한 훈련은 자비의 두 가지 심리작용을 합친 것이다. 우리는 이전 장에서 의사는 환자의 문제를 현명하게 이해하고 올바른 진단을 내리기 위해서 환자의 고통에 주의를 기울여야 하지만, 그런 다음에는 고통을 완화시키기 위해 약을 처방하거나 수술을 위해 주의를 이동할 필요가 있다는 예시를 들었다. 먼저, 고통을 향해 마음을 여는 것은 그 고통에 머물고 그것을 느끼는 것이고(첫 번째 심리작용), 그런 다음 자애와 돌봄의 긍정정서를 통해 고통을 감소시키는 쪽으로 주의를 이동하는 것이다(두 번째 심리작용).

이러한 탁월함은 통렌 훈련에 아주 잘 담겨 있다. 우리는 들이마시는 호흡에 고통을 우리를 향해 끌어당기고, 고통에 민감해지고, 그 고통이 우리의 마음에 와닿도록 하며, 그런 다음 내쉬는 호흡에 친절, 기쁨, 관대함으로 고통을 완화시키고 싶은 우리의 의도를 전달한다. 이러한 방식으로 통렌 훈련은 호흡을 알아차림의 매개체로 사용함으로써 두 가지 심리작용 사이를 적극적으로 이동한다.

통렌 훈련

훈련에 앞서 우리는 이 훈련을 수행하기 위한 토대를 마련했다. 진정 호흡 리듬은 우리를 느긋하게 돕고 이러한 방식의 뿌리내리기는 그 순간 우리를 마음에서 몸으로 데려온다. 들숨을 통해 고통이 안으로 들어오고, 날숨을 통해 고통이 완화되는 시각화의 기반이 되기 때문에 호흡이 중요하다. 우리는 이 훈련을 자비로운 자기 관점에서 하는데 이것이 아주 중요하다. 만약 이 훈련을 일상에서 실수하고 한계를 가진 자기의 관점에서 보면 너무나 지나치다고 느낄 수 있다. 그래서 우리는 자비로운 자기를 발견하여 지혜, 강인함, 온화함, 전념과 같은 자질들을 떠올리도록 한다.

우리는 우리의 경험 가운데 통증과 고통에 개입함으로써 통렌 훈련을 시작한다. 이 훈련 회기를 실감나게 하려면 자기 훈련을 자기자비로 시작할 필요가 있다. 지난 장에서 훈련했던 것처럼 일상에서의 우리 자신에 대해 작업한 다음에 불안한 자기, 분노하는 자기, 비난하는 자기와 같이 고통을 유발하는 다양한 측면의 우리 자신에 대해 작업한다. 그 후에 타인을 위한 통렌으로 옮겨 간다. 우리는 다시 친밀한 사람들로 시작하고, 그런 다음 낯선 사람들과 적들에게로 이동하여 작업하고, 마지막으로 이 세상의 모든 존재에게로 확장한다.

 훈련 19: 당신 자신을 위한 통렌

편안한 자세로 앉아 시작하되 의식은 깨어 있어야 합니다. 그런 다음 호흡 리듬 진정 시키기, 그라운딩, 휴식 및 지지 호흡(훈련 6, 300-302쪽 참조)의 마음챙김 단계로 이어 갑니다. 만약 시간이 충분하지 않다면 그저 호흡 리듬 진정시키기에 주의를 기울여 보세요(훈련 3, 281-282쪽 참조).

이제 자비로운 자기가 된다고 상상해 보세요. 당신의 자비로운 자기가 가진 각각의 자질, 즉 지혜, 강인함, 온화함, 전념을 떠올리고, 이러한 자질이 온전히 당신 안에 존재 한다고 상상해 보세요. 온화한 표정을 짓고 있고, 따뜻한 목소리를 가졌다고 상상해 보 세요.

투쟁하고, 외롭고, 두렵고, 이해받지 못하고, 화나거나 신체적 질병 혹은 비통함으로 고통을 받고 있는 평범한 당신의 일부분이 당신 앞에 있다고 상상해 보세요. 당신이 평 범한 자기 쪽으로 향하고, 지금까지 견뎌 온 고통을 의식하게 될 때, 마치 당신의 하루 를 영화로 관람하는 것처럼 경험의 세세한 것들에 주의를 기울여 보세요. 고통과 평범 한 자기와의 갈등이 당신에게 닿도록 하고, 그것을 따뜻하고 자비로운 관심으로 지켜보 세요. 판단이나 비난하지 않은 채 당신이 무슨 일을 겪고 있는지에 호기심과 관심을 가 져 보세요. 이런 방식으로 스스로에게 마음을 여는 것에 어떠한 저항을 알아차리면 그 저항감을 인식하고, 그것이 당신의 의식 안에서 부드럽게 머물도록 하세요.

이제 '평범한 당신'의 고통이 검은 구름의 형태를 취하게 되어 들숨 때마다 그 검은 구름을 들이마신다고 상상해 보세요. 고통의 구름이 당신의 존재 속으로 들어올 때, 가 슴 주변에 자기위축의 매듭이 느슨해지고, 당신의 존재 중심에 지혜와 자비가 드러난다 고 상상해 보세요. 날숨에는 고통받는 당신의 일부분에게 이해, 기쁨, 친절을 빛의 형태 로 자유롭게 전한다고 상상해 보세요. 당신이 원하는 만큼 매 호흡과 함께 이렇게 주고 받는 것을 지속해 보세요. 만약 멍해지고, 아무 생각도 들지 않아 호흡과 연결할 수 없 다면 이러한 상태를 훈련의 초점으로 삼아 들숨에 멍해지고, 아무 생각이 들지 않는 상 태를 들이마시고, 날숨에 편안함을 내보내세요. 만약 이러한 상태가 화를 유발하더라도 항상 부드럽게 진행하고, 억지로 강요하지 마세요.

만약 검은 구름을 상상하기 어렵거나 혹은 너무 무겁게 느껴지거나 가볍게 느껴진다 면 좀더 느낌이 이끄는 방향에 따라 훈련해 보세요. 당신의 자비로운 자기에 뿌리내리 면서 당신의 평범한 일부분이 느끼는 고통에 접촉한다고 상상해 보세요. 그런 다음, 들 숨으로 이 고통에 마음을 열어 당신의 마음에 와닿을 수 있도록 하고, 밀어내기보다는 당신 쪽을 향해 끌어당기세요. 이 고통이 당신의 마음에 닿으면 뜨거운 공기가 에어컨 에 의해 차가운 공기로 바뀌는 것처럼 변형됩니다. 이제 당신은 거리낌 없이 들숨과 날 숨을 할 수 있게 되었습니다. 시각화 작업을 너무 애쓰며 할 필요는 없습니다─단지 그 과정을 만들어 놓고, 호흡이 작용한다고 믿으면 됩니다. 중요한 것은 고통을 당신 쪽으로 끌어당기려는 의도, 날숨에 고통으로부터 자유롭기를 바라는 것을 내보내는 것, 그런 다음 이러한 과정이 그 자체로 진행된다는 믿음입니다.

이 훈련을 계속하면서 당신의 평범한 일부분이 점점 고통에서 벗어나고 안녕과 기쁨으로 가득 찬다고 상상해 보세요. 매번 훈련을 마무리 지을 때마다 '평범한 당신'이 이러한 고통과 스트레스의 부담에서 벗어나고, 남아 있는 것들을 감내하고 겪어 낼 수 있다고 생각하세요. 당신이 겪는 고통은 항상 빛이나 기쁨으로 변화하기 때문에 절대 그곳에 머물러 있지 않습니다. 이제 떠올렸던 것을 떠나보내고, 어떤 것에도 집중하지 않은 채 잠시 이완하세요. 만약 안녕이나 관대함의 어떤 느낌을 알아차린다면 그처럼 느껴지는 신체에 주의를 기울이고, 스스로에게 감사하며, 이러한 감정 안에서 이완하세요. 그런 다음 어떤 것에도 주의를 기울이지 않으면서 휴식하고, 스트레칭을 하며 자리에서 일어나세요.

당신은 스스로를 위해 이러한 일반적인 방식으로 통렌을 작업할 수 있고, 그런 다음 불안한 자기, 화난 자기, 비난하는 자기와 같이 투쟁하고 있는 당신의 특정 측면들에 집중하여 작업할 수 있다. 결과적으로 이 훈련은 지난 장에서 소개한 자비로운 자기 훈련 다음에 바로 이어지는 것이다.

 ### 훈련 20: 타인을 위한 통렌

편안한 자세로 앉아 시작하되 의식은 깨어 있어야 합니다. 그런 다음 호흡 리듬 진정시키기, 그라운딩, 휴식 및 지지 호흡(훈련 6, 300-302쪽 참조)의 마음챙김 단계로 이어 갑니다. 만약 시간이 충분하지 않다면 그저 호흡 리듬 진정시키기에 주의를 기울여 보세요(훈련 3, 281-282쪽 참조).

이제 자비로운 자기가 된다고 상상해 보세요. 당신의 자비로운 자기가 가진 각각의 자질, 즉 지혜, 강인함, 온화함, 전념을 떠올리고, 이러한 자질이 온전히 당신 안에 존재한다고 상상해 보세요. 온화한 표정을 짓고 있고, 따뜻한 목소리를 가졌다고 상상해 보세요.

당신 삶에서 알고 지낸 사람들 중 고통받고 있는 누군가가 당신 앞에 앉아있다고 상상해 보세요. 그들의 외모와 그들이 무슨 일을 겪고 있는지를 자세히 떠올리며, 이 사람의 고통에 마음을 열고 그 고통이 당신에게 느껴지도록 하세요. 판단이나 비난하지 않은 채 그들이 무슨 일을 겪고 있는지에 호기심과 관심을 가져보세요. 그런 다음 그 사람이 고통과 고통의 원인에서 벗어나기를 바라는 강한 의도를 모아 보세요.

이제 타인의 고통이 검은 구름의 형상으로 호흡과 함께 들어온다고 상상해 보고, 검은 구름이 당신의 가슴 부분으로 끌어당기는 것을 시각화하고, 그곳에서 팽팽한 긴장의 매듭이 풀어지고 당신의 충만한 자비로운 자질이 나타납니다. 모든 고통은 당신의 가슴 부분에서 변형되며, 그곳에서는 어떠한 것도 막힘이 없습니다. 숨을 내쉴 때에는 당신의 모든 치유적 사랑, 온화함, 에너지, 위엄, 기쁨을 영롱한 빛으로 보내세요. 또다시 검은 구름의 이미지가 너무 강하게 느껴진다면 느낌의 흐름에 집중하세요—그 사람의 고통을 의식하고, 들숨에 그 고통에 마음을 열어 당신에게 느껴지도록 하고, 날숨에 관대함, 자애, 돌봄의 느낌을 내보내세요.

당신이 원하는 만큼 매 호흡과 함께 이렇게 '보내기와 받기' 훈련을 지속해 보세요. 만약 멍해지고, 아무 생각도 들지 않는다면 당신의 느낌에 집중하는 쪽으로 이동하여 훈련의 대상으로 삼으세요. 스스로를 위해 또한 비슷한 상황에 있는 모든 사람을 위해 호흡하세요. 이 훈련도 어렵게 느껴진다면 다시 돌아가 호흡 리듬 진정시키기에 집중하고, 자비로운 자기의 자질을 떠올리며 당신의 자비로운 자기 안에서 휴식하세요.

훈련을 마치려고 할 때, 당신의 자비가 모든 다른 이들의 고통과 고통의 원인을 녹이고, 그들을 평화와 행복으로 채운다고 생각해 보세요. 만약 안녕이나 관대함의 어떤 느낌을 알아차린다면 그렇게 느껴지는 신체에 주의를 기울이고, 이러한 감정에 감사하세요. 그런 다음 어떤 것에도 주의를 기울이지 않으면서 휴식하고, 스트레칭을 하며 자리에서 일어나세요.

통렌 훈련이 더 강해지고 안정될수록 당신은 서서히 고통받는 타인, 즉 동료, 환자, 친척 혹은 낯선 사람까지도 상상할 수 있고, 그들의 고통을 취하고 변형하여 그들에게 행복과 분명함, 이해, 용서, 사랑을 줄 수 있는 훈련을 할 수 있다. 통렌 훈련은 우리가 가진 자비의 원을 확장하는 훈련(훈련 18)으로 이어질 수 있다. 특히 이 훈련은 우리가 낯선 사람과 적에게 마음을 여는 저항에 직접적으로 대처할 수 있는 방식을 제공하기 때문에 이러한 저항감을 다루는 데 유용하다.

통렌의 중요한 측면은 우리는 누군가의 고통을 호흡과 함께 들이마실 때, 비슷한 방식으로 고통받는 모든 다른 이들의 고통도 함께 들이마신다고 상상하는 것이다. 가령, 사랑하는 사람이 슬픔과 상실로 고통받고 있다면 사랑하는 사람의 슬픔과 상실, 그리고 비슷한 고통을 겪고 있는 모든 다른 이들의 슬픔과 상실도 함께 가져온다고 상상한다. 이것은 비슷한 상황에 있는 다른 사람들을 포함하기 위해 우리의 의식의 장을 확장시키는 효과가 있다. 하지만 항상 특정한 사람이나 상황에서부터 시작하여 타인으로 확장하는 것이 중요하다. 그렇지 않으면 너무 추상적인 훈련이 될 수 있다.

일상에서의 통렌

당신은 일상생활에서도 통렌을 훈련할 수 있다. 일상에서의 훈련이 매우 효과적일 때가 종종 있다. 예를 들어, 만약 당신이 길을 가다가 통증이나 고통으로 힘들어 하는 누군가가 있는 경우, 일상에서의 통렌은 무시하거나 도망가지 않는 것이다. 돈이나 도움을 제공하는 것과 같이 당신이 할 수 있는 어떤 구체적인 방법이 분명히 있다면 적절한 것을 하라. 그러나 당신이 통렌을 사용하여 다가갈 수 있는 상황이 아니라면 그 사람의 인간성이 당신에게 와닿도록 하고, 그들이 고통에서 벗어나기를 바라는 마음으로 그들의 고통을

들이마시고, 그런 다음 날숨에 온화한 갈망과 행복한 느낌을 그들에게 보내
도록 한다. 만약 타인의 고통이 당신에게 두려움 혹은 저항감을 불러일으킨
다면 그러한 느낌과 당신 안에서 일어나는 반응에 대해 통렌을 하라. 이러한
훈련 이면에 담긴 생각은 자신의 장애물과 저항감을 다루는 것은 당신의 생
활 환경이 신선하고 개방적인 방식으로 변하는 것과 관계 있을 수 있다는 것
이다.

또 다른 예로, 만약 기차를 놓쳐 짜증나고 화가 날 때 들숨에 자신의 짜증
과 연착으로 인해 화나고 짜증을 내는 모든 타인의 불만을 당신에게로 끌어
당긴다고 상상하라. 이것이 당신의 가슴에서 변형되어 타인의 불만이 감소
된 것을 날숨에 호흡과 함께 내보낸다고 상상하라. 이것은 바깥으로 확장되
는 효과와 우리의 짜증과 고난으로 위축된 내면의 경향성에 대응하는 효과가
있다.

또한 당신이 기쁨과 행복을 경험하는 순간에도 통렌을 훈련할 기회가 있
다. 이러한 순간에는 당신의 기쁨과 행복을 호흡과 함께 내보내고, 그것을 이
세상의 모든 존재와 나누며, 내가 그렇게 되기를 바라는 것처럼 그들도 지금
이 순간 기쁨과 행복하기를 바라는 마음을 계발한다.

우리는 일상에서의 통렌 훈련을 통해 그동안 배웠던 모든 훈련을 통합한
다. 고통을 겪는 사람과 역경의 상황에 맞닥뜨렸을 때, 이러한 것들을 피하
고, 차단하고, 단지 우리 자신만의 영역을 유지하면서 이 순간의 행복에 집중
하고 싶은 본능적 경향성이 있다. 하지만 우리가 살펴본 것처럼 반대의 효과
가 있다—이것은 우리를 차단하고, 자기집착과 반추의 씨를 뿌린다. 우리는
위협 시스템을 강화시킨다. 우리가 배운 접근은 삶에 개방하는 것이다. 주의
를 기울이고, 세상 속에 존재하고, 더욱더 수용할 수 있는 온화한 공간을 계
발하는 것이다. 이것이 자비의 첫 번째 심리작용이다. 호흡을 통해 느긋해진
다음에—약간의 마음챙김 호흡만으로도 가능하다—자비로운 자기로 들어
가 자애, 관대함, 온화함을 내보낸다. 이것이 자비의 두 번째 심리작용이다.

이러한 방식으로 일상에서 마음챙김과 자비 훈련의 모든 요소를 통합할 수 있는 기회가 생기고, 점차 자비의 원을 확장하는 과정이 시작된다.

결론

통렌은 삶에 재연결하는 것이다. 우리는 삶의 일부이지만, 스스로를 삶으로부터 쉽게 차단시킨다. 우리가 이렇게 하는 이유는 여러 가지가 있지만, 이런 식으로 차단하는 것이 연결됨이라는 진리에 반하는 것이기 때문에 상처가 될 수 있다. 그렇지만 삶에 개방하는 것과 존재의 잠재력에 집중하는 것 역시 상처가 될 수 있다. 따라서 통렌은 우리가 위험을 감수하도록 한다. 우리가 살아 있는 존재의 고통—그리고 기쁨—느낌에 마음을 열도록 한다. 또한 우리가 경험하는 고통에 대한 반응으로 자애와 돌봄의 자연스러운 에너지가 흐르게 한다. 이것이 자비의 두 가지 심리작용의 진정한 의미이다. 따라서 우리를 다시 되돌아오게 하는 것은 고통에 마음을 열고, 사랑과 돌봄으로 반응하는 것은 살아 있는 존재의 자연스러운 과정이라는 사실이다. 우리는 어떤 새로운 것을 소개하는 것이 아니다. 단지 삶이라는 상호 연결 과정의 일부라는 사실을 인정하는 것이다. 호흡은 이러한 과정의 상징이다. 삶이 흘러들어 오고 삶이 빠져나가면서 우리는 그러한 삶을 따르거나 저항할 선택권이 있지만, 그것에 저항한다면 그 대가로 고통을 받게 될 것이다.

핵심포인트

- 자비의 원을 확장시키는 주된 두 가지 원칙은 동일시와 감사이다.
- 사무량심은 자비 원을 확장하는 데 균형 잡힌 틀을 제공한다.
- 공정성과 평정심은 제한적이지 않고 편향되지 않은 자비를 보장하는 데 결정적이다. 여기에는 세 가지 주된 요소가 있다. 염원하기, 녹이기와 평등하기가 그것이다.
- 우리는 이것을 사랑하는 사람, 중립적인 사람, 불편한 사람, 그런 다음 모든 대상에게 연습한다.
- **통렌**은 자기집착을 향한 경향성을 적극적으로 다루고, 두 가지 심리작용을 사용한다.

미주

1 Glaser, A. (2007) The hidden treasure of the heart, *Shambhala Sun*, July: www.shambhalasun.com/index.php?option=com_content&task=view&id=3106&Itemid=24.

2 Ibid.

3 Matthieu Ricard: http://cultureofempathy.com/References/Experts/Matthieu-Ricard.htm

4 Glaser, A., The hidden treasure of the heart.

5 Dilgo Khyentse Rinpoche (2006) *Enlightened Courage: An Explanation of the Seven-Point Mind Training*. Snow Lion Publications.

6 Chodron, P. (2005) *When Things Fall Apart: Heart Advice for Difficult Times*. New York: Element Books.

자비로운 여정

이제 우리는 여정을 함께 끝냈다. 우리의 여정, 그리고 희망하기로는 당신의 여정이 이 책의 훈련과 함께 지속되기를 희망한다. 우리의 여정은 수백만 년의 시간을 거슬러 올라간 시점에서 시작해서 우리 뇌가 존재하는 방식을 살펴보았다. 우리는 가치와 자기감을 일으키는 뇌의 무늬와 형태가 어떻게 부모로부터 얻은 유전자와 우리가 성장한 사회적 세상에 영향을 받는지 살펴보았다. 어떤 유형의 사회적 환경에서 폭력적이게 되거나 혹은 상속받은 부(富) 때문에 특권 의식을 발달시킬 수 있지만, 또 다른 환경에서 성장할 때에는 정의, 평화, 안녕의 비밀을 푸는 욕구를 일으킬 수도 있다. 이것은 우리의 인간성에 대한 도전이다. 우리의 마음을 더 잘 이해하기 위해서, 그리고 우리 자신, 타인, 그리고 우리가 살고 있는 세상을 보살피는 능력을 뒷받침하는 조건을 계발하기 위해서이다. 게다가 세계적으로 정신 건강, 조화로운 사회적 관계, 그리고 정의와 공정성에 대한 노력을 지지하는 자비에 기반한 심리학의 중요성과 힘에 대한 인식이 점차 증가하고 있다. 자비로운 마음은 타인과 자비로운 행동이 타인에게 미치는 영향에 관심을 가진다. 자비로운 마음은 우리가 인류와 인류 이전의 조상으로부터 상속받은 복잡한 정서와 동기를 다루는 방법을 제공한다.

우리는 심리학적 과학이 고대의 영성적 통찰과 교류하여 자비에 대한 이해와 적용을 심화시키고 확대하는 방식에 대해 열의를 갖고 있다. 하지만 선행 과제가 쉽지 않다. 우리는 인간의 뇌가 훌륭하지만 잠재적으로 아주 위험하기도 하다는 사실을 보았다. 인간의 뇌는 문화, 예술, 의학을 일으켰다. 인간의 뇌는 사람들을 달에 착륙시켰고, 우리에게 휴대 전화와 컴퓨터를 주었다. 하지만 인간의 뇌를 돌보지 않으면 수백만 명의 사람을 불구로 만들거나 죽이는 무기 공장을 건설할 수도 있다. 인간의 뇌는 배우자와 자녀에게조차 공격적이고 폭력적일 수 있다. 인간의 뇌는 위협적인 것에 대해 반추할 수 있다. 그리고 우리를 제정신이 아닌 상태로 몰고 가고 자살을 시도하도록 만들 수도 있다. 뇌에 대하여 더 많이 이해하기 시작하면서 익숙해져야 하는 책임이 무엇인지 깨닫고, 그런 다음에는 마음이 쉽게 날뛰지 않도록 마음 훈련을 해야 한다. 훈련을 하지 않고서는 쾌락-추구, 자원-추구 추동 시스템, 불안과 공격적인 위협 시스템의 강력한 추동들이 질주할 것이다.

다행히 이러한 것들이 새로운 통찰은 아니다. 비록 진화가 우리에게 새로운 이해의 시각을 주었지만, 마음을 어떻게 훈련하는지 배우기 위해, 특히 파괴적인 감정을 변화시킬 수 있는 능력을 가진 마음챙김과 자비와 같은 오랜 전통으로 되돌아갈 수 있다. 우리는 진흙 속에서 연꽃을 찾아 돌볼 수 있다. 처음에는 자기모니터링과 자기비난적인 부분에 주의를 기울인다. 우리는 자기비난에 대해 친절한 태도를 취하고, 언제 그리고 어떻게 자기비난이 일어나며, 어디서 오고, 그것의 기능이 무엇인지에 대해 마음챙김을 해야 한다. 그런 다음, 우리를 위협 시스템에 가두는 비난과 수치심을 부드럽게 대하는 작업을 한다. 이 책에서 여러 번 언급한 바와 같이, 우리는 진정/친화 시스템

접근에 익숙해지게 되면 사랑의 느낌과 자신과 타인에게 지지적이고, 도움이 되고, 조화를 이루고자 하는 진정한 바람에 개방적이게 된다. 우리는 우리의 신체, 얼굴 표정, 호흡 리듬, 어조에 주의를 기울이고, 우리의 지혜를 알아차린다. 우리는 우리 어느 누구도 선택하지 않은 여정 위에 있다는 이해를 통해, 지금 할 수 있는 최선을 다하고 있는 우리 자신을 발견하게 된다.

훈련은 자비로운 마음이 변용된 마음이라는 고대 불교의 전제로부터 시작했다. 우리는 이 과정에서 마음챙김이 마음이 얼마나 혼란스럽고, 원치 않게 일어나는 생각과 느낌에 의해 여기저기로 끌려당겨졌는지를 볼 수 있게 해주기 때문에 중요하게 언급하였다. 우리는 자리에 앉아 온전히 존재하고자 노력할 때, 이것이 얼마나 어려운 일인지 깨닫는다. 왜냐하면 우리의 사고하는 뇌는 항상 계획하기, 예상하기, 상상하기, 기억하기 등을 하기 때문이다. 게다가 주의를 집중하는 것은 우리가 어떤 상태이고, 무엇을 느끼고 있는지에 상당한 영향을 미치므로 주의라는 횃불을 훈련할 필요가 있다. 이러한 방식의 마음챙김은 우리 안에 자비로운 자질과 기술을 계발할 수 있는 토대가 된다. 우리는 어떤 자질을 선택하여 계발할지 고려할 때 선천적인 돌봄 동기에 초점을 맞출 수 있다. 그런 돌봄 동기는 우리가 가지고 싶은 마음의 자질과 되길 원하는 자기로 안내하고 번영시킨다. 앞서 언급했듯이, 우리는 우리가 원하는 자기가 되기 위해서 훈련할 수 있다. 화난 자기, 불안한 자기, 원하는 자기는 비교적 자동적으로 나타나지만, 자비로운 자기는 우리의 주의, 훈련, 계발이 필요하다.

오래된 많은 영적 철학(예: 스토아 철학)은 이것을 이해하고 다양한 해결책을 제시했다. 많은 오해와는 반대로 자비로운 마음을 계발하는 것은 우리를 유약하게 하거나 추동을 약화시키는 것이 아니다. 오히려 삶의 방향을 안내하고, 삶을 특정한 방식으로 이끈다. 자비의 마음을 계발하는 것은 우리에게 활력을 불어넣고 기운을 준다. 자비로운 마음은 삶이라는 어려운 여정에서 자신과의 관계에서도 진정으로 온화하고, 지지적이고, 격려하는 것을 가능하게 한다.

따라서 당신이 언제 어디서나 할 수 있는 것을 훈련하라. 당신이 되고자 하는 자기를 마음속에 떠올리면서 목욕탕, 버스를 기다리면서, 아침에 일어나기 전 이불 속에서 몇 분을—가능한 한 자주—훈련하라. 만약 당신이 마음챙김 자비 훈련을 위해 시간을 할애할 수 있다면 삶에서 큰 이익을 거두게 될 것이다.

하지만 개방성, 호기심, 인내심의 태도로 부드럽게 진행하라. 우리는 까다로운 뇌와 사회적 조건과 함께 이곳에 존재하고 있음을 항상 기억하라. 이제 우리는 그것을 스스로와 타인에게 친절하고 도움이 되며, 삶의 여정을 좀더 쉽게 만들기 위한 큰 기회로 생각하면서 날마다 새롭게 시작할 수 있다.

찾아보기

저자 소개

폴 길버트(Paul Gilbert)는 여러 해 동안 수치심과 자기비난 문제를 연구해 온 영국 더비 대학교(The University of Derby)의 임상심리학과 교수이다. 자비중심치료의 개척자인 그는 퇴임 후에도 정신 건강 문제가 있는 사람들에게 자비 마음 훈련을 활용하여 정신 건강을 회복하는 데 도움을 주고 있다. 최근 연구에서는 자신과 타인을 향한 자비의 계발이 우리의 마음, 건강, 행복, 그리고 우리가 관계하는 것들에 깊은 영향을 준다고 밝혔다. 또한 그는 『자비로운 마음으로 우울증 극복하기(The compassionate mind and overcoming)』를 쓴 베스트셀러 작가이기도 하다.

초덴(Choden)은 승려 출신으로, 현재는 여러 나라에서 마음챙김과 자비 프로그램을 가르치고 있다. 그는 애버딘 대학교(The University of Aberdeen)의 명예 교수로서 박사 후 연구 프로그램에서 마음챙김(MSc)을 가르치고 있다.

역자 소개

조현주(Cho Hyun Ju)

고려대학교 심리학 박사(임상 및 상담 전공)

순천향대학교천안병원 및 중앙대학교병원 임상심리수련감독자 및 연구교수 역임

임상심리전문가, 상담심리사 1급

명상지도전문가 R급

현 영남대학교 심리학과 교수

〈저서 및 역서〉

한 명의 내담자, 네 명의 상담자(공저, 학지사, 2019)

최신 임상심리학(공저, 사회평론아카데미, 2019)

자비중심치료(공역, 학지사, 2014)

〈논문〉

심리치료 및 상담과 마음챙김 명상의 접점과 활용방안(단독, 불교문예연구, 2019)

자기비난 체험과정에 대한 현상학 연구(주저자, 한국심리학회지: 상담 및 심리치료, 2019)

The development and validation of the Lovingkindness–Compassion Scale(주저자, Personality and Individual Differences, 2018)

박성현(Park Sung Hyun)

가톨릭대학교 심리학 박사(상담심리 전공)

상담심리사 1급

명상지도전문가 R급

현 서울불교대학원대학교 상담심리학과 교수

〈저서 및 역서〉

자아초월심리학 핸드북(공역, 학지사, 2020)

자비중심치료(공역, 학지사, 2014)

자비의 심리학(공역, 학지사, 2014)

〈논문〉

The development and validation of the Lovingkindness-Compassion Scale(공동,
Personality and Individual Differences, 2018)

자아의 확립과 초월의 상관관계(단독, 불교학연구, 2018)

자애명상의 심리적 과정 및 효과에 관한 혼합연구(공동, 한국심리학회지: 상담 및 심리
치료, 2016)

김병전(Kim Byung Jeon)

중앙대학교 국제경영학 박사

현 무진어소시에이츠 주식회사 대표

'하루명상' 앱 개발자

〈역서〉

1초의 여유가 멀티태스킹 8시간을 이긴다(공역, 불광출판사, 2019)

생각의 판을 뒤집어라(공역, 불광출판사, 2015)

노승혜(Noh Seung Hye)

영남대학교 심리학 박사

상담심리사 2급

명상지도전문가 T급

현 영남대학교 초빙강사

마음챙김과 자비

–자비로운 마음 훈련–

Mindful Compassion

2020년 8월 10일 1판 1쇄 발행
2023년 3월 20일 1판 2쇄 발행

지은이 • Paul Gilbert · Choden
옮긴이 • 조현주 · 박성현 · 김병전 · 노승혜
펴낸이 • 김진환
펴낸곳 • (주)**학지사**

04031 서울특별시 마포구 양화로 15길 20 마인드월드빌딩
대표전화 • 02-330-5114　　팩스 • 02-324-2345
등록번호 • 제313-2006-000265호

홈페이지 • http://www.hakjisa.co.kr
페이스북 • https://www.facebook.com/hakjisabook

ISBN 978-89-997-2139-7　93180

정가 24,000원

이 도서의 국립중앙도서관 출판시도서목록(CIP)은 서지정보유통지
원시스템 홈페이지(http://seoji.nl.go.kr)와 국가자료공동목록시스템
(http://www.nl.go.kr/kolisnet)에서 이용하실 수 있습니다.
(CIP 제어번호: CIP2020030191)

출판미디어기업 **학지사**

간호보건의학출판 **학지사메디컬** www.hakjisamd.co.kr
심리검사연구소 **인싸이트** www.inpsyt.co.kr
학술논문서비스 **뉴논문** www.newnonmun.com
교육연수원 **카운피아** www.counpia.com